贵州统计年鉴 2021

GUIZHOU STATISTICAL YEARBOOK

U0914633

中国统计出版社
China Statistics Press

贵州统计年鉴 2021

GUIZHOU STATISTICAL YEARBOOK 2021

贵州省统计局 国家统计局贵州调查总队 编

Compiled by Guizhou Provincial Bureau of Statistics NBS Survey Office in Guizhou

中国统计出版社

China Statistics Press

图书在版编目(CIP)数据

贵州统计年鉴. 2021 = Guizhou Statistical Yearbook 2021 :汉英对照/贵州省统计局,国家统计局贵州调查总队编. -- 北京 : 中国统计出版社, 2021.9
ISBN 978-7-5037-9555-8

Ⅰ. ①贵… Ⅱ. ①贵… ②国… Ⅲ. ①统计资料-贵州-2021-年鉴-汉、英 Ⅳ. ①C832.73-54

中国版本图书馆 CIP 数据核字(2021)第 120629 号

贵州统计年鉴—2021

作　　者/ 贵州省统计局　国家统计局贵州调查总队
责任编辑/ 钟钰
装帧设计/ 多彩贵州网有限责任公司
出版发行/ 中国统计出版社有限公司
地　　址/ 北京市丰台区西三环南路甲 6 号
邮政编码/100073
电　　话/ 邮购(010)63376909　书店(010)68783171
网　　址/ http://www.zgtjcbs.com
印　　刷/ 贵州新华印务有限责任公司
经　　销/ 新华书店
开　　本/ 890mm×1240mm　1/16
字　　数/ 1100 千字
印　　张/ 32
版　　别/ 2021 年 9 月第 1 版
版　　次/ 2021 年 9 月第 1 次印刷
定　　价/ 330.00 元　Price:330.00 yuan(RMB)

本书附同版本 CD-ROM 一张,光盘内容以书面文字为准。
如有印装差错,由本社发行部调换。

《贵州统计年鉴—2021》编辑人员

主　　　编：王文忠　肖云慧　程军虎

副　主　编：彭　龙　王朝晖　吴定伟　王　瑛　张小芳

李青忆　李诗刚　王伟宇　李　寨　唐晓川

编辑部主任：汪明峰　杨　伟

编辑部副主任：周惠云　杨兆顺　杨永彦

分 科 主 编：（按姓氏笔画为序）

弋文军　王练练　邓　曼　龙立楷　任　刚　刘　旭

刘　晴　刘彦成　杨　丽　李武星　肖　瑶　吴　江

吴应全　吴道琨　张　瑜　张子平　张仁舰　张忠阳

范振新　罗智文　胡　婧　胡元光　夏仁国　徐昌兴

黄　茹　戚得玉　彭学刚　程大利　谢小清　雷和林

谭春明

编 辑 人 员：（按姓氏笔画为序）

王华强　田　颖　冯　璐　冯金友　杜天柱　杨　娣

李　宁　李　冰　李其芸　李瓴骧　吴　毅　张仕英

陈雅婷　罗　洪　赵　超　赵伟伟　赵紫微　姚本煊

顾　贤　高鹿鹿　彭世婧　程子瑜　游涛英　曾　勇

谭凤羽　黎　薇

英 文 翻 译：谢佳颖

Guizhou Statistical Yearbook 2021 Editorial staff

编者说明

一、《贵州统计年鉴—2021》系统收录了2020年贵州省国民经济和社会发展等各方面统计数据，改革开放以来特别是2016年以来的主要统计数据，全省各市（州）、县（市、区、特区）和全国及各省（区、市）主要统计数据，是反映贵州省情的重要工具书之一。

二、本年鉴包括26个部分：综合，国民经济核算，人口，就业人员和职工工资，固定资产投资，对外经济贸易，能源，财政税收，价格指数，人民生活，城市概况，资源和环境，农业，工业，建筑业，运输和邮电，批发、零售、住宿和餐饮业，旅游业，金融业，教育，科学技术，文化、体育和卫生，社会服务及其他，民族自治地方，市（州）、县（市、区、特区）资料，全国及各省（区、市）资料。为便于读者了解和使用统计数据，在每部分首页作简要说明，后面附有主要统计指标解释。

三、本年鉴中，凡由有关部门（单位）提供的数据均在表下注明数据来源，部分指标统计范围、口径发生变化的在表下均有注释，使用时请读者注意。

四、本年鉴中部分数据合计数或相对数由于计算单位或取舍不同而产生的计算误差，均未作机械调整。

五、本年鉴表中符号使用说明："…"表示数据不足最小计量单位，"空格"表示该统计指标数据不详或无数据，"#表示为上级指标的其中项"。

Editor′s Notes

Ⅰ. *Guizhou Statistical Yearbook 2021* is an annual statistical publication, it systematically includes the statistical data, which reflects comprehensively the economic and social development of Guizhou Province. It covers data of year 2020, key statistical data for the years since Reform and opening-up specially the year 2016, and Main Statistics of Province (autonomous regions, municipalities) as well as the whole country. It is a useful reference book to thoroughly know Guizhou.

Ⅱ. The yearbook contains 26 chapters: General Survey; National Accounts; Population; Employment and Wage; Investment in Fixed Assets; Foreign Trade and Economic Cooperation; Energy; Government Finance and Taxation; Price Indices; Peoples Living Conditions; General Information of Cities; Resources and Environment; Agriculture; Industry; Construction; Trans port, Post and Telecommunication Services; Wholesale and Retail Trades; Hotel, Catering Services and Tourism; Financial Intermediation; Education, Science and Technology; Culture, Sports and Public Health; Social Services and Others; Minority Nationality Autonomous Areas; Main Statistics of Prefectures and Counties; Main Statistics of Provinces (autonomous regions, municipalities) and the Whole Country. Explanatory Notes on Main Statistical Indicators is attached to the end of each chapter to help the readers to use the statistical data in this book.

Ⅲ. Data sources are indicated below the statistical tables where data are provided by the departments (units) concerned. Some of the statistical range and caliber of indicators have changed, all of which are annotated at the bottom of the table.

Ⅳ. Statistical discrepancies on totals and relative figures due to rounding are not adjusted in the yearbook.

Ⅴ. Notations used in the yearbook: "…" indicates that the figure is not large enough to be measured with the smallest unit in the table; "blank space" indicates that data are unknown or are not available; "#" indicates one of the parent indices.

目　录

CONTENTS

一　综　合
General Survey

二　国民经济核算
National Accounts

三 人 口
Population

四 就业人员和职工工资
Employment and Wages

六　对外经济贸易
Foreign Trade and Economic Cooperation

七　能　源
Energy

八 财政税收
Government Finance and Taxation

九 价格指数
Price Indices

十 人民生活
People´s Living Conditions

十一 城市概况
General Survey of Cities

十二 资源和环境
Resources and Environment

十三 农 业
Agriculture

十四 工 业
Industry

十五 建筑业 Construction

十六 运输和邮电 Transport, Postal and Telecommunication Services

十七　批发、零售、住宿和餐饮业
Wholesale and Retail Trades

十八　旅游业
Tourism

十九　金融业
Financial Intermediation

二十　教　育
Education

二十二　文化、体育和卫生
Culture, Sports and Public Health

二十三 社会服务及其他
Social Services and Others

二十四　民族自治地方
Minority Nationality Autonomous Areas

二十五　市(州)、县(市、区、特区)资料
Main Statistics of City(State, Prefecture) and County(City, District, Special Region)

二十六 全国及各省(区、市)资料
Main Statistics of Provinces(autonomous regions, municipalities) in the Whole Country

综 合

General Survey 1

简 要 说 明

一、主要内容

综合部分包括全省行政区划、法人单位数、国民经济和社会发展综合资料。

二、资料来源

“行政区划”资料由省民政厅汇总整理并提供。

国民经济和社会发展的总量、速度、结构、比例和效益状况及变化，根据有关资料由省统计局编辑整理。

Brief Introduction

一、Main Contents

This chapter consists of four parts: divisions of administrative areas, number of legal entities, summary data on the national economy and social development.

二、Sources of Data

The data of “divisions of administrative areas” are prepared and provided by the Department of Civil Affairs of Guizhou Province.

The summary data on the national economy reflect the overall situation of the economic and social development by presenting further processed statistics including growth, structure, ratio and efficiency data derived from other chapters, which are edited and sorted out by Guizhou Provincial Bureau of statistics.

1-1 行政区划(2020)
Divisions of Administrative Areas

单位:个 (unit)

市(州)名称	City (State)	地级单位 Units at Prefectural Level	#市 Cities	县级单位 Units at County Level	县 Counties	自治县 Autonomous Counties	县级市 Cities at County Level	市辖区 Districts under the Jurisdiction of City
全省合计	**Total**	**9**	**6**	**88**	**51**	**11**	**9**	**16**
贵 阳 市	Guiyang	1	1	10	3		1	6
六盘水市	Liupanshui	1	1	4			1	2
遵 义 市	Zunyi	1	1	14	7	2	2	3
安 顺 市	Anshun	1	1	6	1	3		2
毕 节 市	Bijie	1	1	8	6	1		1
铜 仁 市	Tongren	1	1	10	4	4		2
黔西南布依族苗族自治州	Qianxinan	1		8	6		2	
黔东南苗族侗族自治州	Qiandongnan	1		16	15		1	
黔南布依族苗族自治州	Qiannan	1		12	9	1	2	

注：资料来源于省民政厅(下表同)。

Note: The data in the table are obtained from the Department of Civil Affairs of Guizhou Province(the same applies to the next table).

1-1 续表 continued

市(州)名称	City (State)	特区 Special District	镇 Town	街道办事处 Street Communities	乡 Township	民族乡 Ethnic Community Township	城市社区居民委员会 Neighbourhood Committees	村民委员会 Village Committees
全省合计	**Total**	**1**	**833**	**361**	**122**	**193**	**4623**	**13196**
贵 阳 市	Guiyang		48	72	9	18	668	996
六盘水市	Liupanshui	1	39	27	1	25	413	722
遵 义 市	Zunyi		180	52	13	8	632	1428
安 顺 市	Anshun		46	26	8	10	264	911
毕 节 市	Bijie		135	53	19	72	1478	2223
铜 仁 市	Tongren		94	38	11	38	341	2598
黔西南布依族苗族自治州	Qianxinan		83	43	12	3	290	1002
黔东南苗族侗族自治州	Qiandongnan		129	28	45	15	302	2130
黔南布依族苗族自治州	Qiannan		79	22	4	4	235	1186

1−2　各市(州)、县(市、区、特区)名称(2020)
Name of Each City (Autonomous Prefecture) and County (City, District, Special Region)

市(州)名称 City(State)	县(市、区、特区)名称 County(City,District,Special Region)
贵阳市 Guiyang	南明区 云岩区 花溪区 乌当区 白云区 观山湖区 清镇市 开阳县 息烽县 修文县 Nanming Yunyan Huaxi Wudang Baiyun Guanshanhu Qingzhen Kaiyang Xifeng Xiuwen
六盘水市 Liupanshui	钟山区 六枝特区 盘州市 水城区 Zhongshan Liuzhi Panzhou Shuicheng
遵义市 Zunyi	红花岗区 汇川区 播州区 赤水市 仁怀市 桐梓县 绥阳县 正安县 Honghuagang Huichuan Bozhou Chishui Renhuai Tongzi Suiyang Zhengan 凤冈县 湄潭县 余庆县 习水县 道真仡佬族苗族自治县 务川仡佬族苗族自治县 Fenggang Meitan Yuqing Xishui Daozhen Wuchuan
安顺市 Anshun	西秀区 平坝区 普定县 关岭布依族苗族自治县 镇宁布依族苗族自治县 Xixiu Pingba Puding Guanling Zhenning 紫云苗族布依族自治县 Ziyun
毕节市 Bijie	七星关区 大方县 黔西县 金沙县 织金县 纳雍县 赫章县 威宁彝族回族苗族自治县 Qixingguan Dafang Qianxi Jinsha Zhijin Nayong Hezhang Weining
铜仁市 Tongren	碧江区 万山区 江口县 石阡县 思南县 德江县 沿河土家族自治县 松桃苗族自治县 Bijiang Wanshan Jiangkou Shiqian Sinan Dejiang Yanhe Songtao 玉屏侗族自治县 印江土家族苗族自治县 Yuping Yinjiang
黔西南布依族苗族自治州 Qianxinan	兴义市 兴仁市 普安县 晴隆县 安龙县 望谟县 贞丰县 册亨县 Xingyi Xingren Puan Qinglong Anlong Wangmo Zhenfeng Ceheng
黔东南苗族侗族自治州 Qiandongnan	凯里市 黄平县 施秉县 三穗县 镇远县 岑巩县 天柱县 锦屏县 Kaili Huangping Shibing Sansui Zhenyuan Cengong Tianzhu Jinping 剑河县 台江县 黎平县 榕江县 从江县 雷山县 麻江县 丹寨县 Jianhe Taijiang Liping Rongjiang Congjiang Leishan Majiang Danzhai
黔南布依族苗族自治州 Qiannan	都匀市 福泉市 荔波县 贵定县 瓮安县 平塘县 罗甸县 长顺县 龙里县 惠水县 Duyun Fuquan Libo Guiding Wengan Pingtang Luodian Changshun Longli Huishui 独山县 三都水族自治县 Dushan Sandu

1−3 法人单位数
Number of Legal Entities

单位：个 (unit)

指　标	Item	2016	2017	2018	2019	2020
法人单位数	**Number of Legal Entities**	**339564**	**447650**	**455227**	**471133**	**543603**
按三次产业分	**Grouped by Three Strata of Industry**					
第一产业	Primary Industry	69148	97661	107093	102106	108209
第二产业	Secondary Industry	62614	79790	71833	77158	92893
#工业	Industry	50595	61011	57259	54281	59793
第三产业	Tertiary Industry	207802	270199	276301	291869	342501
按经济类型分	**Grouped by Registration Status**					
国有经济	State-owned Economic Units	32301	32314	38865	39075	38086
集体经济	Collective Economic Units	2788	3427	3375	3340	5340
私营经济	Private Economic Units	183593	274674	295654	333858	405109
联营经济	Joint Ownship Units	675	628	494	366	581
股份制经济	Share Cooperative Units	2730	3667	3781	21739	27541
外商投资经济	Foreign Investment Units	257	289	234	313	345
港澳台商投资经济	Units with Funds from Hong Kong, Macao and Taiwan	276	349	231	287	361
其他经济	Others	116944	132302	112593	72155	66240
按机构类型分	**Grouped by Type of Institutions**					
企业	Enterprises	247409	342973	340292	361145	431382
事业单位	Institutions	21448	21416	25876	25550	25866
机关	Agencies	7270	7347	6943	7024	7322
社会团体	Social Organizations	5703	5807	5911	5772	6031
民办非企业单位	Private Non-enterprise Units	3127	3245	5163	5179	5676
农民专业合作社	Farmer professional cooperatives	31986	44730	51237	46626	47654
其他组织机构	Others	22621	22132	19805	19837	19672

1-4 按行业分法人单位数
Number of Legal Entities Grouped by sector

单位：个 (unit)

行业门类	Item	2016	2017	2018	2019	2020
全省总计	**Total**	**339564**	**447650**	**455227**	**471133**	**543603**
农、林、牧、渔业	Farming , Forestry, Animal Husbandry, Fishery	71134	100143	108581	103738	110156
采矿业	Mining	7636	8003	4326	4280	4757
制造业	Manufacturing	40573	50398	46302	47820	52591
电力、热力、燃气及水生产和供应业	Production and Supply of Electricity, Heat, Gas and Water	2386	2610	2089	2181	2445
建筑业	Construction	12268	19090	19521	23301	33578
批发和零售业	Wholesale and Retail Trades	65613	94259	91682	97147	119765
交通运输、仓储和邮政业	Transport,Storage and Post	5619	7698	7709	8270	10370
住宿和餐饮业	Hotels and Catering services	11495	16341	17053	17207	18625
信息传输、软件和信息技术服务业	Information Transmission, Software and Information Technology	4851	8080	8179	9344	11738
金融业	Financial Intermediation	2417	2535	1509	1502	1641
房地产业	Real Estate	9930	11711	11596	12923	15427
租赁和商务服务业	Leasing and Business Services	23830	34597	35243	39748	49635
科学研究和技术服务业	Scientific Research and Technical Services	6650	9234	11100	11836	13804
水利、环境和公共设施管理业	Management of Water Conservancy, Environment and Public Facilities	2311	3125	3373	3613	4231
居民服务、修理和其他服务业	Services to Households ,Repairs and Other Services	9197	12186	13950	14726	17383
教育	Education	12807	13558	15828	16440	18456
卫生和社会工作	Health and Social Service	5225	5522	5569	5621	5964
文化、体育和娱乐业	Culture, Sports and Entertainment	5829	8783	9258	9162	10059
公共管理、社会保障和社会组织	Public Management, Social Security and Social Organization	39793	39777	42359	42274	42978

注：行业分类按《国民经济行业分类》(GB/T4754—2017)执行。

Note: The industry classification is implemented according to Classification of National Economy Industry (GB/T 4754-2017).

1-5 国民经济和社会发展主要指标

指标	Item	总量指标			
		1978	2000	2005	2010
人口	**Population**				
年末常住人口(万人)	Total Population at the Year-end (10000 persons)	2686.40	3755.72	3730.00	3479.00
#城镇人口	Urban Population	323.97	896.49	1002.25	1176.25
乡村人口	Rural Population	2362.43	2859.23	2727.75	2302.75
#男性人口	Male	1364.82	1968.00	1920.55	1797.43
女性人口	Female	1321.58	1787.72	1809.45	1681.57
年平均人口(万人)	Annual Average Population(10000 persons)	2663.27	3732.89	3717.61	3508.00
就业	**Employment**				
就业人员(万人)	Year-end Employees (10000 persons)	1053.67	1866.28	1944.29	1779.00
#非私营单位在岗职工人数	Staff and Workers	171.19	193.96	202.02	210.67
城镇登记失业人数（万人）	Urban Registeration Unemployment (10000 persons)		10.23	12.13	12.18
国民经济核算	**National Accounting**				
地区生产总值(亿元)	Gross Domestic Product (100 million yuan)	46.62	1029.92	1939.94	4518.95
第一产业增加值	Value-added of Primary Industry	19.42	270.99	362.49	602.80
第二产业增加值	Value-added of Secondary Industry	18.73	391.20	797.87	1820.67
第三产业增加值	Value-added of Tertiary Industry	8.47	367.73	779.58	2095.48
人均地区生产总值(元)	Per capita GDP(yuan)	175	2759	5218	12882
对外贸易	**Foreign Trade**				
进出口总额（亿美元）	Total Value of Imports and Exports(USD 100 million)	0.16	6.60	14.04	31.47
#出口额	Total Exports	0.03	4.21	8.59	19.20
利用外资	**Utilization of Foreign Capital**				
签订合同项目(个)	Projects of Agreements and Contracts(unit)		59	61	42
实际利用外资金额(万美元)	Foreign Capital Actually Absorbed(USD 10000)	※148	19545	19568	34026
财政	**Government Finance**				
财政总收入(亿元)	Total Financial Revenue(100 million yuan)	14.20	153.04	366.16	969.57
#一般公共预算收入(亿元)	General Public Budget Revenue (100 million yuan)	6.26	85.23	182.50	533.73
一般公共财政支出(亿元)	General Public Financial Expenditure (100 million yuan)	12.30	201.57	520.73	1631.48
价格指数(上年=100)	**Price Indices(preceding year=100)**				
居民消费价格总指数	Consumer Price Index	100.3	99.5	101.0	102.9
商品零售价格总指数	Retail Price Index	100.3	97.3	101.3	103.0
农业生产资料价格总指数	General Price Index of Means of Agricultural Production	102.1	100.6	110.2	101.1
工业生产者出厂价格指数	Ex-Factory Price Index of Industrial Producer		100.4	107.2	104.7
工业生产者购进价格指数	Purchasing Price Index of Industrial Producer		102.9	107.4	109.8

Major Indicators on National Economic and Social Development

Aggregate Indicators		增长速度（%） Indices and Growth Rates (%)							
2015	2020	2020年比以下各年增长 Increase Rate in 2020over the Following Years					平均增长速度 Average Annual Growth Rate		
		1978	2000	2005	2010	2015	1979–2020	2001–2020	2016–2020
3708.00	3858.00	43.6	2.7	3.4	10.9	4.0	0.9	0.1	0.8
1592.96	2050.53	532.9	128.7	104.6	74.3	28.7	4.5	4.2	5.2
2115.04	1807.47	-23.5	-36.8	-33.7	-21.5	-14.5	-0.6	-2.3	-3.1
1912.44	1971.44	44.4	0.2	2.6	9.7	3.1	0.9	0.0	0.6
1795.56	1886.56	42.8	5.5	4.3	12.2	5.1	0.9	0.3	1.0
3692.50	3853.00	44.7	3.2	3.6	9.8	4.3	0.9	0.2	0.9
1842.00	1892.00	79.6	1.4	-2.7	6.4	2.7	1.4	0.1	0.5
277.62	303.36	77.2	56.4	50.2	44.0	9.3	1.4	2.3	1.8
14.49	19.50		90.6	60.8	60.1	34.6		3.3	6.1
10541.00	17826.56	5189.8	696.0	389.8	170.1	50.2	9.9	10.9	8.5
1641.98	2539.88	660.0	161.5	121.6	78.7	35.3	4.9	4.9	6.2
4026.71	6211.62	9149.1	870.0	444.3	199.9	52.3	11.4	12.0	8.8
4872.31	9075.07	11268.2	917.2	469.7	174.1	53.3	11.9	12.3	8.9
28547	46267	3568.7	671.1	372.5	145.9	44.0	9.0	10.8	7.6
122.21	79.08	47972.0	1098.1	463.1	151.3	-35.3	15.8	13.2	-8.3
99.49	62.27	218382.1	1380.4	624.7	224.3	-37.4	20.1	14.4	-8.9
187									
262747	43907		124.6	124.4	29.0	-83.3		4.1	-30.1
2291.82	3082.03	21604.4	1913.9	741.7	217.9	34.5	13.7	16.2	6.1
1503.38	1786.80	28443.2	1996.4	879.1	234.8	18.9	14.4	16.4	3.5
3939.50	5739.50	46562.6	2747.4	1002.2	251.8	45.7	15.8	18.2	7.8
101.8	102.6								
100.1	101.6								
103.1	112.2								
96.1	**98.3**								
97.5	98.6								

1—5 续表1

指 标	Item	总量指标			
		1978	2000	2005	2010
能源生产与消费	**Total Production and Consumption of Energy**				
一次能源生产总量（万吨标准煤）	Total Production of Primary Energy(10000 tons of SCE)	1204.51	3288.83	7957.07	13100.00
能源消费总量(万吨标准煤)	Total Energy Consumption(10000 tons of SCE)	674.50	4278.60	5641.25	8175.43
农业	**Agriculture**				
主要农产品产量(万吨)	Output of Major Farm Products(10000 tons)				
粮 食	Grain	643.36	1161.30	1152.06	1112.30
油 料	Oil-bearing Crops	9.89	74.34	84.89	60.34
#油菜籽	Rapeseed	7.34	66.20	76.51	51.62
烤 烟	Flue-cured Tobacco	8.11	31.09	34.45	37.02
肉类总产量	Meat	12.80	124.06	187.01	179.09
水 产 品	Aquatic Products	0.37	6.24	9.46	8.79
工业	**Industry**				
规模以上工业企业	Industrial Enterprises above Designated Size				
增加值（亿元）	Added Value(100 million yuan)		216.99	585.85	1227.17
轻工业	Light Industry		82.16	177.19	413.99
重工业	Heavy Industry		134.83	408.66	813.18
主营业务收入(亿元)	Revenue from Principal Business(100 million yuan)		593.80	1577.16	3926.01
利税总额(亿元)	Total Profits(100 million yuan)		87.44	232.49	671.39
主要工业产品产量	Output of Major Industrial Products				
发电量(亿千瓦小时)	Electricity(100 million kwh)	41.43	404.70	786.78	1358.69
原铝(万吨)	Aluminum(10000 tons)	2.32	27.19	41.99	88.79
成品钢材(万吨)	Rolled Steel(10000 tons)	4.95	150.93	214.85	391.04
水泥(万吨)	Cement(10000 tons)	130.93	783.88	1557.97	3694.84
磷矿石(万吨)	Phosphorite(10000 tons)	169.02	588.70	878.79	1579.21
卷烟(万箱)	Cigarettes(10000 cases)	31.60	187.40	208.21	239.24
建筑业	**Construction**				
建筑业总产值(亿元)	Gross Output Value of Construction(100 million yuan)	4.40	109.06	271.23	622.96
房屋建筑施工面积(万平方米)	Floor Space of Buildings under Construction(10000 sq.m)	313	1792	3153	5756
房屋建筑竣工面积(万平方米)	Floor Space of Buildings Completed(10000 sq.m)	164	824	1150	1350
交通运输业	**Transportation**				
运输线路长度(公里)	Length of Transportation Routes(km)				
铁路营业里程	Length of Railways	1365	1641	1986	2002
公路线路里程	Length of Highways in Operation	25954	34643	46893	151644
客运量(万人)	Passenger Traffic(10000 persons)	3294	53032	64450	97793
旅客周转量(亿人公里)	Passenger-Kilometers(100 million passenger-km)	25.50	238.36	312.40	514.41
货运量(万吨)	Freight Traffic(10000 tons)	3467	15615	21771	40310
货物周转量(亿吨公里)	Freight Ton-Kilometers(100 million ton-km)	79.60	404.07	646.55	1012.20

continued

Aggregate Indicators		增长速度（%） Indices and Growth Rates (%)							
2015	2020	2020年比以下各年增长 Increase Rate in 2020 over the Following Years					平均增长速度 Average Annual Growth Rate		
		1978	2000	2005	2010	2015	1979–2020	2001–2020	2016–2020
14322.94	11171.06	827.4	239.7	40.4	-14.7	-22.0	5.4	6.3	-4.8
9344.21	10621.44	1474.7	148.2	88.3	29.9	13.7	6.8	4.7	2.6
1214.57	1057.63	64.4	-8.9	-8.2	-4.9	-12.9	1.2	-0.5	-2.7
114.80	103.40	945.5	39.1	21.8	71.4	-9.9	5.7	1.7	-2.1
89.73	76.17	937.7	15.1	-0.5	47.5	-15.1	5.7	0.7	-3.2
32.89	21.14	160.6	-32.0	-38.6	-42.9	-35.7	2.3	-1.9	-8.5
201.94	207.86	1523.9	67.5	11.1	16.1	2.9	6.9	2.6	0.6
24.98	24.87	6621.6	298.6	162.9	182.9	-0.4	10.5	7.2	-0.1
3542.03			1126.6	470.7	194.9	51.0		13.4	8.6
1374.19			1131.4	507.5	219.8	62.9		13.4	10.2
2167.84			1079.8	443.5	178.2	42.5		13.1	7.3
9876.81	9120.36		1435.9	478.3	132.3	-7.7		14.6	-1.6
1460.84	2043.71		2237.3	779.1	204.4	39.9		17.1	6.9
1740.92	2174.34	5148.2	437.3	176.4	60.0	24.9	9.9	8.8	4.5
85.52	135.58	5744.0	398.6	222.9	52.7	58.5	10.2	8.4	9.7
463.04	741.09	14871.5	391.0	244.9	89.5	60.0	12.7	8.3	9.9
9909.52	10797.36	8146.7	1277.4	593.0	192.2	9.0	11.1	14.0	1.7
4323.10	2132.89	1161.9	262.3	142.7	35.1	-50.7	6.2	6.6	-13.2
252.34	232.01	634.2	23.8	11.4	-3.0	-8.1	4.9	1.1	-1.7
1947.74	4080.24	92632.7	3641.3	1404.3	555.0	109.5	17.7	19.9	15.9
16770	17167	5391.5	857.7	444.5	198.2	2.4	10.0	12.0	0.5
3194	3952	2310.6	379.6	243.8	192.7	23.7	7.9	8.2	4.4
2810	3873	183.7	136.0	95.0	93.5	37.8	2.5	4.4	6.6
186407	206693	696.4	496.6	340.8	36.3	10.9	5.1	9.3	2.1
87541	40137	1118.5	-24.3	-37.7	-59.0	-54.2	6.1	-1.4	-14.4
658.23	524.47	1956.7	120.0	67.9	2.0	-20.3	7.5	4.0	-4.4
84540	86444	2393.3	453.6	297.1	114.4	2.3	8.0	8.9	0.4
1379.00	1265.12	1489.3	213.1	95.7	25.0	-8.3	6.8	5.9	-1.7

1—5 续表2

指 标	Item	总量指	
		1978	2000
邮电通信业	**Post and Telecommunication**		
邮政业务总量（亿元）	Business Volume of Postal Services (100 million yuan)		
邮路网路总长度(公里)	Number of Postal Routes(km)		63538
函件(万件)	Number of Letters(10000 pcs)	3880	6943
交换机容量(万门)	Capacity of Telephone Exchanges(10000 lines)	8.95	260.46
年末固定电话用户(万户)	Number of Fixed Telephones Subscribers at the Year-end (10000 subscribers)	3.80	153.70
移动电话用户(万户)	Number of Mobile Telephones Subscribers(10000 subscribers)		79.70
互联网宽带接入端口(万个)	Number of Subscribers of Internet Service(10000 subscribers)		
旅游业	**Tourism**		
旅游总人数(万人次)	Total Number of Visitors(10000 person-time)		1980
#入境旅游人数	Number of International Tourists Inbound		18.39
旅游总收入(亿元)	Total Tourism Income(100 million yuan)		57.95
#国际旅游外汇收入(万美元)	International Earnings from Tourism (USD 10000)		6092.23
金融业	**Financial Intermediation**		
全部金融机构人民币各项存款余额(亿元)	Total Savings Deposit Balance(100 million yuan)	18.05	1106.64
#住户存款	Household Deposits	1.84	539.49
全部金融机构人民币各项贷款余额(亿元)	Total Loan Balance (100 million yuan)	21.62	1064.82
教育	**Education**		
专任教师数	Full-time Teachers		
普通高等学校(万人)	Regular Institutions of Higher Education (10000 persons)	0.28	0.72
普通中学(万人)	Regular Secondary Schools (10000 persons)	5.42	8.12
小学(万人)	Primary Schools(10000 persons)	15.59	17.48
在校学生数	Students Enrollment		
普通高等学校(万人)	Regular Institutions of Higher Education (10000 persons)	1.33	7.55
普通中学(万人)	Regular Secondary Schools(10000 persons)	137.17	157.20
小学(万人)	Primary Schools(10000 persons)	423.60	500.21
小学学龄儿童入学率(%)	Enrollment Rate of School-age Children (%)	89.5	98.5
文化	**Culture**		
图书总印数(万册)	Number of Books Printed Copies (10000 copies)	5842	10289
杂志总印数(万册)	Number of Magazines Printed Copies(10000 copies)	69	994
报纸总印数(万份)	Number of Newspapers Printed Copies(10000 copies)	11930	28799
家庭	**Household**		
城镇居民平均每户常住家庭人口(人)	Average Persons Per Urban Household(person)	5.41	3.11
农村居民平均每户常住人口(人)	Average Persons Per Rural Household(person)	5.80	4.52
婚姻	**Marital**		
准予登记结婚(万对)	Marriage Registration Permitted(10000 couples)	△7.02	28.02
离婚人数(万人)	Divorce(10000 persons)	△0.38	1.54
居住	**Residence**		
城镇人均住宅建筑面积(平方米)	Per Capita Building Space in Urban Areas(sq.m)	5.45	17.60
农村居民人均年末使用房屋面积(平方米)	Per Capita Living Space in Rural Areas(sq.m)		19.75
收入	**Income**		
城镇常住居民人均可支配收入(元)	Per Capita Annual Disposable Income of Urban (yuan)	261	5121
农村常住居民人均可支配收入(元)	Per Capita Annual Net Income of Rural Residents(yuan)	109	1374

continued

标	Aggregate Indicators			增长速度 (%) Indices and Growth Rates (%)							
				2020年比以下各年增长 Increase Rate in 2020 over the Following Years					平均增长速度 Average Annual Growth Rate		
2005	2010	2015	2020	1978	2000	2005	2010	2015	1979−2020	2001−2020	2016−2020
	15.50	33.77	85.48				451.5	153.1			20.4
64926	96174	187688	175412		176.1	170.2	82.4	-6.5		5.2	-1.3
5728	5939	3795	3809	-1.8	-45.1	-33.5	-35.9	0.4	-0.04	-3.0	0.1
1369.55	3673.01	5545.40	—	—	—	—	—	—	—	—	—
466.49	432.61	312.53	223.10	5771.1	45.2	-52.2	-48.4	-28.6	10.2	1.9	-6.5
509.42	1964.40	3172.30	4386.92		5404.3	761.2	123.3	38.3		22.2	6.7
51.21	231.69	916.68	1744.46			3306.5	652.9	90.3			13.7
3099	12913.02	37630.01	61781.49		3020.3	1893.6	378.4	64.2		18.8	10.4
27.62	50.01	94.09	4.36		-76.3	-84.2	-91.3	-95.4		-6.9	-45.9
242.83	1061.23	3512.82	5785.09		9882.9	2282.4	445.1	64.7		25.9	10.5
10141.36	12957.88	20111.94	2110.80		-65.4	-79.2	-83.7	-89.5		-5.2	-36.3
2777.54	7363.92	19438.64	28276.31	156555.5	2455.2	918.0	284.0	45.5	19.1	17.6	7.8
1350.90	3244.99	6861.43	11280.79	612986.7	1991.0	735.1	247.6	64.4	23.1	16.4	10.5
2303.93	5747.53	15051.94	32235.75	149001.5	2927.3	1299.2	460.9	114.2	19.0	18.6	16.5
1.44	2.04	3.05	3.94	1331.8	444.4	174.6	93.7	29.2	6.5	8.8	5.3
12.27	14.31	17.99	19.81	265.3	144.1	61.4	38.4	10.1	3.1	4.6	1.9
18.37	19.79	19.35	21.50	37.9	23.0	17.1	8.6	11.1	0.8	1.0	2.1
20.68	32.33	50.09	84.02	6217.3	1012.8	306.4	159.9	67.7	10.4	12.8	10.9
254.96	276.75	295.86	275.59	100.9	75.3	8.1	-0.4	-6.9	1.7	2.8	-1.4
473.76	433.50	346.31	397.27	-6.2	-20.6	-16.1	-8.4	14.7	-0.2	-1.1	2.8
98.3	97.9	99.5	99.9	11.7	1.5	1.6	2.0	0.4	0.3	0.1	0.1
9993	8069	9636	13052	123.4	26.9	30.6	61.8	35.5	1.9	1.2	6.3
1349	1300	1756	1436	1981.6	44.5	6.5	10.5	-18.2	7.5	1.9	-3.9
35172	37004	33375	23440	96.5	-18.6	-33.4	-36.7	-29.8	1.6	-1.0	-6.8
3.06	3.03	3.05	3.46	-36.0	11.3	13.1	14.2	13.4	-1.1	0.5	2.6
4.40	4.34	3.53	3.70	-36.2	-18.1	-15.9	-14.7	4.8	-1.1	-1.0	0.9
21.13	37.51	49.26	31.76		13.3	50.3	-15.3	-35.5		0.6	-8.4
8.21	12.79	21.68	32.29		1993.7	293.4	152.4	49.0		16.4	8.3
26.40	27.42	36.37	40.41	641.5	129.6	53.1	47.4	11.1	4.9	4.2	2.1
23.50	27.26	32.33	49.23		149.3	109.5	80.6	52.3		4.7	8.8
8147	14143	24580	36096	13716.1	604.8	343.1	155.2	46.9	12.5	10.3	8.0
1877	3472	7387	11642	10551.4	747.2	520.3	235.3	57.6	11.8	11.3	9.5

1—5 续表3

指 标	Item	总量指标 1978	2000	2005	2010
社会保险	**Social Insurance**				
社会保险基金收入(亿元)	Revenue of Social Insurance Fund (100 million yuan)		22.87	57.34	201.56
社会保险基金支出(亿元)	Expenses of Social Insurance Fund (100 million yuan)		23.41	53.78	151.41
参加城镇职工基本养老保险人数(万人)	Number of Urban Employees Basic Pension Insurance (10000 persons)		165.42	183.67	257.31
参加失业保险人数(万人)	Number of Unemployment Insurance (10000 persons)		131.33	129.30	152.48
卫生	**Health Care**				
医院、卫生院(个)	Number of Hospitals and Health Centers(unit)	4510	1878	1843	2005
执业(助理)医师(万人)	Number of Licensed (Assistant) Doctors (10000 persons)	2.12	4.57	3.55	4.22
医院、卫生院床位数(万张)	Number of Beds(10000 beds)	3.75	5.51	5.84	9.75
城市市政建设	**Municipal Construction**				
供水总量(万立方米)	Volume of Tap Water Supply(10000 cu.m)	5389	45693	63705	63572
城市排水管道长度(公里)	Length of Sewer Pipelines(km)	214	1665	4313	5507
出租汽车(辆)	Taxi(unit)	☆33	7352	12386	15087
年末公共交通运营车辆数(辆)	Number of Public Vehicles under Operation at Year-end (unit)	326	4144	5814	4984
年末实有道路长度(公里)	Length of Paved Roads at Year-end(km)	184	1679	3518	4081
城市绿化覆盖面积(公顷)	Urban Green Coverage (hectare)	1037	9939	31161	45500
环境	**Environment**				
环保资金投入(亿元)	Environment Protection Investment(100 million yuan)	0.17	10.98	33.26	89.52
环境污染事故(起)	Accident of Environment Pollution(case)			28	4
火灾、交通事故	**Basic Statistics on Fires and Traffic Accidents**				
火灾发生数(起)	Number of Fires(case)	2501	1608	2299	1630
直接财产损失(万元)	Direct Property Loss(10000 yuan)	1734.21	2814.70	1078.50	4416.80

注：1.年末常住人口及分项指标1978,2000年为常住一年口径。2.规模以上工业统计口径2000—2010年为年主营业务收入500万元及以上的工业企业，2011年起为年主营业务收入2000万元及以上工业企业。3.本表速度指标中，地区生产总值、工业增加值和城乡居民收入及分项指标均按可比价格计算。4.储蓄存款2010年及以前为城乡居民储蓄存款。5.农村常住居民人均可支配收入2013年及以前为农民人均纯收入。6."△"为1979年数据；"☆"为1981年数据；"※"为1985年数据。

continued

Aggregate Indicators		增长速度(%) Indices and Growth Rates (%)							
2015	2020	2020年比以下各年增长 Increase Rate in 2020 over the Following Years					平均增长速度 Average Annual		
		1978	2000	2005	2010	2015	1979–2020	2001–2020	2016–2020
463.97	1307.04		5615.9	2179.5	548.5	181.7		22.4	23.0
362.85	1219.31		5107.8	2167.4	705.3	236.0		21.9	27.4
392.09	713.98		331.6	288.7	177.5	82.1		7.6	12.7
205.31	297.93		126.9	130.4	95.4	45.1		4.2	7.7
2631	2755	-38.9	46.7	49.5	37.4	4.7	-1.2	1.9	0.9
6.34	9.86	364.4	115.9	177.6	133.9	55.5	3.7	3.9	9.2
18.73	27.58	634.7	400.0	372.2	182.9	47.2	4.9	8.4	8.0
85454	127035	2257.3	178.0	99.4	99.8	48.7	7.8	5.2	8.3
9529	17650	8147.6	960.1	309.2	220.5	85.2	11.1	12.5	13.1
25697	42221		474.3	240.9	179.9	64.3		9.1	10.4
7889	11013	3278.2	165.8	89.4	121.0	39.6	8.7	5.0	6.9
7014	17267	9284.2	928.4	390.8	323.1	146.2	11.4	12.4	19.7
73980	122693	11731.5	1134.5	293.7	169.7	65.8	12.0	13.4	10.6
161.16									
9	11			-60.7	175.0	22.2			4.1
3483									
6538									

Note:1.As to permanent population at the year-end and subitems in this table,the year 1978 - 2000 refer to permanent population in one year scope. 2.The scale above ind ustrial enterprises statistics was the industrial of main business income of 5 million yuan and above in2000 to 2010. And from 2011, it is the industrial of main business income of 20 million yuan and above. 3.As to growth rates in the table,GDP,value-added of industry, per capita annual disposable income of urban households and per capita annual net income of rural residents and their sub items were calculated at constant price. 4.The year 2010 and before,savings deposit refer to savings deposit of urban and rural residents. 5.The year 2013 and before, per capita disposable income of rural permanent residents refer to rural percapita net income. 6.Data with "△" refer to the year 1979, with "☆" refer to the year 1981, with "※" refer to the year 1985.

1-6 国民经济和社会发展主要指标结构
Composition Indicators on National Economic and Social Development

单位：% (%)

指 标	Item	2016	2017	2018	2019	2020
人口	**Population**					
城镇、乡村	Grouped by Urban and Rural Area					
城 镇	Urban Population	44.1	46.0	47.5	49.0	53.2
乡 村	Rural Population	55.9	54.0	52.5	51.0	46.9
性别	Grouped by Sex					
男性	Male	51.6	51.6	51.7	51.2	51.1
女性	Female	48.4	48.4	48.3	48.8	48.9
就业人员	**Employment**					
第一产业	Primary Industry	57.3	55.5	53.8	52.5	33.5
第二产业	Secondary Industry	17.2	18.1	18.4	18.4	25.0
第三产业	Tertiary Industry	25.5	26.4	27.8	29.2	41.5
国民经济核算	**National Accounting**					
地区生产总值	GDP					
第一产业增加值	Value-added of Primary Industry	15.8	14.9	14.0	13.6	14.2
第二产业增加值	Value-added of Secondary Industry	37.9	36.5	35.9	36.1	34.8
第三产业增加值	Value-added of Tertiary Industry	46.3	48.5	50.1	50.3	50.9
投资	**Investment in Fixed Assets**					
全社会固定资产投资	Structure of Total Investment in Fixed Assets in the Whole Province					
中央	Central	3.0	2.6	1.3	4.0	4.1
地方	Local	97.0	97.4	98.7	96.0	95.9
#国有经济	State-owned Economic Unit	46.9	54.8	52.4	44.8	41.4
非国有经济	Non-State-owned Economic Unit	53.1	45.2	47.6	55.2	58.6
资金来源结构	Grouped by Source of Funds					
国家预算资金	State Budgetary Appropriation	8.7	8.3	7.3	5.4	6.1
国内贷款	Domestic Loans	16.4	17.2	19.4	15.0	14.6
利用外资	Foreign Investment	0.3	0.2	0.1	0.2	0.1
自筹资金	Self-raising Funds	59.3	56.3	47.0	50.6	50.6
其他资金	Others	15.4	18.0	26.2	28.8	28.7
对外贸易	**Foreign Trade**					
出 口	Total Exports	83.2	71.0	67.4	72.2	78.9
进 口	Total Imports	16.8	29.0	32.6	27.8	21.1
财政	**Government Finance and Tax**					
一般公共预算收入	General Public Budget Revenue					
省 级	Provincial Level	18.9	18.3	19.8	25.4	26.3
市 级	Prefectural Level	19.5	19.7	20.9	20.5	22.0
县 级	County level	50.8	52.2	50.1	47.5	45.7
乡 级	Township Level	10.8	9.8	9.2	6.7	6.0

注：2018年起投资统计口径为计划总投资500万元及以上的固定资产项目投资和房地产开发项目投资。

Note: Starting from 2018, the investment statistics cover fixed asset project investment and real estate development project investment with a total planned investment of 5 million yuan or more.

1-6　续表1　continued

单位：%　　　　(%)

指　标	Item	2016	2017	2018	2019	2020
能源	Energy					
一次能源生产总量	Structure of Total Energy Production					
原　煤	Coal	81.9	80.3	77.9	76.5	72.2
水　电	Hydro-power	17.6	19.0	21.4	22.7	26.5
能源终端消费总量	Structure of Total Energy					
#原　煤	Coal	37.4	36.8	31.7	30.9	29.1
天然气	Natural Gas	1.7	1.9	3.9	4.2	4.5
电　力	Electricity	39.8	42.3	43.5	44.1	44.6
农业	Agriculture					
农林牧渔业增加值	Structure of Value-added of FFAFS					
农　业	Farming	61.0	61.1	63.3	65.1	
林　业	Forestry	6.8	7.3	7.7	7.6	
畜牧业	Animal Husbandry	25.2	24.8	22.3	20.5	
渔　业	Fishery	1.9	1.8	1.5	1.6	
农林牧渔服务业	FFAF Services	5.0	5.0	5.1	5.3	5.1
工业	Industry					
规模以上工业增加值	In the Industrial Enterprises above Designated Size					
轻工业	Light Industry	38.7	39.7	45.1	47.2	49.8
重工业	Heavy Industry	61.3	60.3	54.9	52.8	50.2
#大型企业	Large Industry	29.5	29.8	41.2	44.8	52.3
中型企业	Medium-sized Industry	23.0	21.7	19.5	18.4	17.5
小型企业	Small Industry	44.5	45.1	35.0	33.3	26.1
建筑业	Construction					
建筑业总产值	Structure of Gross Output Value of Construction					
国有及国有控股	State-owned	65.9	65.4	56.3	53.9	51.2
非国有经济	Non-state-owned	34.1	34.6	43.7	46.1	48.8
交通运输业	Transportation					
货运量	Structure of Freight Traffic					
铁　路	Railways	6.3	5.5	5.4	5.2	6.7
公　路	Highways	91.9	92.8	93.0	93.3	91.9
水　运	Waterways	1.8	1.7	1.6	1.5	1.4
客运量	Structure of Passenger Traffic					
铁　路	Railways	5.8	6.3	7.3	7.7	13.8
公　路	Highways	91.9	91.3	90.3	89.9	83.7
水　运	Waterways	2.3	2.4	2.4	2.4	2.5
旅游业	Tourism					
来黔涉外旅游人数	Structure of Tourists Visiting Guizhou					
外 国 人	Foreigners	47.1	51.1	54.3	49.8	44.5
港澳同胞	Compatriots from Hong Kong and Macao	26.4	24.5	24.4	20.6	34.4
台湾同胞	Compatriots from Taiwan	26.5	24.4	21.3	29.6	20.9
金融业	Financial Intermediation					
金融机构人民币各项存款余额	Structure of Total Savings Deposit Balance					
#财政存款	Treasury Deposit	3.4	3.2	2.8	1.7	2.2
个人储蓄存款	Personal Savings Deposit	35.9	36.7	40.0	42.4	45.1

1−6 续表2 continued

单位：% (%)

指　标	Item	2016	2017	2018	2019	2020
金融机构人民币各项贷款余额	Structure of Total Loan Balance					
#短期贷款	Short-Term Loan	19.2	18.2	17.3	17.1	16.6
中长期贷款	Middle-Term & Long-Term Loan	79.0	80.5	81.0	81.0	81.0
教育(学历教育口径)	**Education**					
在校学生	Structure of Students Enrollment					
#高等教育阶段	Higher Education	9.2	9.8	10.3	11.0	11.9
高中阶段	Senior Secondary Schools	20.1	19.6	19.0	17.9	17.0
初中阶段	Junior Secondary Schools	24.7	23.7	23.1	22.4	22.0
小学阶段	Primary Schools	46.0	46.9	47.6	48.6	49.1
专任教师	Structure of Full-time Teachers					
#高等教育阶段	Higher Education	7.7	7.9	8.0	8.2	8.4
高中阶段	Senior Secondary Schools	18.0	18.4	18.4	18.4	18.3
初中阶段	Junior Secondary Schools	29.1	28.5	28.1	27.6	27.5
小学阶段	Primary Schools	45.2	45.2	45.5	45.8	45.8
人民生活	**People's Living Conditions**					
城镇居民消费性支出	Consumption Structure of Urban Residents					
#食品烟酒	Food, Alcohol and Tobacco	33.2	33.0	32.4	32.2	31.9
衣　着	Clothing	7.9	7.7	7.6	7.6	7.0
居　住	Residence	17.8	17.5	17.9	18.1	18.1
生活用品及服务	Articles and Services for Daily Use	6.6	6.7	6.7	6.7	6.9
医疗保健	Medicines and Medical Services	5.5	5.8	5.9	5.9	6.3
交通通信	Transport and Communications	14.0	13.9	14.1	14.0	13.9
教育文化娱乐	Education, Cultural and Recreation Services	13.0	13.4	13.4	13.6	13.6
农村居民生活消费支出	Consumption Structure of Rural Residents					
#食品烟酒	Food, Alcohol and Tobacco	38.7	38.0	36.9	36.7	36.8
衣　着	Clothing	5.0	5.0	5.5	5.4	5.5
居　住	Residence	20.2	20.3	19.9	19.4	19.9
生活用品及服务	Articles and Services for Daily Use	5.8	5.4	5.5	5.6	5.6
医疗保健	Medicines and Medical Services	7.0	7.3	7.7	8.0	8.9
交通通信	Transport and Communications	12.8	13.0	13.3	13.4	12.2
教育文化娱乐	Education, Culture and Recreation	9.2	9.5	9.6	9.8	9.5
卫生	**Health Care**					
卫生机构床位数	Structure of Beds of Health Care Institutions					
#医院、卫生院	Hospitals and Health Centers	95.1	94.9	94.7	94.7	94.4
卫生技术人员	Medical Technical Personnels					
#执业(助理)医师	Licensed(Assistant) Doctors	33.7	33.4	33.2	33.6	34.1
环境	**Environment**					
环境保护投入资金	Structure of Environment Protection Investment					
#老工业污染源治理资金	Old Industry Pollute Fountain Treatment	3.2	3.4	3.7	5.4	
城市环境基础设施建设	Urban Environment Infrastructure Investment	53.0	50.2	46.0	45.1	

1-7 国民经济和社会发展主要指标比例、效益
Major Indicators on Proportions and Efficiency in National Economic and Social Development

指 标	Item	2016	2017	2018	2019	2020
人口与就业	**Population and Employment**					
城镇人口比重(%)	Proportion of Urban Population(%)	44.15	46.02	47.52	49.02	53.15
人口出生率(‰)	Birth Rate(‰)	13.43	13.98	13.90	13.65	13.70
人口死亡率(‰)	Death Rate(‰)	6.93	6.88	6.85	6.95	7.17
人口自然增长率(‰)	Natural Growth Rate(‰)	6.50	7.10	7.05	6.70	6.53
城镇登记失业率(%)	Registered Unemployment Rate in Urban Areas(%)	3.24	3.23	3.16	3.11	3.75
国民经济核算	**National Accounting**					
新经济增加值占GDP比重(%)	Added Value in New Economic Share of GDP(%)	17.4	18.0	18.9	19.7	20.1
民营经济增加值占GDP比重(%)	Added Value in Non-public-owned Economic Share of GDP(%)	52.0	53.2	54.1	53.7	52.6
人均地区生产总值(元)	Per Capita Gross Domestic Product(yuan)	33246	37956	41244	46433	46267
固定资产投资	**Investment in Fixed Assets**					
固定资产交付使用率(%)	Rate of projects fixed assets completed and put into use(%)	55.8	58.1	41.2	40.8	35.7
项目投产竣工率(%)	Rate of projects completed and put into use(%)	67.7	66.0	45.9	52.7	51.5
消费	**Consumption**					
人均社会消费品零售额(元)	Per Capita Ratail Sales of Consumer Goods(yuan)	10470	11644	19736	20613	20314
对外贸易	**Foreign Trade**					
进出口总额相当于地区生产总值比例(%)	Proportion of Total Value of Imports and Exports as Percentage to GDP(%)	3.2	4.1	3.4	2.7	3.1
财政	**Government Finance**					
财政总收入相当于地区生产总值比例(%)	Proportion of Total Financial Revenues to GDP(%)	20.5	19.6	20.1	18.2	17.3
一般公共预算支出相当于地区生产总值比例(%)	Proportion of General Budget Expenditure to GDP (%)	36.3	34.1	34.0	35.5	32.2
能源	**Energy**					
电力生产弹性系数	Elasticity Ratio of Electricity Production	0.12	0.28	0.57	0.76	2.20
能源消费弹性系数	Elasticity Ratio of Energy Consumption	0.27	0.25	0.21	0.47	0.42
电力消费弹性系数	Elasticity Ratio of Electricity Consumption	0.55	1.13	0.77	0.48	0.64
每万元地区生产总值能耗(吨标准煤/万元)(可比价)	Energy Consumption Per Unit of GDP (ton of SCE/10000 yuan) (equivalent value)	0.8245	0.7668	0.7166	0.6880	0.6712
农业	**Agriculture**					
每亩播种面积农产品产量	Output of Farm Crops Per Mu of Sowning Area					
粮 食(公斤)	Grain(kg)	270	271	258	259	256
油 料(公斤)	Oil-bearing Crops(kg)	116	116	115	115	119

注：每万元地区生产总值能耗2016年起按2015年不变价计算。

Note: Energy consumption per 10000 yuan of regional GDP from 2016 is calculated at the constant price in 2015.

1—7 续表1 continued

指 标	Item	2016	2017	2018	2019	2020
工业(规模以上)	**Industry (above Designated Size)**					
总资产贡献率(%)	Ratio of Total Assets to Industrial Output Value (%)	12.75	12.85	13.57	12.46	12.89
资本保值增值率(%)	Capital Maintenance and Appreciation Rate (%)	111.14	108.21	106.81	106.43	105.25
流动资产周转次数(次/年)	Turnover Times of Circulating Assets (times/year)	1.9	1.65	1.42	1.35	1.23
成本费用利润率(%)	Ratio of Profits to Industrial Cost (%)	8.42	9.52	12.22	11.77	15.21
建筑业	**Construction**					
技术装备率(元/人)	Value of Machinery Per Laborer (yuan/person)	9047	9109	7705	6443	6181
产值利税率(%)	Ratio of Per-tax Profits to Gross Output Value (%)	6.0	7.1	7.5	5.8	6.4
交通运输业	**Transportation**					
铁路网密度(公里/万平方公里)	Railway Density (km/10000 sq.km)	185.62	186.47	202.08	213.04	219.81
公路网密度(公里/万平方公里)	Highway Density (km/10000 sq.km)	10876	11038	11177	11621	11731
邮电通信业	**Postal and Telecommunication Services**					
电话普及率(包括移动电话)(部/百人)	Popularization Rate of Telephone (set/100 persons)	99.76	112.86	125.36	128.94	127.30
移动电话普及率(部/百人)	Popularization Rate of Mobile Telephone (set/100 persons)	92.43	105.93	118.68	122.52	121.10
旅游业	**Tourism**					
来黔境外旅游者人均消费支出(美元/人·天)	Daily Expenditure of Per Tourists Visiting Guizhou (USD/person and day)	189.29	203.11	231.90	181.41	172.61
金融	**Finance**					
金融机构人民币各项存款余额相当于地区生产总值比例(%)	Deposit of Financial Institutions as Percentage of GDP (%)	201.6	191.8	172.4	162.0	158.6
金融机构人民币各项贷款余额相当于地区生产总值比例(%)	Loans of Financial Institutions as Percentage of GDP (%)	151.4	153.3	161.0	169.6	180.8

1—7　续表2　continued

指　　标	Item	2016	2017	2018	2019	2020
教育	**Education**					
学龄儿童入学率(%)	Enrollment Rate of School-age Children(%)	99.6	99.6	99.7	99.7	99.9
初中阶段毛入学率(%)	Enrollment Rate of Primary School Graduates Entering into Junior Secondary Schools(%)	107.9	108.8	109.7	109.9	109.8
九年义务教育巩固率（%）	The Consolidation Rate of Nine Year Compulsory Education（%）	88.0	90.0	91.0	93.0	95.0
高中阶段毛入学率(%)	Enrollment Rate of Junior secondary School Graduates Entering into Senior secondary Schools(%)	87.0	87.0	88.0	89.0	90.7
高等教育毛入学率(%)	Enrollment Rate of Senior secondary School Graduates Entering into Institution of Higher Learning(%)	33.0	34.0	36.0	38.2	41.6
教师负担学生系数(学生/教师)	Student-Teacher Ratio (student/teacher)					
普通高校	Regular Institution of Higher Education	17.35	17.90	18.97	20.28	18.48
普通高中	Regular Senior Secondary Schools	16.28	15.77	15.13	14.57	13.80
普通初中	Regular Junior Secondary Schools	14.88	14.35	14.10	13.98	14.12
小　　学	Primary Schools	17.93	17.92	17.89	18.27	21.32
城乡收入比例	**Urban-rural Income Ratio**					
城乡居民收入比(以农村常住居民人均可支配收入＝1)	Ratio of Annual Income of Urban Residents to Rural(rural resident=1)	3.31	3.28	3.25	3.20	3.10
卫生	**Health Care**					
每万人拥有执业(助理)医师数(人)	Number of Licensed(Assistant) Doctors Per 10000 Persons(person)	19.4	21.1	22.6	24.8	25.6
每万人拥有床位数(张)	Number of Beds in Hospitals and Health Centers Per 10000 Persons(bed)	59.1	65.1	68.2	73.1	71.5
城市建设	**City Construction**					
人均公园绿地面积(平方米)	Per Capita Area of Parks and Green Land(sq.m)	11.65	13.02	13.54	14.72	15.38
用水普及率(%)	Percentage of Population with Access to Tap Water(%)	92.9	93.2	93.8	95.3	97.3
燃气普及率(%)	Percentage of Households with Access to Tap Gas(%)	72.1	73.7	74.6	81.2	88.0
环境、灾害	**Environment and Disaster**					
环保投入相当于地区生产总值比例(%)	Environment Protection Investment as Percentage to GDP(%)	1.5	1.3	1.2	1.0	
亿元地区生产总值生产安全事故死亡人率(人/亿元)	Deaths of Industrial Accidents per Unit of GDP(person/100 million yuan)	0.12	0.10	0.08	0.06	0.04

1-8 贵州经济社会主要指标占全国比重
Proportion of Guizhou's Main Economic and Social Indicators to the Whole Country

指 标	Item	全 国 China		贵 州 Guizhou		贵州占全国比重(%) Proportion of Guizhou to China(%)	
		2019	2020	2019	2020	2019	2020
土地面积(万平方公里)	**Area of Territory(10000 sq.km)**	960		17.62		1.8	
人口	**Population**						
年末总人口(万人)	Total Population at the Year-end (10000 persons)	141008	141178	3848.00	3858.00	2.7	2.7
就业	**Employment**						
就业人员(万人)	Employees(10000 persons)	75447	75064	1888.00	1892.00	2.5	2.5
非私营单位在岗职工年平均工资(元)	Average Wage of Staff and Workers (yuan)	93383	100512	87970	94276	94.2	93.8
国民经济核算	**National Accounting**						
地区生产总值(亿元)	Gross Domestic Product (100million yuan)	990865	1015986	16769.34	17826.56	1.7	1.8
第一产业增加值	Value-added of Primary Industry	70467	77754	2280.56	2539.88	3.2	3.3
第二产业增加值	Value-added of Secondary Industry	386165	384255	6058.45	6211.62	1.6	1.6
第三产业增加值	Value-added of Tertiary Industry	534233	553977	8430.33	9075.07	1.6	1.6
人均地区生产总值(元)	Per Capita Gross Domestic Product (yuan)	70328	72000	46433	46267	66.0	64.3
对外贸易	**Foreign Trade**						
进出口总额(亿美元)	Total Value of Imports and Exports (USD 100 million)	45852	46463	65.68	79.08	0.1	0.2
#出口	Total Exports	24995	25906	47.40	62.27	0.2	0.2
财政	**Government Finance**						
一般公共预算收入(亿元)	General Public Budget Revenue (100 million yuan)	190390	182895	1767.47	1786.80	0.9	1.0
一般公共预算支出(亿元)	General Public Budget Expenditure (100 million yuan)	238858	245588	5948.74	5739.50	2.5	2.3
能源	**Energy**						
一次能源生产总量(万吨标准煤)	Total Production of Primary Energy(10000 tons of SCE)	397317	408000	11630.38	11171.06	2.9	2.7
能源消费总量(万吨标准煤)	Consumption of Energy (10000 tons of SCE)	487488	498000	10423.27	10621.44	2.1	2.1
农业	**Agriculture**						
粮食产量(万吨)	Output of Grain(10000 tons)	66384	66949	1051.24	1057.63	1.6	1.6
油料产量(万吨)	Output of Oil-bearing Crops(10000tons)	3493	3586	103.01	103.40	2.9	2.9
工业	**Industry**						
发电量(亿千瓦小时)	Output of Electricity (100 million kwh)	75034	77791	2106.28	2174.34	2.8	2.8
水 泥(万吨)	Cement (10000 tons)	234431	239484	10991.07	10797.36	4.7	4.5

1-8 续表 continued

指标	Item	全国 China 2019	全国 China 2020	贵州 Guizhou 2019	贵州 Guizhou 2020	贵州占全国比重(%) Proportion of Guizhou to China(%) 2019	贵州占全国比重(%) Proportion of Guizhou to China(%) 2020
交通运输业	**Transportation**						
铁路营业里程(万公里)	Length of Railways(10000 km)	13.99	14.63	0.38	0.39	2.7	2.6
公路里程(万公里)	Length of Highways(10000 km)	501.25	519.81	20.47	20.67	4.1	4.0
旅客周转量(亿人公里)	Passenger-Kilometers (100 million passenger-km)	35349	19251	832.94	524.47	2.4	2.7
货物周转量(亿吨公里)	Freight Ton-Kilometers(100 million ton-km)	199394	202069	1953.89	1265.12	1.0	0.6
邮电通信业	**Post and Telecommunication**						
电信业务总量(亿元)	Business Revenue of Telecommunications (100 million yuan)	106811	136758	3874.88	5077.70	3.6	3.7
邮政业务总量(亿元)	Business Volume of Postal Services (100 million yuan)	16230	21053	76.05	85.48	0.5	0.4
旅游业	**Tourism**						
国际旅游外汇收入(亿美元)	International Earnings from Tourism (USD 100 million)	1313		3.45	0.21	0.3	
金融业	**Finance**						
金融机构人民币各项存款余额(亿元)	Total Savings Deposit Balance (100 million yuan)	1928785	2125721	27170.60	28276.31	1.4	1.3
金融机构人民币各项贷款余额(亿元)	Total Loan Balance(100 million yuan)	1531123	1727452	28448.73	32235.75	1.9	1.9
教育	**Education**						
普通高等学校(所)	Regular Institutions of Higher Education(unit)	2688	2738	72	75	2.7	2.7
普通高等学校专任教师(万人)	Full-time Teachers of Regular Institutions of Higher Education(10000 persons)	174	183	3.78	3.94	2.2	2.2
普通高校在校大学生(万人)	Students Enrollment of Regular Institutions of Higher Education(10000 persons)	3032	3285	76.57	84.02	2.5	2.6
文化	**Culture**						
图书总印数(亿册)	Number of Books Printed Copies (100 million copies)	106	101	1.37	1.31	1.3	1.3
期刊总印数(亿册)	Number of Magazines Printed Copies (100 million copies)	22	20	0.17	0.14	0.8	0.7
报纸总印数(亿份)	Number of Newspapers Printed Copies (100million copies)	318	277	2.54	2.34	0.8	0.8
卫生	**Health Care**						
医疗卫生机构(万个)	Number of Health Institutions(10000 unit)	101	102	2.85	0.28	2.8	0.3
执业(助理)医师(万人)	Number of Licensed(Assistant) Doctors (10000 persons)	387	408	8.98	9.86	2.3	2.4
医院床位(万张)	Number of Beds in Hospitals(10000 beds)	687	713	20.57	27.58	3.0	3.9
人民生活	**People's Livelihood**						
城镇常住居民人均可支配收入(元)	Per Capita Annual Disposable Income of Urban Permanent Households(yuan)	42359	43834	34404	36096	81.2	82.3
农村常住居民人均可支配收入(元)	Per Capita Annual Disposable Income of Rural Residents(yuan)	16021	17131	10756	11642	67.1	68.0

注：贵州占全国比重中，非私营单位职工平均工资、人均地区生产总值、城乡居民人均收入占比表示贵州相当于全国的比例。

Note: In the proportion of Guizhou to China, the ratio in average wage of workers in non-private units, in per capita gross domestic product, and in per capita income of urban and rural households shows the ratio of Guizhou to China.

主要统计指标解释

行政区划 国家对行政区域的划分。

国民经济行业分类 2017年起统计定期报表使用国民经济行业分类（GB/T 4754—2017）。该分类是由国家统计局、国家标准化研究院起草，国家统计局组织修订，经国家质量监督检验检疫总局和国家标准化管理委员会批准，于2017年6月30日发布，10月1日起实施。该次修订是在2011年分类标准的基础上，参照联合国《国际标准产业分类》修订第四版（ISIC/Rev.4）进行的。修订后的《国民经济行业分类》（GB/T4754-2017）共有门类20个，大类97个，中类473个，小类1381个。

可比价格 指计算各种总量指标所采用的扣除价格变动因素的价格，可进行不同时期总量指标的对比。按可比价格计算总量指标有两种方法：一种是直接用产品产量乘某一年的不变价格计算；另一种是用价格指数进行换算。

平均增长速度 反映社会经济指标在较长时期内各期（年）平均增长程度的相对数。以倍数或百分数表示。我国计算平均增长速度有两种方法：一种是"水平法"，又称几何平均法，是以间隔期最后一年的水平同基期水平对比来计算平均每年增长（或下降）速度；另一种是"累计法"，又称代数平均法或方程法，是以间隔期内各年水平的总和同基期水平对比来计算平均每年增长（或下降）速度。在一般正常情况下，两种方法计算的平均每年增长速度比较接近；但在经济发展不平衡、出现大起大落时，两种方法计算的结果差别较大。

本《年鉴》内所列的平均增长速度，均用"水平法"计算。从某年到某年平均增长速度的年份，均不包括基期年在内。如改革开放以来年平均增长速度是以 1978 年为基期计算的，则写为 1979-2016 年平均增长速度。

Explanatory Notes on Main Statistical Indicators

Divisions of Administrative Areas refers to the division of administrative areas by the state.

Industrial Classification of the National Economy The statistics of periodic statements has been classified by Industrial Classification of the National Economy (GB/T 4754 - 2017) since 2017. The classification was drafted by the National Bureau of Statistics as well as the National Institute of Standardization, and then revised by the National Bureau of Statistics. It was approved by the General Administration of Quality Supervision, Inspection and Quarantine of the State and the Standardization Administration of the State, which was released on June 30, 2017 and came into effect on October 1, 2017. The revision was based on the 2011 classification, with reference to the revised fourth edition of the United Nations International Standard Industrial Classification (ISIC / Rev.4). The revised version of the Industrial Classification of the National Economy (GB/T4754-2017) is composed of 20 sections, 97 divisions, 472 major groups and 1381 classes.

Comparable Price refers to the price that is used to calculate various aggregate indicators after deducting price change factors, which can be used to compare aggregate indicators in different periods. There are two ways to calculate the total amount of the total index:

one is that the output of the product is directly used to multiply by the constant price of a certain year. The other is to use the price index for conversion.

Average Annual Growth Rate refers to the relative number reflecting the average growth of socio-economic indicators in each period (year) over a rather long period, expressed in multiples or percentages. There are two methods for calculating the average growth rate of our country: one is "horizontal", also known as the geometric mean method, which calculates the average annual growth (or decline) rate by comparing the level of the last year of the interval with the level of the base period; another is the "cumulative method", also known as algebraic average method and equation method is combined with a interval in each level compared with the base period level to calculate average annual growth (or decline) speed. In the normal case, two methods for calculating the average annual growth rate is close to; but when the unbalanced economic development, the emergence of big ups and downs, two methods to calculate the results vary greatly.

The average annual growth rates listed in the Yearbook are calculated by the level approach. The base year is not listed in the duration for which average annual growth rates are computed. For instance, the average annual growth rate since the reform and opening up is calculated based on 1978，but it is shown as the average annual growth rate from 1979 to 2016 without showing the base year 1978.

国民经济核算

National Accounts 2

简 要 说 明

一、主要内容

国民经济核算资料主要包括地区生产总值及其有关资料。

二、地区生产总值

地区生产总值数据是根据不同产业部门、不同支出构成的特点和资料来源情况而采用不同方法计算的。

本年鉴公布的地区生产总值数据，如遇普查，在能够获得更详细的基础资料的情况下，会对地区生产总值的历史数据进行修订。

地区生产总值是一个价值量指标，其价值的变化受价格变化和物量变化两大因素影响。不变价地区生产总值是把按当期价格计算的地区生产总值换算成按某个固定期（基期）价格计算的价值，从而使两个不同时期的价值进行比较时，能够剔除价格变化的影响，以反映物量变化，反映生产活动成果的实际变动。随着经济的不断发展，各行业的价格结构也会不断发生变化，为了更好地反映这种变化对于经济的影响，计算不变价国内生产总值需要每隔若干年调整一次基期。我国自开始核算国内生产总值以来，共有 1952 年、1957 年、1970 年、1980 年、1990 年、2000 年、2005 年、2010 年、2015 年 9 个不变价基期，目前的基期是 2015 年。按照国家统计局要求，根据地区生产总值核算方法的调整变动，从 2016 年起将研发支出计入地区生产总值核算，同时对 2011-2015 年地区生产总值及各行业数据进行修订。

三、资料来源

本篇资料由省统计局根据部门资料加工计算。

Brief Introduction

I. Main Contents

Statistics on national accounts mainly include Gross Domestic Product and other related data.

II. Gross Domestic Product

Data on Gross Domestic Product (GDP) are computed based on different approaches in the light of the different features of various sectors, various expenditure structures and different data sources.

Gross Domestic Product (GDP) data published in this Yearbook are subject to revision of historical data when more detailed underlying information is available in the case of censuses.

Gross Domestic Product (GDP) is a measurement of value which changes depending on changes of price and production. GDP at constant prices converts the gross domestic product based on the current price into a value based on the price of the base period. When adjusted for price changes, the values of two different periods can be compared to reflect changes of both products and production activities. As economy grows, changes takes place in the price structures of various industries, and the base period for the measurement of constant-price GDP thus needs to be adjusted every few years in order to better reflect the impact of price changes on the economy. Since China started GDP calculation, nine constant-price base periods have been used, i.e., 1952, 1957, 1970, 1980, 1990, 2000, 2005, 2010, and 2015, and the current base period is 2015. According to the requirements of the National Bureau of Statistics, based on the adjustment and changes of GDP accounting method, R&D expenditure has been included in GDP accounting from 2016, and GDP as well as industry data from 2011 to 2015 have been revised.

III. Sources of Data

The data in this chapter which are based on various industry sectors are computed by Guizhou Provincial Bureau of Statistics.

2-1 地区生产总值

Gross Domestic Product

单位：亿元 (100 million yuan)

指标	Item	2016	2017	2018	2019	2020	2020年比2019年增长(%) Increase Rate in 2020over 2019(%)
地区生产总值	**Gross Domestic Product**	**11792.35**	**13605.42**	**15353.21**	**16769.34**	**17826.56**	**4.5**
按产业分	**By Three Strata of Industry**						
第一产业增加值	Primary Industry	1861.81	2032.27	2156.02	2280.56	2539.88	6.3
第二产业增加值	Secondary Industry	4468.73	4970.85	5506.24	5971.45	6211.62	4.3
第三产业增加值	Tertiary Industry	5461.81	6602.30	7690.95	8517.33	9075.07	4.1
按国民经济行业分	**By Sector**						
农林牧渔业	Farming, Forestry, Animal Husbandry and Fishery	1959.93	2139.97	2272.97	2408.03	2675.59	6.3
#农林牧渔专业及辅助性活动	Professional and Support Activities for Farming, Forestry, Animal Husbandry and Fishery	98.12	107.70	116.95	127.47	135.71	5.3
工业	Industry	3501.68	3821.40	4165.48	4458.97	4602.69	3.6
#金属制品、机械和设备修理业	Repair Service of Metal Products,Machinery and Equipment	2.92	3.19	3.48	3.80	3.80	0.8
建筑业	Construction	969.97	1152.64	1344.94	1517.06	1613.51	6.5
批发和零售业	Wholesale and Retail Trades	893.72	1040.11	1181.19	1269.90	1369.48	4.4
交通运输、仓储和邮政业	Transport, Storage and Post	503.33	576.27	655.29	709.88	725.39	2.4
住宿和餐饮业	Hotels and Catering Services	292.60	337.20	378.42	417.18	397.33	-7.2
金融业	Financial Intermediation	736.12	874.53	992.28	1060.02	1141.71	4.6
房地产业	Real Estate	401.34	487.75	572.33	644.24	730.64	4.1
其他	Others	2533.66	3175.55	3790.31	4284.06	4570.22	5.3
人均地区生产总值(元)	**Per Capita Gross Domestic Product(yuan)**	**31589**	**35988**	**40271**	**43727**	**46267**	**4.0**

注：1.2016年起地区生产总值含研发支出（R&D)的数据。2.增长速度已扣除价格因素。3.2018年前数据根据四经普数据进行修订。（以下表同）

Note: 1. Since 2016, the data of gross domestic product has included the data of research and development expenditure (R&D). 2. The growth rate has ruled out the influence of price. 3.The data before 2018 were revised according to the fourth economic census.(the same as in the following table)

2-2 地区生产总值构成

Compostion of Gross Domestic Product

单位：% (%)

指　标	Item	2016	2017	2018	2019	2020
地区生产总值	**Gross Domestic Product**	**100.0**	**100.0**	**100.0**	**100.0**	**100.0**
按产业分	**By Three Strata of Industry**					
第一产业增加值	Primary Industry	15.8	14.9	14.0	13.6	14.2
第二产业增加值	Secondary Industry	37.9	36.5	35.9	35.6	34.8
第三产业增加值	Tertiary Industry	46.3	48.5	50.1	50.8	50.9
按国民经济行业分	**By Sector**					
农林牧渔业	Agriculture, Forestry, Animal Husbandry and Fishery	16.6	15.7	14.8	14.4	15.0
#农林牧渔专业及辅助性活动	Professional and Support Activities for Farming, Forestry, Animal Husbandry and Fishery	0.8	0.8	0.8	0.8	0.8
工　业	Industry	29.7	28.1	27.1	26.6	25.8
建筑业	Construction	8.2	8.5	8.8	9.0	9.1
批发和零售业	Wholesale and Retail Trade	7.6	7.6	7.7	7.6	7.7
交通运输、仓储和邮政业	Transport, Storage and Post	4.3	4.2	4.3	4.2	4.1
住宿和餐饮业	Hotel and Catering Services	2.5	2.5	2.5	2.5	2.2
金融业	Financial Intermediation	6.2	6.4	6.5	6.3	6.4
房地产业	Real Estate	3.4	3.6	3.7	3.8	4.1
其　他	Others	21.5	23.3	24.7	25.5	25.6

2-3 三次产业对地区生产总值增长的贡献率

Share of the Contributions of the Three Strata of Industry to the Increase of the GDP

单位：% (%)

指 标	Item	2016	2017	2018	2019	2020
地区生产总值	**Gross Domestic Product**	**100.0**	**100.0**	**100.0**	**100.0**	**100.0**
第一产业增加值	Primary Industry	8.9	9.3	10.9	9.8	19.6
第二产业增加值	Secondary Industry	41.0	38.4	40.3	41.3	37.2
#工 业	Industry	28.6	26.8	29.7	30.0	24.0
第三产业增加值	Tertiary Industry	50.0	52.3	48.9	48.9	43.2

2-4 三次产业对地区生产总值增长的拉动

Contribution of the Three Strata of Industry to GDP Growth

单位：百分点 (percerntage point)

指 标	Item	2016	2017	2018	2019	2020
地区生产总值	**Gross Domestic Product**	**10.5**	**10.2**	**9.1**	**8.3**	**4.5**
第一产业增加值	Primary Industry	0.9	0.9	1.0	0.8	0.9
第二产业增加值	Secondary Industry	4.3	3.9	3.7	3.4	1.7
#工 业	Industry	3.0	2.7	2.7	2.5	1.1
第三产业增加值	Tertiary Industry	5.3	5.3	4.4	4.0	1.9

2-5 历年地区生产总值
Gross Domestic Product Over the Years

单位：亿元 (100 million yuan)

年份 Year	地区生产总值 Gross Domestic Product	第一产业增加值 Primary Industry	第二产业增加值 Secondary Industry	#工业 Industry	#建筑业 Construction	第三产业增加值 Tertiary Industry	#交通运输、仓储和邮政业 Transport, Storage and Post	人均地区生产总值(元) Per Capita GDP(yuan)
1978	46.62	19.42	18.73	15.24	3.49	8.47	1.68	175
1979	55.28	23.29	22.41	18.33	4.08	9.58	1.86	204
1980	60.26	24.86	24.00	19.37	4.63	11.40	2.01	219
1981	67.89	29.90	24.95	20.36	4.59	13.04	2.56	242
1982	79.39	37.37	27.44	22.58	4.86	14.58	2.74	278
1983	87.38	37.76	33.14	28.16	4.98	16.48	3.76	303
1984	108.27	45.73	43.51	36.85	6.66	19.03	4.66	371
1985	123.92	50.45	49.88	41.96	7.92	23.59	5.86	420
1986	139.57	56.46	50.96	43.57	7.39	32.15	7.34	467
1987	165.50	66.46	60.11	49.93	10.18	38.93	7.74	543
1988	211.79	85.20	78.63	68.32	10.31	47.96	9.78	683
1989	235.84	92.88	86.74	77.26	9.48	56.22	12.36	749
1990	260.14	100.10	92.83	82.15	10.68	67.21	11.69	808
1991	295.90	115.71	101.54	88.96	12.58	78.65	13.98	899
1992	339.91	121.18	122.08	106.41	15.67	96.65	19.00	1018
1993	417.69	133.40	155.03	135.40	19.63	129.26	25.45	1234
1994	524.46	183.52	194.80	173.03	21.77	146.14	18.02	1527
1995	636.21	227.06	232.52	208.75	23.77	176.63	22.77	1826
1996	723.18	254.43	255.09	225.36	29.73	213.66	26.79	2048
1997	805.79	271.83	288.99	251.10	37.89	244.97	23.51	2250
1998	858.39	264.86	319.40	273.82	45.58	274.13	29.14	2364
1999	937.50	267.57	350.41	294.42	55.99	319.52	59.17	2545
2000	1029.92	270.99	391.20	328.73	62.47	367.73	65.86	2759
2001	1133.27	274.17	433.52	360.73	72.79	425.58	73.47	3000
2002	1243.43	280.82	481.96	395.45	86.51	480.65	79.48	3257
2003	1428.97	290.90	570.70	474.48	96.22	567.37	84.51	3708
2004	1649.40	335.10	667.02	565.13	101.89	647.28	94.64	4244
2005	1939.94	362.49	797.87	679.00	118.87	779.58	113.84	5218
2006	2264.09	367.15	952.97	806.98	145.99	943.97	131.57	6103
2007	2847.46	430.64	1187.17	1000.86	186.31	1229.65	164.12	7778
2008	3504.48	522.55	1437.70	1206.98	230.72	1544.23	195.73	9697
2009	3856.66	531.20	1574.87	1296.98	277.89	1750.59	212.21	10814
2010	4518.95	602.80	1820.67	1484.88	335.79	2095.48	244.9	12882
2011	5615.55	699.56	2258.85	1822.94	435.91	2657.14	297.88	16024
2012	6742.24	862.69	2716.80	2185.79	531.01	3162.75	335.58	18947
2013	7973.06	999.34	3170.99	2533.25	638.67	3802.73	383.07	22089
2014	9173.13	1281.52	3582.36	2840.26	743.14	4309.25	421.92	25101
2015	10541.00	1641.98	4026.71	3195.95	833.43	4872.31	454.72	28547
2016	11792.35	1861.81	4468.73	3501.68	969.97	5461.81	503.33	31589
2017	13605.42	2032.27	4970.85	3821.40	1152.64	6602.30	576.27	35988
2018	15353.21	2156.02	5506.24	4165.48	1344.94	7690.95	655.29	40271
2019	16769.34	2280.56	5971.45	4458.97	1517.06	8517.33	709.88	43727
2020	17826.56	2539.88	6211.62	4602.69	1613.51	9075.07	725.39	46267

注：1.三次产业划分1978—1991年按老行业分类标准计算，1992年起全部采用2017年国民经济行业分类和三次产业划分标准计算。2.2005年起人均地区生产总值按常住半年人口计算，以往年份按常住一年人口计算。3.2003—2018数据根据四经普数据进行修订。（以下表同）

Note: 1. From 1978 to 1991, the three industries were calculated according to the old industry classification standard. Since 1992, the 2017 national economic industry classification and the three industries classification standard were used for all the calculations. 2. Since 2005, per capita GDP is calculated by resident population of six months, and in previous years, it was calculated by resident population of one year. 3. Data from 2003 to 2018 are revised according to the fourth economic census. (the same as in the following table)

2-6 历年地区生产总值增长速度
Growth Rate of Gross Domestic Product Over the Years

单位：% (%)

年份 Year	地区生产总值 Gross Domestic Product	第一产业增加值 Primary Industry	第二产业增加值 Secondary Industry	工业 Industry	建筑业 Construction	第三产业增加值 Tertiary Industry	交通运输、仓储和邮政业 Transport, Storage and Post	人均地区生产总值 Per Capita GDP
1978	23.7	6.6	37.3	39.7	23.7	32.7	33.6	21.1
1979	11.0	2.8	17.3	19.1	5.2	11.4	7.2	9.2
1980	4.4	0.4	4.3	6.9	-14.4	11.7	6.5	3.0
1981	6.5	9.9	1.7	-0.9	12.7	9.5	9.8	4.6
1982	15.8	23.0	9.3	11.4	1.3	12.6	3.6	14.0
1983	12.6	4.6	22.9	26.4	8.8	12.3	34.6	11.1
1984	19.8	18.2	23.8	23.8	23.5	14.9	37.6	18.6
1985	7.9	-1.2	12.8	12.0	16.6	17.8	24.3	6.7
1986	5.6	6.1	-2.0	-0.3	-9.5	20.9	8.7	3.8
1987	10.8	2.9	16.2	13.8	28.6	14.8	13.9	8.9
1988	8.6	-1.0	13.2	15.5	3.1	15.0	8.3	7.0
1989	4.5	6.3	3.9	6.8	-10.6	3.3	13.0	2.9
1990	4.3	1.7	6.1	5.6	8.8	4.6	-15.1	2.0
1991	9.2	13.2	3.5	3.5	3.8	11.2	6.8	6.9
1992	8.1	-0.7	15.0	16.0	8.0	12.6	21.2	6.5
1993	10.4	3.9	13.5	15.8	-4.8	14.8	15.1	8.9
1994	8.4	3.7	11.8	12.4	5.8	9.8	11.9	6.9
1995	7.5	2.4	10.5	11.1	4.0	9.3	7.8	5.9
1996	8.9	3.8	12.6	12.1	17.8	9.2	11.1	7.4
1997	9.0	4.2	12.3	11.8	18.0	9.3	12.5	7.5
1998	8.5	1.5	11.8	10.4	26.4	10.5	17.5	7.0
1999	8.8	3.4	13.2	11.8	25.1	7.3	14.5	7.3
2000	8.4	3.6	7.6	7.5	8.3	13.7	17.5	6.9
2001	8.8	1.1	9.4	9.2	10.7	13.6	5.3	7.5
2002	9.1	2.2	13.2	11.0	24.5	9.3	3.6	7.9
2003	10.1	3.0	13.3	13.3	13.5	11.0	3.8	9.1
2004	10.4	5.3	13.3	14.8	6.5	10.1	16.0	9.5
2005	12.7	5.2	12.0	13.0	7.4	17.6	26.5	17.9
2006	12.8	2.9	13.4	13.8	11.2	16.8	29.6	13.0
2007	14.8	3.3	13.2	14.0	8.6	21.2	29.4	16.4
2008	11.3	6.8	8.1	8.6	4.7	15.9	19.4	12.8
2009	11.4	4.3	12.1	10.1	24.9	13.2	5.3	12.9
2010	12.8	4.7	16.6	15.7	22.1	12.0	15.2	14.7
2011	15.4	1.2	18.8	18.9	18.5	16.5	15.3	15.5
2012	13.0	8.6	16.1	15.1	20.8	11.3	13.8	11.3
2013	12.4	5.8	14.1	13.1	18.7	12.5	12.4	10.8
2014	10.8	6.6	12.3	11.0	17.8	10.3	9.3	9.4
2015	10.7	6.5	11.4	9.7	17.8	11.1	9.4	9.6
2016	10.5	6.0	11.3	9.9	16.6	11.4	10.1	9.3
2017	10.2	6.3	10.1	9.0	14.1	11.4	10.6	8.8
2018	9.1	6.8	9.5	9.0	11.2	9.4	8.3	8.2
2019	8.3	5.7	8.8	8.3	10.6	8.5	6.8	7.6
2020	4.5	6.3	4.3	3.6	6.5	4.1	2.4	4.0

2-7 历年地区生产总值指数（1978年=100）
Indices of Gross Domestic Product Over the Years (year of 1978=100)

年份 Year	地区生产总值 Gross Domestic Product	第一产业增加值 Primary Industry	第二产业增加值 Secondary Industry	工业 Industry	建筑业 Construction	第三产业增加值 Tertiary Industry	人均地区生产总值 Per Capita GDP
1978	100.0	100.0	100.0	100.0	100.0	100.0	100.0
1979	111.0	102.8	117.3	119.1	105.2	111.4	109.2
1980	115.9	103.2	122.3	127.3	90.1	124.5	112.5
1981	123.5	113.4	124.4	126.2	101.5	136.3	117.6
1982	142.9	139.5	135.9	140.6	102.8	153.5	134.1
1983	161.0	146.0	167.0	177.7	111.9	172.4	149.0
1984	192.8	172.6	206.7	219.9	138.1	198.0	176.7
1985	208.1	170.6	233.2	246.3	161.1	233.3	188.5
1986	219.8	180.9	228.6	245.6	145.8	282.1	195.7
1987	243.6	186.2	265.7	279.5	187.5	324.0	213.2
1988	264.5	184.4	300.9	322.8	193.3	372.4	228.1
1989	276.5	196.1	312.5	344.8	172.8	384.7	234.8
1990	288.3	199.5	331.5	364.1	188.0	402.3	239.4
1991	315.0	225.9	343.2	376.8	195.2	447.3	256.0
1992	340.5	224.2	394.9	437.0	210.9	503.7	272.6
1993	375.8	232.9	448.3	505.9	200.7	578.5	296.9
1994	407.5	241.5	501.1	568.5	212.3	635.3	317.3
1995	437.9	247.2	553.8	631.8	220.7	694.1	336.0
1996	476.7	256.7	623.6	708.4	260.0	758.1	360.9
1997	519.7	267.5	700.4	792.1	306.8	828.8	387.8
1998	563.6	271.4	783.2	874.4	387.8	915.6	414.8
1999	613.1	280.5	886.5	978.1	485.3	982.7	445.0
2000	664.6	290.7	953.5	1051.1	525.4	1117.6	475.8
2001	722.7	294.0	1043.6	1147.9	581.6	1269.8	511.3
2002	788.2	300.6	1181.1	1274.1	724.2	1387.9	551.7
2003	867.7	309.6	1338.6	1443.6	821.9	1540.3	601.7
2004	957.9	326.0	1516.9	1657.1	875.3	1696.5	658.6
2005	1079.9	343.0	1699.4	1871.9	940.1	1995.5	776.4
2006	1218.1	353.1	1927.3	2130.2	1045.4	2329.9	877.6
2007	1398.8	364.7	2181.8	2428.5	1134.8	2823.4	1021.3
2008	1557.1	389.5	2358.2	2638.1	1188.2	3272.3	1151.6
2009	1735.3	406.3	2644.1	2904.9	1484.4	3702.6	1300.6
2010	1958.2	425.4	3083.7	3359.6	1812.5	4147.3	1491.9
2011	2260.0	430.5	3664.3	3994.6	2147.8	4833.1	1723.2
2012	2553.8	467.5	4255.5	4597.2	2594.2	5380.3	1917.9
2013	2871.2	494.6	4855.2	5197.2	3078.8	6053.2	2125.0
2014	3180.8	527.3	5454.2	5768.4	3625.7	6675.8	2324.8
2015	3521.9	561.6	6073.6	6329.2	4270.5	7414.2	2548.0
2016	3892.1	595.5	6759.2	6956.0	4979.2	8257.5	2784.9
2017	4287.3	633.1	7443.4	7584.4	5679.5	9199.7	3030.0
2018	4676.2	676.4	8150.5	8268.0	6318.0	10065.0	3278.5
2019	5062.0	714.9	8867.7	8954.2	6987.7	10920.5	3527.6
2020	5289.8	760.0	9249.1	9276.6	7441.9	11368.2	3668.7

主要统计指标解释

国内生产总值(GDP) 指一个国家所有常住单位在一定时期内生产的全部最终产品和服务的价值总和。国内生产总值有三种表现形态，即价值形态、收入形态和产品形态。从价值形态看，它是所有常住单位在一定时期内生产的全部产品和服务价值减去同期投入的全部产品和服务价值的差额，即所有常住单位的增加值之和；从收入形态看，它是所有常住单位在一定时期内的生产活动所形成的原始收入之和；从产品形态看，它是所有常住单位在一定时期内最终使用的产品和服务减去进口的产品和服务的价值总和。在实际核算中，国内生产总值有三种计算方法，即生产法、收入法和支出法。三种方法分别从不同的方面反映国内生产总值及其构成。

对于一个地区来说，称为地区生产总值。

三次产业 三次产业的划分：

第一产业指农业、林业、畜牧业、渔业（不含农林牧渔服务业）。

第二产业指采矿业（不含开采辅助活动），制造业（不含金属制品、机械和设备修理业），电力、热力、燃气及水的生产和供应业，建筑业。

第三产业指除第一、二产业以外的其他行业。

Explanatory Notes on Main Statistical Indicators

Gross Domestic Product (GDP) refers to the final products and services produced by all resident units in a country (or a region) during a certain period of time. Gross domestic product is expressed in three different perspectives, namely value, income, and products respectively. GDP in its value perspective refers to the balance of total value of all goods and services produced by all resident units during a certain period of time, minus the total value of input of goods and services of the nature of non-fixed assets; in other words, it is the sum of the added value of all resident units. GDP from the perspective of income includes the sum of the primary income formed by the production activities of all resident units in a certain period of time. GDP from the perspective of products refers to the sum of the value of the products and services ultimately used by all resident units minus the imported products and services in a certain period of time. In the practice of national accounting, gross domestic product is calculated from three approaches, namely production approach, income approach and expenditure approach, which reflect gross domestic product and its composition from different angles.

For a region, it is called as Gross Regional Product.

Three Strata of Industry Classification of economic activities into three strata of industry:

Primary industry refers to farming, forestry, animal husbandry and fishery (excluding services in support of these industries).

Secondary industry refers to mining and quarrying (excluding support activities for mining), manufacturing (excluding repair services of metal products, machinery and equipment), production and supply of electricity, heat, gas and water, and construction.

Tertiary industry refers to all other economic activities not included in the primary or secondary industries.

人 口

Population 3

简 要 说 明

一、主要内容

本篇资料反映全省人口方面的基本情况，包括全省七次人口普查数据；年末常住人口数、城镇人口、乡村人口；出生率、死亡率、自然增长率、人口受教育程度、婚姻等。

二、统计调查方法

目前由省统计局人口和就业统计处实施的人口统计调查有：在逢“0”的年份进行全省人口普查；在逢“5”的年份进行全省 1%人口抽样调查；其余年份进行全省人口变动情况抽样调查，其样本量约占总人口的 1‰左右。人口抽样调查是以全省为总体，市级单位为次总体，采用分层、多阶段、整群概率比例抽样方法抽取样本。

三、资料来源

本篇资料由省统计局整理。年末常住人口数据资料来源于人口普查和年度人口变动抽样调查数据，户籍人口数据资料由省公安厅提供，计划生育数据资料由省卫生健康委员会提供，婚姻数据资料由省民政厅提供。

Brief Introduction

I. Main Contents

The data in this chapter show the basic condition of the population in Guizhou Province, which include data from seven censuses across the province. The main statistical indicators include provincial residential population at the year-end, urban population and rural population over the years, as well as birth rates, death rates, natural growth rates and education attainments of the population, marriages etc.

II. Sampling Methodology

The statistical surveys on population which are conducted by Department of Population and Employment Statistics of Guizhou Provincial Bureau of Statistics are as follows: the provincial population census is conducted in the year ending with 0; the provincial 1 percent population sample survey is conducted in the year ending with 5; sample surveys on population changes are conducted in the rest of the years which cover about 1 thousandth of the total population of the province. The change sample survey on population takes the whole province as the population and each city, autonomous region or municipality as sub-populations, and the stratified, multi-stage and cluster probability proportional sampling method is used to extract samples.

III. Sources of Data

The data in this chapter are prepared by Guizhou Provincial Bureau of Statistics. The year-end resident population data were obtained from the census and the annual population change sample survey. The household registered population are provided by the Public Security Department of Guizhou Province, family planning data in the table are provided from the Provincial Health Committee, and the marriage data are provided by the Department of Civil Affairs of Guizhou Province.

3-1 全省历次人口普查主要指标

Main Indicators on Province Population Census in 1953,1964,1982,1990,2000 ,2010 and 2020

单位：万人 (10000 persons)

指 标	Item	第一次 (1953年) The First	第二次 (1964年) The Second	第三次 (1982年) The Third	第四次 (1990年) The Forth	第五次 (2000年) The Fifth	第六次 (2010年) The Sixth	第七次 (2020年) The Seventh
总人口	**Total Population**	**1503.73**	**1714.05**	**2855.29**	**3239.11**	**3524.77**	**3474.65**	**3856.21**
按城镇、乡村分	**Grouped by Residence**							
城镇人口	Urban population	109.91	203.55	540.22	623.17	844.51	1174.78	2049.59
乡村人口	Rural population	1393.82	1510.51	2315.07	2615.94	2680.25	2299.87	1806.62
城镇人口比重（%）	The proportion of urban population(%)	7.31	11.88	18.92	19.24	23.96	33.81	53.15
按性别分	**Grouped by Gender**							
男	Male	759.80	868.48	1464.08	1676.88	1846.45	1795.15	1970.53
女	Female	743.93	845.57	1391.21	1562.22	1678.32	1679.50	1885.69
性别比(以女性为100)	Sex Ratio(female=100)	102.13	102.71	105.24	107.34	110.02	106.89	104.50
人口年平均增长率(%)	The growth rate of Annual Average Population(%)		1.32	2.89	1.59	0.82	-0.14	1.05
家庭总户数(万户)	Total Number of Household (10000 households)	340.15	390.96	565.93	721.04	923.94	1038.96	1269.66
户均规模(人/户)	Average Family Size(person/household)	4.42	4.38	4.93	4.41	3.74	3.24	2.81
人口自然变动(‰)	**Natural Change of Population(‰)**							
出生率	Birth Rate	38.43	52.62	24.81	23.09	20.59	13.96	13.70
死亡率	Death Rate	17.61	20.66	7.60	7.90	7.53	6.55	7.17
自然增长率	Natural Growth Rate	20.82	31.96	17.21	15.19	13.06	7.41	6.53
年龄结构(%)	**Age Composition（%）**							
0-14岁	Ages 0-14	37.88	38.82	40.88	32.68	30.17	25.22	23.97
15-64岁	Ages 15-64	58.52	58.42	54.45	62.71	63.87	66.21	64.47
65岁及以上	Ages 65 and Above	3.59	2.76	4.66	4.61	5.97	8.57	11.56
民族	**Population by Ethnicity**							
汉族	Han	1109.84	1312.89	2112.95	2114.88	2191.17	2219.85	2451.19
占总人口比重(%)	Percentage to Total Population(%)	73.81	76.61	74.00	65.29	62.16	63.89	63.56
年均增长率(%)	Annual average growth rate(%)		0.37	-0.35	-1.24	-0.49	0.27	1.00
少数民族	Ethnic Minorities	393.89	401.16	742.35	1124.23	1333.60	1254.80	1405.03
占总人口比重(%)	Percentage to Total Population(%)	26.19	23.39	26.00	34.71	37.84	36.11	36.44
年均增长率(%)	Annual average growth rate(%)		-1.12	1.06	2.93	0.87	-0.46	1.14
受教育程度	**Education Attainments**							
小 学	Primary School		352.71	822.65	1210.75	1535.30	1368.07	1230.93
初 中	Junior Secondary School		53.80	325.86	475.78	727.48	1035.07	1174.76
高 中	Senior Secondary School		13.38	84.72	127.50	199.67	253.02	383.74
大专以上	College and Higher Level		3.96	11.09	25.06	67.49	183.88	422.33
文盲人口	Illiterate Population			1202.24	969.11	598.58	303.85	257.43
文盲率（%）	Illiterate Rate(%)			42.11	29.92	16.98	8.74	6.68
每十万人口拥有的各种受教育程度人口(人)	**Population with Various Education Attainments Per 100000 Persons(person)**							
小 学	Primary School				37379	43557	39373	31921
初 中	Junior Secondary School				14688	20639	29789	30464
高中/中专	Senior Secondary School and Technical Secondary School				3973	5665	7282	9951
大专及以上	College and Higher Level				774	1915	5292	10952

注：数据来源于历次人口普查公报。

Note:The data in this table are from the communique of the seven national population censuses

3-2 人口普查全省世居民族人口数

Population of all Ethnic Groups on the Seventh National Population Census

单位：万人 (10000 persons)

指 标	Item	第六次人口普查(2010年) The Sixth Population Census(2010)	第七次人口普查(2020年) The Seventh Population Census(2020)
总人口	Total Population	3474.8556	3856.2148
男	Male	1790.5471	1970.5293
女	Female	1684.3085	1885.6855
汉族	Han	2234.4156	2451.1882
男	Male	1151.7873	1253.3161
女	Female	1082.6283	1197.8721
蒙古族	Mongolian	4.1561	4.9780
男	Male	2.3203	2.7024
女	Female	1.8358	2.2756
回族	Hui	18.4788	20.4962
男	Male	9.5009	10.4295
女	Female	8.9779	10.0667
苗族	Miao	396.8400	450.6912
男	Male	204.0932	229.0519
女	Female	192.7468	221.6393
彝族	Yi	83.4461	95.9302
男	Male	42.9553	48.6529
女	Female	40.4908	47.2773
壮族	Zhuang	5.2577	6.7845
男	Male	2.6500	3.1525
女	Female	2.6077	3.6320
布依族	Bouyei	251.0565	271.0606
男	Male	127.1051	136.7517
女	Female	123.9514	134.3089
满族	Manchu	2.3086	2.6817
男	Male	1.1932	1.3900
女	Female	1.1154	1.2917
侗族	Dong	143.1928	165.0871
男	Male	75.0208	85.6037
女	Female	68.1720	79.4834
瑶族	Yao	4.0879	4.6759
男	Male	2.1428	2.3801
女	Female	1.9451	2.2958
白族	Bai	17.9510	21.4802
男	Male	9.5923	11.2979
女	Female	8.3587	10.1823
土家族	Tujia	143.6977	169.6664
男	Male	73.6526	86.5330
女	Female	70.0451	83.1334
畲族	She	3.6558	4.1794
男	Male	1.9096	2.1557
女	Female	1.7462	2.0237
水族	Shui	34.8746	37.1367
男	Male	18.0317	19.2167
女	Female	16.8429	17.9200
仫佬族	Mulam	2.4956	4.6066
男	Male	1.3293	2.3798
女	Female	1.1663	2.2268
羌族	Qiang	0.1605	0.2089
男	Male	0.0899	0.1128
女	Female	0.0706	0.0961
毛南族	Maonan	2.7332	2.9766
男	Male	1.4243	1.5112
女	Female	1.3089	1.4654
仡佬族	Gelao	49.5182	55.0322
男	Male	25.8935	28.5682
女	Female	23.6247	26.4640
其他未识别的民族	Others	61.2780	69.8234
男	Male	32.0125	36.3838
女	Female	29.2655	33.4396

注：数据来源于第六次、第七次人口普查机器汇总数。
Note:The data in this table are obtained from machine summary number of the sixth and the seventh population census.

3-3 常住人口主要指标

Permanent Resident Population (at least half a year)

单位：万人 (10000 persons)

指 标	Item	2016	2017	2018	2019	2020
年末总人口	**Total Population at the Year-end**	**3758.00**	**3803.00**	**3822.00**	**3848.00**	**3858.00**
家庭年末总户数(万户)	Total Number of Household at the Year-end(10000 households)	1075.93	1085.46	1101.08	1112.03	1269.66
家庭户规模(人/户)	Average Family Size(person/household)	3.23	3.24	3.21	3.20	2.81
人口自然变动	**Natural Change of Population**					
出生人数	Number of Birth	47.40	50.05	49.90	49.30	52.79
出生率(‰)	Birth Rate(‰)	13.43	13.98	13.90	13.65	13.70
死亡人数	Number of Death	24.46	24.63	24.59	25.10	27.63
死亡率(‰)	Death Rate(‰)	6.93	6.88	6.85	6.95	7.17
自然增长人数	Natural Increase of Population	22.94	25.42	25.31	24.20	25.16
自然增长率(‰)	Natural Growth Rate(‰)	6.50	7.10	7.05	6.70	6.53

3-4 常住人口年龄结构和抚养比

Age Composition and Dependency Ratio of Population

单位：万人 (10000 persons)

指 标	Item	2016	2017	2018	2019	2020
年末总人口	**Total population (year-end)**	**3758.00**	**3803.00**	**3822.00**	**3848.00**	**3858.00**
0-14岁人口数	Population ages 0-14	845.55	863.66	877.53	902.36	924.76
占总人口比重(%)	Proportion of total (%)	22.50	22.71	22.96	23.45	23.97
15-64岁人口数	Population ages 15-64	2523.87	2536.60	2529.02	2513.51	2487.25
占总人口比重(%)	Proportion of total (%)	67.16	66.70	66.17	65.32	64.47
65岁及以上人口数	Population ages 65 and above	388.58	402.74	415.45	432.13	445.98
占总人口比重(%)	Proportion of total (%)	10.34	10.59	10.87	11.23	11.56
总抚养比(%)	Gross Dependency Ratio (%)	48.90	49.93	51.13	53.09	55.11
少儿抚养比(%)	Children Dependency Ratio (%)	33.50	34.05	34.70	35.90	37.18
老年抚养比(%)	Old-age Dependency Ratio (%)	15.40	15.88	16.43	17.19	17.93

3-5 3岁及以上人口受教育程度构成

Population Ages 3 and above by Education

单位：% (%)

指 标	Item	2020
3岁及以上人口	**Population Ages 3 and above**	
未上过学	No schooling	8.01
学前教育	Preschool Education	4.81
小学	Primary schools	33.41
初中	Junior Secondary schools	31.89
高中	Semior Secondary schools	10.42
大专	College Students	11.46
15岁及以上人口平均受教育年限(年)	Average Years of Education for People Ages 15 and above (year)	8.75

注：数据来源于第七次全国人口普查机器汇总数。

Note:The data in this table are obtained from machine summary number of the seventh population census.

3-6 婚姻

Marriages and Divorces

指 标	Item	2016	2017	2018	2019	2020
准予登记结婚(对)	**Registered Marriages(couple)**	**453162**	**403564**	**400272**	**361397**	**317557**
#初婚(人)	First Marriages(person)	866973	772711	671777	575289	497455
再婚(人)	Remarriages(person)	39351	34417	128767	147505	137659
#女性	Female	19877	17499	69920	83409	78754
涉外婚姻(对)	**Registered Marriages with Foreigner and the Citizen of Hong Kong, Macao, Taiwan(couple)**	**385**	**427**	**450**	**350**	**117**
#国内公民(人)	Domestic Citizen(person)	385	427	450		
#女性	Female	282	275	262		
离婚人数(人)	**Divorces(person)**	**241962**	**268950**	**303488**	**331758**	**322936**
民政部门批准	Permitted by Civil Administration Department	185672	208540	241246	268172	265616
法院调判	Court Mediation and Judgment	56290	60410	62242	63586	57320

注：1.资料来源于省民政厅、省高级人民法院。2.民政部门批准离婚人数为内地居民离婚人数。

Note: 1.The data in the table are provided by the Civil Affairs Department of Guizhou Province and Guizhou Provincial Higher People's Court. 2.The number of divorce Permitted by Civil Administration Department refers to the number of divorce among the residents in China Mainland.

3-7 残疾人事业基本情况

Basic Statistics on the Work for Person with Disablities

单位：人 (person)

指标	Item	2016	2017	2018	2019	2020
康复	**Rehabilitation**					
视力残疾康复	**Rehabilitation of Persons with Visual Disability**					
贫困白内障患者免费手术(例)	Free Surgeries for Poor Cataract Patients(case)	1724	4082	297	1386	
盲人定向行走训练	Blind Persons Receiving Orientation Skill Training	4331			558	623
低视力者配用助视器	Persons with Low-vision Fitted with Vision-aids	8476	10317	9731	4779	10614
聋儿康复	**Rehabilitation of Children with Hearing Disability**					
年收训聋儿	Deaf Children Trained in the year	823	680	353	634	398
培训家长	Parents Trained	875	1178	—	634	399
精神病防治康复	**Prevention and Rehabilitation of Mental Illness (PRMI)**					
开展精神病防治康复工作市县数(个)	Cities and Counties Carried on the Works of Prevention and Rehabilitation of Mental Illness(unit)	83	83	88	88	88
接受治疗的精神病患者	Treatment Provided for Patients with Sever Psychiatric Diseases	13240	10643	15733	20699	5015
孤独症儿童训练	Children with Autism Trained	867	231	221	475	1284
肢体残疾康复	**Rehabilitation of Persons with Physical Disability**					
肢体残疾人社区康复训练	Persons with Mobility Impairment Receiving Rehabilitation Training in Communities	1665	47371	90053	84970	97338
脑瘫儿童机构康复训练	Rehabilitation Training Institutions for Children with Cerebral Palsy	774	501	749	671	2025
贫困肢体残疾儿童矫治手术	Rehabilitation of Children with Physical Disability in Poverty	182	67	121	121	560
智力残疾康复	**Rehabilitation of Persons with Intellectual Disability**					
智残儿童社区康复训练	Children with Intellectual Disability Receiving Rehabilitation Training at Community	1416	327	414	3213	2025
智残儿童机构康复训练	Children with Intellectual Disability Receiving Rehabilitation Training at Institutions	1492	448	650	504	970
辅助器具供应服务数(件)	**Provision of Assistive Devices (piece)**	**70685**	**56804**	**89351**	**56912**	**41186**
贫困残疾人假肢装配例数(例)	**Prosthesis Installed for Poor Disabled(case)**	**731**	**39265**	**770**	**10211**	**31369**
社区康复协调员培训	**Workers Trained for Disabled person at Community**	**1198**	**9442**	**6194**	**9707**	**18708**
教育	**Education**					
高中阶段特殊教育	Special education in Senior High School					
机构数(个)	Number of Institutions (unit)	5	5	6	6	6
在校生人数（人）	Number of students in attendance (person)	309	384	718	657	569
普通高等院校当年录取残疾考生数（人）	Number of disabled candidates admitted by ordinary institutions of higher learning(person)	500	606	731	638	857

注：1.资料来源于省残联。2.2017年统计方法制度调整，“贫困白内障患者免费手术、盲人定向行走训练”整合为“复明手术、定向行走等训练”，“低视力者配用助视器”更名为“盲杖、助视器等适配服务”。3.2017年“智残儿童机构康复训练”统计口径为0-6岁智残儿童。

Note: 1. The data in the table are provided by the Disabled Federation of Guizhou Province. 2. According to the Adjustment of statistical methods and systems in 2017, "Free Surgeries for Poor Cataract Patients" and " Blind Persons Receiving Orientation Skill Training" are combined into "Rehabilitation Surgery, Directional Walking and Other Training", and "Persons with Low-vision Fitted with Vision-aids" is renamed as "Tactile Sticks, Visual Aids and Other Ancillary Services". 3. The statistical caliber of "Children with Intellectual Disability Receiving Rehabilitation Training at Institutions" is 0-6 years old children with intellectual disability.

3-7 续表 Continued

单位：人 (person)

指 标	Item	2016	2017	2018	2019	2020
就业	**Employment**	**210170**	**335241**	**343664**	**331707**	**333935**
城镇残疾人就业状况	Employed PWDs in Urban Areas	63924	34005	35984	34262	33845
农村残疾人就业状况	Employed PWDs in Rural Areas	146246	301236	307680	297445	300090
按比例就业	Employed by Quote Scheme	9800	7758	9212	8492	8702
#城镇残疾人	Urban disabled	7535	4504	5292	4601	4482
农村残疾人	Rural disabled	2265	3249	3920	3891	4220
集中就业	Employed in Collective Form	16842	5745	6137	6220	6399
#城镇残疾人	Urban disabled	13722	1548	1545	1402	1408
农村残疾人	Rural disabled	3120	4196	4592	4818	4991
个体及其他形式就业	Self-employed or Employed in Other Forms	16225	20669	19132	19040	19357
#城镇残疾人	Urban disabled	6089	5022	4895	4488	4397
农村残疾人	Rural disabled	10136	13575	14237	14552	14960
公益性岗位安置	Employed at Public Institution	8070	1398	1645	2054	3036
#城镇残疾人	Urban disabled	7329	767	803	787	778
农村残疾人	Rural disabled	741	630	842	1267	2258
辅助性就业	Auxiliary employment	15057	3055	2986	2866	2860
#城镇残疾人	Urban disabled	12351	692	648	589	566
农村残疾人	Rural disabled	2706	2363	2338	2277	2294
从事农业种养就业	Engaged in agricultural breeding and employment	113947	202785	203914	191885	186164
#城镇残疾人	Urban disabled	8055	6766	6948	6734	6448
农村残疾人	Rural disabled	105892	195964	196966	185151	179716
灵活就业	Flexible employment	30229	44973	50647	53259	107417
#城镇残疾人	Urban disabled	8843	8664	10237	10403	15766
农村残疾人	Rural disabled	21386	36301	40410	42856	91651
社区就业	Community employment		2069	1860	1897	
#城镇残疾人	Urban disabled		1093	873	774	
农村残疾人	Rural disabled		976	987	1123	
居家就业	Home employment		48931	48131	45994	
#城镇残疾人	Urban disabled		4949	4743	4484	
农村残疾人	Rural disabled		43982	43388	41510	
残疾人就业服务机构(个)	Employment Service Institutions for Handicapped (unit)		81	88	88	97
省	Provinces	1	1	1	1	1
市、州	Prefectures, Autonomous Prefectures	15	9	8	8	9
县、市、区	County, Cities	66	72	79	79	87
盲人按摩	**Massage by Persons with Visual Disability**					
保健按摩人员培训	Massage Therapists Training	647	710	717	412	206
医疗按摩人员培训	Keep-fit Massage Training	60	171	169	136	
扶贫	**Poverty Alleviation**					
本年度退出建档立卡贫困残疾户	Disabled Persons Overcoming Poverty	24819	58379	66526	92321	—
本年度退出建档立卡贫困残疾人	PWDs in Rural Areas	30661	73707	89083	114976	—
本年度返贫残疾人	Disabled Persons at the Local Low-income Level	4709	2458	1342	—	—
残联组织建设	**Organization Development of the Disabled Persons' Federation**					
残联机关工作人员	Workers Working for the Disabled	2766	2794	2650	2567	2600

3-8　历年年末常住人口
Permanent Population at the Year-end over the Years

单位：万人 (10000 persons)

年　份 Year	合　计 Total	按城镇、乡村分 Grouped by Urban and Rural		按性别分 Grouped by Sex		性别比 Sex Ratio (女=100) (female=100)	年平均人口 Annual Average Population
		城镇 Urban	乡村 Rural	男 Male	女 Female		
1978	2686.40	323.97	2362.43	1364.82	1321.58	103.27	2663.27
1979	2730.99	520.82	2210.17	1386.93	1344.06	103.19	2708.70
1980	2776.67	543.18	2233.49	1409.61	1367.06	103.11	2753.83
1981	2826.78	528.41	2298.37	1439.89	1386.89	103.82	2801.73
1982	2875.21	542.13	2333.08	1470.43	1404.78	104.67	2851.00
1983	2901.46	550.96	2350.50	1484.73	1416.73	104.80	2888.33
1984	2931.85	854.14	2077.71	1501.55	1430.30	104.98	2916.65
1985	2972.18	883.18	2089.00	1522.93	1449.25	105.08	2952.02
1986	3025.86	909.55	2116.31	1550.90	1474.96	105.15	2999.02
1987	3072.58	1002.93	2069.65	1576.23	1496.35	105.34	3049.22
1988	3127.27	951.23	2176.04	1599.01	1528.26	104.63	3099.93
1989	3171.00	1000.26	2170.74	1628.85	1542.15	105.62	3149.14
1990	3267.53	1083.67	2183.86	1684.53	1583.00	106.41	3219.27
1991	3314.63	1238.48	2076.15	1709.31	1605.32	106.48	3291.08
1992	3360.96	2256.05	1104.91	1735.46	1625.50	106.76	3337.80
1993	3408.69	2324.92	1083.77	1761.65	1647.04	106.96	3384.83
1994	3458.41	2371.06	1087.35	1789.32	1669.09	107.20	3433.55
1995	3508.08	2408.78	1099.30	1815.63	1692.45	107.28	3483.25
1996	3555.41	2457.33	1098.08	1840.38	1715.03	107.31	3531.75
1997	3605.81	2503.75	1102.06	1866.48	1739.33	107.31	3580.61
1998	3657.60	2539.76	1117.84	1893.29	1764.31	107.31	3631.70
1999	3710.06	2539.80	1170.26	1920.40	1789.66	107.30	3683.83
2000	3755.72	896.49	2859.23	1968.00	1787.72	110.08	3732.89
2001	3798.51	910.12	2888.39	1973.41	1825.10	108.13	3777.12
2002	3837.28	932.11	2905.17	1993.15	1844.13	108.08	3817.90
2003	3869.66	958.52	2911.14	2010.22	1859.44	108.11	3853.47
2004	3903.70	1025.89	2877.81	2022.22	1881.48	107.48	3886.68
2005	3730	1002.25	2727.75	1920.55	1809.45	106.14	3717.61
2006	3690	1013.27	2676.73	1908.85	1781.15	107.17	3710
2007	3632	1025.68	2606.32	1879.70	1752.30	107.27	3661
2008	3596	1046.79	2549.21	1868.73	1727.27	108.19	3614
2009	3537	1057.21	2479.79	1827.56	1709.44	106.91	3567
2010	3479	1176.25	2302.75	1797.43	1681.57	106.89	3508
2011	3530	1236.56	2293.44	1832.88	1697.12	108.00	3505
2012	3587	1302.08	2284.92	1872.41	1714.59	109.20	3558.50
2013	3632	1376.16	2255.84	1890.15	1741.85	108.50	3609.50
2014	3677	1479.62	2197.38	1905.49	1771.51	107.56	3654.50
2015	3708	1592.96	2115.04	1912.44	1795.56	106.54	3692.50
2016	3758	1712.14	2045.86	1938.14	1819.86	106.50	3733.00
2017	3803	1816.31	1986.69	1960.90	1842.10	106.45	3780.50
2018	3822	1893.42	1928.58	1974.65	1847.35	106.89	3812.50
2019	3848	1980.95	1867.05	1971.54	1876.46	105.07	3835.00
2020	3858	2050.53	1807.47	1971.44	1886.56	104.50	3853.00

注：1.1984年前数据为公安、统计共同数据，1985年起为统计局抽样调查推算数据。2.2000年及以后的城镇、乡村人口的划分标准按国家统计局1999年发布的《关于统计上划分城乡的规定》计算，与以前年份数据不可比。3.2005年及以后为常住半年口径。 4.2006—2009年常住总人口数据已根据第六次人口普查资料进行修订、2011—2019年常住人口数据已根据第七次全国人口普查资料进行修订（下表同）。

Note: 1.The data before 1984 were the common data from public security and statistics, and since 1985, they have been the calculated data of sampling survey of the Bureau of statistics. 2.Since 2000, standards of grouping rural and urban residents have been calculated on the basis of Statistical Partition Ordain about Urban or Rural that had been issued by National Bureau of Statistial in 1999, so the data are not comparable with the preceding years. 3. Population cablier refers to permanent population in half a year scope from 2005. 4. The data of total permanent population from 2006 to 2009 were revised according to the sixth national population census, and the data of permanent population from 2011 to 2019 were revised according to the seventh national population census (the same applies to the next table).

3-9 历年人口自然变动
Natural Change of Population over the Years

单位：万人 (10000 persons)

年 份 Year	出 生 Birth		死 亡 Death		自然增长 Natural Growth	
	人 数 Number of Persons	率(‰) Rate(‰)	人 数 Number of Persons	率(‰) Rate(‰)	人 数 Number of Persons	率(‰) Rate(‰)
1978	76.22	28.62	19.65	7.38	56.57	21.24
1979	72.84	26.89	19.23	7.10	53.61	19.79
1980	68.02	24.70	19.39	7.04	48.63	17.66
1981	66.46	23.72	21.07	7.52	45.39	16.20
1982	70.73	24.81	21.67	7.60	49.06	17.21
1983	60.11	20.81	26.46	9.16	33.65	11.65
1984	54.98	18.85	21.29	7.30	33.69	11.55
1985	59.97	20.33	17.43	5.91	42.54	14.42
1986	72.04	24.11	18.08	6.05	53.96	18.06
1987	71.77	23.69	25.87	8.54	45.90	15.15
1988	73.76	23.81	18.62	6.01	55.14	17.80
1989	67.08	21.23	21.58	6.83	45.50	14.40
1990	74.13	23.09	25.36	7.90	48.77	15.19
1991	72.96	22.42	26.39	8.11	46.57	14.31
1992	73.61	22.40	28.00	8.52	45.61	13.88
1993	74.96	22.6	28.19	8.50	46.77	14.10
1994	76.93	22.92	27.32	8.14	49.61	14.78
1995	76.14	21.86	26.47	7.60	49.67	14.26
1996	77.88	22.05	27.16	7.69	50.72	14.36
1997	79.31	22.15	27.46	7.67	51.85	14.48
1998	79.97	22.02	28.18	7.76	51.79	14.26
1999	80.75	21.92	28.29	7.68	52.46	14.24
2000	76.86	20.59	28.11	7.53	48.75	13.06
2001	70.10	18.56	27.31	7.23	42.79	11.33
2002	68.57	17.96	27.53	7.21	41.04	10.75
2003	61.31	15.91	26.47	6.87	34.84	9.04
2004	58.61	15.08	24.68	6.35	33.93	8.73
2005	54.00	14.59	25.00	7.21	29.00	7.38
2006	51.83	13.97	24.89	6.71	26.94	7.26
2007	48.62	13.28	24.16	6.60	24.46	6.68
2008	48.75	13.49	24.47	6.77	24.28	6.72
2009	48.68	13.65	23.86	6.69	24.82	6.96
2010	48.52	13.96	22.76	6.55	25.76	7.41
2011	46.24	13.31	24.07	6.93	22.17	6.38
2012	46.13	13.27	24.20	6.96	21.93	6.31
2013	45.58	13.05	24.97	7.15	20.61	5.90
2014	45.50	12.98	25.17	7.18	20.33	5.80
2015	45.74	13.00	25.34	7.20	20.40	5.80
2016	47.40	13.43	24.46	6.93	22.94	6.50
2017	50.05	13.98	24.63	6.88	25.42	7.10
2018	49.90	13.90	24.59	6.85	25.31	7.05
2019	49.30	13.65	25.1	6.95	24.2	6.70
2020	52.79	13.70	27.63	7.17	25.16	6.53

3-10 历年户籍人口

Household Registered Population over the Years

单位：万人 (10000 persons)

年 份 Year	年末总人口 Total Population at the Year-end	按农业非农业分 Grouped by Agriculture and Non-agriculture		占总人口比重(%) Proportion(%)	
		农 业 Agriculture	非农业 Non-agriculture	农 业 Agriculture	非农业 Non-agriculture
1978	2686.40	2380.52	305.88	88.6	11.4
1979	2730.99	2416.67	314.32	88.5	11.5
1980	2776.67	2456.37	320.30	88.5	11.5
1981	2826.78	2500.74	326.04	88.5	11.5
1982	2875.21	2544.10	331.11	88.5	11.5
1983	2901.46	2564.92	336.54	88.4	11.6
1984	2931.85	2588.11	343.74	88.3	11.7
1985	2967.91	2609.04	358.87	87.9	12.1
1986	3007.99	2643.57	364.42	87.9	12.1
1987	3051.39	2678.60	372.79	87.8	12.2
1988	3143.94	2760.47	383.47	87.8	12.2
1989	3184.05	2793.35	390.70	87.7	12.3
1990	3236.97	2840.21	396.76	87.7	12.3
1991	3271.40	2868.27	403.13	87.7	12.3
1992	3300.97	2887.95	413.02	87.5	12.5
1993	3332.30	2910.71	421.59	87.3	12.7
1994	3380.58	2927.54	453.04	86.6	13.4
1995	3419.54	2957.32	462.22	86.5	13.5
1996	3459.54	2979.85	479.69	86.1	13.9
1997	3495.50	3004.76	490.74	86.0	14.0
1998	3536.54	3032.50	504.04	85.7	14.3
1999	3582.05	3063.23	518.82	85.5	14.5
2000	3676.63	3144.98	531.65	85.5	14.5
2001	3710.20	3156.33	553.87	85.1	14.9
2002	3747.68	3175.17	572.51	84.7	15.3
2003	3786.84	3196.70	590.14	84.4	15.6
2004	3831.19	3224.62	606.57	84.2	15.8
2005	3867.73	3258.05	609.68	84.2	15.8
2006	3921.91	3295.08	626.83	84.0	16.0
2007	3985.04	3346.09	638.95	84.0	16.0
2008	4036.75	3385.66	651.09	83.9	16.1
2009	4090.78	3429.36	661.43	83.8	16.2
2010	4189.00	3512.92	676.07	83.9	16.1
2011	4238.44	3551.18	687.26	83.8	16.2
2012	4249.48	3557.14	692.34	83.7	16.3
2013	4286.15	3584.17	701.98	83.6	16.4
2014	4325.49	3616.27	709.22	83.6	16.4
2015	4395.33				
2016	4452.80				
2017	4474.94				
2018	4528.63				
2019	4571.45				
2020	4620.12				

注：资料来源于省公安厅。1984年及以前为公安、统计共同使用的数据，1985年起为公安户籍人口统计口径。2015年户籍制度改革，取消农业、非农业之分。

Note: The data in the table are provided by Guizhou Provincial Public Security Department. The data in 1984 and before were the common data used by the public security and bureau of statistics, the datafrom 1985 and after are registered residence population of public security. The 2015 reform of the household registration system abolished the distinction between agriculture and non-agricultrue.

主要统计指标解释

总人口 指一定时间、一定地区范围内的有生命的个人的总和。年度统计的年末人口数指每年 12 月 31 日 24 时的人口数。

城镇人口和乡村人口 城镇人口是指居住在城镇范围内的全部常住人口；乡村人口是除上述人口以外的全部人口。

出生率(又称粗出生率) 指在一定时期内(通常为一年)一定地区的出生人数与同期内平均人数之比，用千分率表示。本资料中的出生率指年出生率，其计算公式为：

$$出生率=\frac{年出生人数}{年平均人数}\times 1000‰$$

公式中：出生人数指活产婴儿，即胎儿脱离母体时(不管怀孕月数)，有过呼吸或其他生命现象。年平均人数指年初、年底人口数的平均数，也可用年中人口数代替。

死亡率(又称粗死亡率) 指在一定时期内(通常为一年)一定地区的死亡人数与同期内平均人数之比，用千分率表示。本资料中的死亡率指年死亡率，其计算公式为：

$$死亡率=\frac{年死亡人数}{年平均人数}\times 1000‰$$

人口自然增长率 指在一定时期内(通常为一年)人口自然增加数(出生人数减死亡人数)与该时期内平均人数之比，用千分率表示。计算公式为：

$$人口自然增长率=\frac{本年出生人数-本年死亡人数}{年平均人数}\times 1000‰$$

$$=人口出生率-人口死亡率$$

Explanatory Notes on Main Statistical Indicators

Total Population refers to the total number of living individuals within a given time and area. The annual statistics on total population is taken at midnight, the 31st of December.

Urban Population and Rural Population Urban population refers to all people residing in cities and towns, while rural population refers to population other than urban population.

Birth Rate (or Crude Birth Rate) refers to the ratio of the number of births to the average population during a certain period of time (usually a year), expressed in ‰. Birth rate in the chapter refers to annual birth rate. The following formula is used:

$$\text{Birth Ratio}=\frac{\text{Number of Births}}{\text{Annual Average Population}}\times 1000‰$$

Number of births in the formula refers to live births, i.e. when a baby has breathed or showed any vital phenomena regardless of the length of pregnancy.

Annual average population is the average of the number of population at the beginning of the year and that at the end of the year. Sometimes it is substituted by the mid-year population.

Death Rate(or Crude Death Rate) refers to the ratio of the number of deaths to the average population during a certain period of time (usually a year), expressed in ‰. Death rate in the chapter refers to annual death rate. The following formula is used:

$$\text{Death Ratio} = \frac{\text{Number of Death}}{\text{Annual Average Population}} \times 1000\ \text{‰}$$

Natural Growth Rate of Population refers to the ratio of natural increase in population (number of births minus number of deaths) in a certain period of time (usually a year) to the average population of the same period, expressed in ‰. The following formula is applied:

$$\text{Natural Growth Rate of Population} = \frac{\text{Number of Births} - \text{Number of Deaths}}{\text{Annual Average Population}} \times 1000\ \text{‰}$$
$$= \text{Birth Rate} - \text{Death Rate}$$

就业人员和职工工资

Employment and Wages

4

简 要 说 明

一、主要内容

本篇资料反映劳动经济方面的基本情况，如：经济活动人口数，就业人员数，城镇登记失业人数，就业人员工资总额，平均工资等。

二、统计范围及统计调查方法

《劳动工资统计报表制度》的调查范围为全部地域法人单位；《劳动力调查制度》的调查范围为全省16岁及以上人口；《农林牧渔业统计调查制度》的调查范围为全省乡镇以下农村地区；《培训就业统计报表制度》的填报范围为全省就业服务和职业介绍机构；私营企业及个体工商业统计范围为全社会。

本篇“城镇单位”均指“城镇非私营单位”。

劳动工资统计中，城镇非私营单位采用全面调查方法，城镇私营单位采用抽样调查方法；劳动力调查采用抽样调查方法；就业统计及私营企业和个体工商业统计利用行政登记资料加工整理。

三、资料来源

1.就业基本情况及分组资料、工资总额等资料，由省统计局人口和就业统计处根据《劳动工资统计报表制度》《劳动力调查制度》及《农林牧渔业统计调查制度》搜集资料，加工整理。

2.城镇新增就业、城镇登记失业人数，由省人力资源社会保障厅整理提供。

3.私营企业及个体工商业户数，由省市场监督管理局整理提供。

Brief Introduction

I. Main Contents

The data in this chapter show the basic conditions of the labour economy, such as the economically active population, number of employed persons, number of registered unemployed persons in urban areas, total wages bills of employed persons and average wages, etc.

II. Scope and Methodology of Statistics

The Reporting Form System on Labour Wage Statistics covers corporate units in all area. The scope of survey of The Sample Survey System on Labour Force are the population aged 16 and over of the whole province. The System of Rural Social and Economic Surveys covers all rural areas below township level in Guizhou. The Reporting Form System on Training and Employment Statistics covers all agencies and units providing employment services and job centers. The scope of statistics on private enterprises and self-employed individuals covers the whole province.

In this chapter, urban corporate units refer to non-private urban corporate units.

A complete reporting form system from lower-level statistical bureaus to higher level statistical bureaus is used in the labour wage statistics of urban non-private enterprises, and sampling methods is used in the statistics of urban private enterprises. The Sample Survey on Labour Force is conducted by using sampling methods. Statistics on employment, private enterprises and self-employed individuals are collected and compiled on basis of administrative registering records.

III. Sources of Data

(1) The data on basic conditions of employment, data by groups, total wage bills of staff and workers are collected and compiled through The Reporting Form System on Labour Wage Statistics, The Sample Survey System on Labour Force, and The System of Rural Social and Economic Surveys by the Department of Population and Employment Statistics of Guizhou Provincial Bureau of Statistics.

(2) The data on the urban new employment conditions and on the number of registered unemployed persons in urban areas are provided by the Ministry of Human Resources and Social Security of Guizhou Province.

(3) The data on the number of private enterprises and self-employed individuals are provided by the Market Regulatory Authority of Guizhou Province.

4−1 全社会就业人员
Number of Employed Personnels

指 标	Item	2016	2017	2018	2019	2020	2020年比2019年增长(%) Increase Rate in 2020 over 2019(%)
就业人员(万人)	**Number of Employed Persons (10000 persons)**	**1859.00**	**1881.00**	**1886.00**	**1888.00**	**1892.00**	**0.21**
按产业分	**Grouped by Three Strata of Industry**						
第一产业	Primary Industry	883.03	828.02	764.96	700.45	634.00	-9.49
第二产业	Secondary Industry	362.32	391.81	417.94	443.49	472.00	6.43
第三产业	Tertiary Industry	613.66	661.17	703.10	744.06	786.00	5.64
按城乡分	**Grouped by Urban and Rural Areas**						
城镇	Urban Area	743.29	794.19	856.07	909.90	977.00	7.37
乡村	Rural Area	1115.71	1086.81	1029.93	978.10	915.00	-6.45

4−2 城镇单位就业人员及平均工资
Number of Employed Persons and Wages in Urban Units

指 标	Item	2016	2017	2018	2019	2020	2020年比2019年增长(%) Increase Rate in 2020 over 2019(%)
城镇单位就业人数(万人)	**Number of Employed Persons in Urban Units (10000 persons)**	**438.86**	**450.5**	**443.29**	**458.93**	**481.02**	4.8
非私营单位就业人数(万人)	Number of Employed Persons in Non-private Units(10000 persons)	310.48	315.22	308.54	321.08	335.29	4.4
非私营单位在岗职工人数(万人)	Total Number of Staff and Workers of Non-privately-owned Unit (10000 persons)	278.57	285.46	274.96	290.39	303.36	4.5
私营单位就业人数（万人）	Number of Engaged Persons in Private Units(10000 persons)	128.38	135.28	134.75	137.85	145.73	5.7
城镇单位就业人员平均工资(元)	**Average Wage of Employed Persons in Urban Units (yuan)**	**58398**	**62924**	**67952**	**71361**	**76547**	7.3
非私营单位就业人员平均工资(元)	Average Wage of Employed Persons in Non-private Units(yuan)	66279	71795	78316	83298	89228	7.1
非私营单位在岗职工平均工资(元)	Average Wage of Staff and Workers of Non-privately-owned Unit (yuan)	69678	75109	82597	87970	94276	7.2
私营单位就业人员平均工资(元)	Average Wage of Engaged Persons in Private Units(yuan)	39058	41796	43582	45526	47381	4.1

注：在岗职工包含劳务派遣人员(以下相关表同)。
Note:The staff at work include labor dispatching personnels (the related tables in the chapter are the same).

4−3 非私营单位就业人员年末人数(2020)
Number of Employed Persons in Non-private Units at Year-end

单位：人 (person)

指 标	Item	就业人员 Number of Employed Persons	国有单位 State-owned Units	集体单位 Collective-owned Units	其他单位 Unit of Other Type of Ownership
总 计	Total	3352873	1732846	30420	1589607
按企事业、机关分	By Enterprises, Institutions and Agencies				
企 业	Enterprises	1759471	155633	24929	1578909
政 府	Governments	1570869	1567045	2319	1505
民间非营利组织	Private Non-profit Organizations	20114	9076	3154	7884
其 他	Others	2419	1092	18	1309
按产业分	By Three Strata of Industry				
第一产业	Primary Industry	9993	2457	312	7224
第二产业	Secondary Industry	943957	72783	12841	858333
第三产业	Tertiary Industry	2398923	1657606	17267	724050
按国民经济行业分	By Sector				
农、林、牧、渔业	Farming, Forestry, Animal Husbandry and Fishery	9993	2457	312	7224
采矿业	Mining	121771	4226	477	117068
制造业	Manufacturing	287947	4217	2124	281606
电力、热力、燃气及水生产和供应业	Production and Supply of Electricity, Heat, Gas and Water	95348	51591	380	43377
建筑业	Construction	438891	12749	9860	416282
批发和零售业	Wholesale and Retail Trades	123901	21605	865	101431
批发业	Wholesale	63158	19784	496	42878
零售业	Retail Trades	60743	1821	369	58553
交通运输、仓储和邮政业	Transport, Storage and Post	131917	12206	1542	118169
住宿和餐饮业	Hotels and Catering Services	26991	2721	377	23893
信息传输、软件和信息技术服务业	Information Transmission, Software and Information Technology	45994	4172	89	41733
金融业	Financial Intermediation	147702	3076	2173	142453
房地产业	Real Estate	106160	2980	867	102313
租赁和商务服务业	Leasing and Business Services	72137	10601	3076	58460
租赁业	Leasing Services	1303	44	0	1259
商务服务业	Business Services	70834	10557	3076	57201
科学研究、技术服务业	Scientific Research and Technic Services	55315	25150	345	29820
水利、环境和公共设施管理业	Management of Water Conservancy, Environment and Public Facilities	50171	12597	281	37293
居民服务、修理和其他服务业	Services to Households, Repair and Other Services	17583	1259	476	15848
教 育	Education	579415	551488	4581	23346
卫生和社会工作	Health and Social Services	277784	256485	2148	19151
卫 生	Health	270434	250087	1912	18435
社会工作	Social Services	7351	6398	236	717
文化、体育和娱乐业	Culture, Sports and Entertainment	23556	13443	53	10060
#新闻和出版业	News Publishing Companies	4778	2181	0	2597
广播、电视、电影和影视录音制作业	Radio, Television, Movies and Video Recordings	4740	3382	5	1353
体 育	Sports	2447	959	5	1483
公共管理、社会保障和社会组织	Public Management, Social Securities and Social Organizations	740300	739823	395	82

4-4 非私营单位女性就业人员年末人数(2020)

Number of Employed Female in Non-private Units at the Year-end

单位：人 (person)

行业	Sector	女性就业人员数 Number of Employed Female	国有单位 State-owned Units	集体单位 Collective-owned Units	其他单位 Unit of Other Type of Ownership
总计	**Total**	**1314299**	**797058**	**11306**	**505935**
农、林、牧、渔业	Farming,Forestry,Animal Husbandry and Fishery	3823	628	91	3104
采矿业	Mining and Quarrying	12091	549	27	11515
制造业	Manufacturing	94317	1126	730	92461
电力、热力、燃气及水生产和供应业	Production and Supply of Electricity, Heat, Gas and Water	24571	13388	102	11081
建筑业	Construction	71593	1726	1838	68029
批发和零售业	Wholesale and Retail Trades	55005	5231	317	49457
批发业	Wholesale	20125	4358	168	15599
零售业	Retail Trades	34880	873	149	33858
交通运输、仓储和邮政业	Transport,Storage and Post	36336	3903	628	31805
住宿和餐饮业	Hotels and Catering Services	16872	1701	279	14892
信息传输、软件和信息技术服务业	Information Transmission, Software and Information Technology	18121	1771	31	16319
金融业	Financial Intermediation	75497	1231	940	73326
房地产业	Real Estate	42898	1131	346	41421
租赁和商务服务业	Leasing and Commerce Services	25282	3345	667	21270
租赁业	Leasing Services	350	14	0	336
商务服务业	Commerce Services	24932	3331	667	20934
科学研究、技术服务业	Scientific Research,Technic Services	16021	7608	102	8311
水利、环境和公共设施管理业	Management of Water Conservancy, Environment and Public Facilities	25722	5457	59	20206
居民服务、修理和其他服务业	Services to Households Repair and Other Services	10449	465	149	9835
教育	Education	332362	314869	3316	14177
卫生和社会工作	Health and Social Services	190391	175077	1503	13811
卫生	Health	185953	171295	1339	13319
社会工作	Social Services	4438	3782	164	492
文化、体育和娱乐业	Culture,Sports and Entertainment	11110	6211	32	4867
#新闻和出版业	News Publishing Companies	2339	1032	0	1307
广播、电视、电影和影视录音制作	Broadcasting,Television,Film and Video Trade	2117	1485	3	629
体育	Sports	937	376	1	560
公共管理、社会保障和社会组织	Public Administration Social Securities and Social Organizations	251839	251641	149	49

4-5 非私营单位各行业在岗职工年末人数(2020)
Working Staff and Workers in Non-private Units at the Year-end by Sector

单位：人 (person)

指标	Item	职工人数 Number of Staff and Workers	国有单位 State-owned Units	集体单位 Collective-owned Units	其他单位 Unit of Other Type of Ownership
总计	Total	3033560	1546831	27388	1459341
按企事业、机关分	By Enterprises, Institutions and Agencies				
企业	Enterprises	1611651	140680	22005	1448966
政府	Governments	1401536	1397849	2240	1447
民间非营利组织	Private Non-profit Organizations	18454	7676	3126	7652
其他	Others	1919	626	18	1275
按产业分	By Three Strata of Industry				
第一产业	Primary Industry	8352	2295	223	5834
第二产业	Secondary Industry	871276	61865	10488	798923
第三产业	Tertiary Industry	2153932	1482671	16677	654584
按国民经济行业分	By Sector				
农、林、牧、渔业	Farming, Forestry, Animal Husbandry and Fishery	8352	2295	223	5834
采矿业	Mining	119355	4105	475	114775
制造业	Manufacturing	281999	3726	2060	276213
电力、热力、燃气及水生产和供应业	Production and Supply of Electricity, Heat, Gas and Water	91390	48549	374	42467
建筑业	Construction	378532	5485	7579	365468
批发和零售业	Wholesale and Retail Trades	120148	19898	819	99431
批发业	Wholesale	60550	18097	491	41962
零售业	Retail Trades	59599	1801	328	57470
交通运输、仓储和邮政业	Transport, Storage and Post	128872	11780	1505	115587
住宿和餐饮业	Hotels and Catering Services	26142	2681	376	23085
信息传输、软件和信息技术服务业	Information Transmission, Software and Information Technology	44801	3903	89	40809
金融业	Financial Intermediation	95983	3035	2147	90801
房地产业	Real Estate	102185	2684	700	98801
租赁和商务服务业	Leasing and Business Services	68190	10174	2944	55072
租赁业	Leasing Services	1278	44	0	1234
商务服务业	Business Services	66912	10130	2944	53838
科学研究、技术服务业	Scientific Research and Technic Services	52644	24029	332	28283
水利、环境和公共设施管理业	Management of Water Conservancy, Environment and Public Facilities	47429	10877	281	36271
居民服务、修理和其他服务业	Services to Households Repair and Other Services	17020	1058	451	15511
教育	Education	523579	496473	4566	22540
卫生和社会工作	Health and Social Services	257125	236240	2073	18812
卫生	Health	251385	231436	1837	18112
社会工作	Social Services	5740	4803	236	701
文化、体育和娱乐业	Culture, Sports and Entertainment	22078	12523	53	9502
#新闻和出版业	News Publishing Company	4662	2074	0	2588
广播、电视、电影和影视录音制作业	Radio, Television, Movies and Video Recordings	4406	3306	5	1095
体育	Sports	2216	741	5	1470
公共管理、社会保障和社会组织	Public Managemen, Social Securities and Social Organizations	647737	647314	344	79

4-6 非私营单位在岗职工工资总额(2020)
Total Wages Bill of Working Staff and Workers in Non-private Units

单位：亿元 (100 million yuan)

指　　标	Item	工资总额 Total Wage Bill	国有单位 State-owned Units	集体单位 Collective-owned Units	其他单位 Unit of Other Type of Ownership
总　　计	**Total**	**2814.82**	**1546.56**	**18.12**	**1250.14**
按企事业、机关分	**By Enterprises, Institutions and Agencies**				
企　业	Enterprises	1418.47	161.14	14.21	1243.12
政　府	Governments	1381.75	1378.54	2.33	0.88
民间非营利组织	Private non-profit organizations	12.54	6.32	1.57	4.65
其　他	Else	2.05	0.55	0.01	1.49
按产业分	**By Three Strata of Industry**				
第一产业	Primary Industry	4.90	2.06	0.07	2.77
第二产业	Secondary Industry	718.43	70.62	5.20	642.61
第三产业	Tertiary Industry	2091.49	1473.88	12.85	604.76
按国民经济行业分	**By Sector**				
农、林、牧、渔业	Farming, Forestry, Animal Husbandry and Fishery	4.90	2.06	0.07	2.77
采矿业	Mining	89.09	3.53	0.28	85.28
制造业	Manufacturing	242.08	2.66	1.03	238.39
电力.热力.燃气及水生产和供应业	Production and Supply of Electricity, Heat, Gas and Water	112.24	59.07	0.17	53.00
建筑业	Construction	275.02	5.36	3.72	265.94
批发和零售业	Wholesale and Retail Trades	96.08	29.33	0.37	66.38
批发业	Wholesale	61.36	28.16	0.22	32.98
零售业	Retail Trades	34.72	1.18	0.15	33.39
交通运输、仓储和邮政业	Transport, Storage and Post	122.54	9.20	1.18	112.16
住宿和餐饮业	Hotels and Catering Services	11.69	1.26	0.15	10.28
信息传输、软件和信息技术服务业	Information Transmission, Software and Information Technology	50.43	4.92	0.13	45.38
金融业	Financial Intermediation	170.53	3.88	4.35	162.30
房地产业	Real Estate	77.13	1.47	0.38	75.28
租赁和商务服务业	Leasing and Business Services	45.25	6.48	1.22	37.55
租赁业	Leasing Services	0.96	0.04		0.92
商务服务业	Business Services	44.29	6.44	1.22	36.63
科学研究、技术服务业	Scientific Research and Technic Services	55.79	24.44	0.23	31.12
水利、环境和公共设施管理业	Management of Water Conservancy, Environment and Public Facilities	26.94	7.97	0.39	18.58
居民服务、修理和其他服务业	Services to Households Repair and Other Services	7.22	0.91	0.24	6.07
教　育	Education	520.37	502.50	2.19	15.68
卫生和社会工作	Health and Social Service	275.28	257.28	1.83	16.17
卫　生	Health	271.87	254.27	1.73	15.87
社会工作	Social Service	3.41	3.01	0.10	0.30
文化、体育和娱乐业	Culture, Sports and Entertainment	20.45	12.67	0.02	7.76
#新闻和出版业	News Publishing Company	4.70	1.91		2.79
广播.电视.电影和影视录音制作业	Radio, Television, Movies and Video Recordings	4.56	4.00		0.56
体　育	Sports	2.22	0.66		1.56
公共管理、社会保障和社会组织	Public Management Social Securities and Social Organization	611.79	611.56	0.18	0.05

4-7 非私营单位各行业在岗职工平均工资(2020)
Average Wages of Working Staff and Workers in Non-private Units by Sector

单位：元 (yuan)

指 标	Item	平均工资 Average Wage	国有单位 State-owned Units	集体单位 Collective-owned Units	其他单位 Unit of Other Type of Ownership
总 计	**Total**	**94276**	**100992**	**67611**	**87572**
按企事业、机关分	**By Enterprises, Institutions and Agencies**				
企 业	Enterprises	89738	113650	66421	87698
政 府	Governments	99758	99788	104765	61936
民间非营利组织	Private Non-profit Organizations	69487	84435	49612	62867
其 他	Others	109244	88402	52706	120585
按产业分	**By Three Industries**				
第一产业	Primary Industry	60988	88772	31881	50449
第二产业	Secondary Industry	85615	112345	51078	83881
第三产业	Tertiary Industry	97800	100525	78375	92194
按国民经济行业分	**By Sector**				
农、林、牧、渔业	Farming, Forestry, Animal Husbandry and Fishery	60988	88772	31881	50449
采矿业	Mining	75655	84028	51450	75461
制造业	Manufacturing	86175	83301	51087	86465
电力、热力、燃气及水生产和供应业	Production and Supply of Electricity, Heat, Gas andWater	122687	121292	45701	124963
建筑业	Construction	78806	79131	51321	79394
批发和零售业	Wholesale and Retail Trades	80592	145735	45285	67545
批发业	Wholesale	101684	153645	45125	79431
零售业	Retail Trades	58973	65338	45528	58848
交通运输、仓储和邮政业	Transport,Storage and Post	95000	76306	75138	97224
住宿和餐饮业	Hotels and Catering Services	45728	47988	44093	45490
信息传输、软件和信息技术服务业	Information Transmission, Sofware and Information Technology	112948	126836	142517	111558
金融业	Financial Intermediation	179916	129616	202472	181057
房地产业	Real Estate	71632	52919	52662	72262
租赁和商务服务业	Leasing and Business Services	66483	64007	46279	67898
租赁业	Leasing Services	66122	88000		65435
商务服务业	Business Services	66491	63902	46279	67962
科学研究、技术服务业	Scientific Research and Technic Services	105883	101611	64405	110032
水利、环境和公共设施管理业	Management of Water Conservancy, Environment and Public Facilities	57111	73694	138442	51500
居民服务、修理和其他服务业	Services to Households Repair and Other Services	43718	85667	52368	40477
教 育	Education	101096	102903	48236	71741
卫生和社会工作	Health and Social Services	109127	110977	88775	88063
卫 生	Health	110225	111932	93904	89940
社会工作	Social Services	60933	64512	47371	41959
文化、体育和娱乐业	Culture,Sports and Entertainment	88853	99963	36981	75435
#新闻和出版业	News Publishing Company	101328	93669		107348
广播、电视、电影和影视录音制作业	Radio, Television, Movies and Video Recordings	100834	116218	15400	51911
体 育	Sports	96027	89730	52200	99095
公共管理、社会保障和社会组织	Public Management Social Securities and Social Organizations	95111	95135	53753	68971

4–8 非私营单位各行业从业人员平均工资(2020)
Average Wages of Employees in Non-private Units by Sector

单位：元 (yuan)

指　标	Item	平均工资 Average Wage	国有单位 State-owned Units	集体单位 Collective-owned Units	其他单位 Unit of Other Type of Ownership
总　计	**Total**	**89228**	**94013**	**64676**	**84438**
按企事业、机关分	**By Enterprises, Institutions and Agencies**				
企　业	Enterprises	86336	107859	63082	84541
政　府	Governments	92733	92749	102668	60629
民间非营利组织	Private Non-profit Organizations	65626	73956	49509	62641
其　他	Others	99447	78510	52706	117733
按产业分	**By Three Industries**				
第一产业	Primary Industry	55986	84472	31022	46305
第二产业	Secondary Industry	83676	103024	49555	82500
第三产业	Tertiary Industry	91488	98318	80293	86994
按国民经济行业分	**By Sector**				
农、林、牧、渔业	Farming, Forestry, Animal Husbandry and Fishery	55986	84472	31022	46305
采矿业	Mining	75400	82047	51247	75263
制造业	Manufacturing	85171	76043	50663	85545
电力、热力、燃气及水生产和供应业	Production and Supply of Electricity, Heat, Gas and Water	118631	115206	45306	123357
建筑业	Construction	76881	68098	49374	77851
批发和零售业	Wholesale and Retail Trades	79877	141026	44220	66980
批发业	Wholesale	100326	148016	44988	78678
零售业	Retail Trades	58508	64863	43166	58405
交通运输、仓储和邮政业	Transport, Storage and Post	93973	75173	74225	96228
住宿和餐饮业	Hotels and Catering Services	45394	47815	44036	45139
信息传输、软件和信息技术服务业	Information Transmission, Software and Information Technology	111635	126337	142517	110115
金融业	Financial Intermediation	130597	128690	200905	129525
房地产业	Real Estate	70507	50371	46423	71276
租赁和商务服务业	Leasing and Business Services	64352	62877	44392	65559
租赁业	Leasing Services	65842	88000	63212	65158
商务服务业	Business Services	64321	62772	44392	65569
科学研究、技术服务业	Scientific Research and Technic Services	103864	100425	63212	107283
水利、环境和公共设施管理业	Management of Water Conservancy, Environment and Public Facilities	55566	66991	138442	51047
居民服务、修理和其他服务业	Services to Households Repair and Other Services	43595	79575	50343	40436
教　育	Education	94177	95531	48161	71069
卫生和社会工作	Health and Social Services	105109	106562	87502	87588
卫　生	Health	106420	107774	92256	89460
社会工作	Social Services	56994	59127	47371	41776
文化、体育和娱乐业	Culture, Sports and Entertainment	85191	95495	36981	72508
#新闻和出版业	News Publishing Company	100031	91478		107079
广播、电视、电影和影视录音制作业	Radio, Television, Movies and Video Recordings	95961	114415	15400	46210
体　育	Sports	90017	76771	52200	97834
公共管理、社会保障和社会组织	Public Management Social Securities and Social Organizations	87335	87356	50034	66387

4–9 城乡私营企业户数和就业人员(2020)
Number of Private Enterprises and Employed Persons in Urban and Rural Areas by Sector

指 标	Item	私营企业户数(户)			就业人员(人)		
		Number of Private Enterprises (Household)	城 镇 Urban Areas	乡 村 Rural Areas	Number of Employees (Person)	城 镇 Urban Areas	乡 村 Rural Areas
总 计	**Total**	**727299**	**1381196**	**1057908**			
农、林、牧、渔业	Farming, Forestry, Animal Husbandry and Fishery	92542	53340	46718			
采矿业	Mining	7093	204	1723			
制造业	Manufacturing	68197	46717	60326			
电力、热力、燃气及水的生产和供应业	Production and Supply of Electricity, Heat, Gas and Water	2601	245	438			
建筑业	Construction	66973	6215	4287			
批发和零售业	Wholesale and Retail Trades	217683	779968	613216			
交通运输、仓储和邮政业	Transport, Storage and Post	15610	22835	6300			
住宿和餐饮业	Hotels and Catering Services	24484	281475	149893			
信息传输、软件和信息技术服务业	Information Transmission, Software and Information Technology	33281	5361	64079			
房地产业	Real Estate	20536	437	256			
租赁和商务服务业	Leasing and Business Services	91820	18322	13574			
居民服务、修理和其他服务业	Services to Households, Repair and Other Services	29503	150118	84335			
卫生和社会工作	Health and Social Services	2762	2900	1680			
文化、体育和娱乐业	Culture,Sports and Entertainment	13788	8291	5698			
其他行业	Others	40426	4768	5385			

注：资料来源于省市场监管局(下表同)。

Note: The data in the table are obtained from the Administration of Market Regulation of Guizhou Province (the same applies to the next table)

4—10 城乡个体工商户数和就业人员(2020)
Number of Individual Industrial and Commercial Households and Employed Persons in Urban and Rural Areas

指标	Item	个体工商户数(户) Number of Individual Industrial and Commercial Households(Household)	城镇 Urban Areas	乡村 Rural Areas	就业人员(人) Number of Employed Persons (Person)	城镇 Urban Areas	乡村 Rural Areas
总计	**Total**	**2439112**	**1381202**	**1057910**			
农、林、牧、渔业	Farming, Forestry, Animal Husbandry and Fishery	100058	53340	46718			
采矿业	Mining	1927	204	1723			
制造业	Manufacturing	107043	46717	60326			
电力、热力、燃气及水的生产和供应业	Production and Supply of Electricity, Heat, Gas and Water	683	245	438			
建筑业	Construction	10502	6215	4287			
批发和零售业	Wholesale and Retail Trades	1393191	779973	613218			
交通运输、仓储和邮政业	Transport, Storage and Post	29136	22836	6300			
住宿和餐饮业	Hotels and Catering Services	431368	281475	149893			
信息传输、软件和信息技术服务业	Information Transmission, Software and Information Technology	69440	5361	64079			
房地产业	Real Estate	693	437	256			
租赁和商务服务业	Leasing and Business Services	31896	18322	13574			
居民服务、修理和其他服务业	Services to Households Repair and Other Services	234453	150118	84335			
卫生和社会工作	Health and Social Services	4580	2900	1680			
文化、体育和娱乐业	Culture,Sports and Entertainment	13989	8291	5698			
其他行业	Others	10153	4768	5385			

4−11 城镇新就业人数和失业人数

Number of Newly Employed Persons and Unemployed Persons in Urban Areas

单位：万人 (10000 persons)

指 标	Item	2016	2017	2018	2019	2020
新就业人数总计	Total Incremental Employed Personnels	82.93	80.58	82.69	81.25	67.52
#新增就业人数	Number of Newly Incremental employed persons	75.78	76.93	77.71	78.49	61.64
城镇登记失业人数	Number of Registered Unemployed Persons in Urban Areas	14.78	14.90	15.06	15.33	19.50
城镇登记失业率(%)	Registered Unemployment Rate in Urban Areas(%)	3.24	3.23	3.16	3.11	3.75

注：资料来源于省人力资源社会保障厅(以下相关表同)。

Note: The data in the table are obtained from Guizhou Human Resources and Social Security (the related tables in the chapter are the

4−12 下岗失业人员享受再就业优惠政策情况

Statistics of Re-employment Preferential Policies for Laid-off Workers

单位：人 (person)

指 标	Item	2016	2017	2018	2019	2020
下岗失业人员实现再就业	Laid-off Workers	139941	143872	145381	146589	143727
#就业困难对象实现就业	Residents Experiencing Employment Difficulty	75446	78247	77881	79276	75856
消除零就业家庭(户)	Number of Househoulds rased Zero-employment Families (household)	192	199	58	18	100
促进零就业家庭成员就业	Promoting Zero-employment Families Employed	271	216	87	18	100
从事城镇公益性岗位人数	Number of Persons Engaged in Urban Public-service Jobs	67509	68546	60182	63133	55931
享受职业培训补贴人数	Number of Persons Receiving Professional Training Subsidies	181485	209226	429938	612449	380492
享受职业介绍补贴人数	Number of Persons Receiving Job Services Subsidies	136	—	—	—	—
享受技能鉴定补贴人数	Number of Persons Receiving Skill Identification Subsidies	53889	52791	62888	60176	23872
享受社会保险补贴人数	Number of Persons Receiving Social Insurance Subsidies	70794	70316	58431	50321	65743
使用就业再就业资金(万元)	Using Employment and Re-employment Funds(10000 yuan)	207989	186839	220345	273009	248483
#社会保险补贴	Social Insurance Subsidies	44494	44203	48620	48790	43260
岗位补贴	Post Subsidies	93219	87842	85588	76155	60586
职业培训补贴	Professional Training	31455	36087	59814	65640	34744
职业介绍补贴	Job Services	4	—	—	—	—
扶持公共就业服务	Supporting Public Employment Services	2919	—	—	—	—

4−13 职业技能鉴定

Occupation Skill Appraisal

单位:人 (person)

指 标	Item	2016	2017	2018	2019	2020
参加职业技能鉴定	Number of Persons Joining in Occupation Skill Appraisal	203329	221508	195109	152025	99452
获取证书人数	Number of Persons with Qualification Certificates	179025	193698	175326	136074	89271
#高级技工	Advanced Mechanic	27595	27548	27125	20943	15122
#技 师	Technician	736	1243	799	969	1234
#高级技师	Advanced Technician	322	345	312	302	361

4-14 历年就业人员
Employed Persons over the Years

单位：万人 (10000 persons)

年份 Year	就业人员 Total Employed Persons	第一产业 Primary Industry	第二产业 Secondary Industry	第三产业 Tertiary Industry
1978	1053.67	872.89	108.26	72.52
1979	1060.62	873.88	105.63	81.11
1980	1109.63	919.69	102.01	87.93
1981	1152.95	954.55	102.64	95.76
1982	1207.06	989.78	109.53	107.75
1983	1234.18	1014.15	109.99	110.04
1984	1285.32	1037.71	122.12	125.49
1985	1335.17	1018.38	185.98	130.81
1986	1383.17	1053.26	197.09	132.82
1987	1435.85	1115.35	180.53	139.97
1988	1501.32	1172.51	185.80	143.01
1989	1570.84	1228.64	163.19	179.01
1990	1651.75	1292.30	169.10	190.35
1991	1701.47	1329.56	177.72	194.19
1992	1739.03	1359.00	173.35	206.68
1993	1779.01	1374.00	171.00	234.01
1994	1828.30	1365.00	181.90	281.40
1995	1812.20	1312.80	268.80	230.60
1996	1783.20	1235.60	278.50	269.10
1997	1796.70	1251.10	256.60	289.00
1998	1844.43	1284.72	251.57	308.14
1999	1832.50	1299.90	201.40	331.20
2000	1866.28	1305.28	221.80	339.20
2001	2068.01	1692.33	133.88	241.80
2002	2106.14	1698.39	108.89	298.86
2003	2145.00	1671.20	120.49	353.31
2004	2186.00	1672.29	124.60	389.11
2005	1944.29	1497.26	164.00	283.04
2006	1953.24	1487.40	174.17	291.67
2007	1872.64	1388.02	172.31	312.31
2008	1867.20	1350.32	180.73	336.15
2009	1841.92	1299.29	197.60	345.03
2010	1779.00	1215.06	204.41	359.54
2011	1772.00	1149.85	226.64	395.51
2012	1780.00	1092.21	252.05	435.74
2013	1796.00	1039.88	278.20	477.92
2014	1820.00	990.81	306.12	523.07
2015	1842.00	937.58	335.06	569.36
2016	1859.00	883.03	362.32	613.66
2017	1881.00	828.02	391.81	661.17
2018	1886.00	764.96	417.94	703.10
2019	1888.00	700.45	443.49	744.06
2020	1892.00	634.00	472.00	786.00

注：2010年数据是根据第六次人口普查长表数据推算，2020年根据第七次全国人口普查长表数据推算。2005—2009年数据是根据第六次人口普查结果采用趋势离差法进行修订，2011—2019年数据是根据第七次全国人口普查结果采用趋势离差法进行修订。

Note: The data in 2010 were calculated according to the 6th national population census and the data in 2020 were calculated according to the 7th national population census. The data from 2005 to 2009 were revised by the trend deviation method according to the result of the 6th national population census, and the data from 2011 to 2019 were revised by the trend deviation method according to the result of the 7th national population census.

4-15 历年非私营单位在岗职工人数
Number of Working Staff and Workers in Non-private Units over the Years

单位：万人 (10000 persons)

年份 Year	合计 Total	国有单位 State-owned Units	集体单位 Collective-owned Units	其他单位 Units of Other Types of Owership
1978	171.19	137.66	33.53	
1979	175.56	142.32	33.24	
1980	178.18	146.14	32.04	
1981	185.73	153.50	32.23	
1982	191.03	158.08	32.95	
1983	193.33	160.54	32.79	
1984	197.13	159.53	37.60	
1985	202.33	162.11	40.03	0.19
1986	206.69	167.81	38.78	
1987	211.92	172.58	38.88	0.46
1988	214.43	176.32	37.56	0.55
1989	216.70	180.10	35.90	0.70
1990	225.48	185.35	39.19	0.94
1991	231.88	190.45	40.49	0.94
1992	235.80	193.61	40.94	1.25
1993	233.11	192.83	38.35	1.93
1994	230.88	194.47	34.87	1.54
1995	226.55	193.36	29.63	3.56
1996	231.64	196.60	30.45	4.59
1997	232.80	196.08	31.33	5.39
1998	207.01	167.14	23.98	15.89
1999	197.80	156.86	21.03	19.91
2000	193.96	153.55	19.00	21.41
2001	189.18	148.87	15.73	24.58
2002	188.47	146.96	14.39	27.12
2003	188.70	141.75	13.71	33.24
2004	192.67	139.57	12.77	40.33
2005	202.02	140.50	9.81	51.71
2006	201.87	137.86	8.86	55.15
2007	207.53	141.48	8.10	57.95
2008	199.76	140.97	7.42	51.37
2009	206.44	141.79	6.69	57.96
2010	210.67	146.81	6.41	57.45
2011	225.91	158.26	7.17	60.47
2012	249.67	161.19	6.16	82.32
2013	273.27	152.41	5.49	115.37
2014	278.63	153.30	5.27	120.07
2015	277.62	152.36	4.62	120.64
2016	278.57	154.79	4.15	119.63
2017	285.46	152.10	4.02	129.34
2018	274.96	149.72	3.61	121.64
2019	290.39	142.66	2.58	145.15
2020	303.36	154.68	2.74	145.93

4-16 历年非私营单位在岗职工平均工资

Average Wages of Working Staff and Workers in Non-private Units over the Years

单位：元 (yuan)

年 份 Year	在岗职工平均工资 Average Wages of Staff and Workers	国有单位 State-owned Units	集体单位 Collective-owned Units	其他单位 Units of Other Types of Owership
1978	616	642	450	
1979	654	692	448	
1980	755	797	502	
1981	774	804	535	
1982	783	815	562	
1983	801	830	608	
1984	913	949	708	
1985	1066	1132	787	
1986	1216	1297	859	1236
1987	1319	1395	961	1204
1988	1531	1627	1072	1389
1989	1676	1777	1158	1647
1990	1947	2070	1347	2281
1991	2090	2214	1489	2527
1992	2406	2543	1717	3286
1993	2823	2958	2104	3375
1994	3870	4085	2618	4475
1995	4475	4672	3061	5369
1996	4917	5125	3456	5613
1997	5206	5434	3556	6461
1998	5775	5819	4426	7289
1999	6595	6695	5008	7456
2000	7453	7594	5444	8325
2001	8991	9308	6218	8831
2002	9810	10150	6566	9680
2003	11037	11390	7504	10975
2004	12431	12870	8630	12103
2005	14344	14681	10506	14161
2006	16815	17638	12873	15365
2007	20668	22106	16893	17668
2008	24602	25874	20914	21659
2009	28245	29956	22167	24772
2010	31458	32718	24703	29006
2011	37331	38914	31601	33851
2012	42733	45825	40420	36816
2013	49087	52327	50545	44819
2014	54685	56918	59458	51627
2015	62591	69068	69106	54087
2016	69678	77585	75197	59231
2017	75109	84470	84410	63644
2018	82597	90529	91710	72525
2019	87970	93814	60996	82619
2020	94276	100992	67611	87572

主要统计指标解释

就业人员 指在16周岁及以上，从事一定社会劳动并取得劳动报酬或经营收入的人员。这一指标反映了一定时期内全部劳动力资源的实际利用情况，是研究我国基本国情国力的重要指标。

单位就业人员 指在各级国家机关、政党机关、社会团体及企业、事业单位中工作，取得工资或其他形式的劳动报酬的全部人员。包括在岗职工、再就业的离退休人员、民办教师以及在各单位中工作的外方人员和港澳台方人员、兼职人员、借用的外单位人员和第二职业者。不包括离开本单位仍保留劳动关系的职工。各单位的就业人员反映了各单位实际参加生产或工作的全部劳动力。

在岗职工 指在本单位工作并由单位支付工资的人员，以及有工作岗位，但由于学习、病伤产假等原因暂未工作，仍由单位支付工资的人员。

国有单位职工指在国有经济单位及其附属机构工作，并由其支付工资的各类人员。

城镇集体单位职工指在城镇集体经济单位及其管理部门工作，并由其支付工资的各类人员。

其他单位职工指在联营经济、股份制经济、外商投资经济、港、澳、台投资经济单位工作，并由其支付工资的各类人员。

工资总额 指各单位在一定时期内直接支付给本单位全部就业人员的劳动报酬总额。工资总额的计算原则应以直接支付给就业人员的全部劳动报酬为根据。各单位支付给就业人员的劳动报酬以及其他根据有关规定支付的工资，不论是计入成本的还是不计入成本的，不论是按国家规定列入计征奖金税项目的，还是未列入计征奖金税项目的，不论是以货币形式支付的还是以实物形式支付的，均包括在工资总额内。

平均工资 指企业、事业、机关单位的就业人员在一定时期内平均每人所得的货币工资额。它表明一定时期职工工资收入的高低程度，是反映就业人员工资水平的主要指标。计算公式为：

$$平均工资=\frac{报告期实际支付的全部就业人员工资总额}{报告期全部就业人员平均人数}$$

城镇登记失业人员 在一定的劳动年龄内(16周岁至退休年龄)，有劳动能力，无业而要求就业，并在当地劳动保障部门进行失业登记的人员。

城镇登记失业率 城镇登记失业人员与城镇单位就业人员(扣除使用的农村劳动力、聘用的离退休人员、港澳台及外方人员)、城镇单位中的不在岗职工、城镇私营业主、个体户主、城镇私营企业和个体就业人员、城镇登记失业人员之和的比。计算公式为：

$$城镇登记失业率=\frac{城镇登记失业人数}{\begin{array}{l}(城镇单位就业人员-使用的农村劳动力-聘用的离退休人员-聘用的港澳台\\及外方人员)+不在岗职工+城镇私营业主+城镇个体户主+城镇私营企业\\及个体就业人员+城镇登记失业人数\end{array}}\times 100\%$$

Explanatory Notes on Main Statistical Indicators

Employed Persons refer to persons aged 16 and over who are engaged in social working and receive remuneration payment or earn business income. This indicator reflects the actual utilization of total labour force during a certain period of time and is often used for the research on China's economic situation and national power.

Persons Employed in Various Units refer to all the persons working in government agencies of various levels, political and party organizations, social organizations, enterprises and institutions, and receiving wages or other forms of payment. They include fully-employed staff and workers, re-employed retirees, teachers in the schools run by the local people, foreigners and Chinese compatriots from Hong Kong, Macao, and Taiwan working in various units, part-time employees, employees of other units working temporarily at current posts, and employees holding the second job, but exclude staff and workers who have left their working units while keeping their labour contract (employment relation) unchanged. This indicator reflects the total number of laborers actually engaged in production or other operations in various units.

Employed Staff and Workers refer to persons who work in, and receive wages from their working units, including persons who have their work posts but are temporarily absent from work for reasons of study or on sick, injury or maternal leave and still receive wages from their working units.

Staff and Workers in State-Owned Unit refer to the person who work in the state-owned economic units and their subsidiary bodies, and all kinds of personnel to pay wages.

Staff and Workers of Collective Owned Units in Urban Areas refers to the person who work in collective owned units in urban areas and their management department and receive payment therefrom

Staff and Workers in Units of Other types of Ownership refers to the joint venture, the joint stock economy, foreign investment in the economy, Hong Kong, Macao, Taiwan investment economic units, and by the payment of all kinds of personnel.

Total Wage Bill refers to the total remuneration payment to employed persons in various units during a certain period of time. The calculation of total wage bill is based on the total remuneration payment to employed persons . Therefore, all the wages and salaries and other payments to employed persons are included in the total wage bill regardless of sources, reckoning the cost of production or not, category, listing as items of premium taxation or not, and forms, paying in cash or in kind.

Average Wage refers to the average wage in money terms per person during a certain period of time for employed persons in enterprises, institutions, and government agencies, which reflects the general level of wage income during a certain period of time and is calculated as follows:

$$\text{Average Wage} = \frac{\text{Total Wage Bill of Employed Personsat Reference Time}}{\text{Average Number of Persons Employed at Reference Time}}$$

Registered Unemployed Persons in Urban Areas refer to the persons at certain working ages (16 years old to retirement age), who are capable of working, unemployed and willing to work, and have been registered at the local employment service agencies to apply for a job.

Registered Unemployment Rate in Urban Areas refers to the ratio of the number of the registered unemployed persons to the sum of the number of persons employed in various units (minus the employed rural labour force, re-employed retirees, and Hong Kong, Macao, Taiwan or foreign employees), laid-off staff and workers in urban units, owners of private enterprises in urban areas, owners of self-employed individuals in urban areas, employees of private enterprises in urban areas, employee of self-employed individuals in urban areas, and the registered unemployed persons in urban areas. The formula is as follows:

$$\text{Registered unemployment rete in urban areas} = \frac{\text{number of registered urban unemployed persons}}{\begin{array}{l}\text{(number of persons employed in urban units} - \text{employed rural labour forcere} - \text{employed}\\ \text{retirees} - \text{Hong Kong, Macan, Taiwan of foreign employees) } + \text{laid} - \text{off staff and workers} +\\ \text{owners of urban private enterprises} + \text{owners of urban self} - \text{employed individuals} + \text{employ-}\\ \text{ees of urban private enterprises} + \text{employees of urban self} - \text{employed individuals} + \text{regis-}\\ \text{tered unemployed persons in urban areas}\end{array}} \times 100\%$$

固定资产投资

Investment in Fixed Assets

5

简 要 说 明

一、主要内容

本篇资料通过对一定时期建造和购置固定资产活动的数量方面的描述，反映报告期内固定资产投资的规模、速度、结构和比例关系，以及固定资产投资的资金来源和投资效果等。

二、统计口径

固定资产投资统计口径为全省计划总投资500万元及以上的固定资产项目投资和房地产开发项目投资。房地产开发企业统计范围包括全省纳入基本单位名录的所有房地产开发企业。

三、资料来源

本篇资料由省统计局提供。

Brief Introduction

I. Main Contents

Statistics in this chapter describe activities on the construction and purchase of fixed assets of the whole country during a given period of time, and reflect the size, growth, structure, ratio, financing and results of the investment in fixed assets during the reference period.

II. Scope of Statistics

The total investment in fixed assets refers to fixed asset project investment and real estate development project investment with total planned investment of 5 million yuan or above. The statistics scope of real estate development enterprises are the whole real estate development enterprises in Guizhou Province which are included in the basic unit directory.

III. Sources of Data

The data in this chapter are provided by Guizhou Provincial Bureau of Statistics.

5-1 固定资产投资增速
Growth Rate in Fixed Assets Investment

单位：% %

指　标	Item	2017	2018	2019	2020
固定资产投资额	**Investment in Fixed Assets**	**20.1**	**15.8**	**1.0**	**3.2**
按产业分	**Grouped Strata of Industry**				
第一产业	Primary Industry	29.9	29.0	2.8	45.5
第二产业	Secondary Industry	5.8	13.2	32.2	11.4
第三产业	Tertiary Industry	23.3	15.6	-3.8	-0.4
#基础设施投资	Infrastructure Investment	25.5	15.8	-10.5	-2.5
#铁路投资	Railway Investment	-34.6	8.2	-17.6	-4.6
公路投资	Highway Investment	13.2	7.1	-16.1	2.6
工业投资	Industry Investment	5.2	13.1	32.6	11.8
房地产开发投资	Investment in Real Estate Development	2.4	6.7	27.3	14.3
按构成分	**Grouped by Structure**				
#建筑工程	Construction	22.9	15.5	-1.2	4.6
安装工程	Installation	5.9	2.0	-26.3	1.8
设备工器具购置	Purchase of Equipment	6.8	24.3	4.0	4.3
本年资金来源小计	**Sources of Funds This Year**	**19.1**	**4.4**	**-7.0**	**1.1**
#国家预算资金	State Budget	12.8	0.6	-30.9	12.6
国内贷款	Domestic Loans	24.0	-0.5	-28.2	-1.9
自筹资金	Self-raising Funds	13.7	-0.8	0.2	1.0
利用外资	Foreign Investment	-11.6	-45.2	9.7	-58.9

注：本表统计口径为计划总投资500万元及以上的固定资产项目投资和房地产开发项目投资（以下表同）。
Note: The statistical caliber of this table is total planned investment of 5 million yuan and above in the fixed assets investment projects and estate development projects (the same as in the following tables).

5-2 按行业分固定资产投资增速

Growth Rate of Investment in Fixed Assets by Sector

单位：% %

指 标	Item	2017	2018	2019	2020
固定资产投资	**Investment in Fixed Assets(100 million yuan)**	**20.1**	**15.8**	**1.0**	**3.2**
农、林、牧、渔业	Farming, Forestry, Animal Husbandry and Fishery	36.8	29.8	2.2	48.1
采矿业	Mining	-7.6	11.3	58.0	14.1
#煤炭开采和洗选业	Mining and Washing of Coal	-8.7	17.3	51.3	6.3
制造业	Manufacturing	10.8	14.6	19.3	-0.8
#农副食品加工业	Processing of Food from Agricultural Products	26.6	33.6	25.6	0.9
食品制造业	Manufacture of Foods	20.2	33.2	21.2	-1.6
酒、饮料和精制茶制造业	Manufacture of Liquor, Beverages and Refined Tea	-9.9	8.2	23.0	4.3
烟草制品业	Manufacture of Tobacco	220.1	9.9	-21.0	27.6
石油加工、炼焦和核燃料加工业	Processing of Petroleum, Coking, Processing of Nuclear Fuel	4.7	-10.5	-5.1	-30.9
化学原料和化学制品制造业	Manufacture of Raw Chemical Materials and Chemical Products	-9.1	-3.5	21.3	-30.0
医药制造业	Manufacture of Medicines	14.4	14.6	24.7	-4.9
非金属矿物制品业	Manufacture of Non-metallic Mineral Products	-9.7	0.7	0.4	25.5
黑色金属冶炼和压延加工业	Smelting and Pressing of Ferrous Metals	7.4	-6.8	2.7	-52.6
有色金属冶炼和压延加工业	Smelting and Pressing of Non-ferrous Metals	11.6	9.1	4.8	9.8
汽车制造业	Manufacture of Automobiles	48.0	16.6	35.5	-26.1
电气机械和器材制造业	Manufacture of Electrical Machinery and Apparatus	26.7	73.8	-6.0	4.2
计算机、通信和其他电子设备制造业	Manufacture of Computer, Communication and Other Electronic Equipment	130.6	31.5	30.0	-33.6
电力、热力、燃气及水生产和供应业	Production and Supply of Electricity, Heat, Gas and Water	1.8	9.9	51.9	36.6
#电力、热力生产和供应业	Production and Supply of Electric Power and Heat Power	-0.4	9.3	22.8	59.5
建筑业	Construction	100.3	7.9	-13.1	-90.7
交通运输、仓储和邮政业	Transport, Storage and Post	7.7	6.0	-11.7	4.2
#铁路运输业	Railway Transport	-34.6	8.2	-17.6	-4.6
道路运输业	Road Transport	11.3	9.9	-11.5	1.9
仓储业	Storage	80.4	-15.8	-3.8	23.2
信息传输.软件和信息技术服务业	Information Transmission, Software and Information Technology	69.4	49.7	5.3	31.4
#电信、广播电视和卫星传输服务业	Telecommunication Radio and Television and Satellite Transmission Services	45.0	38.5	4.6	-13.4
批发和零售业	Wholesale and Retail Trades	46.7	24.5	-14.1	-3.5
住宿和餐饮业	Hotels and Catering Services	52.4	29.7	-6.0	-16.3
金融业	Financial Intermediation	41.4	15.9	4.1	52.0
房地产业	Real Estate	3.6	10.3	8.3	1.5
租赁和商务服务业	Leasing and Business Services	55.0	39.8	16.5	-2.3
科学研究和技术服务业	Scientific Research and Technical Service	40.3	18.0	15.9	2.3
水利、环境和公共设施管理业	Management of Water Conservancy, Environment and Public Facilities	44.5	20.5	-17.9	-17.3
#水利管理业	Management of Water Conservancy	53.7	47.4	-3.1	-9.3
居民服务、修理和其他服务业	Services to Households, Repair and Other Services	33.1	14.1	-7.6	0.7
教 育	Education	49.4	35.9	1.5	11.7
卫生和社会工作	Health and Social Service	79.1	38.9	1.7	69.7
#卫 生	Health	56.8	44.0	2.6	80.4
文化、体育和娱乐业	Culture, Sports and Entertainment	59.9	34.0	-4.9	-11.8
公共管理、社会保障和社会组织	Public Management, Social Security and Social Organization	-2.3	15.1	3.6	74.8

5–3 房地产开发企业基本情况(2020)

单位：亿元

指 标	Item	总 计 Total
企业个数(个)	**Number of Enterprises(unit)**	**2862**
年末从业人员总计(人)	**Number of Employed Persons at the Year-end (person)**	**101147**
本年实际到位资金（资金来源小计）	**Actual Funds This Year (Source of Funds)**	**2961.78**
#国内贷款	Domestic Loans	114.02
自筹资金	Self-raising Funds	1050.00
定金及预收款	Deposits and Advance Payment	854.09
个人按揭贷款	Individual Mortgage Loans	850.98
其他资金来源	Others	92.69
土地购置费	Land Acquisition Costs	612.27
待开发土地面积(万平方米)	Land Space Pending Development (10000 sq.m)	1448.56
本年土地购置面积(万平方米)	Land Space Purchased This Year(10000 sq.m)	348.57
房屋施工面积(万平方米)	Floor Space of Buildings under Construction(10000 sq.m)	26922.73
本年房屋竣工面积(万平方米)	Floor Space of Buildings Completed This Year (10000 sq.m)	862.28
房屋建筑面积竣工率(%)	Rate of Floor Space of Buildings Completed(%)	3.20
新开工房屋面积(万平方米)	**Floor Space Started This Year(10000 sq.m)**	**5441.06**
住 宅	Residential Buildings	4009.19
办公楼	Office Buildings	51.27
商业营业用房	Houses for Business Use	541.58
其 他	Others	839.03

Basic Conditions of Real Estate Development Enterprises

(100 million yuan)

内资企业 Domestic Funded Enterprises	#国有企业 State-owned Enterprises	#私营有限责任公司 Private Limited Liability Company	#私营股份有限公司 Private Share-holding Corporations Limited	港澳台商投资企业 Enterprises with Funds from HongKong, Macao and Taiwan	外商投资企业 Foreign Funded Enterprises
2834	**18**	**1453**	**55**	**20**	**8**
100158	**349**	**42556**	**1586**	**849**	**140**
2936.04	**9.63**	**1224.46**	**26.86**	**22.81**	**2.93**
112.22		23.78	0.19	1.80	
1044.93	4.69	450.14	8.62	3.61	1.45
844.57	2.70	344.84	7.97	8.55	0.97
841.62	1.86	369.23	10.00	8.85	0.51
92.69	0.39	36.47	0.09		
611.41	3.55	201.26	3.17	0.86	
1448.56	6.44	494.46	28.86		
348.57	1.00	158.15	4.75		
26642.90	112.85	12075.24	358.81	243.03	36.80
855.28		337.41	9.02	7.00	
3.21		2.79	2.51	2.88	
5430.90	**45.32**	**2607.52**	**70.09**	**4.85**	**5.31**
4000.17	40.71	1948.18	55.88	4.85	4.16
51.27		22.78	0.22		
540.93	1.15	253.46	5.58		0.64
838.53	3.46	383.10	8.40		0.50

5-4 房地产开发投资主要指标
Main Indicator on Real Estate Development

指　标	Item	2016	2017	2018	2019	2020	2020年比2019年增长(%) Increase Rate in 2020over 2019(%)
本年土地购置面积(万平方米)	**Land Space Purchased This Year (10000 sq.m)**	**317.06**	**438.87**	**596.56**	**534.26**	**348.57**	**-34.8**
本年完成投资(亿元)	**Investment Completed This Year(100 million yuan)**	**2148.96**	**2201.00**	**—**	**—**	**—**	**14.3**
#住　宅	Residential Buildings	1243.60	1365.33	—	—	—	23.8
本年实际到位资金(资金来源小计)(亿元)	**Actual Funds This Year (Source of Funds)(100 million yuan)**	**2179.27**	**2296.50**	**2662.13**	**2939.41**	**2961.78**	**0.8**
#国内贷款	Domestic Loans	201.46	149.60	128.31	101.44	114.02	12.4
自筹资金	Self-raising Funds	834.77	779.40	823.45	1084.77	1050.00	-3.2
房屋建筑面积(万平方米)	**Floor Space of Buildings (10000 sq.m)**						
房屋施工面积	Floor Space under Construction	20352	20385	21953	27775	26923	-3.1
#本年新开工面积	Floor Space Started This Year	3468	3311	5689	7240	5441	-24.8
#住　宅	Residential Buildings	12847	12790	13985	18427	18390	-0.2
本年房屋竣工面积	Floor Space Completed This Year	1901	1172	1280	955	862	-9.7
#住　宅	Residential Buildings	1283	785	842	634	568	-10.5

注：根据《国家统计局关于印发2016年统计年报和2017年定期统计报表制度主要修订内容的通知》（国统字〔2016〕125号），2017年起"本年资金来源小计"改为"本年实际到位资金"（下表同）。

Note:According to the notice of the National Bureau of Statistics on Major Amendments to the Issuance of the 2016 Annual Statistical Report and the 2017 Periodic Statistical Statement System (GTZ [2016] No.125), "Source of Funds This Year" has changed into "Actual Funds This Year" since 2017 (the same as in the following tables).

5-5 房地产开发企业商品房销售面积(2020)

Floor Space of Commercialized Buildings Sold of Enterprises for Real Estate Development

单位：万平方米 (10000 sq.m)

指 标	Item	本年商品房销售面积 Floor Space of Commercialized Buildings Sold This Year	#住 宅 Residential Buildings
总计	**Total**	**5552.51**	**4929.93**
现房	Existing House	345.27	205.37
期房	Forward House	5207.25	4724.56
按登记注册类型分	**Grouped by status of Registration**		
#内资企业	Domestic Funded	5496.21	4876.00
#国有企业	State-owned Enterprises	23.85	23.81
其他有限责任公司	Other Limited Liability Corporations	2503.80	2220.42
股份有限公司	Share-holding Corporations Ltd.	70.19	62.65
私营独资企业	Private-funded Enterprises	10.01	10.01
私营有限责任公司	Private Limited Liability Corporations	2573.49	2274.04
私营股份有限公司	Private Share-holding Corporations Ltd.	61.57	57.91
港澳台商投资企业	Enterprises with Funds from Hong Kong, Macao and Taiwan	52.15	49.82
#与港澳台商合资经营企业	Joint-venture Enterprises	17.29	16.97
港澳台商独资经营企业	Enterprises with Sole Fund	34.85	32.85
外商投资企业	Foreign Funded Enterprises	4.16	4.11

5-6 房地产开发企业商品房销售额(2020)

Total Sale of Commercialized Buildings Sold of Enterprises for Real Estate Development

单位：亿元 (100 million yuan)

指 标	Item	本年商品房销售额 Total Sale of Commercialized Buildings Sold This Year	#住 宅 Residential Buildings
总计	**Total**	**3224.23**	**2760.73**
现房	Existing House	173.46	80.96
期房	Forward House	3050.77	2679.77
按登记注册类型分	**Grouped by Status of Registration**		
#内资企业	Domestic Funded	3164.43	2704.52
#国有企业	State-owned Enterprises	10.17	10.17
其他有限责任公司	Other Limited Liability Corporations	1682.16	1456.46
股份有限公司	Share-holding Corporations Ltd.	36.56	31.20
私营独资企业	Private-funded Enterprises	6.02	6.02
私营有限责任公司	Private Limited Liability Corporations	1275.92	1071.56
私营股份有限公司	Private Share-holding Corporations Ltd.	26.83	24.11
港澳台商投资企业	Enterprises with Funds from Hong Kong, Macao and Taiwan	57.38	53.83
#与港澳台商合资经营企业	Joint-venture Enterprises	16.01	15.33
港澳台商独资经营企业	Enterprises with Sole Fund	41.37	38.50
外商投资企业	Foreign Funded Enterprises	2.42	2.38

主要统计指标解释

固定资产投资 是以货币形式表现的在一定时期内建造和购置固定资产的工作量以及与此有关的费用的总称。该指标是反映固定资产投资规模、结构和发展速度的综合性指标,又是观察工程进度和考核投资效果的重要依据。

房地产开发投资 指各种登记注册类型的房地产开发公司、商品房建设公司及其他房地产开发法人单位和附属于其他法人单位实际从事房地产开发或经营活动的单位统一开发的包括统代建、拆迁还建的住宅、厂房、仓库、饭店、宾馆、度假村、写字楼、办公楼等房屋建筑物和配套的服务设施，土地开发工程（如道路、给水、排水、供电、供热、通讯、平整场地等基础设施工程）的投资；不包括单纯的土地开发和交易活动。

固定资产投资的资金来源 根据固定资产投资的资金来源不同，分为国家预算资金、国内贷款、利用外资、自筹资金和其他资金。

(1) 国家预算资金 指各级政府用于固定资产投资的财政资金。国家预算包括一般预算、政府性基金预算、国有资本经营预算和社保基金预算。各类预算中用于固定资产投资的资金全部作为国家预算资金填报，其中一般预算中用于固定资产投资的部分包括基建投资、车购税、灾后恢复重建基金和其他财政投资。各级政府债券也应归入国家预算资金。

(2) 国内贷款 指报告期固定资产投资项目单位向银行及非银行金融机构借入用于固定资产投资的各种国内借款，包括银行利用自有资金及吸收存款发放的贷款、上级主管部门拨入的国内贷款、国家专项贷款（包括煤代油贷款、劳改煤矿专项贷款等），地方财政专项资金安排的贷款、国内储备贷款、周转贷款等。

(3) 利用外资 指报告期收到的境外（包括外国及港澳台地区）资金(包括设备、材料、技术在内)。包括对外借款(外国政府贷款、国际金融组织贷款、出口信贷、外国银行商业贷款、对外发行债券和股票)、外商直接投资、外商其他投资(包括补偿贸易、加工装配由外商提供的设备价款、国际租赁，外商投资收益的再投资资金)。不包括我国自有外汇资金(国家外汇、地方外汇、留成外汇、调济中国境内银行自有资金发放的外汇贷款等)。各类外资按报告期的外汇牌价（中间价）折成人民币计算。

(4) 自筹资金 指在报告期内筹集的用于项目建设和购置的资金。包括自有资金、股东投入资金和借入资金，但不包括各类财政性资金、从各类金融机构借入资金和国外资金。

(5) 其他资金来源 指在报告期收到的除以上各种资金之外的用于固定资产投资的资金。

固定资产投资按国民经济行业分 根据建设项目建成投产后的主要产品种类或主要用途及社会经济活动种类来填报，不根据项目单位本身的行业类别来划分。一般情况下，一个建设项目或一个企业、事业单位只能属于一种国民经济行业。

固定资产投资按隶属关系分 是按照建设单位或企业、事业、行政单位的主管上级机关确定的。

(1) 中央 是由中共中央、人大常委会和国务院各部、委、局、总公司以及直属机构直接领导的建设项目和企业、事业、行政单位。这些单位的固定资产投资计划由国务院各部门直接编制和下达，统一组织或委托下级实施。

(2) 地方 是由省（自治区、直辖市）、地区（州、盟、省辖市）、县（旗、县级市）三级政府及业务主管部门直接领导和管理的建设项目、企业、事业、行政单位。地方项目还包括不隶属以上各级政府及主管部门的建设项目和企业、事业单位，如外商投资企业和无主管部门的企业等。

固定资产投资按构成分 固定资产投资活动按其工作内容和实现方式分为建筑安装工程，设备、工具、器具购置，其他费用三个部分。

(1) 建筑安装工程(建筑安装工作量)：指各种房屋、建筑物的建造工程和各种设备、装置的安装工程。包括各种房屋建造工程；各种用途设备基础和各种工业窑炉的砌筑工程及金属结构工程；为施工而进行的各种准备工作和临时工程以及完工后的清理工作等；铁路、道路的铺设，矿井的开凿及石油管道的架设等；水利工程；防空地下建筑等特殊工程；列入房屋工程预算内的暖气、卫生、通风、照明、煤气等设备的价值及装设油饰工程；列入建筑工程预算内的各种管道(蒸汽、压缩空气、石油、给排水等管道)、电力、电讯电缆导线等的敷设工程；以及各种机械设备的安装工程；为测定安装工程质量，对设备进行的试运工作；房地产开发单位进行的商品房屋开发建设工程、土地开发工程。

在建筑安装工程中，不包括被安装设备本身的价值。

（2）设备、工具、器具购置：指报告期内购置或自制的，达到固定资产标准的设备、工具、器具的价值。新建单位及扩建单位的新建车间，按照设计或计划要求购置或自制的全部设备、工具、器具，不论是否达到固定资产标准均计入"设备、工具、器具购置"中。

（3）其他费用：指在固定资产建造和购置过程中发生的，除建筑安装工程和设备、工器具购置投资完成额以外的应当分摊计入固定资产投资的费用，不指经营中财务上的其他费用。

房屋施工面积 指报告期内施工的全部房屋建筑面积。包括本期新开工的房屋建筑面积、上期跨入本期继续施工的房屋建筑面积、上期停缓建在本期恢复施工的房屋建筑面积、本期竣工的房屋建筑面积以及本期施工后又停缓建的房屋建筑面积。多层建筑应填各层建筑面积之和。

房屋竣工面积 指报告期内房屋建筑按照设计要求已全部完工，达到住人和使用条件，经验收鉴定合格或达到竣工验收标准，可正式移交使用的各栋房屋建筑面积的总和。

竣工面积以房屋单位工程（栋）为核算对象，在整栋房屋符合竣工条件后按其全部建筑面积一次性计算，而不是按各栋施工房屋中已完成的部分或层次分割计算。

计算房屋竣工面积，要求严格执行房屋竣工验收标准。民用建筑一般应按设计要求在土建工程和房屋本身附属的水、电、卫（包括设计中有的煤气、暖气）工程已经完工，通风、电梯等设备已经安装完毕，做到水通、灯亮，经验收鉴定合格，并正式交付给使用单位后，才能计算竣工面积。工业及科研等生产性房屋建筑一般应按设计要求在土建工程（包括水、暖、电、卫、通风）及属于房屋组成部分的生活间、操作间等已经完成（不包括安装设备的基础工程），可以进行工艺设备和管线安装时，方可计算房屋竣工面积。

商品房销售面积 指报告期内出售商品房屋的合同总面积(即双方签署的正式买卖合同中所确定的建筑面积)。由现房销售建筑面积和期房销售建筑面积两部分组成。

商品房销售额 指报告期内出售商品房屋的合同总价款(即双方签署的正式买卖合同中所确定的合同总价)。该指标与商品房销售面积同口径，由现房销售额和期房销售额两部分组成。

Explanatory Notes on Main Statistical Indicators

Total Investment in Fixed Assets in the Whole Country refers to the volume of activities in construction and purchases of fixed assets of the whole province and related fees, expressed in monetary terms during the reference period. It is a comprehensive indicator which shows the size, structure and growth of the investment in fixed assets, providing a basis for observing the progress of construction projects and evaluating results of investment. Total investment in fixed assets in the whole province includes investment in fixed assets , investment in real estate development and rural household investment. Total investment in fixed assets in the whole province includes, by type of ownership, the investment by State-owned units, collective-owned units, individuals, joint ownership units, share-holding units, as well as investments by entrepreneurs from foreign investors and from Hong Kong, Macao and Taiwan, and by other units.

Investment in Real Estate Development refers to investment by real estate development companies, commercialized buildings construction companies and other real estate development legal entities and units attached to other legal entities that are actually engaged in real estate development or business activities, including houses built by the general agent, housing of demolition and reconstruction, factories, warehouses, restaurants, hotels, resorts, office buildings, office buildings and other buildings and supporting services, and land development projects, such as roads, water supply, water drainage, power supply, heating supply, telecommunications, land leveling and other infrastructural projects. It does not include activities in pure land transactions.

Sources of Funds for Investment in Fixed Assets are categorized as funds from the State budget, domestic loans, bonds , foreign investment, self-raised funds, and others, depending on the sources of investment.

(1) **Fund from the State budget**: the financial funds of all levels of government that is using for investment in fixed assets are budget funds. State budget consists of general budget, government fund budget, operation budget of state-owned assets and social security fund budget. Funds for investment in fixed assets from various budgets are reported as fund from the state budget, of which, the general budget utilized on fixed assets investment includes investment on infrastructure construction, vehicle purchase tax, post-disaster restoration and reconstruction funds and other financial investment. Government bonds at all levels should also be included.

(2) **Domestic loans** refer to loans of various forms borrowed by investing units from banks and non-bank financial institutions during the reference period for the purpose of investment in fixed assets, including loans issued by banks from their self-owned funds and deposit, loans appropriated by higher authorities, special loans by government(Including loan for substituting petroleum with coal, special loans for reform-though-labour coal mines), loans arranged by local government from special funds, domestic reserve loan, and revolving loan, etc.

(3) **Foreign investment** refers to foreign overseas (including foreign countries ,Hong Kong, Macao and Taiwan) funds received during the reference period (covering equipment, materials and technology), including foreign borrowings (loans from foreign governments and international financial institutions, export credit, commercial loans from foreign banks, issue of bonds and stocks overseas), foreign direct investment and other foreign investments(including funds from foreign direct investment income that are reinvested in fixed assets domestically). Excluded from this category is capital in foreign exchanges owned by China (foreign exchanges owned by the central and local governments, foreign exchanges retained by enterprises, foreign exchanges by enterprises through the regulating mechanism, loans in foreign exchanges issued by the Bank of China with its own fund, etc.). In calculating the utilization of foreign capital, foreign currencies are converted into Chinese Renminbi applying the exchange rate (central parity rate) at the end of the reference period.

(4) **Self-raised funds** refer to funds for investment in fixed assets received during the reference period by investing units, including investment in fixed assets using own funds of various enterprises and institutions or funds raised from other units other than financial funds, funds borrowed from financial institutions and overseas funds.

(5) **Others** refer to funds for investment in fixed assets received from sources other than those listed above,funds raised from individuals and through donations, and funds transferred from other units.

Investment in Fixed Assets by Sector refer to the classification of construction projects by sector is determined by the major products or the purpose of the projects when they are put into production or use, and by the nature of their social economic activities. In general, one project or one enterprise or institution can only be classified into one sector.

Investment in Fixed Assets by Jurisdiction of Management refers to the classification of investment by the competent authorities under which investment is made by construction units, enterprises, institutions or administrative units.

(1) **Central investment** refers to the investment in projects or by enterprises, institutions or administrative units which are under the direct leadership and management of the State Council and of the national commissions, ministries, agencies and State-owned large corporations. Various ministries and departments of the State Council prepare and implement plans through unified organization or lower-level commissions.

(2) **Local investment** refers to the investment in projects or by enterprises, institutions or administrative units which are under the direct leadership and management of competent departments and governments at the level of province (autonomous regions and municipalities directly under the Central Government), prefecture（prefectures, cities and leagues） and county (districts, cities and banners). Also included are projects by foreign-invested enterprises and enterprises without competent managing authorities.

Investment in Fixed Assets by Structure By their contents and the mode of implementation, investment activities are classified into 3 categories, i.e. construction and installation, purchase of equipment and instrument, and other expenses.

(1) **Construction and installation (work volume of construction and installation)**: refers to the construction of houses and buildings and the installation of various kinds of equipment and instruments, including construction of houses, equipment foundations, industrial kilns and stoves, and metal structure work, preparation works and temporary works for project construction, and clearing up works after project construction, pavement of railways and roads, drilling of mines and putting up of oil pipes, construction of water conservancy, construction of underground air-raid shelters and construction of other special projects, value of heating, sanitation, ventilation, lighting and gas equipment and the installation of oil decoration works that are covered by the budget of housing projects, laying out of various pipelines (for steam, compressed air, petroleum, tap water and sewage) and wiring and cabling for electric power and for communications, installation of various machinery and equipment, testing operation for the quality of installation projects, and commercial housing development and construction projects, land development projects conducted by real estate developers.

The value of equipment installed itself is not included in the value of installation projects.

(2) **Purchase of equipment and instruments**: refers to the total value of equipment, tools, and instruments purchased or self-produced which come up to the cut-off point for fixed assets by the construction units or investing enterprises or institutions. Equipment, tools and instruments purchased or self-produced for new workshops by newly established or expanded units are categorized as "purchase of equipment and instruments" no matter whether they come up to the cut-off point for fixed assets.

(3) **Other expenses**: refer to expenses arising during the construction or purchase of fixed assets other than those those expenses on construction, installation and purchase of equipment and instruments. Other financial expenses arising in operation are not included.

Floor Space of Buildings under Construction refers to the total floor space area of all the buildings in the reference period, It includes buildings started in the year, continued from the previous year, suspended in earlier years but restarted in the year, completed in the year, and started in the year but suspended in the year as well. The floor space of a multi-storied building should be the sum of floor space of all the stories.

Floor Space of Buildings Completed refers to the total floor space area of the buildings completed in the reference period, which meet the requirements as designed, reach the criteria set for people to live in or use, have passed the acceptance checks, and are ready for delivery or use.

The accounting object of the completion of the area is unit of housing project (building), the entire houses meet the completed conditions, in accordance with all construction area to disposable calculated, rather than divisional calculated in accordance with the construction of the building house which finished part or hierarchical.

In calculating the size of houses completed this year is demanded strictly enforced housing completion and acceptance criteria. Civil construction should generally be in accordance with the design requirements of civil works and the house itself attached water, electricity, health (including the design of some gas, heating) project has been completed, Ventilation, elevators and other equipment has been installed, to water and lights, through acceptance accreditation, and formally delivered to the use of the unit, in order to calculate the completion of the area. Industry and research and other production of housing construction general design requirements should be in the civil works (including water, heating, electricity, health, ventilation) and are an integral part of life, housing, the operating room, etc. which have been completed (not including the installation of foundation engineering equipment), process equipment and piping can be installed, then we can calculate the area of housing construction this year.

Housing construction area completion rate refers to the rate of total gross floor area of completed housing area accounted for housing construction area during the reference period.

Area of Commercialized Housing Sold refers to total contracted area of commercialized housing (i.e. area of floor space as designated in the formal contracts signed by both sides) during the reference time. It constitutes floor space of completed housing and floor space of future housing.

Value of Commercialized Housing Sold refers to the total contracted value (i.e. value of sales/purchase for selling/purchase of commercialized housing as designated in the contract signed by both sides) during the reference time. This indicator has the same coverage as the area of commercialized housing sold, which constitutes floor space of completed housing and floor space of housing yet to be completed.

对外经济贸易

Foreign Trade and Economic Cooperation

6

简要说明

一、主要内容

本篇资料综合反映全省对外贸易、利用外资、对外直接投资、对外经济合作等情况。

对外贸易主要内容包括：进出口总额、按地区分进出口商品总额、进出口商品分类等项目。

利用外资主要内容包括：外商直接投资和外商其他投资，外商投资企业登记注册情况。

二、统计范围

对外贸易统计范围：按照联合国的国际贸易统计原则制定，即凡能引起中华人民共和国关境内物质资源存量增加或减少的进出口货物，除制度另有规定者外，均列入该项统计。调查方法为全面调查。

利用外资统计范围：凡经工商行政管理机关核准登记，在贵州省所有利用外资的单位和部门，经批准设立的中外合资经营企业、合作经营企业、外资企业、外商投资股份制企业、合作开发项目等具有法人资格的独立核算企业(包括港澳台地区投资企业)，在贵州省从事经营活动的外国及港澳台地区企业及外国公司在贵州省境内设立的分支机构。

对外直接投资统计范围：包括境内投资主体通过直接投资在境外设立的各类公司型企业和非公司型企业。

三、资料来源

对外贸易统计资料来源于贵阳海关。

利用外资统计资料来源于省发展改革委、省商务厅。

对外直接投资资料来源于省商务厅。

Brief Introduction

I. Main Contents

The data in this chapter comprehensive reflected the province situation of foreign trade, utilization of foreign capital, overseas direct investment and overseas economic cooperation etc.

The data on foreign trade include: total value of imports and exports, total value of imports and exports of goods by region, imports and exports of goods classification etc.

Utilization of foreign capitals includes: foreign direct investments and other foreign investments, and the basic condition of registration of foreign funded enterprises.

II. Statistics Coverage

The scope of foreign trade statistics is designed according to United Nations' principles on international trade statistics, that is: all imports or exports that will lead to stock changes of material resources with the territory of People's Republic of China; excluding goods by escape clause. The survey method is overall statistical survey.

The utilization of foreign capitals' statistics cover all the units and departments which have utilized foreign capitals, all the Sino-foreign joint ventures, Sino-foreign cooperative enterprises, ventures exclusively with foreign investment, foreign-funded stock companies, Sino-foreign cooperative development projects (including the enterprises funded by the entrepreneurs from Hong Kong, Macao and Taiwan) with independent accounting system and legal person status, and all foreign enterprises or enterprises funded by the entrepreneurs from Hong Kong，Macao and Taiwan which are engaged in business activities, and branches of foreign companies which have been approved to be set up within the boundaries of Guizhou Province after verification and registration through administrative authorities for industry and commerce.

The overseas direct investment statistics cover all types of overseas corporate and non-corporate enterprises by direct investment of domestic investors.

III. Sources of Data

The data on foreign trade are from Guiyang Customs.

The data on utilization of foreign capitals are from Guizhou Development & Reform Commission and the Department of Commerce.

The data on overseas direct investment are from the Department of Commerce of Guizhou Province.

6-1 进出口总额
Total Value of Imports and Exports

指标	Item	2016	2017	2018	2019	2020	2020年比2019年增长(%) Increase Rate in 2020 over 2019(%)
进出口总额(万元)	**Total Value of Imports and Exports(RMB 10000 yuan)**	**3756311**	**5512842**	**5028661**	**4531977**	**5465225**	**20.6**
出口总额	Total Exports	3124923	3912875	3385298	3271469	4312090	31.8
进口总额	Total Imports	631387	1599967	1643363	1260509	1153135	-8.5
进出口差额	Balance	2493536	2312908	1741935	2010960	3158955	57.1
进出口总额(万美元)	**Total Value of Imports and Exports(USD 10000)**	**569962**	**816231**	**763133**	**656817**	**790784**	**20.4**
出口总额	Total Exports	474279	579371	513725	474028	622674	31.4
进口总额	Total Imports	95682	236860	249409	182789	168110	-8.0
进出口差额	Balance	378597	342511	264316	291239	454564	56.1

注：资料来源于贵阳海关(以下相关表同)。
Note: The data in the table are obtained from Guiyang Customs(the same applies to the relative tables below) .

6-2 按地区分的进口商品总额
Total Value of Imports by Region

单位：万美元 (USD 10000)

地区	Region	2016	2017	2018	2019	2020
总计	**Total**	**95682**	**236860**	**249409**	**182789**	**168110**
亚洲	Asia	50682	174828	194796	127298	114816
非洲	Africa	6491	15287	9746	12764	10841
欧洲	Europe	6781	13463	11421	10292	15135
拉丁美洲	Latin America	5308	6850	1863	2741	2202
北美洲	North America	15084	8999	13028	10025	7905
大洋洲	Oceanic	11336	17430	18554	19667	17022
其他	Others		2		1	189

6-3 海关出口商品分类

单位：万美元

指 标	Item
总 计	**Total**
#活动物；动物产品	Live Animals; Animal Products
植物产品	Vegetable Products
动、植物油、脂及其分解产品；精制的食用油脂；动、植物蜡	Animal or Vegetable Fats and Oil and their Cleavage Products; Refined Edible Oil; Animal or Vegetable Waxes
食品；饮料、酒及醋；烟草及烟草代用品的制品	Prepared Foodstuffs; Beverages, Spirits And Vinegar; Tobacco and Manufactured Tobacco Substitutes
矿产品	Mineral Products
化学工业及其相关工业的产品	Products of the Chemical or Industries Allied
塑料及其产品；橡胶及其制品	Plastics and Articles Thereof; Rubber and Articles Thereof
生皮、皮革、毛皮及其制品；鞍具及挽具；旅行用品、手提包及类似品；动物肠线(蚕胶丝除外)制品	Raw Hides and Skins, Leather, Fur Skins and Articles Thereof; Saddlery and Harness; Travel Goods, Handbags and Similar Containers; Articles of Animal Gut (Other Than Silk-Worm Gut)
木及木制品；木炭；软木及软木制品；稻草、秸秆、针茅或其他编结材料制品；篮筐及柳条编结品	Wood and Articles of Wood; Wood Charcoal; Cork and Articles of Cork; Manufactures of Straw, of Esparto or of Other Plaiting Materials; Basket Ware and Wickerwork
木浆及其他纤维状纤维素浆；纸及纸板的废碎品；纸、纸板及其制品	Pulp of Wood or of Other Fibrous Cellulosic Material; Waste and Scrap of Paper or Paperboard; Paper and Paperboard and Articles Thereof
纺织原料及纺织制品	Textiles and Textile Articles
鞋、帽、伞、杖、鞭及其零件；已加工的羽毛及其制品；人造花；人发制品	Footwear, Headgear, Umbrellas, Sun Umbrellas, Walking-Sticks, Seat-Sticks, Whips, Riding-Crops and Parts Thereof; Prepared Feathers and Articles Made Therewith; Artificial Flowers; Articles of Human Hair
石料、石膏、水泥、石棉、云母及类似材料的制品；陶瓷产品；玻璃及其制品	Articles of Stone, Plaster, Cement, Asbestos, Mica or Similar Materials; Ceramic Products; Glass and Glassware
天然或养殖珍珠、宝石或半宝石、贵金属、包贵金属及其制品；仿首饰；硬币	Natural or Cultured Pearls, Precious or Semi-Precious Stones, Precious Metals, Metals Clad With Precious Metal and Stones, Precious Metals, Metals Clad With Metal and Articles Thereof; Imitation Jewellery; Coin
贱金属及其制品	Base Metals and Articles of Base Metal
机器、机械器具、电气设备机器及其零件、录音机及放声机、电视图象、声音的录制和重放设备及其零件、附件	Machinery and Mechanical Appliances; Electrical Equipment; Parts Thereof; Sound Recorders and Reproducers, Television Image and Sound Recorders and Reproducers; and Parts and Accessories of Recorders and Reproducers; and Parts and Accessories of Such Articles
车辆、航空器、船舶及有关运输设备	Vehicles, Aircraft, Vessels and Associated Transport Equipment
光学、照相、电影、计量、检验、医疗或外科用仪器及设备、精密仪器及设备；钟表；乐器及上述物品的零件、附件	Optical, Photographic, Cinematographic, Measuring, Checking, Precision, Medical or Surgical Instruments and Apparatus; Clocks and Watches; Musical Instruments; Parts and Accessories Thereof
杂项制品	Miscellaneous Manufactured Articles
艺术品、收藏品及古物	Works of Art, Collectors' Pieces and Antiques

Customs Exports Commodities by Category

(USD 10000)

2016	2017	2018	2019	2020	2020年比 2019年增长(%) Increase Rate in 2020 over 2019(%)
474279	**579371**	**513725**	**474028**	**622674**	**31.2**
161	163	152	163	173	6.0
4394	8241	4425	6110	10872	77.9
316	93	109	216	71	-67.1
43108	45844	55674	59378	40624	-31.6
12487	13270	14376	9334	7740	-17.1
113375	98803	101919	93555	94031	0.5
33230	26593	23505	21854	25550	16.9
5733	4692	5038	6863	6944	1.2
1066	1273	734	1161	861	-25.8
4906	2293	1754	1807	2369	31.1
23941	8863	11950	13085	22693	73.4
9701	5680	3917	6527	9032	38.4
14521	10472	4213	4370	3361	-23.1
2200	399	749	685	1203	75.6
33062	29288	27939	22444	18603	-17.1
141550	291301	224618	155618	309836	99.1
8149	4986	4172	4162	3232	-22.3
3802	5778	17439	50754	34502	-32.0
18415	21278	9583	15721	20924	33.1
141	30	34	76	257	237.8

6－4 按国别（地区）分的进出口总额

Imports and Exports by Countries or Regions

单位：万美元 (USD 10000)

国别（地区）	Country (Region)	进出口总额 Total Imports and Exports		进口 Imports		出口 Exports	
		2019	2020	2019	2020	2019	2020
进出口贸易总额	**Total Import-Export Value**	**656817**	**790784**	**182789**	**168110**	**474028**	**622674**
亚洲	Asia	426193	556853	127298	114816	298895	442037
#香港	Hong Kong	162858	264419	1319	23	161539	264396
印度	India	10151	13450	158	1259	9994	12191
印度尼西亚	Indonesia	11589	8781	822	515	10767	8266
澳门	Macau	3646	1691			3645	1691
马来西亚	Malaysia	12188	44589	2686	10377	9501	34212
巴基斯坦	Pakistan	5502				5502	
菲律宾	Philippines	7159	8252	652	846	6507	7406
沙特阿拉伯	Saudi Arabia	5028	5293	2937	2004	2091	3289
新加坡	Singapore	6069	7007	594	401	5475	6606
韩国	South Korea	18588	16082	7151	5334	11437	10748
泰国	Thailand	24842	26954	10808	14899	14034	12055
阿拉伯联合酋长国	UAE	10222	8591	5798	1677	4424	6914
越南	Vietnam	13623	17250	740	1075	12883	16175
台湾	Taiwan	63189	52109	60101	49087	3088	3022
非洲	Africa	27583	27979	12764	10841	14819	17138
#南非	South Africa	11983	11526	7087	6219	4897	5307
欧洲	Europe	81049	87927	10292	15135	70757	72792
#比利时	Belgium	6635	4423	687	367	5948	4056
英国	UK	6989	23134	1291	736	5698	22398
德国	Germany	8168	10727	3397	5880	4772	4847
法国	France	9719	9300	1456	1089	8263	8211
俄罗斯	Russia	6380	6521	765	2864	5615	3657
拉丁美洲	Latin America	27308	27764	2741	2202	24567	25562
#巴西	Brazil	7404	10345	1511	1175	5893	9170
墨西哥	Mexico	5150	3500	1084	729	4066	2771
北美洲	North America	44860	43454	10025	7905	34835	35549
#加拿大	Canada	5838	6002	136	848	4478	5154
美国	USA	39022	37451	8665	7058	30358	30393
大洋洲	Oceania	49821	46618	19667	17021	30154	29597
#澳大利亚	Australia	37339	34603	19612	16962	17728	17641
新西兰	New Zealand	11375	11398	55	60	11320	11338
东盟组织	ASEAN	80672	125291	16441	28136	64231	97155
欧盟组织	European Union	54145	55173	7856	11320	46289	43853

注：东盟组织为东盟10国，欧盟组织不含英国。

Note: The ASEAN organization is the 10 countries of the Association of South East Asian Nations, and the European Union does not include the UK.

6-5 海关进口商品分类
Customs Import Commodities by category

单位：万美元 (USD 10000)

指　　标	Item	2016	2017	2018	2019	2020
总　　计	**Total**	**95682**	**236860**	**249409**	**182789**	**168110**
#活动物产品	Live Animals; Animal Products	758	946	3496	752	768
植物产品	Vegetable Products	582	336	50	414	2537
动、植物油、脂及分解品；精制的食用油脂；动、植物蜡	Animal or Vegetable Fats and Oil and their Cleavage Products; Refined Edible Oil; Animal or Vegetable Waxes	7			40	35
食品；饮料、酒及醋；烟草及烟草代用品的制品	Prepared Foodstuffs; Beverages,Spirits And Vinegar;Tobacco and Manufactured Tobacco Substitutes	165	115	29	82	136
矿产品	Mineral Products	35148	57761	42784	43447	37173
化学工业及其相关工业的产品	Products of the Chemical or Industries Allied	1475	586	805	438	668
塑料及其产品；橡胶及其产品	Plastics and Articles Thereof Rubber and Articles Thereof	11326	12504	14052	11110	15628
生皮、皮革、毛皮及其制品；鞍具及挽具；旅行用品、手提包及类似品；动物肠线(蚕胶丝除外)制品	Raw Hides and Skins, Leather, Fur Skins and Articles Thereof; Saddlery and Harness; Travel Goods, Handbags and Similar Containers; Articles of Animal Gut (Other Than Silk-Worm Gut)	28	4	1	1	11
木及木制品；木炭；软木及软木制品；稻草、秸秆、针茅或其他 编结材料制品；篮筐及柳条编结品	Wood and Articles of Wood; Wood Charcoal; Cork and Articles of Cork; Manufactures of Straw, of Esparto or of Other Plaiting Materials; Basket Ware and Wickerwork	163	453	65	804	441
木浆及其他纤维状纤维素浆；纸及纸板的废碎品；纸、纸板及其制品	Pulp of Wood or of Other Fibrous Cellulosic Material; Waste and Scrap of Paper or Paperboard; Paper and Paperboard and Articles Thereof	153	26	213	30	546
纺织原料及纺织制品	Textiles and Textile Articles	488	160	96	220	827
鞋、帽、伞、杖、鞭及其零件；已加工的羽毛及其制品；人造花；人发制品	Footwear, Headgear, Umbrellas, Sun Umbrellas, Walking-Sticks, Seat-Sticks, Whips, Riding-Crops and Parts Thereof; Prepared Feathers and Articles Made Therewith; Artificial Flowers; Articles of Human Hair	13	8	2	1	2

6-5 续表 continued

单位：万美元 (USD 10000)

指 标	Item	2016	2017	2018	2019	2020
石料、石膏、水泥、石棉、云母及类似材料的制品；陶瓷产品；玻璃及其制品	Articles of Stone, Plaster, Cement, Asbestos, Mica or Similar Materials; Ceramic Products; Glass and Glassware	38	819	1097	47	59
天然或养殖珍珠、宝石或半宝石、贵金属、包贵金属及其制品；仿首饰；硬币	Natural or Cultured Pearls, Precious or Semi-Precious Stones, Precious Metals, Metals Clad With Precious Metal and Stones, Precious Metals, Metals Clad With Precious Metal and Articles Thereof; Imitation Jewellery; Coin	82	60	209	260	130
贱金属及其制品	Base Metals and Articles of Base Metal	3010	3853	5916	6746	5920
机器、机械器具、电气设备及其零件；录音机及放声机、电视图象、声音的录制和重放设备及其零件、附件	Machinery and Mechanical Appliances; Electrical Equipment; Parts Thereof; Sound Recorders and Reproducers, Television Image and Sound Recorders and Reproducers; and Parts and Accessories of Recorders and Reproducers; and Parts and Accessories of Such Articles	36910	147891	152610	96058	78223
车辆、航空器、船舶及有关运输设备	Vehicles, Aircraft, Vessels And Associated Transport Equipment	293	191	3534	771	691
光学、照相、电影、计量、检验、医疗或外科用仪器及设备、精密仪品及设备；钟表；乐器；上述物品的零件、附件	Optical, Photographic, Cinematographic, Measuring, Checking, Precision, Medical or Surgical Instruments and Apparatus; Clocks And Watches; Musical Instruments; Parts and Accessories Thereof	4915	11067	24173	19104	23488
杂项制品	Miscellaneous Manufactured Articles	121	81	279	1108	554
艺术品、收藏品及古物	Works of Art, Collectors' Pieces and Antiques	9				0

6–6 利用外资
Foreign Capital Utilization

指　标	Item	2016	2017	2018	2019	2020
企业数(个)	**Number of Enterprises(unit)**	**79**	**80**	**123**	**91**	**116**
#外商直接投资	Direct Foreign Investment	79	80	123	91	116
中外合资企业	Sino-Foreign Equity Joint Venture	38	31	67	45	34
中外合作企业	Sino-Foreign Contractual Joint Venture	6	2	4	2	
外资企业	Wholly Foreign-owned Enterprise	34	47	52	43	78
合伙企业	Partnership				1	3
其他	Others					1
合同外资金额(万美元)	**Contracted Foreign Capital (USD 10000)**	**234413**	**240801**	**410791**	**265108**	**176470**
#外商直接投资	Direct Foreign Investment	234413	240801	410791	265108	176470
中外合资企业	Sino-Foreign Equity Joint Venture	63632	14175	141941	84684	3654
中外合作企业	Sino-Foreign Contractual Joint Venture	21299	714	123655	90	
外资企业	Wholly Foreign-owned Enterprise	127635	225202	144964	173639	159641
合伙企业	Partnership				7176	12225
其他	Others					950
实际使用外资额(万美元)	**Foreign Capital Actually Utilized (USD 10000)**	**83065**	**45015**	**60845**	**67887**	**43907**
#外商直接投资	Direct Foreign Investment	83065	45015	60845	67887	43907
中外合资企业	Sino-Foreign Equity Joint Venture	7414	7178	13953	9505	2417
中外合作企业	Sino-Foreign Contractual Joint Venture			1460	2604	
外资企业	Wholly Foreign-owned Enterprise	53630	37704	45432	55705	41490
合伙企业	Partnership		133		73	
外商投资企业基本情况	**Registered Foreign-funded Enterprise**					
期末实有外商投资法人企业(户)	Number of Foreign-funded Enterprises at the Year-end(unit)	634	746	852		
#本年登记户数(户)	Number of Registered Enterprises at the Year-end(unit)	77	115	121		
期末投资总额(万美元)	Total Investment(USD 10000)	2371930	3074411	4463920		
期末注册资本(万美元)	Registered Capital(USD 10000)	1312175	1740058	2466047		
#外　方	Capital from Foreign Partners	1000054	1420499	2060083		

注：1.资料来源于省商务厅。2.实际利用外资统计口径为直接利用外资、外商投资企业投注差外债实际到位资金和外商投资企业境内投资实际到位资金三部分，2019年起我省实际使用外资金额统计口径为外商直接投资。(以下相关表同)

Note:1.The data in this table come from Guizhou Provincial Department of Commerce; 2.The actual utilization of foreign capital includes three parts: direct utilization of foreign capital, investment deficit of foreign-funded enterprises and actual investment of foreign-funded enterprises in China. The actual amount of foreign capital used in our province from 2019 onwards is counted as foreign direct investment (the relative tables in this chapter are the same).

6-7 外商直接投资按行业分项目个数
Number of Projects for Contracted Foreign Direct Investment by Sector

单位：个 (unit)

行　业	Sector	2016	2017	2018	2019	2020
总　计	**Total**	**79**	**80**	**123**	**91**	**116**
农、林、牧、渔业	Farming,Forestry,Animal Husbandry and Fishery	15	12	13	7	16
采矿业	Mining	1		4		
制造业	Manufacturing	24	17	23	16	9
电力、热力、燃气及水生产和供应业	Production and Supply of Electricity, Gas and Water	5	9	2	2	3
建筑业	Construction		6	1	2	1
交通运输、仓储和邮政业	Transport, Storage and Post	3	2	1	4	5
信息传输、软件和信息服务业	Information Transmission, Software and Information Technology	4	5	9	1	10
批发和零售业	Wholesale and Retail Trades	3	7	17	14	17
住宿和餐饮业	Hotels and Catering Services	2	1	9	3	6
金融业	Financial Intermediation			2	2	
房地产业	Real Estate	1	4	11	4	3
租赁和商务服务业	Leasing and Business Services	14	7	17	18	22
科学研究和技术服务业	Scientific Research and Technical Service	1	2	9	9	10
水利、环境和公共设施管理业	Management of Water Conservancy, Environment and Public Facilities	4	5		1	2
居民服务、修理和其他服务业	Services to Households, Repair and Other Services	1		3	3	6
文化、体育和娱乐业	Culture, Sports and Entertainment		1		1	2
教育	Education	1		2	1	3
卫生和社会工作	Health and Social work				3	1
公共管理、社会保障和社会组织	Public Management, Social Security and Social Organization		2			

6-8 按行业分外商直接投资协议金额
Agreement Value of Foreign Direct Investment by Sector

单位：万美元 (USD 10000)

行　业	Sector	2016	2017	2018	2019	2020
总　计	**Total**	**277271**	**310230**	**410791**	**265108**	**176470**
农、林、牧、渔业	Farming,Forestry,Animal Husbandry and Fishery	69577	32090	25123	21323	2798
采矿业	Mining	4476	316	2549		
制造业	Manufacturing	118902	45667	41367	15011	10799
电力、热力、燃气及水的生产和供应业	Production and Supply of Electricity, Gas and Water	12885	13740	5967	-2848	14171
建筑业	Construction		31986	19	10480	10150
交通运输、仓储和邮政业	Transport, Storage and Post	11553	2367	47	8765	6142
信息传输、软件和信息技术服务业	Information Transmission, Software and Information Technology Services	3644	22520	76958	202	2796
批发和零售业	Wholesale and Retail Trades	52	5069	2290	1786	2296
住宿和餐饮业	Hotels and Catering Services	13	2	3102	44	44
金融业	Financial Intermediation			18543	13050	12195
房地产业	Real Estate	1094	27629	171390	6278	16660
租赁和商务服务业	Leasing and Business Services	44364	127304	14647	56610	81538
科学研究和技术服务业	Scientific Research and Technical Service	41	1093	32800	3362	2694
水利、环境和公共设施管理业	Management of Water Conservancy, Environment and Public Facilities	10343	260			13547
居民服务、修理和其他服务业	Services to Households, Repair and Other Services	304		15513	45006	274
文化、体育和娱乐业	Culture, Sports and Entertainment		58		70	189
教育	Education	23		76	7534	141
公共管理、社会保障和社会组织	Public Management, Social security and Social Organization		129			
卫生和社会工作	Health and Social Work			400	78435	36

6-9 按行业分外商实际直接投资额
Actually Used Amount of Foreign Direct Investment by Sector

单位：万美元 (USD 10000)

指　标	Item	2016	2017	2018	2019	2020
总　计	**Total**	**96739**	**82439**	**60845**	**67887**	**43907**
农、林、牧、渔业	Farming, Forestry, Animal Husbandry and Fishery	308	1298	30	4719	1024
采矿业	Mining	845	4476	289	140	116
制造业	Manufacturing	34059	12017	3706	2590	508
电力、热力、燃气及水的生产和供应业	Production and Supply of Electricity, Gas and Water	18870	15666	12792	9228	24267
建筑业	Construction		4364			
交通运输、仓储和邮政业	Transport, Storage and Post	8991	15165		2029	1650
信息传输、软件和信息技术服务业	Information Transmission, Software and Information Technology	1232	8738	16820	35527	14128
批发和零售业	Wholesale and Retail Trades	1929		851	382	
住宿和餐饮业	Hotels and Catering Services	3	10			
金融业	Financial Intermediation		2654	11550	5106	2000
房地产业	Real Estate	302	161	3074	5260	
租赁和商务服务业	Leasing and Business Services	24649	4861	896	53	115
科学研究和技术服务业	Scientific Research and TechnicalService	4955	10983	10837	1048	99
水利、环境和公共设施管理业	Management of Water Conservancy, Environment and Public Facilities	572	1906		384	
居民服务、修理和其他服务业	Services to Households, Repair and Other Services	24				
教育	Education					
卫生和社会工作	Health and Social Work				517	
文化、体育和娱乐业	Culture, Sports and Entertainment		140		904	

6-10 对外经济合作
Economic Cooperation with Foreign Countries or Regions

指　标	Item	2016	2017	2018	2019	2020
境外经济合作	**Economic Cooperation with Foreign Countries or Territories**					
签订合同项目(个)	Number of Contracts(unit)	55	35	35	13	5
#对外承包工程	Contracted Projects	55	35	35	13	5
签订合同金额(万美元)	Contracted Value (USD 10000)	59614	32508	57077	22508	23170
#对外承包工程	Contracted Projects	59614	32508	57077	22508	23170
实际营业额(万美元)	Actual Turnover (USD 10000)	97179	110017	120795	128367	97471
#对外承包工程	Contracted Projects	68133	86132	100185	128367	97471
年末在外人员(人)	Persons Abroad by the End of Year (person)	2068	2774	3297	1829	2388
#对外承包工程	Contracted Projects	2068	2774	3289	1829	2388
省外经济合作	**Economic Cooperation with Other Provinces**					
引进省外项目(个)	Number of Contracted Projects (unit)	4545	6381	7317	5210	6183
引进省外资金(亿元)	Contracted Value (100 million yuan)	8086	8806	10129	5000	5701

注：表中数据不含铝镁设计院及国内国际标的项目。

Note: The data in the table don't contain the bidding projects of the Aluminum Magnesium and Design Institute and the domestic and international.

6–11 历年进出口总额、实际利用外资

Total Value of Imports and Exports and Total Amount of Foreign Investment Actually Utilized

年份 Year	进出口总额(万美元) Total Value of Imports and Exports (USD 10000)	#出口额 Exports	实际利用外资额(万美元) Total Amount of Foreign Investment Actually Utilized (USD 10000)	#国外贷款 Foreign Loans	#外商直接投资 Foreign Direct Investments
1978	1645	285			
1979	2111	703			
1980	2797	1641			
1981	4782	3617			
1982	5455	4522			
1983	5238	4186			
1984	6997	4548	61	61	
1985	8720	4010	286	12	148
1986	8605	6361	1276	38	74
1987	12488	9296	376	127	101
1988	15527	11586	1408	425	440
1989	18681	13322	2102	826	747
1990	21802	15358	2983	1925	463
1991	24614	18958	2845	1436	1034
1992	33907	22424	3574	1595	1979
1993	36470	24491	4922	628	4294
1994	53595	37346	8363	2000	6363
1995	68144	43023	9637	3934	5703
1996	64240	43554	10628	7490	3138
1997	67660	48239	13834	8857	4977
1998	62243	38794	18100	13565	4535
1999	54763	35780	19532	15442	4090
2000	66002	42060	19545	17044	2501
2001	64978	42170	14010	11181	2829
2002	69141	44181	9383	5684	3700
2003	98477	58834	13191	7565	5626
2004	151442	86709	13932	7399	6533
2005	140425	85925	19568	8800	10768
2006	161745	103874	18413	9029	9384
2007	227285	146513	15333	2682	12651
2008	337037	190084	17379	2475	14904
2009	230732	135856	18027	4663	13364
2010	314680	192018	34026	4480	29546
2011	488758	298509	71674	4353	51541
2012	663156	495223	109805	5223	49116
2013	829009	688598	157415	4853	57673
2014	1077133	939726	213053	6524	46565
2015	1222142	994862	262747	10324	41941
2016	569962	474279	363331	41700	96739
2017	816231	579371	430032	40970	82439
2018	763133	513725	474403	25820	60845
2019	656817	474028	67887		
2020	790784	622674	43907		

注：1.进出口总额1997年及以前数据来源于原省对外贸易经济合作厅，1998年起数据来源于贵阳海关。2.本表实际利用外资额数据来源于省发展改革委、省商务厅。实际利用外资额=省商务厅数据+发改革委国外贷款。2019—2020年仅为商务厅数据。

Note:1.The total amount of import and export were obtained from the former provincial department of foreign trade and economic cooperation in 1997 and before, while after 1998 they were obtained from Guiyang Customs. 2. In this table, the data of foreign capital actually utilized are obtained from Guizhou Provincial Development and Reform Commission and Guizhou Provincial Department of Commerce. Foreign capital actually utilized consists of the data from Guizhou Provincial Department of Commerce and the foreign loans of Development and Reform Commission. But from 2019 to 2020, it only includes the data from the Department of Commerce.

主要统计指标解释

进出口总额 指实际进出我国国境并引起我国物质资源存量增加或者减少的货物金额。包括我国境内法人和其他组织、个人进出口的一般贸易、易货贸易、加工贸易、补偿贸易、保税区和保税仓库进出境货物、国际援助物资或捐赠品。我国规定出口货物按离岸价格统计，进口货物按到岸价格统计。

外商直接投资 指外国企业和经济组织或个人（包括华侨、港澳台胞以及我国在境外注册的企业）按我国有关政策、法规，用现汇、实物、技术等在我国境内开办外商独资企业、与我国境内的企业或经济组织共同举办中外合资经营企业、合作经营企业或合作开发资源的投资（包括外商投资收益的再投资），以及经政府有关部门批准的项目投资总额内企业从境外借入的资金。

对外承包工程 指各对外承包公司以招标议标承包方式承揽的下列业务：(1)承包国外工程建设项目；(2)承包我国对外经援项目；(3)承包我国驻外机构的工程建设项目；(4)承包我国境内利用外资进行建设的工程项目；(5)与外国承包公司合营或联合承包工程项目时我国公司分包部分；(6)对外承包兼营的房屋开发业务。对外承包工程的营业额是以货币表现的本期内完成的对外承包工程的工作量，包括以前年度签订的合同和本年度新签订的合同在报告期内完成的工作量。

Explanatory Notes on Main Statistical Indicators

Total imports and exports refers to the actual cause of out of our borders and the stock of material resources to increase or decrease the amount of goods, including my own country legal persons and other organizations, individuals, import and export of general trade, barter trade, processing trade, compensation trade, bonded and bonded warehouse entry and exit of goods, international aid or donations. China provides export goods at FOB, CIF value of imported goods according to statistics.

Foreign Direct Investment refers to the investments inside China by foreign enterprises and economic organizations or individuals (including overseas Chinese, compatriots from Hong Kong, Macao and Taiwan, and Chinese enterprises registered abroad), following the relevant policies and laws of China, for the establishment of ventures exclusively with foreign own investment, Sino-foreign joint ventures and cooperative enterprises or for co-operative exploration of resources with enterprises or economic organizations in China. It includes the re- investment of the foreign entrepreneurs with the profits gained from the investment and the funds that enterprises borrow from abroad in the total investment of projects which are approved by the relevant department of the government.

Overseas Contracted Project refers to projects undertaken by Chinese contractors (project contracting companies) through bidding process. They include: (1) overseas civil engineering construction projects financed by foreign investors; (2) overseas projects financed by the Chinese government through its foreign aid programs; (3) construction projects of Chinese diplomatic missions, trade offices and other institutions stationed abroad; (4) construction projects in China financed by foreign investment; (5) sub-contracted projects to be taken by Chinese contractors through a joint umbrella project with foreign contractor(s); (6) housing development projects. The business income from international contracted projects is the work volume of contracted projects completed during the reference period, expressed in monetary terms, including completed work on projects signed in previous years.

能 源

Energy 7

简要说明

一、主要内容

本篇资料主要包括能源生产、消费及品种构成，能源生产和消费弹性系数，综合能源平衡表和主要能源品种的单项平衡表，分行业、分主要能源品种的消费量，能源加工转换效率及生活用能源消费量等。

二、统计范围、统计口径和计算方法

本篇资料的统计范围为全社会。

1.一次能源生产量与能源产品产量统计数字一致。

2.能源生产与消费弹性系数分别以能源生产、消费增长速度与地区生产总值增长速度相比求得。

3.综合能源平衡表中，电力折算标准煤系数按平均发电煤耗计算。

4.效率表中，规模以上工业能源消费量电力折算标准煤系数采用当量值计算，每千瓦小时折 0.1229 千克标准煤。

5.GDP 按可比价格计算。

三、资料来源

本篇资料由省统计局根据《贵州省能源统计报表制度》加工整理。

Brief Introduction

I. Main Contents

The data in this chapter cover mainly energy production, consumption, and composition; elasticity ratio of energy production and consumption; overall balance sheet of energy and balance sheets by different types of energy; consumption of energy by sector and by types of energy; efficiency of energy processing and conversion; and the consumption of energy for non-production uses.

II. The Scope, Notes on Coverage and Compilation of Data

The scope of data in this chapter is the whole province.

(1) The data on production of primary energy are the same as the corresponding data on output of energy products.

(2) The elasticity ratio of energy production is calculated as the quotient of the growth rate of energy production divided by the growth rate of GDP; and the elasticity ratio of energy consumption is calculated as the quotient of the growth rate of energy consumption divided by the growth rate of GDP.

(3) In the energy balance sheet, the coefficient for conversion of electric power into the standard coal equivalent is calculated according to the average consumption of coal for generating electricity.

(4) In the table on the efficiency of energy conversion, Above scale industrial energy consumption electric power conversion standard coal coefficient calculated by the equivalent value. One kilowatt is equal to 0.1229 kg SCE.

(5) Gross domestic product is calculated at constant prices.

III. Sources of Data

The data in this chapter are collected and compiled by Guizhou Provincial Bureau of Statistics in accordance with the Guizhou Provincial energy statistics report system.

7-1 能源生产、消费总量及构成
Total Production and Consumption of Energy and Its Composition

单位：万吠标准煤 (10000 tons of SCE)

指 标	Item	2016	2017	2018	2019	2020
绝对数	**Absolute Figure**					
一次能源生产量	Total Production of Primary Energy	13790.62	12887.71	12186.03	11630.38	11171.06
#原　煤	Coal	11298.00	10349.22	9497.72	8895.09	8066.67
水　电	Hydro-power	2421.49	2452.50	2610.84	2644.37	2965.81
终端能源消费量	Final Consumption of Energy	8831.27	9379.50	9656.73	10074.14	10111.12
#原　煤	Coal	3300.53	3448.10	3060.83	3112.61	2940.68
天然气	Natural Gas	154.48	176.32	379.60	425.03	450.32
电　力	Electricity	3511.75	3965.59	4200.53	4438.77	4509.73
构成(%)	**Composition(%)**					
一次能源生产量	Total Production of Primary Energy	100.0	100.0	100.0	100.0	100.0
#原　煤	Coal	81.9	80.3	77.9	76.5	72.2
水　电	Hydro-power	17.6	19.0	21.4	22.7	26.5
终端能源消费量	Final Consumption of Energy	100.0	100.0	100.0	100.0	100.0
#原　煤	Coal	37.4	36.8	31.7	30.9	29.1
天然气	Natural Gas	1.7	1.9	3.9	4.2	4.5
电　力	Electricity	39.8	42.3	43.5	44.1	44.6

注：1.电力按等价热值折算。2.本表数据根据第四次经济普查资料进行修订(以下各表同)。
Note: 1.Electricity is converted on the basic of equal caloric value. 2.The data in this table are revised according to the fourth national economic census (the same as in the following tables).

7–2 综合能源平衡表
Overall Energy Balance Sheet

单位：万吨标准煤 (10000 tons of SCE)

指　　标	Item	2016	2017	2018	2019	2020
可供消费的能源总量	**Total Energy Available for Consumption**	9937.82	9855.32	10120.77	10332.86	10862.82
一次能源生产量	Primary Energy Output	13790.62	12887.71	12186.03	11630.38	11171.06
省外调入	Inflow from Other Provinces	1707.42	2210.29	2772.82	3037.56	3494.95
调出省外	Outflow from Guizhou Province	6296.79	5145.69	4670.79	4464.43	3659.49
年初年末库存差额	Stock Changes in the Year	732.09	-101.36	-164.92	129.35	-148.08
能源消费总量	**Total Energy Consumption**	**9605.80**	**9845.60**	**10035.92**	**10423.27**	**10621.44**
农、林、牧、渔、水利业	Farming, Forestry, Animal Husbandry, Fishery and Water Conservancy	178.90	181.63	207.51	214.76	226.92
工　业	Industry	5306.03	5113.74	4968.43	5143.80	5199.04
建筑业	Construction	161.07	184.25	186.59	193.74	185.22
交通运输、仓储和邮政业	Transport,Storage and Post	739.98	785.03	849.84	907.64	929.09
批发、零售业和住宿、餐饮业	Wholesale and Retail Trades, Hotels and Catering Services	818.36	975.71	966.70	972.62	1008.29
其　他	Other Sectors	1097.19	1164.23	1353.49	1320.33	1329.17
生活消费	Household Consumption	1303.63	1441.10	1503.35	1670.37	1743.71
终端消费	End-use Consumption	8831.27	9377.50	9656.73	10074.14	10111.12
#工　业	Industry	4532.14	4645.56	4589.22	4794.68	4688.71
加工转换损失量	Losses During the Process of Energy Conversion	479.08	201.49	50.27	88.80	187.24
#炼　焦	Coking	72.85	54.16	49.28	30.47	24.04
损失量	Energy Losses	295.45	266.62	328.93	260.33	323.08
平衡差额	**Balance**	**332.02**	**9.72**	**84.85**	**-90.41**	**241.38**

7-3 煤炭平衡表
Coal Balance Sheet

单位：万吨 (10000 tons)

指 标	Item	2016	2017	2018	2019	2020
可供量	**Total Energy Available for Consumption**	**14147.11**	**13647.56**	**12119.18**	**12086.03**	**12041.52**
生产量	Output	16850.64	16343.80	14335.01	13167.94	12055.33
调出省外	Outflow from Guizhou Province	4207.05	3327.41	2947.15	2346.51	1385.38
年初年末库存差额	Stock Changes in the Year	1115.65	-131.60	-247.63	105.73	-202.49
消费量	**Total Energy Consumption**	**13642.75**	**13634.10**	**12008.03**	**12204.16**	**11658.89**
农、林、牧、渔、水利业	Farming,Forestry,Animal Husbandry,Fishery and Water Conservancy	195.47	130.00	200.44	183.67	171.17
工 业	Industry	10539.74	11189.66	9751.90	10168.08	9584.90
建筑业	Construction	35.00	24.94	6.49	3.80	3.00
交通运输、仓储和邮政业	Transport,Storage and Post	8.00	1.00	1.28	1.50	0.01
批发、零售业和住宿、餐饮业	Wholesale and Retail Trades, Hotels and Catering Services	1189.98	966.31	850.01	788.34	818.73
其 他	Other Sectors	904.68	719.95	650.50	564.77	568.13
生活消费	Household Consumption	769.89	602.23	547.42	494.00	512.95
终端消费	End-use Consumption	5690.38	4679.42	4470.84	4377.96	4203.78
#工 业	Industry	2587.36	2234.99	2214.71	2341.87	2129.78
中间消费(用于加工转换)	Intermediate Consumption (Consumed in Conversion)	7952.38	8954.68	7537.20	7826.21	7455.12
#发 电	Power Generation	6021.16	7246.78	6483.53	6839.91	6601.30
炼 焦	Coking	880.98	710.36	554.83	531.38	568.54
平衡差额	**Balance**	**504.36**	**13.46**	**111.14**	**-118.14**	**382.63**

7-4 电力平衡表
Electricity Balance Sheet

单位：亿千瓦小时 (100 million kwh)

指 标	Item	2016	2017	2018	2019	2020
可供量	**Total Energy Available for Consumption**	**1241.77**	**1384.89**	**1482.12**	**1540.68**	**1586.07**
生产量	Output	1955.05	2012.23	2117.03	2256.61	2305.45
水电、风电、太阳能发电等	Hydropower, Wind Power, Solar Power, etc.	789.80	802.52	854.31	867.00	973.34
火 电	Thermal Power	1165.25	1209.70	1262.72	1389.61	1332.11
调出省外	Outflow from Guizhou Province	713.29	627.34	634.99	717.75	720.31
消费量	**Total Energy Consumption**	**1241.77**	**1384.90**	**1482.12**	**1540.68**	**1586.07**
农、林、牧、渔、水利业	Farming, Forestry, Animal Husbandry, Fishery and Water Conservancy	7.07	7.69	7.11	10.90	14.88
工 业	Industry	874.76	935.21	983.61	982.07	996.83
建筑业	Construction	24.05	33.14	33.58	34.93	32.14
交通运输、仓储和邮政业	Transport, Storage and Post	25.99	31.97	35.39	36.78	37.64
批发、零售业和住宿、餐饮业	Wholesale and Retail Trades, Hotels and Catering Services	20.94	39.70	42.86	46.26	52.12
其 他	Other Sectors	71.07	75.49	95.09	90.35	89.80
生活消费	Household Consumption	217.91	261.71	284.48	339.40	362.66
终端消费	End-use Consumption	1145.40	1297.65	1374.49	1455.32	1480.04
#工 业	Industry	778.39	847.96	875.98	896.71	890.80
输配损失量	Losses in Transmission	96.37	87.24	107.63	85.35	106.03

7—5 分行业能源消费总量

Total Consumption of Energy by Sector

单位：万吨标准煤 (10000 tons of SCE)

行 业	Sector	2016	2017	2018	2019	2020
工业	**Industrial**	5306.03	5113.74	4968.43	5143.80	5199.04
采矿业	Mining and Quarrying	814.66	515.67	469.10	542.97	614.91
#煤炭开采和洗选业	Mining and Washing of Coal	778.51	479.77	347.54	426.88	534.53
黑色金属矿采选业	Mining and Processing of Ferrous Metal Ores	8.97	10.69	15.84	19.05	6.29
有色金属矿采选业	Mining and Processing of Non-Ferrous Metal Ores	2.37	1.65	16.30	17.46	14.01
非金属矿采选业	Mining and Processing of Nonmetal Ores	24.81	21.38	39.56	35.60	30.31
制造业	Manufacturing	3518.33	3463.63	3841.21	3929.16	3923.67
#农副食品加工业	Processing of Food from Agricultural Products	16.36	18.41	36.58	36.62	36.40
食品制造业	Manufacture of Foods	11.13	10.90	12.90	15.43	16.23
酒、饮料和精制茶制造业	Manufacture of Liquor, Beverages and Refined Tea	43.69	45.45	32.36	32.82	37.94
烟草制品业	Manufacture of Tobacco	5.85	5.68	9.00	10.30	9.44
纺织业	Manufacture of Textile	3.30	2.29	5.49	5.39	6.40
纺织服装、服饰业	Manufacture of Textile, Wearing Apparel and Accessories	1.89	1.91	2.47	2.10	2.33
皮革、毛皮、羽毛及其制品和制鞋业	Manufacture of Leather, Furs, Feather and Related Products and Footwear	2.40	2.97	2.12	2.04	1.66
木材加工和木、竹、藤、棕、草制品业	Processing of Timber, Manufacture of Wood, Bamboo, Rattan, Palm and Straw Products	8.14	7.03	13.01	14.19	12.74
家具制造业	Manufacture of Furniture	1.44	1.43	6.91	5.89	6.00
造纸和纸制品业	Manufacture of Paper and Paper Products	16.30	17.59	16.31	15.93	18.43
印刷业和记录媒介复制业	Printing and Reproduction of Recording Media	1.61	2.13	3.11	3.17	3.34
文教、工美、体育和娱乐用品制造业	Manufacture of Articles for Culture, Education, Arts and Crafts, Sports and Entertainment Activities	2.08	1.77	2.56	2.78	1.88
石油加工、炼焦和核燃料加工业	Processing of Petroleum, Coking and Processing of Nuclear Fuel	128.14	117.77	66.47	43.50	21.63
化学原料和化学制品制造业	Manufacture of Raw Chemical Materials and Chemical Products	810.19	696.05	708.04	708.70	655.28
医药制造业	Manufacture of Medicines	14.91	15.26	17.81	18.00	17.30
化学纤维制造业	Manufacture of Chemical Fiber	0.43	0.82	1.90	1.46	1.26

7-5 续表 continued

单位：万吨标准煤 (10000 tons of SCE)

行 业	Sector	2016	2017	2018	2019	2020
橡胶和塑料制品业	Manufacture of Rubber and Plastics Products	33.03	34.75	37.59	36.68	42.74
非金属矿物制品业	Manufacture of Non-metallic Mineral Products	1049.37	1195.98	1181.76	1238.19	1204.83
黑色金属冶炼和压延加工业	Smelting and Pressing of Ferrous Metals	725.38	559.05	532.41	467.74	528.94
有色金属冶炼和压延加工业	Smelting and Pressing of Non-ferrous Metals	560.11	642.04	951.92	1050.44	1119.89
金属制品业	Manufacture of Metal Products	16.72	19.44	78.27	96.72	51.32
通用设备制造业	Manufacture of General Purpose Machinery	4.33	6.11	26.20	21.34	14.25
专用设备制造业	Manufacture of Special Purpose Machinery	7.14	4.48	7.45	8.27	7.49
汽车制造业	Manufacture of Automobiles	15.42	11.02	6.46	6.06	5.78
铁路、船舶、航空航天和其他运输设备制造业	Manufacture of Railway, Ship, Aerospace and Other Transportation Equipment	9.91	9.00	10.34	10.80	10.94
电气机械和器材制造业	Manufacture of Electrical Machinery and Apparatus	10.27	16.34	13.65	16.44	22.82
计算机、通信和其他电子设备制造业	Manufacture of Computers,Communication and Other Electronic Equipment	4.87	6.67	8.13	7.40	11.97
仪器仪表制造业	Manufacture of Measuring Instruments and Machinery	0.43	0.55	3.59	2.04	1.66
其他制造业	Other Manufacture	6.88	6.36	25.17	28.35	30.96
废弃资源综合利用业	Utilization of Waste Resources	4.41	4.01	11.38	11.68	16.34
金属制品、机械和设备修理业	Repair Service of Metal Products, Machinery and Equipment	2.19	0.37	9.84	8.67	5.48
电力、热力、燃气及水生产和供应业	Electric Power, Heat, Gas and Water Production and Supply	973.03	1134.44	658.12	671.67	660.46
电力、热力生产和供应业	Production and Supply of Electric Power and Heat Power	945.72	1117.27	625.57	633.45	620.91
燃气生产和供应业	Production and Supply of Gas	14.30	1.38	3.80	2.95	2.52
水的生产和供应业	Production and Supply of Water	13.02	15.78	28.74	35.26	37.03
建筑业	**Construction**	**161.07**	**184.27**	**186.60**	**193.74**	**185.22**
交通运输、仓储及邮政	**Transport,Storage and Post**	**739.98**	**785.03**	**849.84**	**907.64**	**929.09**
批发、零售业和住宿、餐饮业	**Wholesale,Retail Trade and Hotel, Restaurants**	**818.36**	**975.71**	**966.70**	**972.62**	**1008.29**
其他行业	**Others**	**1097.19**	**1164.23**	**1353.49**	**1320.33**	**1329.17**
生活消费	**Residential Consumption**	**1303.63**	**1441.10**	**1503.35**	**1670.37**	**1743.71**

7—6 能源生产消费弹性系数
Elasticity Ratio of Energy Production and Consumption

指 标	Item	2016	2017	2018	2019	2020
地区生产总值比上年增长(%)	Growth Rate of Gross Domestic Product(GDP) over Preceding Year(%)	10.5	10.2	9.1	8.3	4.5
能源生产比上年增长(%)	Growth Rate of Energy Production over Preceding Year(%)	-3.7	-6.6	-5.5	-4.6	-3.9
能源消费总量比上年增长(%)	Growth Rate of Energy Consumption over Preceding Year(%)	2.8	2.5	1.93	3.9	1.9
电力生产比上年增长(%)	Growth Rate of Electricity Production over Preceding Year(%)	1.3	2.9	5.2	6.3	2.2
电力消费比上年增长(%)	Growth Rate of Electricity Consumption over Preceding Year(%)	5.8	11.5	7	4.0	2.9
能源生产弹性系数	Elasticity Ratio of Energy Production	…	…	…	…	…
能源消费弹性系数	Elasticity Ratio of Energy Consumption	0.27	0.25	0.21	0.47	0.42
电力生产弹性系数	Elasticity Ratio of Electricity Production	0.12	0.28	0.57	0.76	0.49
电力消费弹性系数	Elasticity Ratio of Electricity Consumption	0.55	1.13	0.77	0.48	0.64

7—7 生活能源消费量
Energy Consumption for Households

能源品种	Item	2016	2017	2018	2019	2020
生活能源消费量(万吨标准煤)	**Energy Consumption for Households (10000 tons of SCE)**	**1303.63**	**1441.10**	**1503.35**	**1670.37**	**1743.71**
煤炭(万吨)	Coal (10000 tons)	651.39	602.23	547.42	494.00	512.95
煤油(万吨)	Kerosene (10000 tons)	…	…	…	…	…
液化石油气(万吨)	Liquefied Petroleum Gas (10000 tons)	13.06	15.09	15.20	16.94	18.59
天然气(亿立方米)	Natural Gas(100 million cu.m)	4.89	6.83	8.95	9.78	10.82
煤气(亿立方米)	Coal Gas (100 million cu.m)	4.76	2.75	…	0.96	1.19
电力(亿千瓦小时)	Electricity (100 million kwh)	217.91	261.71	284.48	339.40	362.66

7-8 人均生活能源消费量
Annual Average per Capita Energy Consumption of Households

指 标	Item	2016	2017	2018	2019	2020
平均每人生活消费能源(千克标准煤/人)	**Average per Capita Energy Consumption of Households (kg of SCE/Person)**	**366.70**	**402.54**	**417.60**	**461.05**	**452.18**
煤炭(千克)	Coal(kg)	183.23	168.22	152.06	136.35	133.02
电力(千瓦小时)	Electricity(kwh)	612.97	731.03	790.22	936.81	940.46
液化石油气(千克)	Liquefied Petroleum Gas(kg)	3.67	4.22	4.22	4.67	4.82
煤气(立方米)	Coal Gas(cu.m)	13.39	7.68	…	0.27	0.31

7-9 能源利用效率
Using Efficiency of Energy

指 标	Item	2016	2017	2018	2019	2020
每万元地区生产总值能源消费量(吨标准煤/万元)(可比价)	**Energy Consumption Per Unit of GDP (ton of SCE/10000 yuan) (at comparable prices)**	**0.825**	**0.767**	**0.717**	**0.688**	**0.671**
每万元地区生产总值能耗上升或下降(%)	**Energy Consumption Rise or Fall Per Unit of GDP(%)**	**-6.98**	**-6.95**	**-6.55**	**-4.06**	**-2.45**
每万元地区生产总值电力消费量(千瓦小时/万元)	**Electricity Consumption Per Unit of GDP(kwh/10000 yuan)**	**1070**	**1079**	**1058**	**1017**	**1002**
每万元地区生产总值煤炭消费量(吨/万元)	**Coal Consumption Per Unit of GDP(ton/10000 yuan)**	**1.16**	**1.01**	**0.82**	**0.73**	**0.65**
能源消费总量(万吨标准煤)	Total Energy Consumption (10000 tons of SCE)	9605.80	9845.60	10035.92	10423.27	10621.44
每吨能源生产的地区生产总值(万元/吨标准煤)	GDP Produced by Per Unit of Energy (10000 yuan/ton of SCE)	1.21	1.30	1.40	1.45	1.49
规模以上工业能源消费量(万吨标准煤)	Energy Consumption of Industry above Designated Size (10000 tons of SCE)	5536.65	5453.39	5520.64	5812.18	5825.21
规模以上工业万元增加值能耗上升或下降(%)	Ten-thousand-yuan Added Value Energy Consumption Rise or Fall of Industry above Designated Size (%)	-6.1	-8.53	-5.87	-3.4	-4.5

7-10 平均每天能源消费量

Average Daily Energy Consumption by Type of Energy

能源品种	Item	2016	2017	2018	2019	2020
合计（万吨标准煤）	Total (10000 tons of SCE)	26.317	26.974	27.496	28.557	29.100
煤炭（万吨）	Coal (10000 tons)	37.377	37.354	32.899	33.436	36.054
焦炭（万吨）	Coke (10000 tons)	0.694	0.589	0.574	0.613	0.681
燃料油（万吨）	Fuel Oil (10000 tons)	0.001	0.001	0.001	0.000	0.001
汽油（万吨）	Gasoline (10000 tons)	0.942	1.042	1.200	1.276	1.327
煤油（万吨）	Kerosene (10000 tons)	0.106	0.133	0.155	0.162	0.135
柴油（万吨）	Diesel Oil (10000 tons)	1.345	1.318	1.565	1.598	1.638
天然气（亿立方米）	Natural Gas(100million cu.m)	0.047	0.049	0.082	0.098	0.107
电力（亿千瓦小时）	Electricity (100million kwh)	3.402	3.794	4.061	4.221	4.345

7-11 规模以上工业企业水消费

Water Consumption of Scale Industry

单位：万立方米 (10000 cu.m)

行　业	Sector	2016	2017	2018	2019	2020
取水总量	**the Total Amount of Water**	**121707.62**	**136952.80**	**156977.83**	**174785.49**	**185325.87**
#地表水	Surface Water	100903.64	113705.10	131238.37	150005.95	160402.81
地下水	Groundwater	5343.22	6568.10	8354.49	6733.58	6893.28
自来水	Tap Water	12080.22	12736.20	13701.97	13942.95	13612.78
中水	Reclaimed Water	413.76	446.80	429.24	421.56	411.23
其他水	Other Water	742.84	1384.80	652.99	636.45	568.45
重复用水	Repeated Water	845310.87	889801.10	992742.45	1009750.53	1136970.56
工业企业污水排放量	Discharge of Industrial Sewage	48312.50	55069.70	66651.65	77587.82	118583.63

注：工业企业污水排放量统计口径发生变化，2020年前为企业污水处理量，2020年起为污水处理量，即所有装有污水处理设备可以处理污水的企业均要填报污水处理量。

Note: The statistical caliber of discharge of industrial sewage has changed. Before 2020, it was the sewage disposal capacity of enterprises. From 2020, it is the sewage disposal capacity, that is, all enterprises equipped with sewage disposal equipment to dispose sewage should report the sewage disposal capacity.

7-12 发电装机容量

Installed Capacity of Power Generation

单位：万千瓦 (10000 kw)

能源品种	Item	2016	2017	2018	2019	2020
发电装机容量	Installed Capacity of Power Generation	5272	5565	5754	6314	7137
火电	Thermal Power	3014	3160	3263	3410	3504
水电	Hydropower	1850	1880	1927	1938	1996
风电	Wind Power	362	369	386	457	580
太阳能发电	Solar Power	46	155	178	510	1057

注：本表统计口径为6000千瓦及以上电厂期末设备容量。

Note: The statistical calibre of this table is the terminal equipment capacity of power plants of 6000 kw and above.

主要统计指标解释

能源生产总量 指一定时期内全省一次能源生产量的总和。一次能源生产量包括原煤、原油、天然气、水电、核能及其他动力能(如风能、地热能等)发电量，不包括低热值燃料生产量、生物质能、太阳能等的利用和由一次能源加工转换而成的二次能源产量。

能源消费总量 指一定时期内全省各行业和居民生活消费的各种能源的消费总量指标。能源消费总量分为终端能源消费量、能源加工转换损失量和损失量三部分。

终端能源消费量：指一定时期内全省各行业和居民生活消费的各种能源在扣除了用于加工转换二次能源消费量和损失量以后的数量。

能源加工转换损失量：指一定时期内全省投入加工转换的各种能源数量之和与产出各种能源产品之和的差额，是观察能源在加工转换过程中损失量变化的指标。

能源损失量：指一定时期内能源在输送、分配、储存过程中发生的损失和由客观原因造成的各种损失量，不包括各种气体能源放空、放散量。

能源生产弹性系数 是能源生产量的增长与国民经济增长速度之间的比值。计算公式为：

$$能源生产弹性系数 = \frac{能源生产总量年平均增长速度}{地区生产总值年平均增长速度}$$

电力生产弹性系数 是电力生产量的增长与国民经济增长速度之间的比值。计算公式为：

$$电力生产弹性系数 = \frac{电力生产量年平均增长速度}{地区生产总值年平均增长速度}$$

能源消费弹性系数 是能源消费增长速度与国民经济增长速度之间的比值。计算公式为：

$$能源消费弹性系数 = \frac{能源消费量年平均增长速度}{地区生产总值年平均增长速度}$$

电力消费弹性系数 是电力消费增长速度与国民经济增长速度之间的比值。计算公式为：

$$电力消费弹性系数 = \frac{电力消费量年平均增长速度}{地区生产总值年平均增长速度}$$

单位地区生产总值能源消耗量 指一定时期内，每生产一个计量单位的地区生产总值所消耗的能源。计算公式为：

$$每万元地区生产总值能源消耗量 = \frac{能源消费总量}{地区生产总值}$$

单位地区生产总值电力消耗量 指一定时期内，每生产一个计量单位的地区生产总值所消耗的电力。计算公式为：

$$每万元地区生产总值电力消耗量=\frac{全社会用电量}{地区生产总值}$$

Explanatory Notes on Main Statistical Indicators

Total Energy Production refers to the total production of primary energy by all energy producing enterprises in the country in a given period of time. The production of primary energy includes that of coal, crude oil, natural gas, hydro-power and electricity generated by nuclear energy and other means such as wind power and geothermal power. However, it excludes the production of fuels of low calorific value, bio-energy, solar energy and the secondary energy converted from the primary energy.

Total Energy Consumption refers to the total energy consumption indexes of various industries and residents in our province in a given period of time. Total energy consumption can be divided into three parts: end-use energy consumption; loss during the process of energy conversion; and energy loss.

End-use Energy Consumption refers to the total energy consumption by material production sectors, non material production sectors and households in the country(region) in a given period of time, but excludes the consumption during the conversion of primary energy into the secondary energy and the loss in the process of energy conversion.

Loss During the Process of Energy Conversion refers to the total input of various kinds of energy for conversion, minus the total output of various kinds of energy in the country in a given period of time. It is an indicator to show the loss that occurs during the process of energy conversion.

Energy Loss refers to the total of the loss of energy during the course of energy transport, distribution and storage and the loss caused by any objective reason in a given period of time. The loss of various kinds of gas due to gas discharges and stocktaking is excluded.

Elasticity Ratio of Energy Production is an indicator to show the relationship between the growth rate of energy production and the growth rate of the national economy. The formula is:

$$\text{Elasticity Ratio of Energy Production}=\frac{\text{Average Annual Growth Rate of Energy Production}}{\text{Average Annual Growth Rate of National Economy}}$$

Elasticity Ratio of Electricity Production is an indicator to show the relationship between the growth rate of electricity production and the growth rate of the national economy. Its formula is:

$$\text{Elasticity Ratio of Electricity Production}=\frac{\text{Average Annual Growth Rate of Electricity Production}}{\text{Average Annual Growth Rate of National Economy}}$$

Elasticity Ratio of Energy Consumption is an indicator to show the relationship between the growth rate of energy consumption and the growth rate of the national economy. The formula is:

$$\text{Elasticity Ratio of Energy Consumption} = \frac{\text{Average Annual Growth Rate of Energy Consumption}}{\text{Average Annual Growth Rate of National Economy}}$$

Elasticity Ratio of Electricity Consumption is an indicator to show the relationship between the growth rate of electricity consumption and the growth rate of the national economy. The formula is:

$$\text{Elasticity Ratio of Electricity Consumption} = \frac{\text{Average Annual Growth Rate of Electricity Consumption}}{\text{Average Annual Growth Rate of National Economy}}$$

Energy Consumption per Unit of GDP (ton of SCE/10000 yuan) refers to the energy consumption per unit of Gross Domestic Product in a country or the Gross Regional Product in a region in the same reference period. The formula is:

$$\text{Energy Consumption per Unit of GDP} = \frac{\text{Total Energy Consumption}}{\text{Gross Domestic Product}}$$

Electricity Consumption per Unit of GDP (KWh/10000 yuan) refers to the electricity consumption per unit of Gross Domestic Product in a country or the Gross Regional Product in a region in the same reference period. The formula is:

$$\text{Electricity Consumption per Unit of GDP} = \frac{\text{Total Electricity Consumption}}{\text{Gross Domestic Product}}$$

财政税收

8

Government Finance and Taxation

简 要 说 明

一、主要内容

本篇反映全省财政收支状况、税收情况。

一般公共预算收支是指政府凭借国家政治权力，以社会管理者身份筹集以税收为主体的财政收入，用于保障和改善民生、维持国家机构正常运转、保障国家安全等方面的各项收支。

二、统计口径

2007 年起财政收支科目实施了较大改革，特别是财政支出项目口径变化很大，与以前年度数据不可比。从 2011 年开始，预算外资金全部纳入预算内管理。

三、资料来源

财政资料来源于省财政厅，税收资料来源于国家税务总局贵州省税务局。

Brief Introduction

I. Main Contents

The data in this chapter shows the government revenue and expenditure situation, as well the tax collection.

The General Public Budget Revenue and Expenditure refers to the revenues and expenditures mainly in a form of taxes collected by the government as the administration of the society using its state political power for the purposes of assuring and improving the people’s life, maintaining the regular operation of the government, and defending the national security.

II. Scope of Data

Compared with the previous years, the classifications of revenue and expenditure accounts have been adjusted largely in 2007. Therefore, the data on the state revenue and expenditure and the data on general public budget revenue and expenditure after 2007 are not comparable with the data of earlier years. Starting from 2011, the extra-budgetary funds is included in the budgetary management.

Ⅲ. Sources of Data

The data on finance are from Department of Finance of Guizhou Province.

The data on tax are from Guizhou Provincial Tax Service and State Taxation Administration.

8-1 财政收入
Financial Revenue

单位：亿元 (100 million yuan)

指 标	Item	2016	2017	2018	2019	2020	2020年比2019年增长(%) Increase Rate in 2020 over 2019(%)
财政总收入	**Total Government Revenue**	**2409.35**	**2648.31**	**2973.36**	**3051.52**	**3082.03**	**1.0**
#一般公共预算收入	General Public Budget Revenue	1561.34	1613.84	1726.85	1767.47	1786.80	1.1
#增值税(含改征增值税)	Value-added Tax	256.28	417.73	486.39	474.21	417.54	-12.0
营业税	Business Tax	179.92					
企业所得税	Corporate Income Tax	127.12	146.67	184.46	215.41	206.39	-4.2
个人所得税	Individual Income Tax	35.08	48.55	69.31	40.32	42.26	4.8
资源税	Resource Tax	23.15	30.77	32.60	34.00	29.57	-13.0
城市维护建设税	City Maintenance and Construction Tax	61.92	67.26	85.53	82.79	83.80	1.2
房产税	House Property Tax	30.51	38.61	35.36	36.88	37.38	1.3
契 税	Deed Tax	91.92	89.29	96.11	103.66	94.26	-9.1
土地增值税	Land Appreciation Tax	95.01	108.66	98.34	89.23	62.89	-29.5
国有资本经营收入	Operation Income from Government Capital	43.12	25.32	18.28	85.75	168.83	96.9
罚没收入	Penalty Receipts	38.85	50.00	48.32	66.32	71.88	8.4
行政事业性收费	Charge of Administrative and Institutional Units	72.48	73.81	73.12	80.95	75.36	-6.9
专项收入	Special Program Receipts	88.45	91.25	125.22	123.87	109.41	-11.7

注：1.资料来源于省财政厅(以下相关表同)。2.2017年财务制度改革，增值税和营业税合并统计。
Note: 1.The data in the table are provided by Guizhou Provincial Finance Bureau(the relative tables in this chapter are the same).
2.According to the new financial system in 2017, the value-added tax and business tax are combined to count.

8-2 财政支出
Financial Expenditure

单位：亿元 (100 million yuan)

指 标	Item	2016	2017	2018	2019	2020	2020年比2019年增长(%) Increase Rate in 2020 over 2019(%)
一般公共预算支出	**General Public Budget Expenditure**	**4262.36**	**4612.52**	**5029.68**	**5948.74**	**5739.50**	**-3.5**
#一般公共服务	General Public Services	446.11	464.83	496.47	573.06	497.36	-13.2
国 防	National Defense	4.55	4.40	4.12	3.25	3.89	19.8
公共安全	Public Security	249.96	268.09	282.70	280.06	273.71	-2.3
教 育	Education	843.54	901.96	985.95	1067.62	1073.34	0.5
科学技术	Science and Technology	69.30	87.72	102.88	114.13	113.19	-0.8
文化体育与传媒	Culture, Sports and Media	67.34	64.73	60.80	68.76	72.76	5.8
社会保障和就业	Social Safety Net and Employment Effort	367.23	498.74	537.71	589.03	678.48	15.2
医疗卫生与计划生育	Medical and Health Care,and Family Planning	392.51	436.21	481.80	534.78	565.66	5.8
节能环保	Energy Saving and Environment Protection	127.09	125.39	134.38	188.53	146.15	-22.5
城乡社区	Urban and Rural Community Affairs	131.91	198.82	246.21	439.93	209.70	-52.3
农林水	Farming, Forestry and Water Conservancy	629.38	612.05	664.84	998.90	1024.31	2.5
交通运输	Transportation	289.97	336.91	381.49	347.79	341.50	-1.8

8-3 分级一般公共预算收入(2020)
General Public Budget Revenue by Level

单位：亿元 (100 million yuan)

指　　标	Item	总　计 Total	省　级 Province	地　级 Prefecture	县　级 County	乡镇级 Villages and Towns
一般公共预算收入	**General Public Budget Revenue**	**1786.80**	**470.75**	**393.10**	**815.95**	**107.01**
税收收入	**Tax Revenue**	1086.04	224.99	224.72	542.18	94.15
#增值税	Value-added Tax	417.54	92.32	104.74	185.63	34.85
企业所得税	Corporate Income Tax	206.39	107.69	29.89	58.36	10.45
个人所得税	Individual Income Tax	42.26	8.45	9.82	21.18	2.81
资源税	Resource Tax	29.57	9.47	4.48	9.18	6.45
城市维护建设税	City Maintenance and Construction Tax	83.80	0.05	31.62	46.46	5.67
房产税	House Property Tax	37.38		0.15	31.01	6.22
契　税	Deed Tax	94.26		22.35	64.48	7.43
土地增值税	Land Appreciation Tax	62.89		3.32	55.35	4.22
非税收入	**Non-tax Revenue**	700.76	245.75	168.38	273.77	12.86
#专项收入	Special Program Receipts	109.41	33.96	28.98	44.29	2.18
行政事业性收费	Charge of Administrative and Institutional Units	75.36	11.99	24.27	37.26	1.84
罚没收入	Penalty Receipts	71.88	6.14	25.65	39.25	0.83
国有资本经营收入	Operation Income of State-owned Assets	168.83	144.63	0.39	23.80	0.01

8-4 分级一般公共预算支出(2020)
General Public Budget Expenditure by Level

单位：亿元 (100 million yuan)

指　　标	Item	总　计 Total	省 级 Province	地 级 Prefecture	县 级 County	乡镇级 Villages and Towns
一般公共预算支出	**General Public Budget Expenditure**	**5739.50**	**1164.36**	**882.99**	**3332.39**	**359.76**
#一般公共服务	General Public Services	497.36	53.33	68.60	273.59	101.84
国　　防	National Defense	3.89	0.81	1.65	1.39	0.03
公共安全	Public Security	273.71	54.68	85.49	131.31	2.23
教　　育	Education	1073.34	106.30	99.81	842.74	24.48
科学技术	Science and Technology	113.19	15.67	10.06	84.01	3.45
文化体育与传媒	Culture, Sports and Media	72.76	16.61	15.50	36.90	3.74
社会保障和就业	Social Safety Net and Employment Effort	678.48	170.37	112.52	374.63	20.96
医疗卫生与计划生育	Health Care and Family Plaming	565.66	43.37	245.25	263.69	13.34
节能环保	Energy Saving ang Environment Protection	146.15	6.33	21.39	113.48	4.96
城乡社区事务	Urban and Rural Community Affairs	209.70	0.88	20.78	165.74	22.30
农林水事务	Farming, Forestry and Water Conservancy	1024.31	347.75	39.38	499.94	137.23
交通运输	Transportation	341.50	223.46	23.01	92.75	2.28

8-5 历年财政收支
Financial Revenue and Expenditure Over the Years

单位：亿元 (100 million yuan)

年份 Year	财政总收入 Total Financial Revenue		一般公共预算收入 General Public Budget Revenue		一般公共预算支出 General Public Budget Expenditure	
	绝对数 Absolute Numbers	比上年增长(%) Growth Rates(%)	绝对数 Absolute Numbers	比上年增长(%) Growth Rates(%)	绝对数 Absolute Numbers	比上年增长(%) Growth Rates(%)
1978	14.20	48.2	6.26	157.6	12.30	39.9
1979	14.26	0.4	6.54	4.5	13.30	8.1
1980	13.23	-7.2	6.69	2.3	12.66	-4.8
1981	13.74	3.9	6.32	-5.5	13.28	4.9
1982	16.00	16.4	7.70	21.8	15.11	13.8
1983	18.26	14.1	9.56	24.2	16.38	8.4
1984	21.81	19.4	11.81	23.5	22.28	36.0
1985	26.71	22.5	15.17	28.5	24.55	10.2
1986	31.38	17.5	17.01	12.1	30.43	24.0
1987	36.80	17.3	21.37	25.6	31.43	3.3
1988	39.55	7.5	25.96	21.5	36.14	15.0
1989	45.37	14.7	32.14	23.8	45.89	27.0
1990	49.36	8.8	35.37	10.0	47.87	4.3
1991	55.71	12.9	42.80	21.0	53.42	11.6
1992	60.98	9.5	47.28	10.5	60.63	13.5
1993	68.43	12.2	56.50	19.5	67.39	11.1
1994	77.30	13.0	31.24	-44.7	74.23	10.1
1995	87.40	13.1	38.80	24.2	85.33	15.0
1996	103.92	18.9	49.46	27.5	99.58	16.7
1997	116.19	11.8	57.90	17.1	113.79	14.3
1998	136.31	17.3	65.34	12.8	133.09	17.0
1999	133.75	-1.9	74.26	13.7	170.72	28.3
2000	153.04	14.4	85.23	14.8	201.57	18.1
2001	177.04	15.7	99.75	17.0	275.20	36.5
2002	203.03	14.7	108.28	8.6	316.67	15.1
2003	236.64	16.6	124.56	15.0	332.35	5.0
2004	296.48	25.3	149.29	19.9	418.42	25.9
2005	366.16	23.5	182.50	22.2	520.73	24.5
2006	448.88	22.6	226.82	24.3	610.64	17.3
2007	556.98	24.1	285.14	25.7	795.40	30.3
2008	674.58	21.1	349.55	22.6	1055.39	32.7
2009	779.59	15.6	416.48	19.1	1372.27	30.0
2010	969.57	24.4	533.73	28.2	1631.48	18.9
2011	1329.99	37.2	773.08	44.8	2249.40	37.9
2012	1644.48	23.6	1014.05	31.2	2755.68	22.5
2013	1918.23	16.7	1206.41	19.0	3082.66	11.9
2014	2130.90	11.1	1366.67	13.3	3542.80	14.9
2015	2291.82	7.6	1503.38	10.0	3939.50	11.2
2016	2409.35	5.1	1561.34	8.1	4262.36	7.9
2017	2648.31	9.9	1613.84	7.2	4612.52	8.2
2018	2973.36	12.3	1726.85	7.0	5029.68	9.0
2019	3051.52	2.6	1767.47	2.4	5948.74	18.3
2020	3082.03	1.0	1786.80	1.1	5739.50	-3.5

8-6 税收收入(按税种分)
Tax Revenue (by Tax Category)

单位：亿元 (100 million yuan)

指 标	Item	2018	2019	2020
总 计	**Total**	**2510.20**	**2484.42**	**2377.83**
国内增值税	Domestic Value-added Tax	971.58	949.45	860.99
国内消费税	Domestic Consumption Tax	302.80	355.77	412.40
车辆购置税	Vehicle Purchasing Tax	83.32	76.75	74.00
企业所得税	Corporate Income Tax	451.23	527.91	504.10
个人所得税	Individual Income Tax	173.27	100.80	106.76
土地增值税	Land Appreciation Tax	98.34	89.23	62.89
城镇土地使用税	Urban Land Use Tax	36.49	31.75	29.42
城市维护建设税	Maintenance and Construction Tax	85.47	82.78	83.75
印花税	Stamp Tax	18.10	17.24	19.54
房产税	House Property Tax	35.36	36.88	37.38
契税	Deed Tax	96.11	103.66	94.26
资源税	Resource Tax	32.60	34.00	29.57
车船税	Vehicle and Vessel Tax	13.71	15.07	16.95
环境保护税	Environmental Protection Tax	4.57	6.35	5.94
烟叶税	Tobacco Tax	11.90	12.73	12.22
耕地占用税	Cultivated Land Use Tax	93.14	44.71	28.13
其他税收	Other Tax	2.22	-0.65	-0.46

注：2018年国地税合并，统计方法制度随之改革，本表按现行统计方法制度表设制（以下表同）。
Note: In 2018, the national Taxation Bureau and local taxation bureau were merged, and the statistical method system was reformed accordingly. This table is based on the current statistical method (the same as the following table).

8-7 税收收入(按企业类型分)
Taxation Revenue (by Business Entities)

单位：亿元 (100 million yuan)

指 标	Item	2018	2019	2020
总 计	**Total**	**2510.20**	**2484.42**	**2377.83**
内资企业	Domestic Funded Enterprises	2270.04	2259.97	2169.74
国有企业	State-owned Enterprises	239.05	181.81	173.50
集体企业	Collective-owned Enterprises	14.77	15.62	13.01
股份合作企业	Cooperative Enterprises	15.77	20.27	17.15
联营企业	Joint Ownership Enterprises	0.62	0.37	0.45
股份公司	Joint-stock Company	1761.73	1834.57	1790.01
私营企业	Private Enterprises	162.74	163.31	142.75
其它企业	Other Enterprises	75.36	44.03	32.87
港澳台投资企业	Enterprises with funds from Hong Kong, Macao and Taiwan	27.44	22.05	23.26
外商投资企业	Foreign-invested Enterprises	34.93	37.99	30.22
个体经营	Self-employed Individuals	177.79	164.41	154.60

8-8 税收收入(按产业分)
Tax Revenue (by Industry)

单位：亿元 (100 million yuan)

指　标	Item	2018	2019	2020
税收收入合计	**Total Tax Revenue**	**2510.20**	**2484.42**	**2377.83**
第一产业	Primary Industry	5.61	2.67	2.83
第二产业	Secondary Industry	1074.06	1051.94	1054.26
采矿业	Mining	123.51	115.35	89.25
制造业	Manufacturing	588.76	616.90	660.64
电力、燃气及水的生产和供应业	Production and Supply of Electricity, Gas and Water	75.00	72.46	72.84
建筑业	Construction	286.79	247.23	231.53
第三产业	Tertiary Industry	1430.53	1429.81	1320.74
批发和零售业	Wholesale and Retail Trades	431.76	507.88	509.53
交通运输、仓储及邮政业	Transport, Storage and Post	31.88	30.93	21.90
住宿和餐饮业	Hotel and Catering Services	9.20	8.23	5.03
信息传输、计算机服务和软件业	Information Transmission, Computer Services and Software	19.70	24.09	27.55
金融业	Finance	193.91	238.07	223.51
房地产业	Real Estate	284.78	353.23	315.13
租赁和商务服务业	Leasing and Business Services	191.54	95.46	73.66
科学研究和技术服务业	Scientific Research and Technical Services	22.43	22.23	22.56
水利、环境和公共设施管理业	Water Conservancy, Environment and Public Utilities Management	12.95	7.99	8.33
居民服务、修理和其他服务业	Services to Households and Other Services	38.91	25.39	16.28
教　育	Education	7.75	5.41	4.87
卫生和社会工作	Health and Social Works	9.35	5.99	5.91
文化、体育和娱乐业	Culture, Sports and Entertainment	7.14	5.92	3.10
公共管理和社会组织	Public Management and Social Organization	95.03	30.98	18.44
其他行业	Others	74.20	68.01	64.94

主要统计指标解释

一般公共预算收入 指政府为履行职能,按国家法律法规规定收取的纳入预算内管理的各项税收及非税收入总和。1994年我国实行分税制改革后,一般公共预算收入划分为中央固定收入、地方固定收入、中央与地方共享收入三部分。其中,地方一般公共预算收入(习惯上称地方财政收入)由地方固定收入和中央与地方共享收入地方分成部分组成,具体又可分为税收收入和非税收入两类。

一般公共预算支出 指地方政府为履行职能需要,通过预算内资金安排的用于维持政权运转及支持各项社会事业发展等方面的支出。主要包括:

(1)一般公共服务:指政府提供基本公共管理与服务的支出,包括人大事务、政协事务、政府办公厅(室)及相关机构事务、发展与改革事务、统计信息事务、财政事务、税收事务、审计事务、海关事务、人力资源事务、纪检监察事务、人口与计划生育事务、商贸事务、知识产权事务、工商行政管理事务、国土资源事务、海洋管理事务、测绘事务、地震事务、气象事务、民族事务、宗教事务、港澳台侨事务、档案事务、共产党事务、民主党派事务及工商联事务、群众团体事务、彩票事务等。

(2)国防:指政府用于国防方面的支出,包括用于现役部队、预备役部队、民兵、国防科研事业、专项工程、国防动员等方面的支出。

(3)公共安全:指政府维护社会公共安全方面的支出,包括武装警察、公安、国家安全、检察、法院、司法行政、监狱、劳教、国家保密、缉私警察等。

(4)教育:指政府教育事务支出,包括教育行政管理、学前教育、小学教育、初中教育、普通高中教育、普通高等教育、初等职业教育、中专教育、技校教育、职业高中教育、高等职业教育、广播电视教育、留学生教育、特殊教育、干部继续教育、教育机关服务等。

(5)科学技术:指用于科学技术方面的支出,包括科学技术管理事务、基础研究、应用研究、技术研究与开发、科技条件与服务、社会科学、科学技术普及、科技交流与合作等。

(6)文化教育与传媒:指政府在文化、文物、体育、广播影视、新闻出版等方面的支出。

(7)社会保障和就业:指政府在社会保障与就业方面的支出,包括社会保障和就业管理事务、民政管理事务、财政对社会保险基金的补助、补充全国社会保障基金、行政事业单位离退休、企业改革补助、就业补助、抚恤、退役安置、社会福利、残疾人事业、城市居民最低生活保障、其他城镇社会救济、农村社会救济、自然灾害生活救助、红十字事务等。

(8)医疗卫生:指政府医疗卫生方面的支出,包括医疗卫生管理事务支出、医疗服务支出、医疗保障支出、疾病预防控制支出、卫生监督支出、妇幼保健支出、农村卫生支出等。

(9)城乡社区事务:指政府城乡社区事务支出,包括城乡社区管理事务支出、城乡社区规划与管理支出、城乡社区公共设施支出、城乡社区住宅支出、城乡社区环境卫生支出、建设市场管理与监督支出等。

(10)农林水事务:指政府农林水事务支出,包括农业支出、林业支出、水利支出、扶贫支出、农业综合开发支出等。

(11)交通运输:指政府交通运输和邮政业方面的支出,包括公路运输支出、水路运输支出、铁路运输支出、民用航空运输支出、邮政业支出等。

Explanatory Notes on Main Statistical Indicators

General Public Finance Budget Revenue refer to the sum of various tax and non-tax revenue which is charged into the budget management according to the national laws and regulations for the government to fulfill its functions. After the implementation of the tax reform in our country in 1994, General public revenue divided into the central fixed income, local fixed-income, central and local revenue sharing three parts. Among them, the local General public revenue (customarily known as local revenues) consists of Local fixed income and revenue sharing between central and local areas into parts, Specifically, it can be divided into tax revenues and non-tax revenue categories.

General Public Finance Budget Expenditure refers to local governments in order to fulfill functional needs, through budgetary funding arrangements for the operation and maintenance of the regime to support the development of social undertakings and other spending. It includes the following main items:

(1) Expenditure for general public services: It refers to the spending on the basic public management and services which provided by governments, including the expense on affairs of People's Congress, affairs of People's Political Consultative Conference, affairs of government general office and relative institutions, affairs of development and reform, affairs of statistics, affairs of finance, affairs of taxation, affairs of audit, affairs of customs, affairs of human resources and social security, affairs of discipline inspection and supervision, affairs of population and family planning, affairs of commerce and trade, affairs of intellectual property, affairs of administration for industry and commerce, affairs of land and resources, affairs of oceanic administration, affairs of surveying and mapping, affairs of earthquake, ethnic affairs, religious affairs, affairs of Hong Kong, Macao, Taiwan, and Overseas Chinese, affairs of archives administration, affairs of Chinese Communist Party, affairs of democratic parties and federation of industry and commerce, affairs of mass organization, and affairs of lottery, etc.

(2) Expenditure for national defense: It refers to the spending of government on national defense, including the expense on active force, reserve force, militia, scientific research on national defense, special projects, mobilization of national defense, etc.

(3) Expenditure for public security: It refers to the spending of government on maintaining social and public security, including the expense on armed police force, public security, state security, prosecution, courts, justice, prison, labour education and rehabilitation, protection of state secrecy, anti-smuggling police, etc.

(4) Expenditure for education: It refers to the spending of government on education, including the expense on the administration of education, pre-primary education, primary education, secondary education, high school education, regular higher education, primary vocational education, secondary vocational education, technical school education, vocational high school education and higher vocational education, radio and television education, student abroad education, special education, on the job training of cadres, education authorities services, etc.

(5) Expenditure for science and technology: It refers to the spending of government on science and technology (S&T), including the expense on the administration of S&T, basic research, applied research, research and development, conditions and services of S&T, popularization of social science, science and technology, exchanges and cooperation of S&T, etc.

(6) Expenditure for culture, sport and media: It refers to the spending of government on culture, cultural heritage, sports, radio, film, television, press and publication, etc.

(7) Expenditure for social safety net and employment effort: It refers to the spending of government on social safety net and employment, including the expense on administration of social safety net and employment, civil affairs, budgetary subsidy on the social insurance funds, subsidy on National Social Security Fund, retirees of administrative units and institutions, subsidy on enterprise reform, subsidy on employment effort, pension, placement of ex-serviceman, social welfare, the handicapped undertakings, the system of cost of living allowances for urban residents, other urban social relief, rural social relief, living relief of natural disasters, affairs of Red Cross Society, etc.

(8) Expenditure for medical and health care: It refers to the spending of government on medical and health care, including the expense on administration of medical and health care, medical services, health care, disease prevention and control, health inspection and supervision, women and children's health, rural health care, etc.

(9) Expenditure for urban and rural community affairs: It refers to the spending of government on urban and rural community affairs, including the expense on administration of urban and rural community, planning and management of urban and rural community, public facilities of urban and rural community, housing of urban and rural community, sanitation of urban and rural community, management and supervision on the construction market, etc.

(10) Expenditure for agriculture, forestry and water conservancy: It refers to the spending of government on agriculture, forestry and water conservancy, including the expense on agriculture, forestry, water conservancy, poverty alleviation, comprehensive agricultural development, etc.

(11) Expenditure for transportation: It refers to the spending of government on transportation and postal services, including the expense on road transportation, waterway transportation, railway transportation, civil aviation transportation, and postal services.

价格指数

Price Indices 9

简 要 说 明

一、主要内容

本篇资料主要反映生产、流通、消费与投资等环节的价格变动趋势和变动幅度。包括居民消费价格指数、商品零售价格指数、工业生产者出厂价格指数、工业生产者购进价格指数、农业生产资料价格指数、固定资产投资价格指数等。

二、统计范围及调查方法

1. 居民消费、商品零售价格指数： 编制居民消费、商品零售价格指数的资料采用抽样调查和重点调查相结合的方法取得。

目前，居民消费价格调查按用途划分为 8 大类，262 个基本分类，各调查市县每月调查 600 种以上的规格品价格；商品零售价格按用途划分为 16 个大类，229 个基本分类，各地每月调查 500 种以上的规格品价格。

2. 工业生产者出厂价格指数： 工业生产者出厂价格是工业品第一次出售时的出厂价格。该项调查采用重点调查与典型调查相结合的调查方法。重点调查对象为年主营业务收入 2000 万元及以上的工业法人企业；典型调查对象为年主营业务收入 2000 万元以下的工业法人企业。

目前《工业生产者出厂价格调查目录》包括 11000 多种产品，并将其划分为 1702 个基本分类；《工业生产者购进价格调查目录》包括 6000 多种产品，并划分为 900 多个基本分类。

3. 固定资产投资价格指数： 固定资产投资价格调查采用重点调查与典型调查相结合的方法。固定资产投资价格调查所涉及的价格是构成固定资产投资额实体的实际购进价格或结算价格。调查内容包括构成当年建筑工程实体的钢材、木材、水泥、地方材料（如砖、瓦、灰、沙、石等）、化工材料（如油漆等）等主要建筑材料价格；作为活劳动投入的劳动力价格（单位工资）和建筑机械使用费用；设备工器具购置和其他费用投资价格。

三、资料来源

本篇资料由国家统计局贵州调查总队依据国家统计局统一制定的价格统计调查制度从基层采集原始数

据加工整理后提供。

Brief Introduction

I. Main Contents

Data on price indices in this chapter show the changing trends and the change rates in the prices of production, trade, consumption and investment, including mainly consumer price indices, retail price indices, producer price indices for industrial products, purchasing price indices for industrial producers, producer price indices for farm products, and price indices for investment in fixed assets.

II. Statistical Coverage and Survey Methods

1. Consumer Price Indices and Retail Price Indices: Data for compilation of the consumer price indices and the retail price indices in China are collected through a combination of sample surveys and surveys of key units.

At present, data are collected on over 600 specifications each month under 262 basic headings in 8 categories in the consumer price surveys. For the retail price surveys, data are collected on more than 500 specifications each month under 229 basic headings in 16 categories.

2. Producer Price Indices for Industrial Products: Producer prices for industrial products refer to the ex-factory price of manufactured goods when they are first sold. The survey program is a combined use of the key units' survey and typical units' survey methods. Key units refer to those industrial enterprises with annual revenue from the primary activities at and above 20 million yuan. Typical units refer to the industrial enterprises with annual revenue from the primary activities below 20 million yuan.

The Survey Catalog of Producer Prices for Industrial Products includes over 11,000 goods, and they are divided into 1702 basic classification; Survey Catalog of Purchasing Price for Industrial Producers includes over 6000 goods, and they are divided into over 900 basic classifications.

3. Price Indices for Investment in Fixed Assets: Data on prices of investment in fixed assets are collected by a program involving the combined use of surveys on key units and surveys on typical units. The prices collected in the surveys of investment in fixed assets are the actual purchasing prices or settlement prices of entities of investment in fixed assets. The survey content includes the prices of main construction materials that constitute the architectural engineering entity in the year, such as steel, timber, cement, local construction materials (such as brick, tile, calcareous ashes, sand, stone, etc.), chemical materials (such as oil paint, etc.), the price of labor force as input (wages), prices for renting of building machinery and equipment, the purchasing price of equipment, tools and instruments and the prices of others investments.

III. Sources of Data

The data in this chapter are provided by the Guizhou survey team of National Bureau of Statistics after collecting raw data from the grass-roots level and processing according to the price survey system formulated by the NBS.

9-1 居民消费价格分类指数
Consumer Price Indices by Category

(上年=100) (preceding year=100)

指 标	Item	2016	2017	2018	2019	2020
居民消费价格总指数	**General Consumer Price Index**	**101.4**	**100.9**	**101.8**	**102.4**	**102.6**
非食品烟酒价格指数	Non-Food Price Index	100.4	101.3	102.2	100.6	98.9
服务价格指数	Services Price Index	101.4	101.5	102.7	101.3	99.4
消费品价格指数	**Consumer Goods Price Index**	**101.3**	**100.6**	**101.3**	**103.0**	**104.2**
非食品价格指数	Non-Food Price Index	100.5	101.4	102.1	100.9	99.6
食品烟酒	Food, Alcohol and Tobacco	103.6	100.0	100.7	106.4	110.3
食品	Food	104.5	99.2	100.3	108.3	113.3
粮食	Grain	100.9	101.1	101.6	99.8	99.9
薯类	Tubers	108.5	101.0	105.0	104.1	107.9
豆类	Beans	100.9	100.0	99.8	100.6	105.8
食用油	Edible Oil and Fats	106.7	96.1	95.1	106.1	124.6
菜	Vegetables	106.4	97.9	103.7	102.1	106.0
畜肉类	Livestock for Slaughtering	112.0	95.6	94.7	122.7	141.2
禽肉类	Poultry Meat	98.7	99.6	106.2	107.4	101.1
水产品	Aqustic Products	101.8	101.7	102.7	100.4	103.7
蛋类	Eggs	97.7	97.4	109.0	105.0	94.5
奶类	Milk	100.1	99.5	102.1	100.0	100.8
干鲜瓜果类	Dried and Fresh Melons and Fruits	99.0	108.5	102.8	111.2	91.2
糖果糕点类	Candy and Cake	100.6	100.8	101.9	100.0	101.5
调味品	Flavoring	101.2	102.5	101.1	100.4	99.9
其他食品类	Other Foods	99.5	100.6	101.2	102.1	102.3
茶及饮料	Tea and Beverages	100.1	100.4	100.6	100.9	100.8
烟酒	Tobacco and Liquor	100.8	99.9	100.7	100.4	100.2
烟草	Tobacco	101.7	100.0	100.0	100.0	100.1
酒类	Liquor	98.8	99.6	102.4	101.2	100.4
白酒	White Spirit	98.0	99.6	103.2	101.9	100.1
啤酒	Beer	100.6	98.9	100.4	97.8	101.4
在外餐饮	Dining Out	102.5	102.5	102.0	103.9	106.1

注：2016年价格统计制度改革，调整部分调查项目和统计口径，2016年数与往年数据不可比(下表同)。
Note: Due to the residents of the consumer price statistics system reform in 2016, some survey items and statistical caliber have been adjusted, so the data of 2016 and those of previous years are not comparable (the same applies to the following table).

9-1 续表1 continued

(上年=100) (preceding year=100)

指　标	Item	2016	2017	2018	2019	2020
衣着	Clothing	99.6	100.1	100.9	100.2	98.4
服装	Garments	99.8	100.3	101.2	100.1	98.4
服装材料	Clothing Material	101.6	102.5	105.1	103.1	99.2
其他衣着及配件	Other Clothing and Accessories	100.5	100.4	100.4	100.2	99.8
衣着加工服务费	Clothing Manufacturing Services	102.3	101.3	102.1	105.2	103.0
鞋类	Footwear	98.8	99.6	100.0	99.9	98.1
居住	Residence	100.8	101.5	102.9	101.1	98.4
租赁房房租	Renting	101.3	101.8	104.6	101.7	97.7
住房保养维修及管理	Housing Maintenance and Management	100.4	101.3	101.9	101.4	99.7
水电燃料	Water, Electricity and Fuels	100.5	100.8	101.4	100.8	99.2
自有住房	Private Housing	101.0	101.9	103.6	101.1	97.7
生活用品及服务	Daily Supplies and Services	99.9	101.0	100.9	100.1	99.6
家具及室内装饰品	Furniture and Interior Decorations	99.5	102.3	101.2	99.4	100.0
家用器具	Household Appliances	98.8	101.4	100.5	98.8	98.0
家用纺织品	Home Textiles	99.9	100.1	100.3	99.6	99.4
家庭日用杂品	Daily Use Household Articles	100.4	100.4	100.9	100.7	100.2
个人护理用品	Personal Care Products	100.4	100.5	100.9	100.5	99.6
家庭服务	Household Services	101.5	102.6	103.1	103.6	101.2
交通和通信	Transportation and Communication	98.7	101.9	102.1	98.5	95.7
交通	Transportation	98.8	103.7	104.0	98.1	94.0
交通工具	Transportation Facility	98.5	99.2	99.0	96.8	98.0
交通工具用燃料	Fuels	95.4	111.4	112.6	94.2	86.1
交通工具使用和维修	Fees for Vehicles Use and Maintenance	100.7	100.8	101.0	101.3	101.0
交通费	Incity Traffic Fare	102.4	100.6	99.3	103.2	97.4
通信	Communication	98.6	99.5	99.4	99.2	98.2
通信工具	Communication Facility	94.2	97.3	98.0	95.9	94.6
通信服务	Communication Service	100.0	100.0	99.6	100.1	99.0
邮递服务	Post Service	98.7	100.2	100.4	100.0	99.7

9-1 续表2 continued

(上年=100) (preceding year=100)

指 标	Item	2016	2017	2018	2019	2020
教育文化和娱乐	Recreation, Education and Culture Articles	101.3	101.3	103.4	100.6	100.8
教育	Education	101.9	102.3	101.7	102.4	101.3
教育用品	Teaching Materials and Reference Books	100.2	100.9	102.5	101.6	101.0
教育服务	Education Services	101.9	102.4	101.7	102.5	101.4
文化娱乐	Culture and Recreational Articles	100.7	100.2	105.4	98.5	100.1
文娱耐用消费品	Entertainment Durable Consumer Goods	97.0	99.4	99.0	97.7	98.2
其他文娱用品	Other Recreational Items	100.3	99.9	101.4	101.9	100.9
文化娱乐服务	Culture and Recreational Articles Services	101.7	100.6	100.0	99.7	97.6
旅游	Touring and Outing	102.8	100.6	115.9	96.8	102.7
医疗保健	Health Care	101.5	101.8	102.0	102.9	100.8
药品及医疗器具	Medicine and Medical Instrument	100.7	101.8	103.2	103.7	101.1
中药	Traditional Chinese Medicine	101.0	101.8	102.0	103.1	100.7
西药	Western Medicine	100.8	101.8	104.3	105.0	101.7
滋补保健品	Health Care Appliances and Articles	100.1	103.4	102.7	100.9	100.4
医疗卫生器具	Medical Instrument	99.7	100.7	101.2	101.1	99.7
保健器具	Health Care Appliances	100.2	100.2	100.2	101.1	99.8
医疗服务	Health Care Services	102.1	101.8	101.1	102.4	100.5
综合医疗类	Comprehensive Medical	105.5	103.1	101.9	105.9	102.2
诊断类	Diagnostic	99.8	100.4	100.7	101.1	98.6
治疗类	Treatment	104.2	106.1	101.4	101.2	103.5
康复类	Rehabilitation	99.9	100.0	100.1	102.5	102.4
中医医疗服务类	Traditional Chinese Medicine Services	105.3	101.2	101.3	102.8	100.4
其他医疗服务	Other Medical Services	107.2	101.9	100.8	100.3	100.8
其他用品和服务	Other Articles and Services	101.0	101.0	100.6	101.9	103.0
其他用品类	Other Articles	101.7	100.9	99.7	102.7	106.9
首饰手表	Jewelry and Watch	104.8	101.8	98.8	105.4	114.4
其他杂项用品	Other Articles	99.4	100.2	100.5	100.6	101.0
其他服务类	Other Services	100.5	101.2	101.4	101.2	99.8
旅馆住宿	Hotel Accommodation	97.6	99.1	104.9	96.8	91.9
美容美发洗浴	Beauty Salons and Bathing	101.9	103.9	101.4	101.6	101.1
养老服务	Services for the Aged	100.2	100.7	101.9	103.2	102.7
金融保险	Financial Insurance	100.5	100.2	100.7	102.0	100.9
其他服务类	Other Services	100.5	99.9	99.2	102.3	101.0

9-2 商品零售价格分类指数
Retail Price Indices by Category

(上年=100) (preceding year=100)

指 标	Item	2016	2017	2018	2019	2020
商品零售价格指数	**Retail Price Index**	**100.2**	**100.9**	**101.8**	**101.7**	**101.6**
食品	Food	104.2	99.8	100.8	107.5	111.8
粮食	Grain	101.1	100.7	101.6	99.9	100.2
薯类	Tubers	109.9	99.9	104.0	103.1	106.8
豆类	Beans	101.2	100.4	100.3	101.3	107.1
食用油	Edible Oil and Fats	105.6	97.1	95.9	104.7	119.5
菜	Vegetables	107.3	97.7	103.5	101.5	105.7
畜肉类	Livestock for Slaughtering	111.5	95.2	95.0	123.4	141.7
禽肉类	Poultry Meat	100.2	100.6	105.4	107.5	100.6
水产品	Aqustic Products	102.6	102.6	102.6	101.0	103.9
蛋类	Eggs	97.7	97.5	109.7	104.9	95.0
奶类	Milk	99.7	99.1	102.7	100.0	101.2
干鲜瓜果类	Dried and Fresh Melons and Fruits	98.5	107.3	102.2	111.0	90.5
糖果糕点类	Candy and Cake	100.9	101.1	102.4	100.2	102.0
调味品	Flavoring	101.7	103.1	101.6	100.9	100.3
其他食品类	Other Foods	99.5	100.8	101.8	102.2	102.9
在外餐饮	Dining Out	102.3	103.0	102.2	103.6	105.8
饮料、烟酒	Beverages,Tobacco and Liquor	100.5	100.0	101.0	100.6	100.3
服装、鞋帽	Garments,Shoes and Hats	99.8	100.4	100.7	100.2	98.2
纺织品	Textiles	99.9	100.7	100.6	99.3	99.3
家用电器及音像器材	Household Appliances, Music and Video Equipment	98.2	101.1	99.7	97.9	97.8
文化办公用品	Cultural and Office Appliances	98.9	99.7	100.7	99.7	99.5
日用品	Articles for Daily Use	100.0	100.2	100.9	100.5	100.1
体育娱乐用品	Sports and Recreation Articles	100.3	99.7	100.6	100.5	100.0
交通、通信用品	Transportation and Communication Appliances	97.6	98.8	100.7	99.2	98.3
家具	Furniture	100.0	102.8	101.2	99.4	100.7
化妆品	Cosmetics	100.6	100.3	101.6	101.3	100.3
金银饰品	Gold, Silver and Jewelry	106 6	102.1	98.2	106.8	116.6
中西药品及医疗保健用品	Traditional Chinese and Western Medicines and Health Care Articles	101.5	101.8	103.4	104.6	101.7
书报杂志及电子出版物	Books, Newspapers, Magazines and Electronic Publications	99.9	100.7	103.4	104.3	101.6
燃料	Fuels	96.1	107.6	109.7	96.7	89.6
建筑材料及五金电料	Building Materials and Hardware	99.8	101.6	101.3	100.6	99.5

9-3 工业生产者出厂价格分类指数

Producer Price Indices for Industrial Products by Category

(上年=100) (preceding year =100)

指 标	Item	2016	2017	2018	2019	2020
工业生产者出厂价格指数	**Producer Price Indices for Industrial Products**	**97.9**	**107.2**	**101.8**	**99.8**	**98.3**
按轻、重工业分	**Grouped by Light or Heavy Industries**					
轻工业	Light Industry	100.8	101.2	102.0	101.1	101.4
重工业	Heavy Industry	97.1	109.1	101.8	99.4	97.4
按用途分	**Grouped by Use**					
生产资料	Means of Production	97.1	109.6	101.9	99.2	97.4
采掘工业	Mining & Quarrying Industry	98.4	109.6	103.0	106.3	98.2
原材料工业	Raw Materials Industry	96.9	111.6	100.4	99.5	98.0
加工工业	Processing Industry	97.2	107.2	103.7	98.0	96.4
生活资料	Consumer Goods	100.5	100.4	101.6	101.4	101.1
食品类	Food	100.7	100.3	101.8	101.8	101.8
衣着类	Clothing	99.6	100.8	100.9	98.1	99.8
一般日用品	Articles for Daily Use	98.0	101.5	101.2	99.5	100.6
耐用消费品	Durable Consumer Goods	100.1	100.9	99.6	99.4	92.1
按工业大类行业分	**Grouped by Sector**					
#煤炭开采和洗选业	Mining and Washing of Coal	98.4	130.2	100.1	100.2	95.9
有色金属矿采选业	Mining and Processing of Non-Ferrous Metal Ores	96.0	108.1	100.9	96.6	96.2
非金属矿采选业	Mining and Processing of Non-metal Ores	98.2	98.5	103.8	107.9	94.9
农副食品加工业	Processing of Food from Agricultural Products	99.1	102.5	100.2	101.4	106.5
食品制造业	Processing of Foods	101.9	102.2	101.1	99.9	101.8
饮料制造业	Manufacture of Beverages	102.2	100.5	103.9	101.4	102.1
烟草制品业	Manufacture of Tobacco	100.0	100.0	100.6	102.3	100.7
纺织业	Manufacture of Textile	100.0	100.0	100.0	103.8	97.9
纺织服装、鞋、帽制造业	Manufacture of Textile Wearing Apparel,Footware and Caps	99.5	99.7	102.3	99.8	99.6
皮革、毛皮、羽毛（绒）及其制品业	Manufacture of Leather, Fur, Feather and Related Products	99.6	102.2	99.2	96.0	100.0

注：工业大类行业按国民经济行业分类(GB/T4754-2011)划分。

Note: Industrial sectors are classified by Sector of the National Economy (GB/T4754-2011).

9-3 续表 Continued

(上年=100) (preceding year=100)

指 标	Item	2016	2017	2018	2019	2020
木材加工及木、竹、藤、棕、草制品业	Processing of Timber,Manufacture of Wood, Bamboo,Rattan,Palm and Straw Products	99.6	99.1	99.6	101.8	100.9
家具制造业	Manufacture of Furniture	100.0	102.9	113.2	91.7	103.2
造纸及纸制品业	Manufacture of Paper and Paper Products	99.4	111.2	114.5	95.8	98.6
印刷业和记录媒介的复制	Printing,Reproduction of Recording Media	99.5	100.2	100.3	98.5	98.8
文教体育用品制造业	Manufacture of Articles For Culture,Education and Sports Activities	98.7	100.0	99.3	100.0	97.3
石油加工、炼焦及核燃料加工业	Processing of Petroleum,Coking,Processing of Nuclear Fuel	105.3	149.3	107.9	100.5	92.2
化学原料及化学制品制造业	Manufacture of Raw Chemical Materials and Chemical Products	94.9	100.1	103.2	98.2	95.4
医药制造业	Manufacture of Medicines	98.7	98.8	100.9	102.7	99.7
橡胶制品业	Manufacture of Rubber	97.2	107.9	101.8	97.3	97.3
非金属矿物制品业	Manufacture of Non-metallic Mineral Products	98.4	111.9	109.0	95.8	94.1
黑色金属冶炼及压延加工业	Smelting and Pressing of Ferrous Metals	93.5	118.8	102.4	94.4	91.9
有色金属冶炼及压延加工业	Smelting and Pressing of Non-ferrous Metals	104.1	115.3	102.9	101.6	102.4
金属制品业	Manufacture of Metal Products	101.2	107.7	104.5	102.2	98.5
通用设备制造业	Manufacture of General Purpose Machinery	98.2	98.2	103.7	101.9	101.8
专用设备制造业	Manufacture of Special Purpose Machinery	99.9	100.5	102.0	101.6	100.8
交通运输设备制造业	Manufacture of Transport Equipment	99.8	100.2	100.2	101.1	99.7
电气机械及器材制造业	Manufacture of Electrical Machinery and Equipment	102.1	102.9	101.4	100.1	95.7
通信设备、计算机及其他电子设备制造业	Manufacture of Communication Equipment, Computers and Other Electronic Equipment	99.8	100.0	99.4	98.9	97.4
仪器仪表及文化、办公用机械制造业	Manufacture of Measuring Instruments and Machinery for Cultural Activity and Office Work	99.8	100.3	101.3	101.1	101.0
电力、热力的生产和供应业	Production and Supply of Electric Power and Heat Power	93.4	96.5	99.5	99.5	100.0
燃气生产和供应业	Production and Supply of Gas	94.2	99.6	104.7	100.7	94.5
水的生产和供应业	Production and Supply of Water	103.2	100.9	104.6	100.1	100.6

9-4 工业生产者购进价格指数
Purchasing Price Index for Industrial Producers

(上年=100) (preceding year =100)

指 标	Item	2016	2017	2018	2019	2020
工业生产者购进价格指数	**Purchasing Price Indices for Industrial Producers**	**98.5**	**109.7**	**103.4**	**99.4**	**98.6**
燃料、动力类	Fuel and Power	98.0	115.9	103.0	99.8	96.3
黑色金属材料类	Ferrous Metals	97.7	106.1	101.7	101.6	104.3
#钢 材	Rolled-steel	98.6	107.7	105.3	101.5	99.5
有色金属材料和电线类	Non-ferrous Metals	101.6	126.3	101.7	97.2	93.0
化工原料类	Raw Chemical Materials	97.6	107.2	108.2	97.4	92.6
木材及纸浆类	Timber and Paper Pulp	97.1	103.3	100.6	98.2	97.9
建筑材料及非金属矿类	Building Materials and Non-metal Minerals Processing	97.1	107.0	108.0	97.8	96.6
其他工业原材料及半成品类	Other Industrial Raw Materials and Semi-products	99.7	102.6	101.8	100.3	105.0
农副产品类	Agricultural Products	98.7	99.3	100.2	101.0	103.4
纺织原料类	Textile Materials	99.5	100.4	99.6	98.7	99.6

9-5 农业生产资料价格分类指数
Price Indices for Means of Agricultural Production by Category

(上年=100) (preceding year =100)

指 标	Item	2016	2017	2018	2019	2020
农业生产资料价格指数	**Price Indices for Means of Agricultural Production**	**103.0**	**98.8**	**98.8**	**103.2**	**112.2**
农用手工工具	Farm Handtools	99.7	98.4	102.7	102.9	101.3
饲料	Forage	99.0	98.5	100.2	102.7	104.5
仔畜幼禽及产品畜	Commodity Animals	125.1	93.8	86.0	108.4	176.4
半机械化农具	Semi-mechanized Farm Tools	100.2	104.7	100.6	100.1	100.3
机械化农具	Mechanized Farm Machinery	99.4	99.5	100.1	99.8	100.3
化学肥料	Chemical Fertilizer	99.4	99.3	103.9	103.9	99.2
农药及农药器械	Pesticide & Its Appliances	98.5	100.3	100.2	100.5	100.3
化学农药	Chemical Pesticide	98.5	100.5	100.1	100.6	100.4
农药器械	Appliances for Pesticide	98.2	99.3	100.2	100.0	99.9
农机用油	Oil for Farm Machinery	97.7	106.2	107.6	98.3	92.0
其他农用生产资料	Others Means of Agricultural Production	99.3	99.7	99.4	99.9	100.3
农业生产服务	Service for Agricultural Production	104.7	104.0	100.2	103.3	101.5

注：2016年农业生产资料价格统计制度改革，调整部分调查项目和统计口径，2016年数与往年数据不可比。

Note: Due to the residents of the agricultural production price statistics system reform in 2016, some survey items and statistical caliber have been adjusted, so the data of 2016 and those of previous years are not comparable.

9-6 固定资产投资和房地产销售价格指数
Price Indices for Investment in Fixed Assets and Real Estate

(上年=100) (preceding year =100)

指 标	Item	2016	2017	2018	2019	2020
固定资产投资价格指数	**Price Indices for Investment in Fixed Assets**	**98.6**	**106.1**	**105.2**	**102.3**	
建筑安装工程	Price Indices of Construction and Installation	98.3	107.3	106.0	102.0	
人工费	Labor Costs	107.0	103.9	104.7	103.9	
材料费	Materials Costs	93.0	110.6	107.5	101.2	
钢 材	Rolled Steel	90.4	118.9	108.8	100.8	
木 材	Timber	102.1	108.3	105.2	101.4	
水 泥	Cement	90.9	107.2	110.5	99.8	
电 料	Electrical Materials	98.2	103.8	102.2	101.0	
化工材料	Raw Chemical Materials	96.2	102.6	106.1	99.9	
地方建筑材料	Local Building Materials	96.8	107.2	104.9		
其他材料	Others	100.3	105.1	104.3		
机械使用费	Costs for Using Machine	102.2	101.9	102.3	102.4	
设备、工器具购置	Purchase of Equipment, Tools and Instruments	99.2	100.7	101.7	100.4	
其他费用	Others	100.9	100.7	101.1	104.5	
新建商品住宅价格指数（12月末）（贵阳市）	Price Indices of New Commodity Residential Housings at the End of December(Guiyang)	102.3	108.1	118.8	106.5	102.5

注：因2019年国家方法制度调整，指标变化很大，2019年材料费及其中的钢材、木材、水泥、电料、化工材料指标与往年指标内函皆不可比；地方建筑材料与其他材料两项指标无。

Note: Due to the adjustment of national methodology and system in 2019, the indicators have changed greatly. The material cost of 2019 and the indicators of rolled steel, timber, cement, electrical materials and raw chemical materials in it are not comparable with those in previous years. There are no indicators of local building materials and other materials in this table.

主要统计指标解释

居民消费价格指数 是反映一定时期内城乡居民所购买的生活消费品价格和服务项目价格变动趋势和程度的相对数。

商品零售价格指数 是反映城乡商品零售价格变动趋势和程度的相对数。零售物价的变动直接反映城乡居民的生活支出和国家的财政收入，影响居民购买力和市场供需平衡，影响消费与积累的比例关系。

工业生产者价格指数 工业生产者价格包括工业企业产品第一次出售时的出厂价格和企业作为中间投入的原材料、燃料、动力购进价格(简称工业生产者购进价格)。工业生产者价格调查的目的在于及时、准确、科学地反映各工业行业产品价格水平及其变动趋势和幅度，为国民经济核算、计算工业发展速度、宏观经济分析和调控、理顺价格体系等提供科学、准确的依据。

农业生产资料价格指数 是反映一定时期内农业生产资料价格变动趋势和程度的相对数。农业生产资料价格指数分为农用手工工具、饲料、仔畜幼禽及产品畜、半机械化农具、机械化农具、化学肥料、农药及农药器械、农机用油、其他农业生产资料、农业生产服务。

固定资产投资价格指数 是反映固定资产投资额价格变动趋势和程度的相对数。固定资产投资额是由建筑安装工程投资完成额、设备、工器具购置投资完成额和其他费用投资完成额三部分组成的。编制固定资产投资价格指数应首先分别编制上述三部分投资的价格指数，然后采用加权算术平均法求出固定资产投资价格总指数。

Explanatory Notes on Main Statistical Indicators

Consumer Price Index   reflects the trend and degree of changes in prices of consumer goods and services purchased by urban and rural residents during a given period.

Retail Price Index   reflects the trend and degree of change in retail prices of commodities. The change and adjustment in retail prices directly affect the living expenditure of urban and rural residents, government revenue, purchasing power of residents and the equilibrium of market supply and demand, and the ratio of consumption to accumulation.

Price Index of Industrial Producer   enterprises and enterprises as the prices of intermediate inputs of raw materials, fuel and power purchase price (hereinafter referred to as industrial producer price). Industrial producer prices survey was designed to timely, accurate and scientifically reflect various industrial products industry trends and changes in the price level and the magnitude of national accounts to calculate the speed of industrial development, macroeconomic analysis and control, rationalize the price system to provide scientific and accurate basis.

Price Index of Means of Agricultural Production   reflects the trend and degree of changes in prices of means of agricultural production during a given period. Price indices of means of agricultural production are composed of 10 categories including hand tools, feeds, newborn animal and domestic animals for meat, semi-mechanized farm machinery, mechanized farm machinery, chemical fertilizers, pesticides and spraying machinery, fuels for farm machinery, other means of agricultural production and services.

Price Index of Investment in Fixed Assets reflects the trend and degree of changes in prices of investment in fixed assets. The investment in fixed assets consists of three components, namely the investment in construction and installation, the investment in purchases of equipment and instrument, and the investment in other items. Price index of investment in fixed assets is calculated as the weighted arithmetic mean of the price indices of the three components of investment in fixed assets.

人民生活

People's Living Conditions 10

简 要 说 明

一、主要内容

本篇资料反映人民生活现状及变化情况。

二、调查方法

2013年起，按照城乡一体化住户收支与生活状况调查制度，国家统计局贵州调查总队每年收集调查户12个月的记账数据，在此基础上汇总计算出当年的全省居民可支配收入、城镇居民可支配收入、农村居民可支配收入等收支数据。

城乡一体化住户收支与生活状况调查是以省为总体，采用分层、多阶段、与人口规模大小成比例的概率抽样方法，随机抽选调查住宅，确定调查户。

城乡一体化住户收支与生活状况调查是在95%置信度下，全省居民人均可支配收入抽样误差小于1%。采用调查户日记账的方式采集居民收支数据，同时辅之以统一的调查问卷，收集与收入支出有关的其他调查内容。

三、资料来源

本篇资料由国家统计局贵州调查总队依据国家统计局统一制定的统计调查制度从基层采集原始数据加工整理后提供。

Brief Introduction

I. Main Contents

The data in this chapter show Chinese people’s living conditions and their changes.

II. Methodology of Data

In terms of the system of Integrated Urban and Rural Households on Income and Expenditures as well as Living Conditions conducted since 2013, the Department of Guizhou Survey, NBS collected accounts of 160,000 households about 12 months, and on this basis, NBS tabulated comparable national disposable income and expenditures of urban and rural households.

The integrated household survey is conducted by selecting sampled houses randomly, deciding surveyed households, with all households in the province as the population, with stratified sampling, multi-stage sampling, probability sampling in proportion to population scale.

Survey on Income and Expenditures as well as Living Conditions is required that the sampling error should not exceed ±1%, with a confidence probability as 95%. Methods of collecting income and expenditure data are keeping diaries of the households, and questionnaires as assistance to collect other relevant data.

Ⅲ. Sources of Data

Data in this chapter are provided by the Guizhou survey team of the National Bureau of Statistics. According to the statistical survey system formulated by the NBS, the original data collected at the grass-roots level are processed and collated.

10-1 城乡居民生活水平
People's Livelihood in Urban and Rural Areas

指　　标	Item	2016	2017	2018	2019	2020
就业	**Employment**					
城镇居民家庭每户就业人口(人)	Average Number of Employed Persons per Urban Household(person)	1.58	1.59	1.68	1.65	1.59
城镇居民家庭每个就业者赡养人口(人)	Number of Dependents per Employee of Urban Household(person)	1.95	1.96	2.06	2.11	2.18
城镇平均每户就业面(%)	Proportion of Employment per Urban Household(%)	0.51	0.51	0.49	0.47	0.46
城镇登记失业人数(万人)	Number of Registered Unemployment Persons in Urban Areas(10000 persons)	14.78	14.90	15.06	15.33	19.50
城镇登记失业率(%)	Registered Unemployment Rate in Urban Areas(%)	3.24	3.23	3.16	3.11	3.75
农村平均每户整、半劳动力(人)	Average Number of Full/Semi Laborer Force per Rural Household(person)	2.21	2.21	2.25	2.20	2.18
农村居民家庭每一劳动力赡养人口(人)	Number of Dependents per Laborer of Rural Household(person)	1.62	1.63	1.61	1.68	1.70
收入与支出	**Income and Expenditure**					
城镇常住居民人均可支配收入(元)	Annual Per Capita Disposable Income of Urban Households(yuan)	26743	29080	31592	34404	36096
城镇常住居民人均消费性支出(元)	Annual Per Capita Consumption Expenditure of Urban Households(yuan)	19202	20348	20788	21402	20587
在岗职工平均工资(元)	Average Wage of Staff and Workers in their Posts(yuan)	69678	75109	82597	87970	94276
农村常住居民人均可支配收入(元)	Annual Per Capita Disposable Income of Rural Households (yuan)	8090	8869	9716	10756	11642
农村常住居民人均生活消费支出(元)	Annual Per Capita Living Consumption Expenditure of Rural Households (yuan)	7533	8299	9170	10222	10818
生活质量	**Life Quality**					
居民家庭恩格尔系数(%)	**Household Engle's Coefficient(%)**					
城　镇	Urban	33.2	33.0	32.4	32.2	31.9
农　村	Rural	38.7	38.0	36.9	36.7	36.8
居住条件	**Residence Condition**					
城镇居民人均住宅建筑面积(平方米)	Per Capita Floor Space of Residential Building in Urban Areas(sq.m)	37.17	37.52	37.93	38.19	40.41
农村居民人均住房面积(平方米)	Per Capita Floor Space of Residential Building in Rural Areas(sq.m)	34.16	34.54	34.99	35.31	49.23
交通条件	**Traffic Condition**					
城市人均拥有道路面积(平方米)	Per Capita Area of Paved Roads in City(sq.m)	12.28	12.5	13.44	14.54	20.15
每百户城镇居民拥有家用汽车(辆)	Number of Family Vehicles Per 100 Urban Households(unit)	33.52	34.97	39.88	43.19	45.25
每百户农村居民拥有家用摩托车(辆)	Number of Motorcycles Per 100 Rural Households(unit)	55.71	54.2	54.21	54.31	52.83
通信条件	**Communication Condition**					
每百户拥有移动电话(部)	Mobile Telephones Per 100 Households(set)					
城　镇	Urban	248	257	282	288	288
农　村	Rural	241	256	288	299	301
城市公用设施普及占有率	City Public Utility Rate					
用水普及率(%)	Rate of Access to Tap Water(%)	91.9	93.2	93.8	95.3	97.3
燃气普及率(%)	Rate of Access to Gas(%)	73.5	73.7	74.6	81.2	88.0
人均公园绿地面积(平方米)	**Per Capita Green Area(sq.m)**	11.65	13.02	13.54	14.72	15.38

10-1 续表 continued

指 标	Item	2016	2017	2018	2019	2020
文化、教育和卫生	Culture, Education and Health Care					
文化	Culture					
广播节目综合人口覆盖率	Radio Coverage Rate of the Population (%)	93.0	93.5	93.9	94.6	95.5
电视节目综合人口覆盖率	TV Coverage Rate of the Population(%)	96.1	96.5	96.8	97.0	97.5
每百户彩色电视机拥有量(部/百户)	Number of Color TV per 100 Households(set/100 households)					
城镇	Urban	106.83	108.36	106.58	107.84	107.87
农村	Rural	103.11	104	104	102.52	102.10
每百户家用电脑拥有量(部/百户)	Number of Computers per 100 Households(set/100 households)					
城镇	Urban	62.68	64.39	64.55	64.35	59.33
农村	Rural	13.04	15.66	11.09	13.47	13.60
居民家庭文教娱乐支出比重(%)	Percentage of Household Expenditure on Education,Culture and Entertainment(%)					
城镇	Urban	13	13.4	13.4	13.6	13.6
农村	Rural	9.2	9.5	9.6	9.8	9.5
教育	Education					
学龄儿童入学率(%)	Enrollment Rate of School-age Children(%)	99.6	99.6	99.7	99.7	99.9
初中阶段毛入学率(%)	Enrollment Rate of Primary School Graduates Entering into Junior Secondary Schools(%)	107.9	108.8	109.7	109.9	109.8
高中阶段毛入学率(%)	Enrollment Rate of Junior Secondary School Graduates Entering into Senior Secondary Schools (%)	87.0	87.0	88.0	89.0	90.7
高等教育毛入学率(%)	Enrollment Rate of Senior Secondary School Graduates Entering into Institution of Higher Education(%)	33	34	36.0	38.2	41.6
卫生	Health Care					
居民家庭医疗保健支出比重(%)	Percentage of Resident Expenditure on Health Care(%)					
城镇	Urban	5.5	5.8	5.9	5.9	6.3
农村	Rural	7.0	7.3	7.7	8.0	8.9
社会保障	Social Security					
城镇职工基本养老保险参保人数(万人)	Number of Urban Employees Joining in Basic Pension Insurance(10 000 persons)	423.58	588.172	639.81	677.50	713.98
#参保职工	Number of Employees	323.94	446.914	490.09	521.72	553.51
城镇职工基本医疗保险参保人数(万人)	Number of Urban Employees Joining in Urban Basic Medical Care System (10 000 persons)	389.81	410.417	431.97	462.04	475.49
失业保险参保人数(万人)	Number of Employees Joining in Unemployment Insurance (10 000 persons)	218.1	235.705	257.33	276.07	297.93
工伤保险参保人数(万人)	Number of Employees Joining in Work Injury Insurance (10 000 persons)	305.02	332.476	355.75	408.51	463.78
生育保险参保人数(万人)	Number of Employees Joining in Maternity Insurance(10 000 persons)	286.27	304.032	325.90	349.61	
社会保险基金收入(亿元)	Revenue of Social Insurance Fund (100 million yuan)	582.84	953.806	1127.29	1359.75	1307.04

注：1.2016年起社会保险基金收入包括城乡居民基本养老保险和城乡居民基本医疗保险。2.因机构改革，2019年基本医疗保险和生育保险数据来源于贵州省医疗保障局。

Note: 1.Since 2016, the urban and rural residents' basic pension insurance and basic medical care insurance have been included in the social insurance fund. 2. Due to the institutional reform, the data of the basic medical care insurance and maternity insurance in 2019 were obtained from Guizhou Provincial Healthcare Security Adiministration.

10−2 城镇居民家庭生活基本情况
Basic Conditions of Urban Households Life

指 标	Item	2016	2017	2018	2019	2020
调查户数(户)	**Number of Households Surveyed (household)**	**1635**	**1630.5**	**2220**	**2220**	**2220**
平均每户常住家庭人口(人)	Average Number of Permanent Residents(person)	3.08	3.11	3.46	3.47	3.46
平均每户就业人员(人)	Average Number of Employed Persons Per Household (person)	1.58	1.59	1.68	1.65	1.59
平均每户就业面(%)	Average Proportion of Employment per Household(%)	0.51	0.51	0.49	0.47	0.46
平均每个就业者赡养人口(人)	Average Number of Dependents per Employee(person)	1.95	1.96	2.06	2.11	2.18
城镇常住居民人均年可支配收入(元)	**Per Capita Annual Disposable Income of Urban Household (yuan)**	**26743**	**29080**	**31592**	**34404**	**36096**
平均每人消费性支出(元)	**Per Capita Annual Consumption Expenditure(yuan)**	**19202**	**20348**	**20788**	**21402**	**20587**
食品烟酒	Food	6383	6723	6744	6894	6568
衣 着	Clothing	1525	1570	1588	1625	1436
居 住	Residence	3421	3560	3718	3865	3729
生活用品及服务	Household Facilities, Articles and Services	1270	1359	1385	1425	1420
医疗保健	Health Care and Medical Services	1050	1174	1218	1257	1307
交通通信	Transport and Communication	2684	2829	2921	2999	2868
教育文化娱乐	Education, Culture and Recreation Services	2494	2731	2795	2908	2801
其他用品与服务	Miscellaneous Goods and Services	375	402	420	429	458
平均每人消费性支出构成(%)(人均消费性支出=100)	**Composition of Per Capita Annual Consumption Expenditure (%)**					
食品烟酒	Food	33.2	33.0	32.4	32.2	31.9
衣 着	Clothing	7.9	7.7	7.6	7.6	7.0
居 住	Residence	17.8	17.5	17.9	18.1	18.1
生活用品及服务	Household Facilities, Articles and Services	6.6	6.7	6.7	6.7	6.9
医疗保健	Health Care and Medical Services	5.5	5.8	5.9	5.9	6.3
交通通信	Transport and Communication	14.0	13.9	14.1	14.0	13.9
教育文化娱乐	Education, Culture and Recreation Services	13.0	13.4	13.4	13.6	13.6
其他用品与服务	Miscellaneous Goods and Services	2.0	2.0	2.0	2.0	2.2

10–3 城镇居民人均收支情况
Per Capita Income and Consumption Expenditure of Urban Households

单位：元 (yuan)

指标		2016	2017	2018	2019	2020
城镇居民人均收入	**Per Capita Income of Urban Households**					
可支配收入	Disposable Income	26743	29080	31592	34404	36096
工资性收入	Income of Wages and Salaries	15351	16553	17392	18960	20472
经营净收入	Net Business Income	4282	4722	5262	5714	5808
财产净收入	Net Income from Property	1941	2185	3066	3433	3252
转移净收入	Net Income from Transfer	5168	5621	5871	6298	6564
现金可支配收入	Cash Disposable Income	25728	28063	30787	33311	34759
工资性收入	Income of Wages and Salaries	15318	16524	17353	18880	20379
经营净收入	Net Business Income	4683	5115	5864	6299	6234
财产净收入	Net Income from Property	679	916	2043	2317	2076
转移净收入	Net Income from Transfer	5048	5507	5527	5815	6070
家庭现金总支出	**Total Households Cash Expenditure**	**28110**	**30689**	**29923**	**31619**	**29873**
#消费支出	Consumption Expenditure	16892	18017	18225	18515	17549
财产性支出	Expenses on Properties	104	123	160	219	156
转移性支出	Expenses on Transfers	1424	1626	1432	1704	1767
#交纳的个人收入税	Individual Income Tax	53	68	79	62	70
其他转移性支出	Other Expenses on Transfers	103	99	99	79	67
社会保障支出	Expenses on Social Seurity	1139	1351	1079	1409	1498
购房与建房支出	Expenses on Purchasing or Building House	702	1683	841	1806	1439

10—4 城镇居民家庭人均消费性支出

Per Capita Consumption Expenditure of Urban Household

单位：元 (yuan)

指 标	Item	2016	2017	2018	2019	2020
消费性支出	**Consumption Expenditure**	**19202**	**20348**	**20788**	**21402**	**20587**
食品烟酒	**Food**	**6383**	**6723**	**6744**	**6894**	**6568**
#粮 食	Grain	647	649	651	644	616
糖、烟、酒、饮料类	Sugar, Cigarette, Liquor and Beverage	1008	1088	1174	1025	1071
在外饮食	Dining Out	948	1065	1190	1385	1151
衣 着	**Clothing**	**1525**	**1570**	**1588**	**1625**	**1436**
居 住	**Residence**	**3421**	**3560**	**3718**	**3865**	**3729**
#房 租	Rent	178	160	190		
水 费	Water	153	151	153		
电 费	Electricity	574	582	591		
燃料费	Fuels	179	170	173		
生活用品及服务	**Household Facilities, Articles and Services**	**1270**	**1359**	**1385**	**1425**	**1420**
#耐用消费品	Durable Consumer Goods	260	272	242		
医疗保健	**Health Care and Medical Services**	**1050**	**1174**	**1218**	**1257**	**1307**
交通通信	**Transport and Communications**	**2684**	**2829**	**2921**	**2999**	**2868**
交 通	Transport	1681	1822	1971	2060	1878
通 信	Communications	1003	1007	950	940	990
教育文化娱乐	**Education, Culture and Recreation Services**	**2494**	**2731**	**2795**	**2908**	**2801**
#文化娱乐用品	Recreation Articles	346	347	351		
书报杂志	Books, Newspaper and Magazines	23	26	24		
文化娱乐服务	Recreation Services	784	814	831	768	575
其他用品和服务	**Miscellaneous Goods and Services**	**375**	**402**	**420**	**429**	**458**
恩格尔系数(%)	**Engel's Coefficient(%)**	**33.2**	**33.0**	**32.4**	**32.2**	**31.9**

注：2019年统计方法制度调整，统计指标统计口径变化较大，2019年空缺数据皆是指标统计口径发生变化，与往年指标不可比。

Note: In 2019, the statistical methods and systems were adjusted, and the statistical caliber of statistical indicators changed greatly. The vacant data are all due to the change of the index statistical caliber, which are not comparable with indicators of previous years.

10-5 城镇居民家庭人均购买主要商品数量

Per Capita Annual Purchases of Major Commodities of Urban Househoulds

单位：公斤 (kg)

指　标	Item	2016	2017	2018	2019	2020
粮　食	Grain	88.56	85.45	82.89	78.50	79.93
食用植物油	Edible Vegetable Oil	9.65	8.39	6.80	6.29	7.61
猪　肉	Pork	26.75	27.75	27.19	23.51	22.49
牛、羊肉	Beef and Mutton	2.53	2.41	2.88	2.05	2.02
禽　类	Poultry	8.39	7.33	6.60	7.63	8.35
蛋　类	Eggs	5.81	5.50	4.48	4.67	5.73
水产品类(元)	Aquatic Products(yuan)	122.81	132.74	108.22	141.72	141.85
鲜 菜	Fresh Vegetables	85.38	83.51	83.23	80.79	82.93
糖类(元)	Sugar(yuan)	40.00	39.48	30.59	30.72	29.58
烟草类(元)	Cigarettes(yuan)	510.74	535.68	526.99	575.79	622.73
酒　类	Liquor	5.18	4.83	4.72	4.27	4.54
糕点类	Cake	3.58	3.55	3.48	3.38	3.59
干鲜瓜果类	Dried and Fresh Melons and Fruits	45.29	46.40	46.74	46.63	45.92
奶类及制品(元)	Milk and Dairy Products(yuan)	229.09	254.63	284.84	296.16	305.93

10-6 每百户城镇居民家庭耐用消费品拥有量

Number of Durable Goods Owned Per 100 Urban Households

单位：台 (set)

指　标	Item	2016	2017	2018	2019	2020
摩托车(辆)	Motorcycle(unit)	14.76	13.99	25.51	24.01	23.52
家用汽车(辆)	Automobile(unit)	33.52	34.97	39.88	43.19	45.25
洗衣机	Washing Machine	97.92	99.63	101.61	103.48	103.54
电冰箱	Refrigerator	96.77	98.62	101.20	103.19	103.68
彩色电视机	Color TV Set	106.83	108.36	106.58	107.84	107.87
家用电脑	Household Computer	62.68	64.39	64.55	64.35	59.33
组合音响(套)	Hi-Fi Stereo Component System(unit)	10.34	12.08	—	—	—
照相机(架)	Camera(unit)	16.07	16.58	9.30	9.61	9.44
微波炉	Microwave Oven	45.72	46.87	39.95	42.39	43.54
空调器	Air Conditioner	30.85	34.48	34.51	37.23	38.50
淋浴热水器	Water Heater for Shower	87.66	90.71	94.26	96.91	99.87
健身器材(套)	Healthy Equipment(unit)	3.53	4.27	5.60	7.04	7.27
移动电话(部)	Mobile Phone(unit)	247.53	256.74	282.26	287.75	287.80

10-7 按收入等级分城镇居民家庭收入、消费情况(2020)
Statistics of Income and Consumption of Urban Househoulds by Level of Income

指 标	Item	低收入户 (20%) Low Income Households	中低收入户 (20%) Lower Middle Income Households	中等收入户 (20%) Middle Income Households	中高收入户 (20%) Upper Middle Income Households	高收入户 (20%) High Income Households
平均每人年可支配收入(元)	**Per Capita Annual Disposable Income(yuan)**	**10767**	**20600**	**31844**	**48038**	**89508**
人均购买主要商品数量	**Per Capita Purchases of Major Commodities**					
粮食(千克)	Grain(kg)	72.37	84.47	78.34	79.20	79.98
食用植物油(千克)	Edible Vegetable Oil(kg)	6.37	7.68	7.93	8.17	8.43
猪肉(千克)	Pork(kg)	15.57	20.75	23.86	27.15	28.69
牛肉(千克)	Beef(kg)	0.65	1.35	1.67	2.68	3.17
鸡(千克)	Chicken(kg)	3.31	5.52	6.27	8.04	7.95
鸭(千克)	Duck(kg)	0.57	1.02	1.34	1.25	1.42
鲜蛋(千克)	Eggs(kg)	3.00	5.75	5.02	7.04	6.83
鱼(千克)	Fish(kg)	2.02	3.34	3.10	4.48	4.40
鲜菜(千克)	Fresh Vegetables(kg)	40.64	68.49	72.19	80.86	81.05
糖类(元)	Sugar(yuan)	16	24	35	37	44
烟草类(元)	Cigarettes(yuan)	349	489	630	757	1078
白酒(千克)	Liquor(kg)	2.22	1.74	2.26	2.84	2.64
鲜瓜果(千克)	Fresh Fruit(kg)	25.29	36.13	43.35	52.14	59.18
糕点(千克)	Cakes(kg)	1.87	2.76	3.71	3.67	4.43
鲜奶(千克)	Fresh Milk(kg)	2.53	5.35	8.19	10.48	11.03
每百户耐用消费品拥有量	**Number of Durable Goods Owned Per 100 Urban**					
摩托车(辆)	Motorcycle(unit)	41.51	31.44	19.08	14.33	11.30
家用汽车(辆)	Automobile(unit)	27.36	39.70	46.49	48.69	63.94
洗衣机(台)	Washing Machine(set)	102.42	102.21	105.09	103.37	104.61
电冰箱(台)	Refrigerator(set)	100.35	105.00	104.60	103.86	104.60
彩色电视机(台)	Color T V Set(set)	105.34	109.01	106.49	108.57	109.96
计算机(台)	Household Computer(set)	28.21	49.08	56.71	69.58	92.95
照相机(架)	Camera(unit)	0.82	4.89	7.31	12.83	21.31
微波炉(台)	Microwave Oven(set)	17.81	32.13	47.47	56.82	63.39
空调(台)	Air Conditioner(set)	16.52	26.25	39.13	50.49	60.03
热水器(台)	Water Heater for Shower(set)	85.31	99.11	100.74	106.32	107.85
健身器材(套)	Healthy Equipment(unit)	0.84	3.44	6.59	7.65	17.76
固定电话(部)	Fixed Telephone(unit)	2.36	3.54	2.84	5.05	8.17
移动电话(部)	Mobile Phone(unit)	316.94	301.89	287.31	273.88	259.06

10—8 农村居民家庭生活基本情况
Basic Conditions of Rural Households Life

指 标	Item	2016	2017	2018	2019	2020
调查户数(户)	**Number of Households Surveyed(household)**	**2779**	**2781**	**2180**	**2180**	**2180**
平均每户常住人口(人)	Average Number of Permanent Residents Per Household (person)	3.59	3.6	3.62	3.70	3.70
平均每户整、半劳动力(人)	Average Number of Full/Semi Labour Force Per Household (person)	2.21	2.21	2.25	2.20	2.18
平均每一劳动力赡养人口(人)	Average Number of Dependents per Labour Force(person)	1.62	1.63	1.61	1.68	1.70
平均每人年收入(元)	**Per Capita Annual Income (yuan)**					
总收入	Total Income	11776	12864	13314	10756	11127
工资性收入	Income from Wages and Salaries	3211	3636	4276	4774	4822
家庭经营收入	Income from Household Operations	6585	6986	6525	3427	2929
财产性收入	Income from Properties	98	131	190	121	188
转移性收入	Income from Transfers	1882	2111	2323	2434	3187
现金收入	Cash Income	10329	8208	9213	10096	10792
工资性收入	Income from Wages and Salaries	3207	3630	4257	4747	4787
家庭经营收入	Income from Household Operations	5273	2797	2940	3070	2939
财产性收入	Income from Properties	98	92	126	121	188
转移性收入	Income from Transfers	1751	1690	1889	2158	2877
平均每人年总支出(元)	**Per Capita Annual Expenditure (yuan)**	**14193**	**15357**	**16818**	**18647**	**17985**
#人均生活消费支出	Per Capita Consumption Expenditure	7533	8299	9170	10222	10818
人均年末使用房屋面积(平方米)	**Average Per Capita Living Space at the Year-end(sq.m)**	**34**	**35**	**35**	**35**	**49**

10–9 农村居民家庭人均可支配收入
Per Capita Annual Net Income of Rural Households

单位：元 (yuan)

指 标	Item	2016	2017	2018	2019	2020
农村常住居民人均可支配收入	**Per Capita Disposable Income of Rural Households**	**8090**	**8869**	**9716**	**10756**	**11642**
工资性收入	Income from Wages and Salaries	3211	3636	4276	4774	4822
家庭经营收入	Income from Household Operation	3116	3285	3227	3427	3445
第一产业	Primary Industry	2037	1951	1615	1808	1962
农业收入	Farming	1231	1253	1013	1126	1126
林业收入	Forestry	50	71	55	35	115
牧业收入	Animal Husbandry	751	626	546	645	723
渔业收入	Fishery	5	1	1	1	-2
第二产业	Secondary Industry	157	217	358	334	415
制造业收入	Manufacturing	70	115	112	123	132
建筑业收入	Construction	83	102	234	201	280
第三产业	Tertiary Industry	922	1118	1253	1285	1067
#交通运输仓储和邮政业收入	Transport, Post and Telecommunication Services	327	443	324	282	251
批发和零售业	Wholesale and Retail Trades	369	463	508	540	527
住宿和餐饮业	Hotels and Catering Services	86	73	210	244	123
居民服务修理和其他服务业	Service to Households,Repair and Other Services	102	107	104	117	93
转移性收入	Income from Transfer	1696	1856	2087	2434	3187
财产性收入	Income from Property	67	92	126	121	188

10—10 农村居民家庭人均年总支出

Per Capita Annual Gross Expenditures of Rural Households

单位：元 (yuan)

指 标	Item	2016	2017	2018	2019	2020
全年总支出	**Gross Expenditure**	**14193**	**15357**	**16818**	**18647**	**17985**
#生活消费支出	Living Consumption Expenditure	7533	8299	9170	10222	10818
食品烟酒	Food	2915	3154	3384	3755	3976
衣 着	Clothing	378	416	502	553	596
居 住	Residence	1518	1685	1827	1988	2149
生活用品及服务	Household Facilities,Articles and Services	437	450	509	572	604
医疗保健	Health Care and Medical Services	528	602	703	817	959
交通通信	Transport and Communications	961	1081	1223	1371	1318
教育文化娱乐	Culture,Education and Recreation Articles and Services	693	792	881	997	1030
其他用品和服务	Miscellaneous Goods and Services	102	119	141	169	186
家庭经营费用支出	Expenditure for Household Operation	3129	3331	2909	2935	3305
#牧业生产支出	Animal Husbandry Costs	1030	1057	1079	1295	1316
购置生产用固定资产支出	Expenditure for Purchasing of Productive Fixed Assets	263	222	262	168	243
转移性支出	Expenses on Transfers	186	254	236	435	306
财产性支出	Expenses on Properties	31	39	64	68	53
恩格尔系数(%)	**Engel's Coefficient(%)**	**38.7**	**38**	**36.9**	**36.7**	**36.8**

10–11 农村居民家庭人均年现金收支
Per Capita Annual Cash Income and Expenditure of Rural Households

单位：元 (yuan)

指　标	Item	2016	2017	2018	2019	2020
现金可支配收入合计	**Total Cash Disposable Income**	**7374**	**8208**	**9213**	**10096**	**10792**
工资性收入	Income of Wages and Salaries	3207	3630	4257	4747	4787
家庭经营现金收入	Income from Household Operations	2535	2797	2941	3070	2939
#第一产业收入	Primary Industry	1297	1275	1123	1241	1283
建筑业收入	Construction	98	122	256	223	293
批发和零售业	Wholesale and Retail Trades	409	507	552	589	556
交通运输仓储和邮政业收入	Transport, Post and Telecommunication Services	393	527	491	347	315
住宿和餐饮业	Hotels and Catering Services	94	80	252	290	166
居民服务修理和其他服务业	Service to Households, Repair and Other Services	115	117	118	124	99
转移性现金收入	Transfer Cash Income	1565	1690	1889	2158	2877
#抚恤金	Pension	11	13	30	37	37
财产性现金收入	Property Cash Income	67	92	126	121	189
非收入所得合计	**Reward From Other Way**	**1547**	**1984**	**1774**	**2573**	**1688**
#银行、信用社贷款	Loans of Bank and Credit Union	474	418	655	921	—
借入款	Borrowed Money	816	737	893	796	580
收回借出款	Drawing Back Loan	94	86	185	91	56
从银行、信用社取回存款	Drawing Money from Banks and Credit Union	850	909	971	953	761
现金支出合计	**Total Cash Expenditure**	**11917**	**12915**	**14493**	**16366**	**15319**
#生产费用支出	Expenditure for Operating Costs	2738	2954	2595	2723	3073
生活消费支出	Living Consumption Expenditure	5649	6234	7160	8153	8384
转移性支出	Transfer Expenditures	186	254	236	435	306
借出款	Loan	32	14	34	35	18
归还借款	Loan Recession	222	244	474	532	352
存入银行、信用社	Deposit of Bank and Credit Union	36	192	35	35	28

10-12 农村居民家庭每人主要消费品消费量
Per Capita Annual Consumption of Major Consumer Goods in Rural Households

单位：公斤 (kg)

指标	Item	2016	2017	2018	2019	2020
粮食	Grain	144.140026	133.99	118.11	118.67	127.14
#大米	Rice	108.747667	100.57	84.95	85.99	90.57
食用油	Edible Oil	7.061256	6.58	6.61	6.54	7.50
肉禽及其制品	Meat,Poultry and Related Product	32.932446	31.86	33.79	32.22	27.69
#猪肉	Pork	28.109496	27.15	29.32	26.95	21.46
家禽	Poultry	3.55	3.44	3.41	4.02	4.69
蛋类及蛋制品	Eggs and Processed Products	3.289215	3.24	2.54	2.84	3.89
水产品	Aquatic Products	1.22251	1.24	1.28	1.78	2.00
#鱼类	Fish	1.109934	1.12	1.13	1.53	1.78
蔬菜	Vegetables	86.096818	81.29	72.36	71.38	78.08
瓜果	Melon and Fruits	22.895785	23.24	24.14	27.00	25.62
食糖	Sugar	0.928328	0.91	0.76	0.67	0.79
卷烟	Cigarette	31.984541	32.30	33.76	35.83	33.59
酒	Liquor	9.133123	7.95	6.83	6.41	6.42

10-13 每百户农村居民家庭年末耐用消费品拥有量
Number of Durable Consumer Goods Owned By Per 100 Rural Households at the Year-end

单位：台 (set)

指标	Item	2016	2017	2018	2019	2020
彩色电视机	Color TV Set	103.1	104.0	104.0	102.5	102.1
电冰箱	Refrigerator	77.6	82.3	86.4	91.9	94.4
洗衣机	Washing Machine	89.8	92.0	93.6	96.8	98.1
热水器	Water Heater	37.4	45.4	52.8	61.9	66.8
摩托车(辆)	Motorcycle(set)	55.7	54.2	54.2	54.3	52.8
电话机(部)	Fixed Telephone(unit)	3.7	2.7	2.4	0.3	0.4
移动电话(部)	Mobile Phone(unit)	240.6	255.5	287.5	298.7	301.2

10–14 按收入五等份分农村居民家庭收入、消费情况（2020）
Income and Consumption of Rural Househoulds by Income Quintile

项 目	Item	低收入户 (20%) Low Income Households	中低收入户 (20%) Lower Middle Income Households	中等收入户 (20%) Middle Income Households	中高收入户 (20%) Upper Middle Income Households	高收入户 (20%) High Income Households
人均可支配收入(元)	**Per Capita Disposable Income(yuan)**	**5235**	**7012**	**9306**	**13294**	**26662**
#现金可支配收入	Cash Disposable Income	4168	6149	8607	12545	25805
平均每人总支出(元)	**Per Capita Expenditures(yuan)**	**13125**	**14118**	**15866**	**18286**	**31371**
#现金支出	Cash Expenditures	10841	11905	13317	15483	27658
平均每人主要消费品消费量(公斤)	**Per Capita Consumption of Major Consumer Goods(kg)**					
粮 食	Grain	122.08	114.89	114.20	117.00	122.25
#稻 谷	Rice	94.83	87.50	89.43	88.55	92.73
食用油	Edible Oil	7.60	7.24	7.56	7.01	8.20
肉禽及其制品	Meat,Poultry and Related Product	25.07	24.50	28.05	27.76	34.57
#猪 肉	Pork	19.86	19.59	21.86	21.16	25.76
家 禽	Poultry	4.57	4.06	4.98	5.41	6.94
蛋类及蛋制品	Eggs and Processed Products	3.91	3.57	3.89	3.84	4.32
水产品	Aquatic Products	1.64	1.76	2.10	1.95	2.74
#鱼 类	Fish	1.46	1.59	1.91	1.70	2.36
蔬菜及菜制品	Vegetables	77.89	74.43	84.83	75.56	80.44
干鲜瓜果类	Melon and Fruits	20.37	23.61	24.86	26.41	34.96
食 糖	Sugar	0.78	0.74	0.70	0.84	0.93
卷 烟(盒)	Cigarette(pack)	27.91	27.40	33.20	33.59	49.26
酒	Liquor	6.74	6.05	6.20	6.07	7.18
每百户耐用消费品拥有量	**Number of Durable Consumer Goods Owned By Per 100 Rural Households**					
彩色电视机(台)	Color TV Set(set)	95.41	102.12	105.29	104.15	103.53
电冰箱(台)	Refrigerator(set)	91.53	94.08	94.36	94.59	97.69
洗衣机(台)	Washing Machine(set)	97.12	96.57	98.63	97.68	100.67
热水器(台)	Water Heater (set)	57.31	62.15	63.31	69.80	81.24
摩托车(辆)	Motorcycles(set)	52.22	47.31	53.45	56.74	54.39
固定电话(部)	Fixed Telephone(unit)	0.33	—	0.55	0.11	1.23
移动电话(部)	Mobile Phone(unit)	306.04	294.90	299.61	305.52	299.68

10-15 农村居民家庭人均经营费用和生产性固定资产购置
Per Capita Expenditure for Household Operations and Expenditure for Purchasing Productive Fixed Assets of Rural Households

单位：元 (yuan)

指　标	Item	2016	2017	2018	2019	2020
家庭经营费用支出	**Expenditure for Household Operations**	**3129.35**	**3331.27**	**2909.26**	**2935.05**	**3305.34**
#农业生产支出	Farming	746.51	599.85	649.63	611.98	584.90
林业生产支出	Forestry	15.66	34.84	34.29	15.23	14.30
牧业生产支出	Animal Husbandry	1029.94	1056.89	1078.86	1295.14	1315.60
渔业生产支出	Fishery	8.83	9.60	13.31	4.91	7.80
制造业支出	Manufacturing	109.61	165.62	102.86	141.62	219.42
建筑业支出	Construction	111.35	143.92	238.43	198.85	493.96
批发和零售业支出	Wholesale and Retail Trades	695.25	909.59	422.82	271.93	283.28
交通运输仓储和邮政业支出	Transport, Post and Telecommunication	224.82	229.98	169.33	156.34	216.61
住宿和餐饮业支出	Hotels and Catering Services	70.50	45.94	93.97	130.87	54.03
居民服务修理和其他服务业支	Service to Households, Repair and Other Services	90.22	96.51	37.40	49.85	55.43
购置生产用固定资产支出	**Expenditure for Purchasing Productive Fixed Assets**	**263.20**	**221.75**	**261.54**	**167.75**	**156.63**
役畜、产品畜	Draught Animals and Commodity Animals	98.48	65.96	51.73	38.50	82.11

10-16 历年城乡居民人均收支

单位：元

年 份 Year	城镇常住居民人均可支配收入 Per Capita Disposable Income of Urban Households	比上年增长(%) Year-on-year Increase Index (%)	指 数(1978年=100) Index (year of 1978=100)	城镇常住居民人均消费性支出 Per Capita Consumption Expenditures of Urban Households	#食品 #Food
1978	261.26	1.2	100.0	246.53	150.15
1979	279.66	5.2	105.2	273.60	176.64
1980	343.83	11.9	117.7	334.32	202.32
1981	434.10	22.5	144.1	393.24	237.60
1982	459.73	3.8	149.6	403.92	243.96
1983	483.33	3.5	154.8	426.36	258.72
1984	558.00	12.3	173.8	480.36	279.48
1985	682.27	10.9	192.7	617.52	324.24
1986	824.40	13.6	218.8	722.28	381.84
1987	912.26	0.9	220.7	788.76	431.40
1988	1101.84	-0.6	219.4	1050.24	554.52
1989	1275.45	-1.8	215.4	1102.56	640.20
1990	1399.36	8.5	233.8	1163.25	658.19
1991	1593.54	9.6	256.2	1338.86	750.79
1992	1887.51	9.7	281.0	1564.34	886.89
1993	2300.38	5.1	295.4	1876.24	1021.42
1994	3196.06	14.1	337.2	2531.78	1353.13
1995	3916.25	2.2	344.5	3250.55	1752.41
1996	4210.74	-2.9	334.4	3572.78	1923.49
1997	4438.05	1.8	340.4	3555.69	1819.90
1998	4566.17	2.3	348.3	3799.38	1839.64
1999	4935.47	9.0	379.6	3964.35	1683.38
2000	5121.22	5.1	399.0	4278.28	1847.63
2001	5451.91	3.9	414.5	4492.25	1832.26
2002	5944.02	9.8	455.1	4598.30	1788.61
2003	6568.91	9.5	498.4	4947.62	1967.67
2004	7322.04	7.7	536.8	5494.43	2260.46
2005	8147.13	10.6	593.7	6156.27	2457.09
2006	9116.61	10.1	653.7	6848.39	2649.02
2007	10678.40	10.6	723.0	7758.69	3122.46
2008	11758.76	2.9	744.0	8349.21	3597.94
2009	12862.53	10.9	825.1	9048.29	3755.61
2010	14142.74	7.0	882.9	10058.29	4013.67
2011	16495.01	10.8	978.3	11352.88	4565.85
2012	18700.51	10.4	1080.0	12585.70	4992.85
2013	20667.07	7.4	1159.9	13702.87	4915.02
2014	22548.21	7.0	1241.1	15254.64	5319.60
2015	24579.64	7.4	1332.9	16914.20	5757.29
2016	26742.62	7.2	1428.9	19201.68	6382.64
2017	29079.84	7.5	1536.1	20347.79	6722.91
2018	31591.93	6.5	1635.5	20787.93	6743.61
2019	34404.17	6.6	1743.4	21402.38	6893.71
2020	36096.19	2.5	1787.0	20587.04	6568.36

注：1.表中增长速度及指数已扣除价格因素。2.城镇常住居民人均可支配收入、人均消费性支出2013年及以前为城镇居民人均数，农村常住居民人均可支配收入2013年及以前为农民人均纯收入，农村常住居民人均消费性支出2013年及以前为农村居民数据。

Per Capita Income and Expenditures of Urban and Rural Households Over the Years

(yuan)

农村常住居民人均可支配收入 Per Capita Net Income of Rural Households	比上年增长 (%) Year-on-year Increase Index (%)	指 数 (1978年=100) Index (year of 1978=100)	农村常住居民人均生活消费支出 Per Capita Consumption Expenditures of Rural Households	#食品 #Food
109.30	3.5	100.0	104.52	72.20
131.09	15.4	115.4	116.23	82.44
161.50	16.6	134.5	139.24	96.45
208.87	27.3	171.2	162.51	105.16
223.13	5.3	180.3	187.02	121.67
224.87	0.5	181.1	185.20	126.01
262.81	15.5	209.1	208.87	144.00
302.14	8.8	227.5	254.58	177.83
303.57	-3.9	218.6	271.60	190.60
341.84	6.4	232.5	304.22	212.90
397.74	-0.8	230.7	359.73	254.32
430.34	-7.3	213.9	407.28	282.92
435.14	-1.3	211.0	403.28	281.92
465.53	3.5	218.4	420.44	286.60
506.13	2.0	222.9	454.47	309.77
579.67	-1.4	219.8	550.11	390.45
786.84	6.6	234.2	684.27	484.41
1086.62	6.6	249.6	930.59	661.85
1276.67	5.5	263.3	1068.09	774.62
1298.54	4.2	274.4	1065.70	742.16
1334.46	4.4	286.5	1094.39	757.55
1363.07	4.7	299.9	1069.81	722.16
1374.16	3.6	310.7	1096.59	687.32
1411.73	3.7	322.2	1098.39	659.37
1489.91	4.3	336.1	1137.56	661.35
1564.66	4.7	353.2	1185.17	674.71
1721.55	5.6	373.0	1296.34	754.39
1876.96	5.2	392.4	1552.39	819.87
1984.62	4.7	410.8	1627.07	838.42
2373.99	11.6	458.5	1913.50	998.39
2796.93	8.9	499.3	2165.70	1119.64
3005.41	9.2	545.2	2421.95	1093.94
3471.93	12.6	613.9	2852.48	1319.43
4145.35	14.0	699.8	3455.76	1646.51
4753.00	11.5	780.3	3901.71	1740.58
5434.00	12.4	877.2	4740.18	2036.22
6671.22	10.3	967.5	5970.25	2488.50
7386.87	10.5	1069.1	6644.93	2644.56
8090.28	8.3	1157.8	7533.29	2915.38
8869.10	8.9	1260.9	8298.98	3153.61
9716.10	8.1	1362.9	9170.24	3383.82
10756.30	7.9	1470.5	10221.65	3755.44
11642.35	4.9	1542.6	10817.55	3975.84

Note: 1.The increase index and the index in the table have deducted price factors. 2. Per capita disposable income and per capita consumption expenditure of urban households in 2013 and before were per capita urban residents. Per capita net income of rural households in 2013 and before was per-capita net income of farms. Per capita consumption expenditure of rural households in 2013 and before was rural residents data.

主要统计指标解释

住户 指居住在一个住宅内，共同分享生活开支或收入的一群人。居住在同一房间内、不共同分享生活开支的人群，每个人都视为一个住户。住家保姆、住家家庭帮工视为单独的住户。

常住成员 指住户成员中，经常在家居住或者调查期内居住时间超过一半的人员，以及本住户供养的学生。

季度调查的常住成员包括：

①过去三个月已经居住或未来三个月打算居住时间超过1.5个月的住户成员。

②过去三个月内每月至少在调查住宅居住一天以上，且没有在其他自有或独自租借的普通住宅中住过的人。或者说，在外与人合住或住在工棚、集体宿舍、工作地或其他临时性住所、又定期回家居住的人，也是本住户常住成员。

③由本住户供养的在校学生（包括大中专学生和研究生）。

就业面 指就业人口占家庭人口的百分比。

就业者赡养人口 指家庭人口与就业人口之比。

整、半劳动力 整劳动力指男子18周岁到50周岁，女子18周岁到45周岁；半劳动力指男子16周岁到17周岁，51周岁到60周岁；女子16周岁到17周岁，46周岁到55周岁，同时具有劳动能力的人。虽然在劳动年龄之内，但已丧失劳动能力的人，不应算为劳动力；超过劳动年龄，但能经常参加劳动的人，计入半劳动力数内。常住人口中的职工，若这些职工为劳动力，就包括在本户的整半劳动力中。

可支配收入 指调查户在调查期内获得的、可用于最终消费支出和储蓄的总和，即调查户可以用来自由支配的收入。可支配收入既包括现金，也包括实物收入。按照收入的来源，可支配收入包含四项，分别为：工资性收入、经营净收入、财产净收入和转移净收入。计算公式为：

可支配收入=工资性收入+经营净收入+财产净收入+转移净收入

其中：经营净收入=经营收入−经营费用−生产性固定资产折旧−生产税

财产净收入=财产性收入−财产性支出

转移净收入=转移性收入−转移性支出

工资性收入 指就业人员通过各种途径得到的全部劳动报酬和各种福利，包括受雇于单位或个人、从事各种自由职业、兼职和零星劳动得到的全部劳动报酬和福利。

经营净收入 指住户或住户成员从事生产经营活动所获得的净收入，是全部经营收入中扣除经营费用、生产性固定资产折旧和生产税之后得到的净收入。

财产净收入 指住户或住户成员将其所拥有的金融资产、住房等非金融资产和自然资源交由其他机构单位、住户或个人支配而获得的回报并扣除相关的费用之后得到的净收入。财产净收入包括利息净收入、红利收入、储蓄性保险净收益、转让承包土地经营权租金净收入、出租房屋净收入、出租其他资产净收入和自有住房折算净租金等。

财产净收入不包括转让资产所有权的溢价所得，这应该计入“非收入所得”。

转移性收入 指国家、单位、社会团体对住户的各种经常性转移支付和住户之间的经常性收入转移。包括政府、非行政事业单位、社会团体对居民转移的养老金或退休金、社会救济和补助、惠农补贴、政策性生活补贴、救灾款、经常性捐赠和赔偿以及报销医疗费等；住户之间的赡养收入、经常性捐赠和赔偿以及农村地区（村委会）在外（含国外）工作的本住户非常住成员寄回带回的收入等。

转移性收入不包括住户之间的实物馈赠。

城镇居民人均可支配收入（老口径） 指城镇家庭总收入扣除交纳的个人所得税和个人交纳的各项社会保障支出之后，按照城镇居民家庭人口平均的收入水平。其中家庭总收入是指该家庭中生活在一起的所有家庭人员从各种渠道得到的所有收入之和。更详细的解释可参照《城镇住户调查方案（2011 年统计年报和 2012 年定期报表）》。

农村居民人均纯收入（老口径） 指农村住户当年从各个来源得到的家庭总收入扣除有关费用性支出后，最终归农村居民所有的收入总和，按照农村住户人口平均的纯收入水平。更详细的解释可参照《农村住户调查方案（2011 年统计年报和 2012 年定期报表）》

消费支出 指住户用于满足家庭日常生活消费需要的全部支出，包括用于消费品的支出和用于服务性消费的支出。根据用途不同，消费支出可划分为食品烟酒、衣着、居住、生活用品及服务、交通通信、教育文化娱乐、医疗保健、其他用品及服务八大类。根据来源不同，消费支出可划分为现金消费支出、实物消费支出（含自产自用、来自单位、来自政府和其他社会组织）。

家庭收入分组方法 将所有调查户依户人均可支配收入由低到高排队，按 20%，20%，20%，20%，20%的比例依次分成：低收入户、中低收入户、中等收入户、中高收入户、高收入户等五组。

恩格尔系数 指食物支出金额在生活消费总支出金额中所占的比例。计算公式为：

$$\text{恩格尔系数} = \frac{\text{食品支出金额}}{\text{生活消费总支出金额}} \times 100\%$$

Explanatory Notes on Main Statistical Indicators

Household refer to a group of people who live in a house, share a living expenses or income. Living in the same room, not to share the living expenses of the crowd, everyone is considered as a household. Nanny, home family workers are treated as a separate household。

Household Members refer to a member of the household who is living in a house, all of which share the expenses or income of the household.

Permanent Members refer to the members of the household who is often at home, or in the residence time of more than half of the residence time, and the students who support.

Quarterly Survey of Permanent Members include:

①The household members who have been living over the past three months or will live longer than 1.5 months in the next three months.

②People who have lived for at least one day per month in the surveyed house in the past three months and who have not lived in other ordinary houses owned or rented by themselves. Or, people who live together with others or live in sheds, collective dormitories, workplaces or other temporary residences, and regularly return home to live, are also permanent members of their own households.

③Students supported by the household.

Proportion Employment refers to the percentage of the population in the family.

Number of Dependents per Employee refers to the ratio of the household population to the employment population.

Full/Semi Labour Force refers to persons capable of work, aged 18-50 for males and 18-45 for females. Semi labour force refers to persons capable of work, aged 16-17 and 51-60 for males and 16-17 and 46-55 for females. Persons at their working ages but not capable of work are not to be included as labour force. Persons not at working ages but participating regularly in work are included in semi labour force. For staff and workers who are usual residents, are included as full or semi labour force of the household if they are in the labour force.

Disposable Income refers to the income of the household survey period, which can be used for final consumption and savings, or the income of the household can be used for free. Disposable income includes both cash, but also in kind. According to the sources of income, disposable income includes four items, respectively, income from wages and salaries, net business income, net income from properties and net income from transfer. Calculation formula:

Disposable income = wage income + net income + property net income + transfer net income

Where: operating net income = operating income - operating expenses - production of fixed assets depreciation - production tax

Property net income = property income - property expenses

Transfer of net income = transfer income-transfer expenditure

Income from Wages and Salaries refers to remuneration of labour and salaries from all kinds of sources, including those employed by other units or individuals, freelance work, part-time jobs, and sporadic labour.

Net Business Income refers to the income earned by households and their members engaged in the production and business activities. It refers to the net income of operating revenue minus operating costs, depreciation of productive fixed assets, and production tax.

Property Net Income refers to the net income received as returns by the household or household members of the financial assets, non-financial assets such as housing, to other institutions, households or individuals, and minus relevant costs. Net income from properties includes net income of interest, bonus income, net income of saving insurance, net income of rents of transferring management right of contract land, income of renting housing, income of renting other assets, net converted rents of self-owned housing. Net income from properties do not include premium of transferring ownership of assets.

Property net income does not include the premium income from the transfer of property rights, which should be included in the "non income".

Transfer Income refers to the regular transfer from country, institutions, social communities to households and between households. Including the government, the non-administrative institutions, social groups of residents to move pension or retirement benefits, social benefits and subsidies, subsidies benefit farmers, policy subsidy, relief funds, regular donation and compensation and reimbursement of medical expenses; between tenants alimony income, often donations and compensation and rural areas (Village) (including foreign) of the households in non-resident members return back to the income.

The transfer of income does not include the physical gifts between households.

The Per Capita Disposable Income of Urban Residents (old caliber) refers to the income tax and the average income level of the residents in urban families after the deduction of the income tax and the social security expenditure. The total household income is the sum of all the income of the family who lives in a variety of ways. More detailed explanation can be referred to the 《urban household survey (2011 statistical report and 2012 periodic report)》.

The Per Capita Net Income of Rural Residents (old caliber) refers to the total income of rural households in the year from various sources of household income after deducting the cost of the total income of rural residents, according to the average net income of rural households. A more detailed explanation can be referred to the 《Rural Household Survey Programme (2011 statistical report and the 2012 periodic report)》.

Consumer Spending refers to all the expenses that the household is used to meet the needs of the daily life of the family, including the expenses for the consumer goods and the expenses for the service. According to different purposes, the consumption expenditure can be divided into tobacco and food, clothing, housing, daily necessities and services, transportation and communication, education culture and entertainment, health care and other goods and services eight categories. According to different sources, consumer spending can be divided into cash consumption, real consumer spending (including self-produced their own, from the unit, from the government and other social organizations).

Household income grouping method according to the households, the average income per household was low to high, according to 20%, 20%, 20%, 20%, 20% of the proportion were divided into: low-income households, middle and low income households, middle income households, middle and high income, high income households and other five groups.

Engel Coefficient refers to the percentage of expenditure on food in the total consumption expenditure, using the following formula:

$$\text{Engel Coefficient} = \frac{\text{expenditure on food}}{\text{total consumption expenditure}} \times 100\%$$

城市概况

General Survey of Cities

11

简 要 说 明

一、主要内容

本篇资料主要反映城市公用事业概况，包括：城市公用事业、城市气象、市政建设及设施、公共交通、城市绿化、环境卫生等。

二、统计范围

全省所有设市城市在建成区范围内所有的城市规划管理、投资、建设或经营管理相关设施的单位。

三、资料来源

本篇资料由省住房和城乡建设厅、省交通运输厅、省气象局等提供。

Brief Introduction

I. Main Contents

This chapter presents the basic status of urban public utilities, including city public utility, city weather, municipal building and infrastructure, public transportation, urban greening, and urban sanitation.

II. Scope of Statistics

It covers all units under the jurisdiction of cities which are engaged in urban planning and management, investment, construction and operation of relevant facilities.

III. Sources of Data

The data in this chapter are collected by the Provincial Department of Housing and Urban-Rural Development, Provincial Department of Traffic and Transportation, Provincial Bureau of Meteorological Service.

11-1 城市公用事业
City Public Utilities

指　　标	Item	2016	2017	2018	2019	2020
城市建设	**City Areas and Floor Space of Buildings**					
城区面积(平方公里)	Urban Area (sq.km)	5277.36	5619.42	6070.44	6586.61	6822.84
建成区面积(平方公里)	Area of Built Districts (sq.km)	1544.15	1729.22	1823.99	1914.21	2010.38
城市建设用地面积(平方公里)	Area of Land Used for Urban Construction (sq.km)	1391	1615	1686	1760	1811
征用土地面积(平方公里)	Area of Land Put in Requisition for State Construction Projects (sq.km)	75.48	76.43	78.11	56.91	48.15
城市人口密度(人/平方公里)	Population Density of City Districts (person/sq.km)	2361	2371	2323	2253	2247
城市供水、燃气	**Supply of Water and Gas**					
年末供水综合生产能力(万立方米/日)	Production Capacity of Tap Water Supply at Year-end (10000 cu.m/day)	420.35	462.96	532.12	625.11	640.27
供水管道长度(公里)	Length of Water Pipelines (km)	17075	22688	24393	26702	27502
建成区城市供水管道密度(公里/平方公里)	Water Pipelines density of Built Districts of city(km/sq.km)	11.06	9.35	10.26	9.97	8.33
供水总量(万立方米)	Volume of Tap Water Supply(10000cu.m)	92090	101100	114633	123811	127035
#生活用水	Water Consumption for Residential Use	47534	52320	58979	64937	67198
生产用水	Water Consumption for Productive Use	14648	13764	15720	20807	22612
用水人口(万人)	Number of Residents with Access to Tap Water (10000 persons)	1156.55	1241.59	1322.42	1414.19	1492.13
人均日生活用水(升)	Per Capita Daily Consumption of Tap Water for Residential Use (liter)	140.99	146.00	154.14	145.77	141.26
用水普及率 (%)	Coverage Rate of Urban Population with Access to Tap Water (%)	92.9	93.2	93.8	95.3	97.3
人工煤气生产能力(万立方米/日)	Production Capacity of Manufactured Gas (10 000 cu.m/day)	6	—	—	—	—
管道长度(公里)	Length of Gas Pipelines (km)	6702	8329	9071	11054	12552
人工煤气	Manufactured Gas	775	—	—	—	—
液化石油气	Liquefied Petroleum Gas	139	181	92	—	—
天然气	Natural Gas	5789	8149	8979	11054	12552
全年供气总量	Annual Volume of Gas Supply					
人工煤气(万立方米)	Manufactured Gas (10 000 cu.m)	2705	—	—	—	—
#家庭用量	Consumption of Natural Gas for Residential Use	1564	—	—	—	—
液化石油气 (吨)	Liquefied Petroleum Gas(ton)	143456	163929	164317	185120	175561
#家庭用量	Consumption of Natural Gas for Residential Use	130554	131660	134642	109733	96338
天然气(万立方米)	Natural Gas Supply (10 000 cu.m)	46411	80366	95207	119603	150895
#家庭用量	Consumption of Natural Gas for Residential Use	18751	22069	26333	36573	48635
用气人口(万人)	Population with Access to Gas (10000 persons)	898.62	982.34	1052.41	1204.89	1349.77
人工煤气	Manufactured Gas	31.00	—	—	—	—
液化石油气	Liquefied Petroleum Gas	546.73	594.17	616.58	669.61	700.05
天 然 气	Natural Gas	320.89	388.17	435.83	535.28	649.72
燃气普及率(%)	Coverage Rate of Urban Population with Access to Gas (%)	72.1	73.7	74.6	81.2	88.0
城市市政设施	**Municipal Infra-structure**					
年末实有道路长度(公里)	Length of Paved Roads at Year-end (km)	8021	8723	9657	10608	17267

11-1 续表 continued

指 标	Item	2016	2017	2018	2019	2020
年末实有道路面积(万平方米)	Area of Paved Roads at Year-end (10 000sq.m)	15297	16650	18949	21567	30891
人均拥有道路面积(平方米)	Per Capita Area of Paved Roads (sq.m)	12.28	12.5	13.44	14.54	20.15
城市排水管道长度(公里)	Length of City Sewage Pipes (km)	9761	11800	13872	16338	17650
城市污水日处理能力(万立方米)	Daily Disposal Capacity of City Sewage (10 000 cu.m)	250	270	332	366	431
建城区城市排水管道密度(公里/平方公里)	Density of City Sewage Pipes (km/sq.km)	6.32	4.31	5.26	6.77	6.98
城市桥梁(座)	Number of City Bridges (unit)	1164	1182	1222	1290	1479
城市道路照明灯(千盏)	Number of Street Lights (1 000 units)	754	816	944	1017	1166
城市公共交通	**Public Traffic**					
年末公共交通运营车辆数(辆)	Number of Public Vehicles under Operation at Year-end (unit)	8565	9575	9900	10287	11013
运营线路网长度(公里)	Length under Operation (km)	12627	16284	18704	19607	22245
公共交通客运总量(万人次)	Passengers Transported by Public Vehicles (10 000person-times)	182464	189422	187797	177276	152438
出租汽车(辆)	Number of Taxi (unit)	28713	31336	30696	36378	42221
城市绿化和园林	**City Greening**					
城市绿化覆盖面积(公顷)	Area of Parks and Green Land (hectare)	78630.6	102205.81	109676	116111	122693
公园绿地面积(公顷)	Park Green Areas (hectare)	14520	17343	19095	21846	23585
人均公园绿地面积(平方米)	Per Capita Area of Parks and Green Land (sq.m)	11.65	13.02	13.54	14.72	15.38
公园个数(个)	Number of Parks and Zoos (unit)	295	397	471	528	607
公园面积(公顷)	Area of Parks (hectares)	10821	17540	19307	21523	22825
建成区绿化覆盖率(%)	Green Covered Area as % of Completed Area (%)	30.0	32.8	35.2	36.9	39.0
城市环境卫生	**Environmental Sanitation**					
清扫保洁面积(万平方米)	Area under Cleaning Program (10 000 sq.m)	15861	20904	23871	25161	27110
生活垃圾清运量(万吨)	Volume of Garbage Disposal (10 000 tons)	522.34	576.74	580.28	608.40	615.41
市容环卫专用车辆设备总数(台)	Number of Special Vehicles for EnvironmentalSanitation (unit)	5244	7087	7867	8886	8909
公共厕所(座)	Number of Public Lavatories (unit)	2529	3413	3673	3798	4223
#三类以上	Third Grade and Above	1870	2931	3252	3268	3564

注：资料来源于省住房城乡建设厅、省交通运输厅(以下相关表同)。
Note: The data are provided by the Housing and Urban-Rural Development Department of Guizhou Province and the Department of Transportation of Guizhou Province(the relative tables in the chapter are the same).

11-2 城市气象(2020)
Climate of Major Cities

城市名称	City	年平均气温(℃) Annual Average Temperature(℃)	年降水量(毫米) Annual Precipitation(mm)	年日照时数(小时) Annual Sunshine Hours(hour)	年平均相对湿度(%) Annual Average Relative Humidity(%)
全省平均	Provincial Averag	16	1447.9	1086.4	81.4
贵阳市	Guiyang	14.9	1385.3	1288.1	82
六盘水市	Liupanshui	13.5	1383.1	1141.7	80
遵义市	Zunyi	15.3	1232.9	1045.1	83
安顺市	Anshun	14.7	1654.5	1134.9	81
毕节市	Bijie	13.7	1049.4	1188.4	79
铜仁市	Tongren	17.2	1476.0	1109.7	79
兴义市	Xingyi	17.1	1665.7	1561.4	80
凯里市	Kaili	16.6	1525	959.2	81
都匀市	Duyun	15.4	1765.7	838.6	84
清镇市	Qingzhen	14.7	1327.5	907.4	82
盘州市	Panzhou	12.8	1380.8	1755.7	81
赤水市	Chishui	18.2	1637.2	1091.5	82
仁怀市	Renhuai	16.5	1169.7	1131.5	79
兴仁市	Xingren	16.4	1355.9	1591.1	79
福泉市	Fuquan	15.6	1358.8	1075.7	81

注：资料来源于省气象局(下表同)。
Note:The data in the table are provided by Guizhou Meteorological Administration (the same applies to the next table).

11-3 城市平均气温 (2020)
Monthly Average Temperature of Major Cities

单位：℃ (℃)

城市名称	City	1月 Jan.	2月 Feb.	3月 Mar.	4月 Apr.	5月 May	6月 June	7月 July	8月 Aug.	9月 Sept.	10月 Oct.	11月 Nov.	12月 Dec.
全省平均	Provincial Average	6.8	9.6	13.3	14.6	21.7	23.7	24.9	25.0	19.7	15.1	12.0	4.8
贵阳市	Guiyang	6.2	8.9	12.4	13.4	20.9	22.4	23.7	23.8	18.8	14.2	11.1	3.3
六盘水市	Liupanshui	7.0	7.5	11.5	12.0	18.7	20.4	21.3	20.9	17.0	12.8	10.9	2.5
遵义市	Zunyi	5.3	8.6	12.5	14.1	21.2	23.2	25.0	25.8	19.0	14.5	11.4	3.4
安顺市	Anshun	6.8	8.6	12.5	13.3	20.4	21.6	22.8	22.4	18.6	14.1	11.4	3.4
毕节市	Bijie	4.8	7.1	10.8	12.3	18.9	21.0	22.6	23.2	18.0	13.0	10.0	2.6
铜仁市	Tongren	5.7	9.8	14.0	16.2	22.5	26.1	27.8	28.8	20.6	16.2	12.8	6.2
兴义市	Xingyi	10.9	11.1	15.6	15.7	23.2	23.6	24.0	22.8	20.7	16.2	14.7	6.7
凯里市	Kaili	6.0	10.2	13.6	15.1	23.0	25.3	26.5	26.5	20.1	15.6	12.1	5.0
都匀市	Duyun	5.9	9.8	12.7	13.9	21.5	23.2	24.5	24.2	19.2	14.4	11.1	3.8
清镇市	Qingzhen	6.3	8.7	12.2	13.2	20.5	21.9	23.3	23.2	18.6	14.1	11.0	3.2
盘州市	Panzhou	7.3	7.6	11.8	11.6	17.5	19.1	19.0	18.5	16.2	12.1	10.7	2.4
赤水市	Chishui	9.5	10.8	15.7	17.4	23.7	25.2	26.4	28.8	22.4	16.6	14.1	7.4
仁怀市	Renhuai	6.6	9.1	13.9	15.3	22.2	23.8	25.9	27.5	20.4	15.3	12.8	4.7
兴仁市	Xingren	10.1	10.4	14.7	15.1	22.1	23.0	23.5	22.5	20.0	15.5	13.6	5.7
福泉市	Fuquan	5.7	9.7	12.6	14.0	21.7	23.9	25.3	25.2	19.5	14.8	11.0	4.1

11-4 城市建设(2020)
Basic Statistics on City Construction

单位：平方公里 (sq.km)

城市名称	City	城区面积 Urban Area	建成区面积 Area of Built Districts	城市建设用地面积 Area of Land Used for Urban Construction
贵阳市	Guiyang	1230.00	369.00	344.96
六盘水市	Liupanshui	276.64	54.20	35.73
遵义市	Zunyi	531.51	157.11	148.47
安顺市	Anshun	163.00	71.00	69.65
铜仁市	Tongren	69.00	54.04	50.36
兴义市	Xingyi	104.00	64.97	64.65
毕节市	Bijie	170.08	51.00	50.73
凯里市	Kaili	140.65	75.71	67.45
都匀市	Duyun	360.00	61.81	54.33
清镇市	Qingzhen	99.23	46.00	33.15
盘州市	Panzhou	330.60	26.59	26.30
赤水市	Chishui	75.40	21.50	19.05
仁怀市	Renhuai	89.00	26.40	24.30
兴仁市	Xingren	40.40	19.21	13.89
福泉市	Fuquan	22.79	19.83	16.67

11-5 城市设施水平(2020)
Basic Statistics on Level of Public Facilities in Cities

城市名称	City	城市用水普及率(%) Coverage Rate of Urban Population with Access to Tap Water(%)	城市燃气普及率(%) Coverage Rate of Urban Population with Access to Gas(%)	人均城市道路面积(平方米) Per Capita Area of Paved Roads (sq.m)	人均公园绿地面积(平方米) Per Capita Area of Park and Green Land (sq.m)
贵阳市	Guiyang	99.71	98.50	16.73	17.71
六盘水市	Liupanshui	99.06	89.15	20.27	12.01
遵义市	Zunyi	98.72	97.08	27.39	22.76
安顺市	Anshun	99.55	89.64	24.54	24.60
铜仁市	Tongren	97.42	91.04	23.65	14.59
兴义市	Xingyi	100.00	85.15	28.96	12.10
毕节市	Bijie	96.11	84.21	16.01	15.91
凯里市	Kaili	99.82	98.21	22.56	11.99
都匀市	Duyun	100.00	94.20	35.85	22.68
清镇市	Qingzhen	98.08	96.98	14.30	12.71
盘州市	Panzhou	91.09	95.99	23.98	12.08
赤水市	Chishui	99.24	95.36	17.12	13.78
仁怀市	Renhuai	99.16	96.04	16.96	9.54
兴仁市	Xingren	100.00	85.70	23.03	12.84
福泉市	Fuquan	100.00	87.16	20.50	9.43

11-6 城市供水(2020)
Tap Water Supply in Cities

城市名称	City	年末供水综合生产能力(万立方米/日) Production Capacity of Tap Water Supply (year-end) (10 000 cu.m/day)	年末供水管道长度(公里) Length of Water Supply Pipelines (year-end) (km)	全年供水总量(万立方米) Total Annual Volume of Water Supply (10 000 cu.m)	#生活用水 For Residential Use	#生产用水 For Productive Use	用水人口(万人) Number of Residents with Access to Tap Water (10 000 persons)	人均日生活用水量(升) Per Capita Daily Consumption of Tap Water for Residential Use(liter)
贵阳市	Guiyang	164.50	5057.20	40693.96	19433.96	7387.93	296.64	216.50
六盘水市	Liupanshui	48.30	1466.87	4063.74	2626.50	708.02	40.00	179.90
遵义市	Zunyi	50.40	3573.21	11757.00	5293.50	2021.57	119.50	149.32
安顺市	Anshun	30.80	632.50	4281.76	2054.54	747.70	48.24	159.06
铜仁市	Tongren	19.50	495.50	4246.22	2151.14	907.36	44.60	132.58
兴义市	Xingyi	26.10	709.09	3502.00	2556.00	535.00	45.66	161.83
毕节市	Bijie	12.00	610.00	3708.59	1757.53	840.00	44.68	110.77
凯里市	Kaili	23.10	1075.78	3357.24	1696.32	848.65	39.55	132.87
都匀市	Duyun	14.30	1244.14	3005.09	1562.52	734.94	31.37	156.47
清镇市	Qingzhen	10.00	294.96	2936.31	1428.10	836.34	24.06	188.96
盘州市	Panzhou	10.74	644.53	2021.00	723.68	666.11	23.41	93.38
赤水市	Chishui	5.00	196.00	1004.43	548.53	297.71	16.90	88.92
仁怀市	Renhuai	7.00	679.93	2642.62	627.88	837.18	24.82	128.35
兴仁市	Xingren	7.00	243.82	1033.45	792.18	16.03	14.96	148.87
福泉市	Fuquan	4.00	380.00	1017.10	523.30	237.20	13.78	116.87

11-7 城市燃气(2020)
Supply of Gas in Cities

城市名称	City	管道长度(公里) Length of Gas Pipelines(km)	全年供气总量 Volume of Gas Supply		用气人口(万人) Population with Access to Gas (10000 persons)	
		天然气 Natural Gas	液化石油气(吨) Liquefied Petroleum Gas(ton)	天然气(万立方米) Natural Gas (10000cu.m)	液化石油气 Liquefied Petroleum Gas	天然气 Natural Gas
贵阳市	Guiyang	3906.70	49500.00	43206.00	47.62	245.42
六盘水市	Liupanshui	865.40	1066.42	5449.00	2.20	33.80
遵义市	Zunyi	855.40	22387.60	23107.62	64.40	53.12
安顺市	Anshun	251.47	8517.48	3805.63	25.72	17.72
铜仁市	Tongren	209.01	4472.00	1705.00	23.10	18.58
兴义市	Xingyi	172.00	8358.00	1207.50	32.58	6.30
毕节市	Bijie	340.00	4707.40	2669.16	16.92	22.23
凯里市	Kaili	165.36	8662.30	8689.88	26.33	12.58
都匀市	Duyun	520.79	2556.48	4165.93	13.04	16.51
清镇市	Qingzhen	494.00	1490.30	10609.00	4.05	19.74
盘州市	Panzhou	165.00	1850.00	716.00	14.87	9.80
赤水市	Chishui	560.00	320.00	2557.74	1.00	15.24
仁怀市	Renhuai	259.27	1600.00	18131.85	11.70	12.34
兴仁市	Xingren	23.44	747.59	22.50	10.30	2.52
福泉市	Fuquan	73.00	1168.79	294.00	2.71	9.30

11-8 城市市政设施（2020）
Municipal Infrastructure in Cities

城市名称	City	年末实有道路长度（公里）Length of Paved Roads (year-end) (km)	年末实有道路面积（万平方米）Area of Paved Roads (year-end) (10 000 sq.m)	城市桥梁（座）Number of City Bridges (unit)	城市排水管道长度（公里）Length of City Sewage Pipes (km)	城市污水日处理能力（万立方米）Daily Disposal Capacity of City Sewage (10 000 cu.m)	城市道路照明灯（千盏）Number of Street Lights (1 000 units)
贵阳市	Guiyang	2873.88	4978.00	371	3880.24	178.70	229.10
六盘水市	Liupanshui	370.92	818.67	30	577.34	11.50	37.20
遵义市	Zunyi	1708.00	3316.00	19	1175.10	47.00	137.73
安顺市	Anshun	507.67	1189.38	72	793.00	13.30	56.24
铜仁市	Tongren	630.45	1082.47	40	484.41	12.30	49.49
兴义市	Xingyi	535.00	1322.29	41	782.45	11.00	20.24
毕节市	Bijie	406.36	744.53	45	310.00	13.00	15.30
凯里市	Kaili	417.64	893.85	48	392.39	14.45	57.58
都匀市	Duyun	515.43	1124.60	54	399.75	11.40	39.97
清镇市	Qingzhen	231.98	350.77	14	437.45	11.50	9.88
盘州市	Panzhou	294.87	616.34	8	485.42	3.10	47.34
赤水市	Chishui	140.06	291.56	4	183.00	4.00	7.80
仁怀市	Renhuai	220.71	424.56	10	130.00	9.05	13.97
兴仁市	Xingren	219.59	344.47	3	223.15	2.60	4.94
福泉市	Fuquan	189.00	282.43	11	140.53	2.60	5.16

11-9 城市绿地和园林(2020)
Parks and Green Areas in Cities

城市名称	City	建成区园林绿地面积(公顷) Area of Parks and Green Land(hectare)	公园绿地面积(公顷) Park Green Areas(hectare)	公园(个) Number of Parks(unit)	公园面积(公顷) Area of Parks(hectare)	建成区绿化覆盖率(%) Green Covered Area as of Completed Area(%)
贵阳市	Guiyang	14206.78	5268.74	19	3257.92	40.69
六盘水市	Liupanshui	2065.02	485.00	13	2145.57	40.77
遵义市	Zunyi	6130.83	2754.54	39	2822.50	41.48
安顺市	Anshun	2766.16	1192.05	31	641.64	41.30
铜仁市	Tongren	2081.50	668.15	17	631.93	40.36
兴义市	Xingyi	2472.54	552.49	23	552.49	40.62
毕节市	Bijie	1992.33	739.55	21	747.48	40.89
凯里市	Kaili	2950.43	475.23	30	404.88	40.68
都匀市	Duyun	2409.03	711.36	11	412.14	41.00
清镇市	Qingzhen	1939.46	311.83	12	214.84	41.27
盘州市	Panzhou	1034.40	310.56	6	350.56	40.56
赤水市	Chishui	850.42	234.67	11	204.81	42.68
仁怀市	Renhuai	1027.84	238.73	9	238.73	40.59
兴仁市	Xingren	730.17	192.04	7	155.25	40.10
福泉市	Fuquan	755.52	130.00	7	152.56	42.86

11-10 城市市容环境卫生(2020)
Urban Sanitation in Cities

城市名称	City	清扫保洁面积(万平方米) Area under Cleaning Program (10 000 sq.m)	生活垃圾清运量(万吨) Volume of Garbage Disposal (10 000 tons)	市容环卫专用车辆设备总数(台) Number of Special Vehicles for Environmental Sanitation (unit)	公共厕所(座) Number of Public Lavatories (unit)	三类以上 Third Grade and Above	生活垃圾无害化处理率(%) Garbage harmless treatment rate (%)
贵阳市	Guiyang	5709	141.59	1672	605	605	100.0
六盘水市	Liupanshui	600	13.45	164	68	68	96.8
遵义市	Zunyi	3424	44.20	1208	795	795	96.6
安顺市	Anshun	1309	30.35	643	164	164	97.1
铜仁市	Tongren	680	14.56	179	90	86	100.0
兴义市	Xingyi	1191	14.73	260	78	12	97.2
毕节市	Bijie	620	18.16	249	129	129	95.9
凯里市	Kaili	492	19.19	169	119	119	95.7
都匀市	Duyun	791	12.29	203	58	30	95.9
清镇市	Qingzhen	396	14.54	216	59	59	95.0
盘州市	Panzhou	240	9.51	55	118	118	95.1
赤水市	Chishui	197	5.14	58	32	32	95.0
仁怀市	Renhuai	608	8.56	234	47	47	95.8
兴仁市	Xingren	182	6.14	36	16	16	95.0
福泉市	Fuquan	281	6.07	139	67	48	96.0

主要统计指标解释

用水普及率 指报告期末城区用水人口数与总人口的比率。计算公式：

$$用水普及率=\frac{城区用水人口（含暂住人口）}{城区人口+城区暂住人口}\times 100\%$$

人工煤气生产能力 指报告期末人工煤气生产厂制气、净化、输送等环节的综合生产能力，不包括备用设备能力。一般按设计能力计算，如果实际生产能力大于设计能力时，应按实际测定的生产能力计算。测定时应以制气、净化、输送三个环节中最薄弱的环节为主。

供气管道长度 指报告期末从气源厂压缩机的出口或门站出口至各类用户引入管之间的全部已经通气投入使用的管道长度。不包括煤气生产厂、输配站、液化气储存站、灌瓶站、储配站、气化站、混气站、供应站等厂(站)内的管道。按不同的材质、管径分别统计。

供气总量 指报告期燃气企业（单位）向用户供应的燃气数量。包括销售量和损失量。

燃气普及率 指报告期末使用燃气的人口与总人口的比率。计算公式为：

$$燃气普及率=\frac{城区用气人口（含暂住人口）}{城区人口+城区暂住人口}\times 100\%$$

桥梁 指为跨越天然或人工障碍物而修建的构筑物。包括跨河桥、立交桥、人行天桥以及人行地下通道等。

排水管道长度 指所有排水总管、干管、支管、检查井及连接井进出口等长度之和。计算时应按单管计算，即在同一条街道上如有两条或两条以上并排的排水管道时，应按每条排水管道的长度相加计算。

污水处理能力 指污水处理厂(或处理装置)每昼夜处理污水量的设计能力。

年末公共交通运营车辆数 指年末公交企业(单位)用于运营业务的全部车辆数。以企业(单位)固定资产台账中已投入运营的车辆数为准。

绿地面积 指报告期末用作园林和绿化的各种绿地面积。包括公园绿地、生产绿地、防护绿地、附属绿地和其他绿地的面积。其中公园绿地指城市中向公众开放的、以游憩为主要功能，有一定的游憩设施和服务设施，同时兼有健全生态、美化景观、防灾减灾等综合作用的绿化用地。它是城市建设用地、城市绿地系统和城市市政公用设施的重要组成部分。

公共绿地 指向公众开放的市级、区级、居住区级各类公园、街旁游园，包括其范围内的水域。其中居住区级公园应不小于1万平方米，街旁游园的宽度不小于8米，面积不小于400平方米。

生活垃圾清运量 指报告期收集和运送到各生活垃圾处理场（厂）和生活垃圾最终消纳点的生活垃圾的数量。统计时仅计算从生活垃圾源头和从生活垃圾转运站直接送到处理场和最终消纳点的清运量，对于二次中转的清运量不要重复计算。

供水综合生产能力 指按供水设施取水、净化、送水、出厂输水干管等环节设计能力计算的综合生产能力。包括在原设计能力的基础上，经挖、革、改增加的生产能力。计算时，以四个环节中最薄弱的环节为主确定能力。原则上按设计能力填报，对于经过更新改造后，实际生产能力与设计能力相差很大的，按实际能力填报。

供水管道长度 指从送水泵至用户水表之间所有管道的长度。不包括新安装尚未使用、水厂内以及用户建筑物内的管道。

在同一条街道埋设两条或两条以上管道时，应按每条管道的长度计算。

供水总量 指报告期供水企业（单位）供出的全部水量。包括有效供水量和漏损水量。其中有效供水量指水厂将水供出厂外后，各类用户实际使用到的水量。包括售水量和免费供水量。

生活用水量 包括公共服务用水和居民家庭用水。公共服务用水指为城市社会公共生活服务的用水。包括行政事业单位、部队营区和公共设施服务、社会服务业、批发零售贸易业、旅馆饮食业以及其他公共服务业等单位的用水。居民家庭用水指城市范围内所有居民家庭的日常生活用水。包括城市居民、农民家庭、公共供水站用水。

气温 指空气的温度，我国一般以摄氏度(℃)为单位表示。气象观测的温度表是放在离地面约1.5米处通风良好的百叶箱里测量的，因此，通常说的气温指的是离地面1.5米处百叶箱中的温度。其统计计算方法为：月平均气温是将全月各日的平均气温相加，除以该月的天数而得。年平均气温是将12个月的月平均气温累加后除以12而得。

相对湿度 指空气中实际所含水蒸气密度和同温度下饱和水蒸气密度的百分比值。其统计方法与气温相同。

降水量 指从天空降落到地面的液态或固态(经融化后)水，未经蒸发、渗透、流失而在地面上积聚的深度。其统计计算方法为：月降水量是将全月各日的降水量累加而得。年降水量是将12个月的月降水量累加而得。

日照时数 指太阳实际照射地面的时间。其统计方法与降水量相同。

Explanatory Notes on Main Statistical Indicators

Coverage Rate of Urban Population with Access to Tap Water refers to the ratio of the urban population with access to tap water to the total urban population at the end of reference period. The formula is:

$$\text{Coverage of urban population with access to tap water} = \frac{\text{Urban population with access to tap water}}{\text{Urban population}} \times 100\%$$

Production Capacity of Manufactured Gas refers to the comprehensive production capacity of gas production, purification, transportation and other links in the artificial gas plant at the end of the reporting period, excluding capacity of the reserved facilities. In general, it is determined by the designed capacity, and when actual production capacity is larger than the designed capacity, the capacity is determined by the actual measurement on the weakest segment in the production, purification and delivery.

Length of Gas Pipelines refers to the total length of pipelines in use between the outlet of the compressor of gas-work or outlet of gas stations and the leading pipe of users, excluding pipelines within gasworks, delivery stations, LPG storage stations, refilling stations, gas-mixing stations and supply stations. It is according to different material, diameter, respectively statistics.

Volume of Gas Supply refers to the total volume of gas provided to users by gas-producing enterprises (units) during the reporting period, including the volume sold and the volume lost.

Coverage Rate of Urban Population with Access to Gas refers to the ratio of the urban population with access to gas to the total urban population at the end of the reference period. The formula is:

$$\text{Coverage rate of urban population with access to gas} = \frac{\text{Urban population with access to gas}}{\text{Urban population}} \times 100\%$$

Bridges refer to bridges built to cross over natural or man-made barriers, including bridges over rivers, overpasses for traffic and for pedestrians, underpasses for pedestrians, etc.

Length of Sewage Pipes refers to the total length of general drainage, trunks, branch and inspection wells, connection wells, inlets and outlets, etc. In the calculation, calculation shall be single-tube that is on the same street if two or more side by side drains, they should be added to the length of each drainage calculations.

Disposal Capacity of Sewage refers to the designed 24-hour capacity of sewage disposal by the sewage treatment works or facilities.

Number of Vehicles under Operation at Year-end refers to the total number of vehicles under operation by public transport enterprises (units) at the end of the year, based on the records of operational vehicles by the enterprises (units).

Area of Green Land refers to the end of the reporting period used for landscaping and green area. Including the park green land, production green land, protection green land, green land attached to institutions, and other green area. Park green area refers to open to the public amusement and rest with the facilities of amusement, rest and services. Its function includes perfecting ecology, beautifying landscape, and preventing and reducing disaster. It is an important part of urban construction land, urban green space system and urban public facilities.

Public Green Area refers to green areas open to the public such as municipal, community and neighborhood parks and roadside parks, including waters within parks. Neighborhood parks should occupy an area larger than 10,000 square meters, and the width of roadside parks should occupy an area larger than 400 square meters, with a width of more that 8 meters.

Consumption Wastes Transported refers to volume of consumption wastes collected and transported to disposal factories or sites during the reference period. The statistical calculations of the clearance volume is only from garbage and garbage transfer station directly to the treatment plant and the final consumer satisfaction point, for the secondary transit clearance volume, it cannot be duplicated.

Production Capacity of Water Supply refers to the designed overall production capacity of water facilities, covering the four segments of water collection, purification, conveyance, and outflow through trunk pipelines. Increased capacity through transformation and innovation projects is included as well. The capacity is determined mainly on the weakest of the above-mentioned four segments. In principle, according to the design capacity reporting, for after renovation, the actual production capacity and design capabilities are vary greatly. It is according to the actual ability reported.

Length of Water Supply Pipelines refers to the total length of all the pipelines between the water pumps and the user water meters, excluding pipelines newly installed but not used yet, pipeline in the water factory, and pipeline in the user's buildings. Buried in the same street two or more pipes, each pipe length shall be calculated.

Total Volume of Water Supply refers to the total volume of water supplied by water-works (units) during the reference period, including both the effective water supply and loss during the water supply. The effective water supply refers to the water supply for the water supply factory, the actual use of various types of water users. Including the sale of water and free water supply.

Consumption of Water for Residential Use refers to water consumption of households for daily life and water consumption of public service facilities. The latter refers to water consumption for urban public services, including the consumption of government agencies and public institutions, military barracks, public facilities, wholesale and retail outlets, restaurants, hotels, and other units providing public services. Household water consumption refers to consumption of water for daily life of all households within the boundary of cities, including households of urban residents and farmers, and public water supply stations.

Temperature refers to the air temperature, China uses centigrade as the unit. The thermometry used for water observation is put in a breezy shutter, which is 1.5 metres high from the ground. Therefore the commonly used temperature refers to the temperature in the breezy shutter 1.5 metres away from the ground. The calculation method is as follows.

Monthly average temperature is the summation of average daily temperature of one moth divided by the actual days of the particular month.

Annual average temperature is the summation of monthly average of a year divided by 12 months.

Relative Humidity refers to the ratio of actual water vapour pressure to the saturation water vapour pressure under the current temperature. The calculation method is the same as that of temperature.

Volume of Precipitation refers to the deepness of liquid state or solid state (thawed) water falling from the sky to the ground that has not been evaporated, infiltrated or run off. The calculation method is as follows: monthly precipitation is the summation of daily precipitation of month. Annual precipitation is the summation of 12 months precipitation of a year.

Sunshine Hours refer to the actual hours of sun irradiating the earth. The calculation method is the same as that of the precipitation.

资源和环境

Resources and Environment 12

Resources and Environment

简 要 说 明

一、主要内容

本篇资料主要反映全省自然资源状况和环境保护事业发展情况。

自然资源包括河流、矿产资源、森林资源、水资源等资料。

环境保护事业发展情况主要包括环保资金投入、废水治理、空气质量及污染治理、固体废物处理利用情况、环境污染事故、自然灾害等。

二、资料来源

河流、矿产资源、森林资源、水资源等资料分别由省水利厅、省自然资源厅、省林业局提供，

环境保护资料由省生态环境厅、省住房城乡建设厅提供，自然灾害资料由省民政厅提供。

Brief Introduction

I. Main Contents

This chapter contains information that reflects natural resource conditions and the development of environment protection in Guizhou Province.

Data on natural resources cover rivers, mineral resources, forest resources, and water resources.

The development of environment protection mainly includes environmental protection capital investment, waste water treatment, air quality and pollution treatment, treatment and utilization of solid wastes; environment pollution, loss of natural calamities, etc.

II. Sources of Data

The data on rivers, mineral resources, forest resources and water resources, etc. are provided respectively by Department of Water Conservancy of Guizhou Province, Department of Natural Resources of Guizhou Province and Guizhou Provincial Bureau of Forestry. Data on environmental protection are provided by Department of Ecology and Environment of Guizhou Province and Department of Housing and Urban-Rural of Guizhou Province. Besides, the data on natural calamities are provided by the Department of Civil Affairs of Guizhou Province.

12-1 主要河流(省内部分)主要特征值(2020)
Major Feature of Some Part of The Main River

水 系	Water System	流域面积(平方公里) Drainage Area(sq.km)	河长(千米) Length of River(1000 m)	平均坡降(‰) Average Slope Falling(‰)
长江流域	**Changjiang River Drainage**			
#赤水河	Chishuihe	11412	299	3.57
乌 江	Wujiang	66807	889	2.05
清水江	Qingshuijiang	17145	459	2.80
洪州河	Hongzhouhe	975	81	2.08
㵲阳河	Wuyanghe	6474	258	4.60
锦 江	Jinjiang	4017	168	2.87
松桃河	Songtaohe	1536	88	9.83
松坎河	Songkanhe	2321	56	14.40
牛栏江	Niulanjiang	2014	79	4.40
横江(洛泽河)	Hengjiang(Luozehe)	2874	120	8.30
珠江流域	**Zhujiang River Drainage**			
#南盘江	Nanpanjiang	7651	263	1.98
北盘江	Beipanjiang	20982	352	4.23
红水河	Hongshuihe	15978	106	0.57
都柳江	Duliujiang	11586	330	1.28
打狗河	Dagouhe	4184	139	5.74

注：资料来源于省水利厅。
Note:The data in the table are provided by the Water Resources Department of Guizhou Province.

12-2 主要矿产资源(2020)
Major Mineral Resources

指 标	Item	计量单位 Unit	保有资源储量 Reserves	居全国位次 Order in Whole Country
饰面用灰岩	Limestone for Decoration	万立方米(10000 cubic meters)	225513.21	1
锰矿	Manganese Ore	万吨(10000tons)	84381	1
重晶石	Barite Ore	万吨(10000tons)	14068.55	1
化肥用砂岩	Sandstone for Fertilizer	万吨(10000tons)	10608.61	1
砖瓦用砂岩	Sandstone for Brick and Tile	万立方米(10000 cubic meters)	1774.69	1
光学水晶	Optical Crystal	千克(kg)	175.00	1
玻璃用灰岩	Limestone for Glass	万吨(10000tons)	38.70	1
汞矿	Mercury Ore	万吨(10000tons)	3.05	1
冶金用砂岩	Gritstone for Metallurgy	万吨(10000tons)	8624.29	1
陶瓷用砂岩	Sandstone for Ceramics	万吨(10000tons)	1042.50	3
饰面用辉绿岩	Diabase for Decoration	万立方米(10000 cubic meters)	455.96	2
硫铁矿	Pyrite	亿吨(100million tons)	9.75	2
铸型用砂岩	Sandstone for Cast	万吨(10000tons)	1734.00	3
熔炼水晶	Melting Crystal	吨(ton)	1110.00	3
钒矿	Vanadium	V_2O_5万吨(10000tons)	589.46	3
稀土矿	Rare-earth Ore	万吨(10000tons)	113.40	7
磷矿	Phosphorus Ore	亿吨(100million tons)	50.73	3
化工用白云岩	Dolomite for Chemical	万吨(10000tons)	2417.00	5
锑矿	Antimony Ore	万吨(10000tons)	38.06	4
铝土矿	Bauxite Ore	亿吨(100million tons)	11.51	3
砖瓦用粘土	Clay Rock for Brick	万立方米(10000 cubic meters)	1448.67	5
金刚石	Diamond	克(g)	755.00	6
煤炭	Coal	亿吨(100million tons)	807.36	5
钛矿	Titanium Ore	万吨(10000tons)	101.71	8
水泥配料用粘土	Clay Rock for Cement	万吨(10000tons)	11501.35	6
砖瓦用页岩	Shale for Brick and Tile	万立方米(10000 cubic meters)	4552.74	5
镍矿	Nickel Ore	万吨(10000tons)	63.48	6
凹凸棒石粘土	Attapulgite Clay	万吨(10000tons)	30.40	6
压电水晶	Piezoelectric Quartz	千克(kg)	6201.00	6
玻璃用砂岩	Sandstone for Class	万吨(10000tons)	5122.83	9
金矿(岩金)	Gold Ore	吨(ton)	470.98	9
镁矿	Magnesium	万吨(10000tons)	11729.33	8
含钾砂页岩	Potassium Sandshale	万吨(10000tons)	5084.02	8
水泥配料用砂岩	Sandstone for Cement	万吨(10000tons)	12185.90	8
制灰用石灰岩	Limestone for Ash	万吨(10000tons)	4785.64	9
钼矿	Molybdenum Ore	万吨(10000tons)	90.16	9
耐火粘土	Refractory Clay	万吨(10000tons)	7508.32	10
玉石	Jade	万吨(10000tons)	2.20	12
锌矿	Zinc Ore	万吨(10000tons)	902.44	7
玻璃用白云岩	Dolomite for Glass	万吨(10000tons)	280.00	11

注：1.资料来源于省自然资源厅。2.2020年储量数据为中间数据，未经国家审定。

Note:1.The data in this table are obtained from the Department of Natural Resources of Guizhou Province.2.The reserve data in 2020 is the intermediate data which has not been examined and approved by the country.

12—3 森林资源
Forest Resources

指 标	Item	2016	2017	2018	2019	2020
森林面积(万公顷)	**Forest Area(10000 Ha.)**	**916.00**	**974.20**	**1004.16**	**1056.13**	**1083.62**
森林覆盖率(%)	Forest Coverage Rate (%)	52.0	55.3	57.0	60.0	61.5
森林蓄积量(亿立方米)	Total Standing Forest Stock(100 million cubic meters)	4.25	4.49	4.68	—	—
完成造林面积(万公顷)	Area of Fulfilled Forestation (10000 Ha.)	35.20	66.67	34.67	34.70	28.00
封山育林面积(万公顷)	Area of Closing Hillsides for Afforestation(10000 Ha.)	8.98	8.87	8.43	10.16	—
天然林保护工程中	**In Natural Forest Protection Project**					
封山育林(万公顷)	Closing Hillsides for Afforestation (10000 Ha.)	0.33	0.34	0.33	0.49	—
森林保护	**Forest Protection**					
森林火灾(起)	Forest Fire (unit)	37	18	29	10	16
森林火灾受害率(‰)	Rate of Fall Victim for Forest Fire (‰)	0.0040	0.0048	0.0077	0.0019	0.0059
森林病虫鼠害面积(万公顷)	Area of Fall Victim for Disease, Pest and Rat Plague (10000 Ha.)	20.33	19.90	20.50	18.64	17.79
森林病虫鼠害防治面积(万公顷)	Prevention Area of Forest Disease, Pest and Rat Plague(10000 Ha.)	15.74	18.26	19.57	17.50	16.36
森林病虫鼠害防治率(%)	Prevention Rate of Forest Disease, Pest and Rat Plague (%)	77.4	91.8	95.5	93.9	91.87

注：2019年起“森林蓄积量”来源于省自然资源厅，“森林保护”中“森林火灾”和“森林火灾受害率”来源于省应急厅，其余资料来源于省林业局。

Note:Since 2019, the data of "Total Standing Forest Stock" comes from the Department of Natural Resources of Guizhou Province. The data of "Forest Fire" and "Rate of Fall Victim for Forest Fire" in "Forest Protection' are provided by the Department of Emergency Management of Guizhou Province. Other data in this table are all obtained from the Forestry Administration of Guizhou Province.

12-4 自然保护区
Natural Reserves

指 标	Item	2016	2017	2018	2019	2020
自然保护区个数(个)	**Number of Nature Reserves (unit)**	**119**	**119**	**106**	**106**	**89**
#国家级自然保护区	Nature Reserves of National-level	10	10	11	11	11
省级自然保护区	Nature Reserves of Guizhou Province	8	8	7	7	7
地市级自然保护区	Nature Reserves of Region	16	16	16	16	16
县级自然保护区	Nature Reserves of County	85	85	72	72	55
自然保护区面积(万公顷)	Area of Nature Reserves (10000 hectares)	89.79	89.79	88.55	86.05	85.08
自然保护区面积占全省国土面积(%)	Percentage of Nature Reserves in Guizhou Province Land (%)	5.1	5.1	5.03	4.88	4.83
自然保护区中:	**In Nature Reserves**					
森林生态系统、野生动、植物类型(个)	Forest Biogeocenose,Wildness Animal and Plant (unit)	115	115	102	103	85
内陆湿地类型(个)	Wetlands inside Land(unit)	3	3	3	2	3
古生物遗迹类型(个)	Ancient Biology Relic(unit)	1	1	1	1	1
地质地貌类型(个)	Geological features(unit)	0	0	0	0	0

12-5 森林公园
Forest Parks

指 标	Item	2016	2017	2018	2019	2020
森林公园(个)	Number of Forest Park (unit)	94	97	97	97	95
#国家级森林（生态）公园	Forest Park of National-level	26	30	30	30	30
省级森林公园	Forest Park of Guizhou Provincial-level	44	44	45	46	46
森林公园面积(万公顷)	Area of Forest Park (10000 Ha.)	29.50	27.80	27.99	28.10	27.80
森林公园面积约占全省国土面积(%)	Percentage of Forest Park Area to Guizhou Total Land Area(%)	1.7	1.6	1.6	1.6	1.6

注：数据来源于省林业局。
Note: The data in the table are obtained from the Forestry Administration of Guizhou Province.

12-6 水资源和水质监测
Water Resource and Monitoring of Water Quality

指　　标	Item	2016	2017	2018	2019	2020
水资源总量(亿立方米)	**Total Amount of Water Resources (100 million cu.m)**	**1066.10**	**1051.51**	**978.68**	**1116.99**	**1329**
#地表水	Surface Water	1066.10	1051.51	978.68	1116.99	1329
人均水资源量(立方米)	Per Capita Water Resources (cu.m)	2999	2937	2718.57	3083.00	3446.00
供水总量(亿立方米)	Water Supply(100 million cu.m)	100.31	103.51	106.79	108.06	90.08
#地表水	Surface Water	96.46	101.06	104.34	101.48	
用水总量(亿立方米)	Water Use(100 million cu.m)	100.31	103.51	106.79	108.06	90.08
河流水质	**Water Quality of River**					
监测河流(条)	Monitored River (unit)	79	79	79	79	79
监测河段断面(个)	Monitored Section of River (unit)	151	151	151	151	151
满足规定水质类别的断面占总监测断面百分比(%)	The Sections Meeting the Standard of Water Quality I-III Genus As Percentage of total Monitored Sections(%)	96.0	94.7	97.4	97.9	99.3
水质良好的出境断面(个)	Number of Favorable Water Quality Section(unit)	14	14	14	15	15
湖泊水质	**Water Quality of Lake**					
监测湖库(个)	Monitored Lake (unit)	8	8	8	8	8
监测点(个)	Monitored Point (unit)	25	25	25	25	25
满足规定水质类别的监测点(个)	Number of the Points Meeting Water Quality I-III Genus(unit)	21	21	23	22	23
占总监测点百分比(%)	As Percentage of total Monitored Points (%)	84.0	84.0	92.0	88.0	92.0

注：资料来源于省水利厅、省生态环境厅。

Note:The data in the table are provided by the Water Resources Department of Guizhou Province and the Department of Ecology and Environment of Guizhou Province.

12-7 废水治理
Waste Water Treatment

指　　标	Item	2016	2017	2018	2019	2020
废水排放总量(亿吨)	**Total Waste Water Discharged (100 million tons)**	**10.07**	**11.80**	**12.84**	**14.60**	**12.53**
#工业	Industrial Waste Water Discharged	1.64	1.74	1.80	1.84	2.00
生活	Living Waste Water Discharged	8.42	10.06	11.03	12.74	10.51
废水中化学需氧排放量(万吨)	**Emission in Waste Water(10000 tons)**	**25.60**	**27.25**	**27.47**	**27.88**	**116.78**
#工业	Industrial COD Emission	1.63	1.32	1.18	1.04	0.47
生活	Living COD Emission	23.34	25.73	26.10	26.74	24.42
当年完成工业废水治理项目(个)	Item of Industry Waste Water Treatment Completed This Year(unit)	29	13	12	13	26
新增废水治理能力(万吨/日)	Newly Desinged Treatment and Utilization Capacity of Waste Water(10000 tons/day)	8.70	8.25	1.80	3.97	7.09
城市污水处理率(%)	Treatment Rate of City Waste Water (%)	90.5	90.8	93.8	94.6	96.0

12-8 环保系统机构、人员数
Number of Enviornmental Protection Agencies and Persons Engaged

指 标	Item	2016	2017	2018	2019	2020
机构总数(个)	**Number of Agencies(unit)**	479	713	711	436	396
省	Province	13	14	14	13	22
地	Prefecture	66	129	128	71	289
县	County	400	570	569	352	85
年末人员总数(人)	**Number of Staff and Workers at the Year-end(person)**	4431	6520	6511	5781	4290
省	Province	393	387	403	360	775
地	Prefecture	1027	1082	1057	887	2533
县	County	3011	2588	2519	2724	982
#科研人员	Scientific and Technical Personnel	95	99	105	98	91
监测人员	Monitoring Personnel	1310	1131	1143	1221	1374
监察人员	Supervising and Administrative Personnel	1406	1233	1284	1352	1358

注：1.资料来源于省生态环境厅(以下相关表同)。2.2019年机构改革，将县级局改为市（州）局的分局，因此造成2020年县级机构数、人员数减少，而市级单位增加。

Note: 1.The data in the table are provided by the Department of Ecology and Environment of Guizhou Province(the relative tables in the chapter are the same).2.The county-level Bureau was changed into a sub-bureau of the city(prefecture) bureau due to the institutional reform in 2019, resulting in a decrease in the number of county-level agencies and persons but an increase in that of prefecture-level in 2020.

12-9 环境保护资金投入
Investment in Environmental Protection

单位：亿元 (100 million yuan)

指 标	Item	2016	2017	2018	2019	2020
环保资金投入	**Investment in Environmental Protection**	177.18	171.43	179.66	165.12	
环保资金投入占地区生产总值比重(%)	Investment in Environmental Protection as Percent of GDP(%)	1.5	1.3	1.2	1	
环保资金投入中：	**In Investment of Environmental Protection**					
老工业污染源治理	Treatment of Old Industry Pollution	5.69	5.89	6.61	8.96	15.49
建设项目“三同时”污染防治	"Three Simultaneities" Environmental Investment for New Project	23.54	20.24	15.91	12.11	15.08
城市环境基础设施建设	Investment in Urban Environmental Infrastructure	93.96	86.00	82.61	74.52	79.99
环境管理能力建设	Construction of Environment Management Capacity	4.86	16.56	26.86	22.10	21.14
工业污染治理设施运行费用	Operating Expense of Industry Pollution Treatment Facilities	49.13	42.75	47.67	47.43	68.82
征收排污费总额	**Pollutant Discharge Fees**	4.54	4.95			

注：“城市环境基础设施建设”数据由省住房和城乡建设厅提供。

Note: The data of investment in urban environmental infrastructure are provided by the Department of Housing and Urban-Rural Development of Guizhou Province.

12-10 空气质量及污染治理
Air Quality and Treatment of Industrial Waste Gas

指　　标	Item	2016	2017	2018	2019	2020
城市空气质量	**Air Quality of City**					
达到国家环境空气质量二级标准城市(个)	Number of Cities Reaching the National Grade II Standard of Air Quality of City (unit)	10	13	13	13	14
占统计城市数(%)	Percentage in Total(%)	76.9	100	100	100	100
城市空气污染物	**Contamination in City Atmosphere**					
二氧化硫年均浓度值(毫克/立方米)	Annual Average Concentration of SO2 (mg/cu.m)	0.016	0.015	0.015	0.013	0.010
达到国家空气质量二级标准城市(个)	Number of Cities Reaching the National Grade II Standard of Air Quality of City (unit)	13	13	13	13	14
二氧化氮年均浓度值(毫克/立方米)	Annual Average Concentration of NO2 (mg/cu.m)	0.021	0.021	0.019	0.016	0.014
达到国家空气质量一级标准城市(个)	Number of Cities Reaching the National Grade I Standard of Air Quality of City (unit)	13	13	13	13	14
城市可吸入颗粒物年均浓度值(毫克/立方米)	Average Chroma of City Suspend Grain (mg/cu.m)	0.054	0.049	0.049	0.040	0.032
达到国家空气质量二级标准城市(个)	Number of Cities Reaching the National Grade II Standard of Air Quality of City (unit)	13	13	13	13	14
废气中污染物排放	**Pollutant Emission in Waste Gas**					
二氧化硫排放总量(万吨)	Total Volume of SO2 Emission (10000 tons)	64.71	68.75	55.61	41.90	17.74
#工业	Industry	41.18	46.30	37.53	24.47	14.36
生活及其它废气中二氧化硫排放量	Volume of SO2 from Living and Other Waste Gas Emission	23.53	22.45	18.08	17.43	3.37
烟(粉)尘排放总量(万吨)	Total Volume of Smoke and Dust Emission (10000 tons)	20.43	19.68	18.02	14.76	18.21
#工业	Industry	14.61	14.74	13.92	10.67	14.24
生活及其它废气中烟(粉)尘排放量	Discharged Volume of Smoke and Dust from Living and Other Waste Gas Emission	5.82	4.94	3.37	3.95	3.75
空气污染治理	**Air Pollution Treatment**					
工业废气中：	In Industrial Waste Gas					
二氧化硫去除率(%)	Rate of SO2 Removed (%)	85.0	84.6	89.0	94.1	96.7
烟(粉)尘去除率(%)	Rate of Smoke and Dust Removed (%)	99.6	99.9	99.7	99.7	99.5
当年完成废气治理项目(个)	Item of Waste Gas Treatment Fulfilled This Year (unit)	50	47	32	33	53
新增废气治理能力(万标立方米/小时)	Newly Waste Gas Treatment Capacity This Year(10000 stere/hour)	1961.96	1020.70	1750.64	928.52	920.68
城市燃气普及率(%)	Popularization Rate of City Coal Gas (%)	72.1	73.8	74.6	81.2	

注：1．"城市燃气普及率"数据来源于省住建厅，其他数据均来自省生态环境厅。2．"烟(粉)尘排放总量"为原"烟尘排放总量"，"烟(粉)尘去除率"为原"烟尘去除率"。

Note: 1. The data of "Popularization Rate of City Coal Gas" are from the Department of Housing and Urban-Rural Development of Guizhou Province, and the other data are from the Department of Ecology and Environment of Guizhou Province. 2. "Total Volume of Smoke and Dust Emission" refers to the original "Total Volume of Smoke Emission"."Rate of Smoke and Dust Removed" refers to the original "Rate of Smoke Removed".

12－11 固体废物生产及处理
Production and Treatment of Industrial Solid Wastes

指　　标	Item	2016	2017	2018	2019	2020
工业固体废物产生量(万吨)	**Volume of Industrial Solid Wastes Produced (10000 tons)**	**7753.01**	**9352.99**	**10549.80**	**11125.97**	**9516.39**
工业固体废物倾倒丢弃量	Volume of Industrial Solid Waste Discharged	0.07	2.70	0.79	0.01	0.02
工业固体废物治理	**Industrial Solid Wastes Treatment**					
当年完成工业固体废物治理项目(个)	Item of Industrial Solid Wastes Treatment Fulfilled in This Year (unit)	5	6	4	1	6
工业固体废物综合利用量(万吨)	Volume of Industrial Solid Wastes Comprehensively Utilized(10000 tons)	4529.77	5200.61	7010.68	7247.36	6609.94
工业固体废物处置量(万吨)	Volume of Industrial Solid Wastes Disposed(10000 tons)	2043.83	2747.32	2136.46	1690.80	1493.71
工业固体废物综合利用率(%)	Ratio of Industrial Solid Wastes Utilized(%)	58.1	54.7	64.6	63.6	67.1
生活垃圾处理	**Consumption Wastes Treatment**					
生活垃圾清运总量(万吨)	Consumption Wastes Collected and Transported (10000 tons)	522.34	576.74	580.28	608.40	615.41
生活垃圾处理总量(万吨)	Consumption Wastes Treatment (10000 tons)	464.40	520.68	534.12	566.37	582.64
#无害化处理量	Volume of Wastes Disposed	463.48	520.68	534.12	566.37	582.64
城市生活垃圾无害化处理率(%)	Treatment Rate of Consumption Wastes in Cities(%)	88.7	90.3	92.0	93.1	94.7

注："工业固体废物倾倒丢弃量"为原"工业固体废物排放量"。
Note: "Volume of Industrial Solid Waste Discharged" refers to original "Volume of Industrial Solid Waste Emission".

12-12 环境污染事故
Accident of Environment Pollution

指　标	Item	2016	2017	2018	2019	2020
环境污染事故(起)	**Number of Environmental Pollution Accidents(unit)**	**12**	**11**	**8**	**8**	**11**
#重大事故	Fatal Accident	—	—	—	—	1
较大事故	Major Accident	—	—	1	—	—
一般事故	Ordinary Accident	12	11	7	8	10
#水污染事故	Water Pollution Accident	12	9	8	7	9
空气污染事故	Air Pollution Accident	—	1	—	1	2

12-13 自然灾害
Natural Disasters

指　标	Item	2016	2017	2018	2019	2020
遭受自然灾害县个数(个)	Number of Counties Suffering from Natural Disasters(unit)	82	88	87	85	88
受灾人口(万人次)	The Population Affected by Natural Disasters (10000 person-times)	663.30	532.43	581.92	288.60	475.65
农作物受灾面积(万公顷)	Area of Crop Affected by Natural Disasters (10000 hectares)	32.90	25.73	33.47	14.62	23.34
#绝收面积	The Gainless Area of Crop for Natural Disasters	5.10	4.08	5.90	2.40	5.01
因自然灾害造成直接经济损失(亿元)	The Direct Economy Loss for Natural Disasters (100 million yuan)	173.70	60.25	45.81	47.94	90.53

注：资料来源于省应急管理厅。

Note: Data in the table are provided by the Department of Emergency Management of Guiyang Province.

主要统计指标解释

流域 每条河流都有自己的干流和支流，干支流共同组成这条河流的水系。每条河流都有自己的集水区域，这个集水区域就称为该河流的流域。

矿产资源 矿产指由地质作用形成，富集于地壳中或出露于地表达到工农业利用要求的有用矿物。矿产是一种重要的自然资源，是社会发展的重要物质基础。

矿产保有储量 指探明的矿产储量（包括工业储量和远景储量），扣除已开采部分和地下损失量后的年末实有储量，是反映国家矿产资源现状的重要指标。

森林面积 指由乔木树种构成，郁闭度0.2以上(含0.2)的林地或冠幅宽度10米以上的林带的面积，即有林地面积。森林面积包括天然起源和人工起源的针叶林面积、阔叶林面积、针阔混交林面积和竹林面积，不包括灌木林地面积和疏林地面积。

森林覆盖率 指一个国家或地区森林面积占土地总面积的百分比。森林覆盖率是反映森林资源的丰富程度和生态平衡状况的重要指标。在计算森林覆盖率时，森林面积包括郁闭度0.2以上的乔木林地面积和竹林地面积，国家特别规定的灌木林地面积、农田林网以及四旁(村旁、路旁、水旁、宅旁)林木的覆盖面积。计算公式为：

$$森林覆盖率=\frac{森林面积}{土地总面积}\times 100\%$$

造林面积 指报告期内在荒山、荒地、沙丘、退耕地等一切可以造林的土地上，采用人工播种、飞机播种、植苗造林、分植造林等方法新植成片乔木林和灌木林，经过检查验收符合《造林技术规程》要求的单位面积株数，并按《中华人民共和国森林法实施条例》规定，成活率达85%以上(含85%，年降雨量在400毫米以下且无浇灌条件的地区造林成活率达70%以上)的总面积。四旁植树如一侧在四行以上，连片面积0.066公顷(一亩)以上，应统计在造林面积内。造林面积，通常按所有制(国有、国有集体合作、集体和个人)、造林方式(人工、飞机播种)、主要林种用途(用材林、经济林、防护林、薪炭林、特种用途林)分组进行统计。

水资源 水在自然界中以固体、液体和气态三种聚集状态存在，分布于海洋、陆地(包括土壤)以及大气之中，通过水循环形成水资源。水资源包括经人类控制并直接可供灌溉、发电、给水、航运、养殖等用途的地表水和地下水，以及江河、湖泊、井、泉、潮汐、港湾和养殖水域等。水资源是发展国民经济不可缺少的重要自然资源。

地表水和地下水 陆地上的水因空间分布不同，分为地表水和地下水。地表水指分别存在于河流、湖泊、沼泽、冰川和冰盖等水体中水分的总称，又称陆地水。地下水指储存在地面以下饱和岩土孔隙、裂隙及溶洞中的水。

水资源总量 一定区域内的水资源总量指当地降水形成的地表和地下产水量，即地表径流量与降水入渗补给量之和，不包括过境水量。

用水总量 指分配给用户的包括输水损失在内的毛用水量。

工业废水排放量 指经过企业厂区所有排放口排到企业外部的工业废水量。包括生产废水、外排的直接冷却水、超标排放的矿井地下水和与工业废水混排的厂区生活污水，不包括外排的间接冷却水(清污不分流的间接冷却水应计算在内)。

废水中化学需氧量（COD）排放量 指每年排放的废水中的COD的量。

工业SO_2排放量 指报告期内企业在燃料燃烧和生产工艺过程中排入大气的SO_2总量，计算公式为：

工业SO_2排放量=燃料燃烧过程中SO_2排放量+生产工艺过程中SO_2排放量

生活及其他SO_2排放量 以生活及其他煤炭消费量和其含硫量为基础，根据以下公式计算：

生活及其他SO_2排放量=生活及其他煤炭消费量×含硫量×0.8×2

工业烟尘排放量 指企业厂区内燃料燃烧过程中产生的烟气中夹带的颗粒物排放量。

工业粉尘排放量 指企业在生产工艺过程中排放的能在空气中悬浮一定时间的固体颗粒物排放量。如钢铁企业的耐火材料粉尘、焦化企业的筛焦系统粉尘、烧结机的粉尘、石灰窑的粉尘、建材企业的水泥粉尘等。不包括电厂排入大气的烟尘。

生活及其他烟尘排放量 指除工业生产活动以外的所有社会、经济活动及公共设施的经营活动中燃烧所排放的烟尘纯重量。以生活及其他煤炭消费量为基础进行测算。

工业固体废物产生量 指报告期内企业在生产过程中产生的固体状、半固体状和高浓度液体状废弃物的总量，包括危险废物、冶炼废渣、粉煤灰、炉渣、煤矸石、尾矿、放射性废物和其他废物等；不包括矿山开采的剥离废石和掘进废石(煤矸石和呈酸性或碱性的废石除外)。酸性或碱性废石指采掘的废石其流经水、雨淋水的 pH值小于4或 pH值大于10.5者。

工业固体废物综合利用量 指报告期内企业通过回收、加工、循环、交换等方式，从固体废物中提取或者使其转化为可以利用的资源、能源和其他原材料的固体废物量(包括当年利用往年的工业固体废物贮存量)，如用作农业肥料、生产建筑材料、筑路等。综合利用量由原产生固体废物的单位统计。

工业固体废物综合利用率 指工业固体废物综合利用量占工业固体废物产生量(包括综合利用往年贮存量)的百分率。计算公式为：

$$工业固体废物综合利用率=\frac{工业固体废物综合利用量}{工业固体废物产生量+综合利用往年贮存量}\times 100\%$$

工业固体废物处置量 指报告期内企业将固体废物焚烧或者最终置于符合环境保护规定要求的场所，并不再回取的工业固体废物量(包括当年处置往年的工业固体废物贮存量)。处置方式有填埋(其中危险废物应安全填埋)、焚烧、专业贮存场(库)封场处理、深层灌注、回填矿井及海洋处置(经海洋管理部门同意投海处置)等。

生活垃圾清运量 指报告期收集和运送到各生活垃圾处理场（厂）和生活垃圾最终消纳点的生活垃圾的数量。统计时仅计算从生活垃圾源头和从生活垃圾转运站直接送到处理场和最终消纳点的清运量，对于二次中转的清运量不要重复计算。

生活垃圾无害化处理率 指报告期内生活垃圾无害化处理量与生活垃圾产生量的比率。计算公式为：

$$生活垃圾无害化处理率=\frac{生活垃圾无害化处理量}{生活垃圾产生量}\times 100\%$$

在统计时，由于生活垃圾产生量不易取得，可用清运量代替。“垃圾清运量”在审核时要与总人口（包括暂住人口）对应，一般城市人均日产生垃圾为1kg左右。

环境污染事故 指由于违反环境保护法规的经济、社会活动与行为，以及意外因素的影响或不可抗拒的自然灾害等原因，致使环境受到污染，国家重点保护的野生动植物、自然保护区受到破坏，人体健康受到危害，社会经济和人民财产受到损失，造成不良社会影响的突发性事件。

Explanatory Notes on Main Statistical Indicators

Drainage Area Each river has its own main stream and branches to form the water system of the river. Each river has its own catchment's area, which is also called as the drainage area of the river.

Mineral Resources refer to useful minerals that can be used for industrial or agricultural purposes enriched in lithosphere or on earth due to the geological process. Minerals resource is an important natural resources, and is the important material foundation for social development.

Mineral Reserves refer to proven mineral reserves (including industrial reserves and prospective reserves), after deducting the amount of mining and underground loss of the end of the year after the real reserves, it is an important indicator of the state of mineral resources.

Forest Area refers to the area of forest where trees and bamboo grow with canopy density above 0.2, including land of natural woods and planted woods, but excluding bush land and thin forest land.

Forest Coverage Rate refers to the ratio of area of afforested land to total land area. It is a very important indicator that reflects the status of abundance of forest resource and ecosystem balance. Forest area includes the area of trees and bamboo grow with canopy density above 0.2, the area of shrubby tree according to regulations of the government, the area of forest land inside farm land and the area of trees planted by the side of villages, farm houses and along roads and rivers. The formula for calculating forest coverage rate is as follows:

$$\text{Forestrycoverage rate}(\%) = \frac{\text{Area of Afforested Land}}{\text{Area of Total Land}} \times 100\%$$

Total Area of Afforestation refers to the total area of land suitable for afforestation, including barren hills, idle land, sand dunes, rain for green land, on which acres of arbores or bushes are planted through manual planting, airplane planting, plant seedlings, etc. in accordance with the required density standards of the Technical Procedures of Afforestation, and with a survival rate of over 85% in line with the Implementing Rules of the Forest Law of the People's Republic of China (or a survival rate of 75% in areas with less that 400 mm of annual rainfall and without irrigation facilities). Included in the this category are trees planted alone the roadsides, riversides, or next to houses that occupy an area over 0.066 hectares, or where more than 4 lines of trees are planted. Total area of afforestation is further classified by ownership (state-owned, state-collective, collective or private), by approach of planting (manual, airplane), and by type of forests (timber, by-products, protection, fuel, special use, etc.).

Water Resources Water exists in the nature in solid, liquid and gaseous states, is distributed in the ocean, land (including earth) and air, and constitutes the water resource through the circulation of water. Water resource includes the surface water and underground water that is controlled by the human being for irrigation, power-generation, water supply, navigation and cultivation. It also includes rivers, lakes, wells, springs, tides, gulf and water area for cultivation. Water resource as an important natural resource is indispensable for the development of the national economy.

Surface Water and Underground Water Water on earth can be divided into surface water and underground water according to its distribution. Surface water refers to moisture exists in rivers, lakes, swamps, glaciers, icecaps and so on. It is also called land water. The underground water refers to water deposited underground in the cranny and the hole of saturated rock soil and in the water-eroded cave.

Total Water Resources refers to total volume of water resources measured as run-off for surface water from rainfall and recharge for groundwater in a given area, excluding transit water.

Water Use refers to gross water use distributed to users, including loss during transportation, broken down with use by agriculture, industry, living consumption and biological protection.

Waste Water Discharged by Industry refers to the volume of waste water discharged by industrial enterprises through all their outlets, including waste water from production process, directly cooled water, groundwater from mining wells which does not meet discharge standards and sewage from households mixed with waste water produced by industrial activities, but excluding indirectly cooled water discharged (It should be included if the discharge is not separated with waste water).

Volume of Chemical Oxygen Demand(COD) Generated by Waster Water refers to chemical oxygen demand generated through the annual discharge of waste water

SO_2 Emission through Industrial Activities refers to volume of sulphur dioxide emission from fuel burning and production process by enterprises during a given period of time. It is calculated as:

SO_2 emission through industrial activities = SO_2 emission from fuel burning + SO_2 emission from production process

SO_2 Emission through Non-industrial and Other Activities is calculated on the basis of consumption of coal by households and other activities and the sulphur content of coal with the following formula:

SO_2 emission through non-industrial and other activities = consumption of coal by households and other activities × sulphur content × 0.8 × 2

Industrial Soot Emission refers to volume of soot in smoke emitted in process of fuel burning in premises of enterprises.

Industrial Dust Emission refers to volume of dust emitted by production process of enterprises and suspended in the air for a given period of time, including dust from refractory material of iron and steel works, dust from coke-screening systems and sintering machines of coke plants, dust from lime kilns and dust from cement production in building material enterprises, but excluding soot and dust emitted from power plants.

Soot Emission by Consumption and Others refers to net volume of soot emitted by fuel burning from all social and economic activities and operation of public facilities other than industrial activities. It is calculated on the basis of coal consumption by households and others.

Industrial Solid Wastes Produced refers to total volume of solid, semi-solid and high concentration liquid residues produced by industrial enterprises from production process in a given period of time, including hazardous wastes, slag, coal ash, gangue, tailings, radioactive residues and other wastes, but excluding stones stripped or dug out in mining (gangue and acid or alkaline stones not included). A stone is acid or alkaline depending on the pH value of the water below 4 or above 10.5 when the stone is in, or soaked by, the water.

Industrial Solid Wastes Utilized refers to volume of solid wastes from which useful materials can be extracted or which can be converted into usable resources, energy or other materials by means of reclamation, processing, recycling and exchange (including utilizing in the year the stocks of industrial solid wastes of the previous year). Examples of such utilizations include fertilizers, building materials and road materials. The information shall be collected by the producing units of the wastes.

Rate of Utilization of Industrial Solid Wastes refers to the percentage of industrial solid wastes utilized over industrial solid wastes produced (including stocks of the previous years). It is calculated as:

$$\text{Rage of utilization of industrial solid wastes} = \frac{\text{volume of industrial solid wastes utilized}}{\text{industrial solid wastes produced} + \text{stock of previous years}} \times 100\%$$

Industrial Solid Wastes Disposed refers to quantity of industrial solid wastes which are burnt or placed ultimately in the sites meeting the requirements for environmental protection and not salvaged or recycled (including disposition in the year of those wastes of previous years). The disposition includes landfill (Safe landfills should be conducted for hazardous wastes), incineration, containment spaces, deep underground disposal, backfill in mining pits and disposal at sea.

Consumption Wastes Transported refers to volume of consumption wastes collected and transported to disposal factories or sites. Statistical calculations only when the source from garbage and garbage transfer station directly to the treatment plant and the final consumer satisfaction point clearance volume, for the secondary transit clearance volume can not be duplicated.

Ratio of Consumption Wastes Treated refers to consumption wastes treated over that produced. It is calculated as:

$$\text{Ratio of consumption wastes treated} = \frac{\text{consumption wastes treated}}{\text{consumption wastes produced}} \times 100\%$$

In practical statistics, as it is difficult to estimate, the volume of consumption wastes produced is replaced with that transported. During the audit, "Garbage clearance volume" and the total population to be (including temporary residents) corresponds, generally, urban waste generated per capital is about 1kg.

Environment Pollution and Destruction Accidents refer to sudden accidents due to economic or social activities that are in contrast to environment protection laws or due to unforeseen factors or natural disasters that lead to the environment pollution, the destruction of protected wild animals, plants or nature reserves, the damage to human health, the economic and property losses, and the negative impact on the society.

农 业

Agriculture

13

简要说明

一、主要内容

本篇资料反映我省农业生产和农村经济的基本情况，包括农村基本情况、农业生产条件、农业机械拥有量、水利灌溉与除涝、农林牧渔业产值、主要农产品产量等。

二、统计范围

农业统计范围包括全社会除军马生产及农业科研机构进行的农业生产以外的所有农业生产活动。即农村各种经济组织和农户经营的农林牧渔业生产活动；各种专业性农、林、牧、渔场的农业生产活动；国家各级机关、团体、学校、部队进行的农业生产活动；集体所有制的乡、镇、村办农场的农业生产活动；以及工矿企业经营的农、林、牧、渔业生产活动。

三、资料来源

本篇资料由省统计局、国家统计局贵州调查总队、省农业农村厅、省水利厅、省林业局提供。

Brief Introduction

I. Main Contents

The data in this chapter show the basic conditions of agricultural production and rural economy, including basic situation of rural, conditions for agricultural production, quantity of agricultural machinery, facilities of water conservancy and efforts to eliminate water-logging, output of agriculture, forestry, animal husbandry and fishery, output of major products, etc.

II. The Scope of Data

Statistics on agriculture cover all agricultural production activities except horse raising for military purpose and agricultural production activities undertaken by agriculture research institutions. In other words, what are included in agriculture statistics are production activities in agriculture, forestry, animal husbandry and fishery undertaken by rural economic units of various types and by rural households; production activities of farms specializing in agriculture, forestry, animal husbandry and fishery; production activities in agriculture undertaken by government agencies, institutions, schools and military units; production activities in agriculture undertaken by collective farms run by townships and villages; and production activities in agriculture, forestry, animal husbandry and fishery undertaken by manufacturing and mining enterprises.

III. Data Sources

The data on agricultural production are provided by Guizhou Provincial Bureau of Statistics, Department of Guizhou Survey, NBS, Department of Agriculture and Rural Affair of Guizhou Province, and Water Resources Department of Guizhou Province.

The data on forestry production afforestation are provided by Guizhou Provincial Bureau of Forestry.

The data on aquatic production are provided by the Committee on Agriculture of Guizhou Province.

13—1 农村基本情况及农业生产条件
Basic Conditions of Rural Areas and Agricultural Production

指 标	Item	2016	2017	2018	2019	2020
农村基层组织	**Rural Grassroots Units**					
乡镇个数(个)	Number of Township and Town Governments(unit)	1158	1156	1154	1152	1149
村委会个数(个)	Number of Villagers' Committees(unit)	14619	13436	13295	13231	13196
农村社会基础设施	**Basic Facilities in Rural Areas**					
自来水受益村数(个)	Number of Villages with Access to Tap Water(unit)	13518	13759	13187	14077	13861
通有线电视的村数(个)	Villages Wired for Cable Television(unit)		8707	11843	13058	13243
通宽带的村数(个)	Villages with Broadband Access(unit)		11816	13047	13618	13653
农业机械化	**Agricultural Mechanization**					
农用机械总动力(万千瓦)	Total Power of Agricultural Machinery(10000 kw)	2711.30	2812.42	2910.52	2962.71	3001.00
柴油机	Diesel Engine	1874.79	1794.01	2053.74	2091.80	1943.60
汽油机	Gas Engine	117.49	223.70	309.28	325.31	399.00
电动机	Electromotor	718.70	794.38	547.50	545.59	658.40
其他机械	Others	0.32	0.32	—	—	—
农业主要物质消耗	**Main Materials Consumption for Agricultural Use**					
农用化肥施用量(折纯)(万吨)	Consumption of Chemical Fertilizer (pure)(10000 tons)	103.67	95.65	89.59	83.18	78.78
农药使用量(吨)	Consumption of Chemical Pesticides(ton)	13677	13399	11311.51	9210	8423
农用塑料薄膜使用量(吨)	Consumption of Farm Plastic Membrane(ton)	51053	51138	54830.09	44121	45411

注："农业机械化"资料来源于省农业农村厅。"农村基层组织"来自省民政厅。
Note: The data of "agricultural mechanization" are provided by the Department of Agriculture and Rural Affairs of Guizhou Province. The data of "Rural Grassroots Units" are provided by the Department of Civil Affairs of Guizhou Province.

13-2 年末主要农业机械拥有量
Major Agricultural Machinery at the Year-end

指　标	Item	2016	2017	2018	2019	2020	2020年比2019年增长(%) Increase Rate in 2020over2019(%)
大型拖拉机(万台)	Large Sized Tractors(10000 unit)			0.02	0.02	0.02	32.9
中型拖拉机（万台）	Medium Sized Tractors(10000 unit)			1.79	1.84	1.90	3.4
小型拖拉机(万台)	Small Tractors (10000 unit)	10.3	11.29	12.41	12.41	11.70	-5.7
拖拉机配套农具(万部)	Tractor Towing Farm Machinery (10000 unit)	4.47	4.63	2.39	2.39	2.14	-10.6
农用水泵（万台）	Agricultural Water Pump (10000 unit)	57.92	60.70	61.53	61.83	61.75	-0.1
联合收割机(台)	Combine Harvesters(unit)	2535	2791	3055	3369	3870	14.9

注：1.资料来源于省农业农村厅。2.2018年报开始执行《全国农业机械化管理统计调查制度》（农办机〔2019〕2号）。新统计制度设置大型拖拉机和中型拖拉机指标，不再统计大中型拖拉机指标；不再分开统计大中型拖拉机配套农具、小型拖拉机配套农机，继续统计拖拉机配套农具；不再统计农用排灌电动机、农用排灌柴油机，继续统计水泵。3.新统计制度中大型、中型、小型拖拉机动力分段采用新标准：动力＜22.1千瓦为小型，22.1≤动力＜73.5千瓦为中型，动力≥73.5为大型。原有制度中大中型、小型拖拉机分段为：动力＜14.7千瓦为小型，14.7≤动力为大中型。新制度中的小型含旧制度中

Note:1.The data in this table are provided by the Department of Agriculture and Rural Affairs of Guizhou Province. 2. National statistical survey system for management of agricultural mechanization (NBJ[2019]No.2) is implemented in 2018 annual report. The new statistical system sets up indexes for "Large Sized Tractors" and "Medium Sized Tractors", instead of "Large and Medium-sized Tractors". There are no longer separate statistics of "Large and Medium Sized Tractor Towing Farm Machinery" and "Small Sized Tractor Towing Farm Machinery", but "Tractor Towing Farm Machinery", no "Drainage and Irrigation Electromotor Engines" and "Drainage and Irrigation Diesel Engines", but "Agricultural Water Pump". 3. In new statistic system, large, medium, small tractor power segment uses new standard: power＜22.1 kw for small; 22.1≤power＜73.5 kw for medium; power≥73.5 kw for large. In the original system, the power segment of large and medium, and small are as follows: power＜14.7 kw for small; power ≥14.7 kw for large and medium. Small in the new system contains some medium in the old system.

13-3 灌溉、除涝治水
Irrigation, Flood Prevention, Water and Soil Conservation

项　目	Item	2016	2017	2018	2019	2020
水利投入(亿元)	Input of Water Conservancy (100 million yuan)	383.50	395.90	390.93	327.71	339.49
有效灌溉面积(千公顷)	Effective Irrigated Area(1000 Ha.)	1552.92	1585.66	1606.09		
节水灌溉面积(千公顷)	Water-saving Irrigated Area (1000 Ha.)	323.52	332.82	341.01		
除涝面积(千公顷)	Areas with Flood Prevention Measures(1000 Ha.)	99.29	121.42	124.07	125.16	125.9
水土流失治理面积(千公顷)	Area of Soil Erosion under Control(1000 Ha.)	6556.46	6814.62	7052.95	7321.37	258.85
堤防长度(公里)	Total Length of Dikes(km)	3415.64	3788.92	4041.04	4331.21	4575.43
堤防保护面积(千公顷)	Area of Land Protected by Dikes (1000 Ha.)	313.53	337.50	391.63	391.52	397.68
旱涝保收面积(千公顷)	Area that Ensure Stable Yields Despite Drought or Excessive Rain (1000 hectares)	742.77	742.00	747.43		
高标准农田建设投入（亿元）	Input of High-standard Farmland Construction (100 million yuan)			67.42	49.7	42.49
高标准农田建设面积（万亩）	High-standard Farmland Area (10000 mu)			238.57	186.85	206.62
高效节水灌溉面积（万亩）	Efficient Water-saving Irrigation Area (10000 mu)			19.55	16.43	50.03

注：1.资料来源于省水利厅、省农业农村厅。2.水土流失治理面积（千公顷）2020年起改为当年数。

Note: 1.The data in this table are provided by the Guizhou Water Resources Department and Department of Agriculture and Rural Affairs of Guizhou Province.2. The data of area of soil erosion under control(1000 Ha.) have been changed to the current year data since 2020.

13-4 农林牧渔业增加值

Added Value of Farming, Forestry, Animal Husbandry, Fishery and Their Professional and Support Activities

单位：亿元 (100 million yuan)

指 标	Item	2016	2017	2018	2019	2020
农林牧渔业增加值	**Added Value of FFAF and Their Professional and Support Activities**	**1959.93**	**2139.97**	**2272.97**	**2408.03**	**2675.59**
农 业	Farming	1196.50	1306.43	1439.29	1566.47	
林 业	Forestry	133.32	156.73	174.65	182.09	
畜牧业	Animal Husbandry	494.31	531.08	507.57	493.12	
渔 业	Fishery	37.68	38.03	34.51	38.88	
农林牧渔专业及辅助性活动	Professional and Support Activities for FFAF	98.12	107.69	116.95	127.47	135.71
农林牧渔业增加值增长速度(%)	**Growth Rate of Added Value of FFAF and Their Professional and Support Activities(%)**	**5.9**	**6.2**	**6.7**	**5.7**	**6.3**
农 业	Farming	6.8	7.1	8.0	8.3	
林 业	Forestry	8.3	7.7	8.1	7.8	
畜牧业	Animal Husbandry	2.9	4.4	4.3	-1.8	
渔 业	Fishery	15.6	3.5	-4.5	4.6	
农林牧渔专业及辅助性活动	Professional and Support Activities for FFAF	3.7	3.9	5.0	5.7	5.3

注：2016—2017年数据为第三次全国农业普查修订数。

Note: The provincial data from 2016 to 2017 are the revised data of the third national agricultural census.

13-5 主要农作物播种面积
Sown Areas of Major Farm Crops

单位：千公顷 (1000 hectares)

指　标	Item	2016	2017	2018	2019	2020	2020年比2019年增长(%) Increase Rate in 2020 over 2019 (%)
农作物总播种面积	**Total Sown Areas**	**5596.81**	**5657.37**	**5477.18**	**5481.56**	**5475.35**	**-0.1**
#粮食作物	Grain Crops	3122.18	3052.78	2740.20	2709.41	2754.13	1.7
#稻　谷	Rice	714.25	700.50	671.78	664.72	665.12	0.1
小　麦	Wheat	169.19	155.97	141.62	137.22	138.05	0.6
玉　米	Corn	1041.63	1006.38	602.12	530.59	501.46	-5.5
大　豆	Soja	209.66	194.65	198.90	191.82	211.77	10.4
薯　类	Tubers	805.25	815.81	901.97	948.56	988.08	4.2
#马铃薯	Potato	687.84	699.80	730.06	782.15	826.88	5.7
油　料	Oil-bearing Crops	662.52	661.17	651.92	598.14	579.36	-3.1
#油菜籽	Rapeseeds	520.01	516.12	497.69	445.69	430.88	-3.3
花　生	Peanuts	51.28	51.53	51.93	50.24	47.27	-5.9
糖　料	Sugar Crops	12.73	8.68	10.74	10.59	10.47	-1.2
#甘　蔗	Sugarcane	12.13	8.28	10.58	10.58	10.23	-3.3
烟　叶	Tobacco	167.95	155.70	145.73	138.98	133.11	-4.2
#烤　烟	Flue-cured Tobacco	155.61	143.24	134.48	129.98	126.63	-2.6
药材类	Medicinal Materials	163.62	185.32	174.60	219.99	168.72	
蔬　菜	Vegetable	1145.11	1253.11	1401.01	1435.60	1511.33	5.3

注：1.2016—2017年数据为第三次农业普查修正数（以下相关表同）。2.2020年药材类面积为收获面积。

Note: 1.The agricultural data from 2016 to 2017 are all revised data of the third agricultural census (the following tables are the same). 2.In 2020,the area of medicinal materials is the harvest area.

13-6 主要农作物产品产量
Yields of Major Farm Crops

单位：万吨 (10000 tons)

指 标	Item	2016	2017	2018	2019	2020	2020年比2019年增长(%) Increase Rate in 2020 over 2019 (%)
粮食作物	**Grain Crops**	**1264.26**	**1242.45**	**1059.70**	**1051.24**	**1057.63**	**0.6**
#稻 谷	Rice	456.01	448.83	420.73	423.83	415.98	-1.9
小 麦	Wheat	41.82	41.20	33.18	32.98	33.37	1.2
玉 米	Corn	456.40	441.18	258.96	232.30	220.34	-5.1
大 豆	Soja	26.71	19.27	19.72	18.46	22.35	21.1
薯 类	Tubers	256.51	266.28	291.18	302.87	319.40	5.5
#马铃薯	Potato	221.56	231.73	241.37	254.94	269.78	5.8
油料作物	**Oil-bearing Crops**	**115.28**	**115.52**	**112.62**	**103.01**	**103.40**	**0.4**
#油菜籽	Rapeseeds	88.55	88.02	86.22	77.25	76.17	-1.4
花 生	Peanuts	10.85	11.27	11.46	11.62	11.74	1.1
甘 蔗	**Sugarcane**	**71.48**	**50.31**	**62.48**	**62.80**	**61.26**	**-2.4**
烤 烟	**Flue-cured Tobacco**	**27.46**	**24.45**	**22.77**	**21.58**	**21.14**	**-2.0**
蔬菜及食用菌	**Vegetable and Edible Mushrooms**	**2033.56**	**2272.16**	**2613.40**	**2734.84**	**2990.87**	**9.4**

13-7 主要农作物单产
Yields of Major Farm Crops Per Mu

单位：公斤/亩 (kg/mu)

指 标	Item	2016	2017	2018	2019	2020	2020年比2019年增长(%) Increase Rate in 2020over 2019(%)
粮食作物	**Grain Crops**	**270**	**271**	**258**	**259**	**256**	**-1.0**
#稻 谷	Rice	426	427	418	425	417	-1.9
小 麦	Wheat	165	176	156	160	161	0.6
玉 米	Corn	292	292	287	292	293	0.4
大 豆	Soja	85	66	66	64	70	9.7
薯 类	Tubers	212	218	215	213	216	1.2
#马铃薯	Potato	215	221	220	217	218	0.1
油料作物	**Oil-bearing Crops**	**116**	**116**	**115**	**115**	**119**	**3.6**
#油菜籽	Rapeseed	114	114	115	116	118	2.0
花 生	Peanuts	141	146	147	154	166	7.4
甘 蔗	**Sugarcane**	**3927**	**4052**	**3936**	**3957**	**3994**	**0.9**
烤 烟	**Flue-cured Tobacco**	**118**	**114**	**113**	**111**	**111**	**0.5**

13-8 茶叶、水果面积及产量
Total Sown Areas and Yields of Tea, Fruit

指　　标	Item	2016	2017	2018	2019	2020	2020年比2019年增长(%) Increase Rate in 2020 over 2019 (%)
面　积(千公顷)	**Area(1000 Ha.)**						
茶园	Tea Field Area	420.78	456.22	465.81	464.42	476.42	2.6
果园	Orchards Field Area	332.75	406.35	579.62	684.50	779.47	13.9
产　量(万吨)	**Yield(10000 tons)**						
茶　叶	Tea	14.13	17.65	18.03	19.78	21.10	6.7
水　果	Fruits	235.84	280.14	369.01	441.98	548.11	24.0
#园林水果	Garden Fruit	168.04	210.99	293.27	366.90	478.58	30.4
#苹　果	Apples	5.65	7.07	9.11	20.30	34.46	69.8
梨	Pears	24.17	28.04	35.91	39.75	44.78	12.7
柑　桔	Citrus	20.57	25.39	47.75	52.37	67.77	29.4
香　蕉	Bananas	0.72	1.73	3.66	6.64	7.81	17.7
猕猴桃	Chinese Gooseberries	7.04	9.47	16.08	20.50	26.01	26.9
柿　子	Persimmons	1.59	1.56	1.24	1.77	1.47	-17.1

注：水果产量含果用瓜。

Note: The yield of fruits includes melons.

13-9 造林及林产品产量
Areas of Forestation and Output of Forest Products

单位：吨 (ton)

指　　标	Item	2016	2017	2018	2019	2020
当年造林面积(千公顷)	**Areas of Forestation This Year(1000 hectares)**	**352.00**	**666.70**	**346.70**	**346.97**	**280.04**
林产品产量	**Output of Forest Products**					
生　漆	Lacquer	7649	6942	7392	1295	1039
油桐籽	Tung-oil Seed	66031	65902	44470	18991	20558
油茶籽	Tea-oil Seed	73980	74528	83090	70750	77788
乌桕籽	Tallow Seed	2194	1807	1248	1106	1140
五倍籽	Nutgall	6122	6971	9536	2484.15	2185
棕　片	Palm-flake	5462	5533	6577	1289.7	1210
松　脂	Pine Resin	17904	19077	16708	59447.88	53822
核　桃	Walnut	93154	103465	142398	97234	87892
板　栗	Chestnut	54015	84033	87668	81033	87036

注：数据来源于省林业局。

Note: The data in the table are obtained from the Forestry Administration of Guizhou Province.

13-10 畜牧业生产及水产品
Livestock Production and Aquatic Products

指　　标	Item	2016	2017	2018	2019	2020	2020年比2019年增长(%) Increase Rate in 2020 over 2019(%)
当年出栏数	**Number of Slaughtered Fattened Hogs, Ox,Goats and Sheep**						
猪(万头)	Slaughtered Fattened Hogs (10000 heads)	1925.38	1825.15	1869.87	1678.56	1661.77	-1.0
牛(万头)	Ox by Sold and Killed(10000 heads)	140.72	150.99	157.53	168.56	176.14	4.5
羊(万头)	Goats by Sold and Killed (10000 heads)	368.85	286.05	297.12	293.55	297.37	1.3
肉类总产量(万吨)	**Total Yield of Meat(10000 tons)**	**199.28**	**207.57**	**213.73**	**205.87**	**207.86**	**1.0**
#猪　肉	Pork	169.59	160.10	164.84	150.32	146.26	-2.7
牛　肉	Beef	17.85	19.06	19.90	21.51	23.10	7.4
羊　肉	Mutton	6.29	4.81	5.03	4.98	4.98	0.1
禽　肉	Poultry	22.69	18.78	20.04	25.68	30.78	19.9
其他畜产品产量	**Others**						
牛　奶(万吨)	Cow Milk(10000 tons)	4.29	4.40	4.58	5.29	5.25	-0.7
禽　蛋(万吨)	Poultry Eggs(10000 tons)	23.43	18.69	20.03	22.95	26.43	15.2
蜂　蜜(吨)	Honey(ton)	3075	3566	3793	4018		
大牲畜年末存栏数(万头)	**Large Animals(year-end) (10000 heads)**	**597.17**	**503.96**	**482.99**	**508.18**	**533.90**	**5.1**
#牛	Cattle and Buffaloes	481.94	492.35	465.32	492.96	517.71	5.0
猪年末存栏数(万头)	**Hogs(year-end) (10000 heads)**	**1639.53**	**1596.89**	**1549.30**	**1171.27**	**1364.06**	**16.5**
羊年末存栏数(万只)	**Sheep and Goats(year-end) (10000 heads)**	**488.20**	**383.47**	**401.53**	**380.25**	**382.38**	**0.6**
水产品(万吨)	**Aquatic Products (10000 tons)**	**24.65**	**25.48**	**23.73**	**24.36**	**24.87**	**2.1**

注：1.“水产品”数据来源于省农业农村厅。2.2016—2017年水产品数据为第三次农业普查修订数。3.2016—2017年猪牛羊禽年末存栏、当年出栏及产量数据根据第三次全国农业普查结果进行了修订。

Note: 1.The data of "Aquatic Products" are obtained from Guizhou Provincial Department of Agriculture and Rural Affairs. 2.The data of aquatic products of 2016-2017 are the revision of the third agricultural census. 3.The pig, cattle, sheep and poultry year-end stock, the year's slaughter and meat yield data of 2016-2017 were revised based on the results of the third agricultural census.

13-11 历年主要农产品产量

Output of Major Farm Products Over the Years

单位：万吨 (10000 tons)

年 份 Year	粮 食 Grain	油 料 Oil-Bearing Crops	烤 烟 Flue-Cured Tobacco	水 果 Fruits	肉类总产量 Total Yield of Meat	水产品 Aquatic Products
1978	643.36	9.89	8.11	4.82	12.80	0.37
1979	623.05	10.90	9.54	4.68	22.84	0.38
1980	648.35	15.59	5.56	4.97	26.67	0.55
1981	567.36	34.04	11.93	6.23	31.61	0.58
1982	654.00	48.10	16.41	6.58	35.26	0.60
1983	703.00	28.50	13.62	7.19	38.58	0.81
1984	757.80	30.59	21.48	9.23	44.76	1.22
1985	594.96	31.97	26.55	10.14	50.46	1.35
1986	672.34	41.90	19.24	13.88	57.09	1.40
1987	673.17	46.34	21.19	15.19	62.26	1.80
1988	635.68	39.87	29.15	15.63	68.73	1.86
1989	708.25	32.93	31.58	16.80	71.82	2.01
1990	721.00	43.87	28.66	16.68	74.47	2.24
1991	885.50	61.79	38.53	17.17	81.65	2.29
1992	788.90	53.38	44.90	14.18	85.59	2.36
1993	869.50	43.28	49.66	16.53	88.91	2.55
1994	938.70	47.32	33.04	16.47	95.02	2.80
1995	948.85	58.83	33.53	20.97	105.69	3.27
1996	1002.60	55.62	52.27	19.46	103.65	3.50
1997	1025.90	58.97	68.66	25.14	106.77	4.21
1998	1100.00	62.24	29.19	27.50	113.33	5.02
1999	1125.21	67.31	32.32	32.57	117.09	5.50
2000	1161.30	74.34	31.09	58.33	124.06	6.24
2001	1100.30	71.32	26.38	62.93	131.70	6.89
2002	1034.20	72.48	30.65	71.57	145.02	7.46
2003	1104.30	72.31	28.72	78.75	156.99	7.96
2004	1149.58	82.71	29.98	87.17	171.06	8.85
2005	1152.06	84.89	34.45	95.96	187.01	9.46
2006	1038.00	68.24	30.71	109.19	163.70	6.71
2007	1100.86	89.87	31.22	111.19	150.60	7.68
2008	1158.00	86.81	37.71	110.95	161.46	7.80
2009	1168.27	98.26	36.90	114.75	169.60	8.03
2010	1112.30	74.14	37.00	117.21	179.09	8.79
2011	876.90	95.32	32.48	121.81	179.97	10.88
2012	1079.50	103.94	37.28	139.89	190.27	13.47
2013	1029.99	107.12	41.75	159.23	199.74	16.70
2014	1175.90	112.89	35.30	187.34	201.80	20.99
2015	1214.57	114.80	32.89	216.89	201.94	24.98
2016	1264.26	115.28	27.46	235.84	199.28	24.65
2017	1242.45	115.52	24.45	280.14	207.57	25.48
2018	1059.70	112.62	22.77	369.01	213.73	23.73
2019	1051.24	103.01	21.58	441.98	205.87	24.36
2020	1057.63	103.40	21.14	548.11	207.86	24.87

注：1.肉类总产量1978—1984年为猪牛羊肉产量，1985—1988年为猪牛羊禽肉产量，1989年起为猪牛羊禽肉产量和其他肉(如：马肉、狗肉、兔肉等)产量。2.2000年起水果产量含果用瓜。3、2007—2017年油料、烤烟、水果为第三次农业普查修订数。

Note:1.The data of total yield of meat included output of pork, beef and mutton from 1978 to 1984; it included output of pork, beef, mutton and meat of poultry from 1985 to 1988; afer 1989,it includes output of pork, beef, mutton, meat of poultry and other meat (e.g. horse meat, dog meat, rabbit meat and so on). 2. After 2000, the data of yield of fruits include output of melons. 3. The data of oil-bearing crops, flue-cured tobacco and fruits of 2007-2017 are the revision of the thrid agricultural census.

主要统计指标解释

农业机械总动力 指主要用于农、林、牧、渔业的各种动力机械的动力总和。包括耕作机械、排灌机械、收获机械、农用运输机械、植物保护机械、牧业机械、林业机械、渔业机械和其他农业机械〔内燃机按引擎马力折成瓦(特)计算、电动机按功率折成瓦(特)计算〕。不包括专门用于乡、镇、村、组办工业、基本建设、非农业运输、科学试验和教学等非农业生产方面用的动力机械与作业机械。

农用化肥施用量 指本年内实际用于农业生产的化肥数量，包括氮肥、磷肥、钾肥和复合肥。化肥施用量要求按折纯量计算数量。折纯量是指把氮肥、磷肥、钾肥分别按含氮、含五氧化二磷、含氧化钾的百分之一百成份进行折算后的数量。复合肥按其所含主要成分折算。

有效灌溉面积 指具有一定的水源，地块比较平整，灌溉工程或设备已经配套，在一般年景下当年能够进行正常灌溉的耕地面积。

农林牧渔业总产值 指以货币表现的农、林、牧、渔业全部产品和对农林牧渔业生产活动进行的各种支持性服务活动的价值总量，它反映一定时期内农业生产总规模和总成果。农业总产值的计算方法通常是按农林牧渔业产品及其副产品的产量分别乘以各自单位产品价格求得；然后将四业产品产值及农林牧渔服务业产值相加即为农业总产值。

农作物播种面积 指实际播种或移植有农作物的面积。凡是实际种植有农作物的面积，不论种植在耕地上还是种植在非耕地上，均包括在农作物播种面积中。在播种季节基本结束后，因遭灾而重新改种和补种的农作物面积，也包括在内。

粮食产量 指全社会的产量。包括国有经济经营的、集体统一经营的和农民家庭经营的粮食产量，还包括工矿企业办的农场和其他生产单位的产量。粮食除包括稻谷、小麦、玉米、高粱、谷子及其他杂粮外，还包括薯类和豆类。其产量计算方法，豆类按去豆荚后的干豆计算；薯类(包括甘薯和马铃薯，不包括芋头和木薯)1963年以前按每4公斤鲜薯折1公斤粮食计算，从1964年开始改为按5公斤鲜薯折1公斤粮食计算。城市郊区作为蔬菜的薯类(如马铃薯等)按鲜品计算，并且不作粮食统计。其他粮食一律按脱粒后的原粮计算。

油料产量 指全部油料作物的生产量。包括花生、油菜籽、芝麻、向日葵籽、胡麻籽（亚麻籽）和其他油料。不包括大豆、木本油料和野生油料。花生以带壳干花生计算。

猪、牛、羊肉产量 指当年出栏并已屠宰、除去头蹄下水后带骨肉(即胴体重)的重量。

期初(末)畜禽存栏头(只)数 指报告期初(末)农村各种合作经济组织和国营农场、农民个人、机关、团体、学校、工矿企业、部队等单位以及城镇居民饲养的大牲畜、猪、羊、家禽等畜禽的存栏数。

水产品产量 指人工养殖的水产品和天然生长的水产品的捕捞量。包括海水的鱼类、虾蟹类、贝类和藻类等以及内陆水域的鱼类、虾蟹类和贝类等，不包括淡水生植物。

Explanatory Notes on Main Statistical Indicators

Total Power of Agricultural Machinery refers to total mechanical power of machinery used in farming, forestry, animal husbandry and fishery, including machinery for ploughing, irrigation and drainage, harvesting, transport, plant protection, animal husbandry, forestry and fishery and other agricultural machinery. (for the power of internal combustion engines, it is converted from its horsepower into watts while for electric motors the output power is converted into watts.) Machinery employed for non-agricultural purposes, such as the machines used in township-run and village-run industry, construction, non-agricultural transport, scientific experiments and teaching, are not included.

Consumption of Chemical Fertilizers in Agriculture refers to the quantity of chemical fertilizers applied in agriculture in the year, including nitrogenous fertilizer, phosphate fertilizer, potash fertilizer, and compound fertilizer. The consumption of chemical fertilizers is calculated in terms of volume of effective components by means of converting the gross weight of the respective fertilizers into weight containing effective component (e.g. nitrogen content in nitrogenous fertilizer, phosphorous pentoxide contents in phosphate fertilizer, and potassium oxide contents in potash fertilizer). Compound fertilizer is converted in regard to its major components.

Effective Irrigated Area refers to area of land that are effectively irrigated, i.e. relatively level land, where there are water sources or complete sets of irrigation facilities to lift and move adequate water for irrigation purpose under normal conditions.

Gross Output Value of Farming, Forestry, Animal Husbandry and Fishery refers to the total value of products of farming, forestry, animal husbandry and fishery, and total value of services in support of farming, forestry, animal husbandry and fishery activities. It reflects the total scale and results of agricultural production during a given period. Gross output value of agriculture is obtained by multiplying the output of each product or by-product by its price, resulting in the output value of each single item. The sum of output values of all products of farming, forestry, animal husbandry and fishery and services in support to those industries is then equal to the gross output value of agriculture.

Sown Area of Crops refers to area of land sown or transplanted with crops regardless of being in cultivated area or non-cultivated area. Area of land re-sown due to natural disasters is also included.

Grain Output refers to the total output in the whole country including grains produced by State farms, collective units, rural households, as well as by farms affiliated to industrial and mining enterprises and other production units. Grain includes rice, wheat, corn, sorghum, millet and other miscellaneous grains as well as tubers and beans. Output of beans refers to dry beans without pods. The output of tubers (sweet potatoes and potatoes, not including taros and cassava) is converted into that of grain at the ratio 4:1, i.e., 4 kilograms of fresh tubers were equivalent to 1 kilogram of grain up to 1963. Since 1964 the ratio for conversion has been 5:1. Tubers supplied as vegetables (such as potatoes) in cities and suburbs are calculated as fresh vegetables and their output is not included in the output of grain. Output of all other grains refers to husked grain.

Output of Oil-bearing Crops refers to the total production of oil-bearing crops of various kinds, including peanuts (dry, in shell), rapeseeds, sesame, sunflower seeds, flax seeds, and other oil-bearing crops. Soybeans, oil-bearing woody plants, and wild oil-bearing crops are not included.

Output of Pork, Beef, and Mutton refers to the meat of slaughtered hogs, cattle, sheep and goats with head, feet, and offal taken away.

Number of Livestock or Poultry in Stock at Beginning (or End) of Period refers to the total number of large animals, pigs, sheep, fowls, etc. raised by rural cooperative organizations, State farms, rural individuals, government agencies, schools, industrial and mining enterprises, army, and urban residents at the beginning (or end) of the reference period.

Output of Aquatic Products refers to the amount of cultured aquatic products and naturally grown aquatic products caught, including marine fish, shrimp, crabs, shellfish, algae, etc. and freshwater fish, shrimp, crabs, shellfish and so on, excluding freshwater plants.

工 业

Industry 14

简 要 说 明

一、主要内容

本篇资料反映全省工业生产情况，包括规模以上工业企业主要经济指标、规模以上大中型工业企业按工业行业大类和按地区分组的主要经济指标和效益指标、规模以上工业主要工业产品产量。

二、统计范围

本篇资料中规模以上工业企业的统计范围为年主营业务收入 2000 万元及以上的工业企业。

企业规模划分按 2017 年《统计上大中小微型企业划分办法》标准执行。

三、调查方法

根据工业统计年度报表有关资料整理汇总。2018 年起根据第四次经济普查数据修订。

四、资料来源

本篇资料由省统计局根据《贵州省工业统计报表制度》加工整理。

Brief Introduction

I. Main Contents

Data in this chapter reflect the basic conditions of the industrial production, including main economic indicators of industrial enterprises above designated size; main economic indicators and efficiency indicators of large and medium-sized industrial enterprises above designated size classified by branch of industry and by city; output and production capacity of key industrial above designated size products.

II. Scopes of Statistics

The scopes of industrial enterprises above designated size are all industrial enterprises with revenue from principal business above 20 million yuan.

Data by branch of industry in this chapter are based on the 2011's *National Industrial Classification of all*

Economic Activities, and data by size of enterprise are based on the 2011's *Standards of Enterprises by Size*.

III. Methods of Survey

The data on industrial enterprises in this Chapter are compiled mainly on the basis of annual industrial statistics reporting forms. Starting in 2018, the data were revised based on the fourth economic census.

IV. Sources of Data

The data in this chapter are processed and sorted out by Guizhou Provincial Bureau of Statistics according to the Industrial Statistical Statement System of Guizhou Province.

14-1 规模以上工业企业单位数
Number of Industrial Enterprises above Designated Size

单位：个 (unit)

指 标	Item	2016	2017	2018	2019	2020
规模以上工业企业单位数	**Number of Industrial Enterprises above Designated Size**	**5123**	**5311**	**5311**	**4686**	**4482**
#国有控股企业	State-holding Enterprises	554	512	523	553	595
按轻重工业分	**Grouped by Type of Light and Heavy Industries**					
轻工业	Light Industry	1714	1854	1887	1560	1534
重工业	Heavy Industry	3409	3457	3424	3126	2948
按企业规模分	**Grouped by Size of Enterprises**					
大型企业	Large Enterprises	89	68	73	77	82
中型企业	Medium-sized Enterprises	773	509	396	376	360
小型企业	Small Enterprises	3925	4170	4101	3579	3337
微型企业	Mini-sized Enterprises	336	564	741	654	703
按登记注册类型分	**Grouped by Status of Registration**					
内资企业	Domestic Funded Enterprises	5032	5212	5214	4593	4377
国有企业	State-owned Enterprises	142	65	31	43	77
集体企业	Collective-owned Enterprises	12	10	13	10	9
股份合作企业	Cooperative Enterprises	8	6	5	4	7
联营企业	Joint Ownership Enterprises	2	2			
有限责任公司	Limited Liability Corporations	1691	1621	1356	1281	1029
股份有限公司	Share-holding Corporations Limited	140	139	139	128	97
私营企业	Private Enterprises	3008	3344	3656	3126	3158
其他企业	Other Enterprises	29	25	14	1	
港、澳、台商投资企业	Enterprises with Funds from Hong Kong, Macao and Taiwan	55	64	57	56	57
外商投资企业	Foreign Funded Enterprises	36	35	40	37	48

注：1.规模以上工业统计口径为年主营业务收入2000万元及以上工业企业。2.企业规模按国家统计局新制定的《统计上大中小微企业划分办法》执行。3.2018年为第四次经济普查数。(以下相关表除特殊标注外，均同)

Note: 1.The statistics of industrial enterprises above designated size was industrial enterprises with annual revenue from principal business over 20 million yuan. 2.The standard of size is executed according to "Statistics issued by the division of the large, medium, small and micro-enterprises" which is newly established by National Bureau of Statistics. 3. Data of 2018 are from the fourth economic census (the following tables are the same except for special notes).

14-2 按行业分规模以上工业企业单位数
Number of Industrial Enterprises above Designated Size by Industrial Sector

单位：个 (unit)

指标	Item	2016	2017	2018	2019	2020
规模以上工业企业单位数	**Number of Industrial Enterprises above Designated Size**	5123	5311	5311	4686	4482
采矿业	Mining	951	920	802	637	544
#煤炭开采和洗选业	Mining and Washing of Coal	666	605	492	386	332
黑色金属矿采选业	Mining and Processing of Ferrous Metal Ores	37	36	32	23	19
有色金属矿采选业	Mining and Processing of Non-Ferrous Metal Ores	27	30	33	31	29
非金属矿采选业	Mining and Processing of Non-metal Ores	220	247	242	196	164
制造业	Manufacturing	3884	4146	4238	3755	3600
#农副食品加工业	Processing of Food from Agricultural Products	342	363	365	297	315
食品制造业	Manufacture of Foods	143	147	141	108	104
酒、饮料和精制茶制造业	Manufacture of Liquor, Beverages and Refined Tea	466	491	475	370	355
烟草制品业	Manufacture of Tobacco	2	2	3	3	3
纺织业	Manufacture of Textile	20	26	23	21	24
纺织服装、服饰业	Manufacture of Textile, Wearing Apparel and Accessories	72	70	66	46	52
皮革、毛皮、羽毛及其制品和制鞋业	Manufacture of Leather,Fur,Feather and Related Products and Footware	31	35	46	42	43
木材加工和木、竹、藤、棕、草制品业	Processing of Timber, Manufacture of Wood, Bamboo, Rattan,Palm and Straw Products	128	98	85	70	65
家具制造业	Manufacture of Furniture	55	56	58	49	43
造纸和纸制品业	Manufacture of Paper and Paper Products	61	63	74	67	69
印刷业和记录媒介复制业	Printing and Reproduction of Recording Media	40	44	41	32	37
文教、工美、体育和娱乐用品制造业	Manufacture of Articles for Culture, Education, Arts and Crafts, Sports and Entertainment Activities	45	56	72	56	36
石油、煤炭及其他燃料加工业	Processing of Petroleum,Coking and Processing of Nuclear Fuel	16	24	24	16	20
化学原料和化学制品制造业	Manufacture of Raw Chemical Materials and Chemical Products	245	234	226	208	201
医药制造业	Manufacture of Medicines	139	148	157	144	142
橡胶和塑料制品业	Manufacture of Rubber and Plastics Products	147	169	185	171	163
非金属矿物制品业	Manufacture of Non-metallic Mineral Products	903	991	1031	1006	942
黑色金属冶炼和压延加工业	Smelting and Pressing of Ferrous Metals	140	110	102	90	79
有色金属冶炼和压延加工业	Smelting and Pressing of Non-ferrous Metals	91	87	92	88	95
金属制品业	Manufacture of Metal Products	157	183	201	188	182
通用设备制造业	Manufacture of General Purpose Machinery	89	97	102	90	78
专用设备制造业	Manufacture of Special Purpose Machinery	90	89	84	84	78
汽车制造业	Manufacture of Automobiles	62	72	72	62	55
铁路.船舶.航空航天和其他运输设备制造业	Manufacture of Railway, Ship, Aerospace and Other Transportation Equipment	48	57	54	48	55
电气机械和器材制造业	Manufacture of Electrical Machinery and Apparatus	171	186	190	172	168
计算机、通信和其他电子设备制造业	Manufacture of Computers, Communication and Other Electronic Equipment	117	187	208	175	143
仪器仪表制造业	Manufacture of Measuring Instruments and Machinery	17	19	21	18	17
其他制造业	Others	27	19	17	15	16
废弃资源综合利用业	Utilization of Waste Resources	16	19	18	16	15
电力、热力、燃气及水的生产和供应业	Production and Supply of Electric Power, Heat Power,Gas and Water	288	245	271	294	338
电力、热力生产和供应业	Production and Supply of Electric Power and Heat Power	225	165	178	188	217
燃气生产和供应业	Production and Supply of Gas	24	29	36	39	44
水的生产和供应业	Production and Supply of Water	39	51	57	67	77

注：2016年数据按国民经济行业分类（GB/T4754—2011）划分，2017年起数据按国民经济行业分类（GB/T4754—2017）划分（以下相关表同）

Note: The data of 2016 are classified according to the national economy industry classification (GB/T 4754-2011), and the data from 2017 onwards are classified according to the national economy industry classification (GB/T 4754-2017) (the relative tables in the chapter are the same).

14—3 规模以上工业增加值比重
Added Value of Industry above Designated Size

单位：% (100 million yuan)

指 标	Item	2016	2017	2018	2019	2020	2020年比2019年增长(%) Increase Rate in 2020 over 2019(%)
规模以上工业增加值	**Added Value of Industry above Designated Size**	**100.0**	**100.0**	**100.0**	**100.0**	**100.0**	**5.0**
#国有控股企业	State-holding Industry	42.8	42.0	52.6	56.2	61.1	7.0
#私营企业	Private Enterprises	29.2	32.5	26.1	26.5	22.9	2.6
按轻重工业分	**Grouped by Type of Light and Heavy Industries**						
轻工业	Light Industry	38.7	39.7	45.1	47.2	49.8	5.4
重工业	Heavy Industry	61.3	60.3	54.9	52.8	50.2	4.7
按企业规模分	**Grouped by Size of Enterprises**						
大型企业	Large Enterprises	29.5	29.8	41.2	44.8	52.3	8.0
中型企业	Medium-sized Enterprises	23.0	21.7	19.5	18.4	17.5	7.4
小型企业	Small Enterprises	44.5	45.1	35.0	33.3	26.1	1.0
微型企业	Mini-sized Enterprises	3.0	3.4	4.3	3.6	4.1	-3.5
按登记注册类型分	**Grouped by Status of Registration**						
国有企业	State-owned Enterprises	17.9	5.1	5.2	5.3	5.3	5.2
集体企业	Collective-owned Enterprises	0.2	0.2	0.1	0.2	0.1	-40.9
股份合作企业	Cooperative Enterprises	0.3	0.1	0.1	0.1	…	-12.6
股份制企业	Share-holding Enterprises	71.1	84.2	87.1	88.5	89.6	5.4
外商及港澳台商投资企业	Enterprises with Funds from Foreign, Hong Kong, Macao and Taiwan	2.9	2.8	2.3	2.8	2.9	5.0
其他企业	Other Enterprises	7.6	7.5	5.2	3.2	2.2	-6.7

注：比重按现价工业增加值计算，增长速度按可比价计算(以下相关表同)。

Note:The proportion is calculated at the industrial added value at the current price and the increase rate is calculated at the comparable price(the relative tables in the chapter are the same).

14-4 规模以上分行业工业增加值比重
Added Value of Industry above Designated Size by Sector

单位：%　　(100 million yuan)

指标	Item	2016	2017	2018	2019	2020	2020年比2019年增长(%) Increase Rate in 2020 over 2019(%)
规模以上工业增加值	**Added Value of Industry above Designated Size**	**100.0**	**100.0**	**100.0**	**100.0**	**100.0**	**5.0**
采矿业	Mining	20.8	20.9	17.4	16.9	15.1	6.1
#煤炭开采和洗选业	Mining and Washing of Coal	16.7	17.0	14.4	14.1	12.6	5.5
黑色金属矿采选业	Mining and Processing of Ferrous Metal Ores	0.6	0.5	0.2	0.1	0.1	28.1
有色金属矿采选业	Mining and Processing of Non-Ferrous Metal Ores	0.6	0.7	0.8	0.8	0.6	30.6
非金属矿采选业	Mining and Processing of Non-metal Ores	2.7	2.7	2.0	1.9	1.7	2.1
制造业	Manufacturing	68.2	67.5	70.6	71.9	73.1	5.1
#农副食品加工业	Processing of Food from Agricultural Products	1.9	1.9	1.4	1.2	1.0	0.3
食品制造业	Manufacture of Foods	1.4	1.5	1.3	1.2	1.1	6.6
酒、饮料和精制茶制造业	Manufacture of Liquor, Beverages and Refined Tea	20.2	19.9	26.0	28.8	31.2	6.3
烟草制品业	Manufacture of Tobacco	7.0	7.0	8.2	8.4	9.2	4.1
纺织业	Manufacture of Textile	0.2	0.2	0.2	0.1	0.2	18.2
纺织服装、服饰业	Manufacture of Textile, Wearing Apparel and	0.5	0.5	0.5	0.3	0.2	-11.7
皮革、毛皮、羽毛(绒)及其制品和制鞋业	Manufacture of Leather,Fur,Feather and Related Products,and Footware	0.3	0.3	0.3	0.3	0.2	-7.3
木材加工及木、竹、藤、棕、草制品业	Processing of Timber, Manufacture of Wood, Bamboo, Rattan, Palm and Straw Products	1.1	0.6	0.4	0.3	0.3	-3.2
家具制造业	Manufacture of Furniture	0.3	0.4	0.4	0.4	0.4	-6.3
造纸及纸制品业	Manufacture of Paper and Paper Products	0.6	0.7	0.5	0.6	0.6	6.7
印刷和记录媒介复制业	Printing and Reproduction of Recording Media	0.5	0.4	0.3	0.3	0.3	7.1
文教、工美、体育和娱乐用品制造业	Manufacture of Articles for Culture, Education, Arts and Crafts, Sports and Entertainment Activities	0.2	0.2	0.2	0.2	0.2	21.0
石油加工、炼焦及核燃料加工业	Processing of Petroleum,Coking and Processing of Nuclear Fuel	0.9	0.4	0.5	0.8	0.8	18.1
化学原料及化学制品制造业	Manufacture of Raw Chemical Materials and Chemical Products	4.4	4.1	3.4	3.0	2.8	6.1
医药制造业	Manufacture of Medicines	3.1	3.6	3.3	3.1	2.9	1.6
橡胶和塑料制品业	Manufacture of Rubber and Plastics Products	1.1	1.2	1.2	1.3	1.3	3.4
非金属矿物制品业	Manufacture of Non-metallic Mineral Products	7.9	8.7	8.9	8.1	6.9	0.1
黑色金属冶炼及压延加工业	Smelting and Pressing of Ferrous Metals	2.0	1.6	1.5	1.8	1.9	16.7
有色金属冶炼及压延加工业	Smelting and Pressing of Non-ferrous Metals	4.5	3.2	3.2	3.2	3.9	16.3
金属制品业	Manufacture of Metal Products	1.3	1.3	1.1	1.5	1.7	13.3
通用设备制造业	Manufacture of General Purpose Machinery	0.8	0.7	0.4	0.6	0.7	-7.6
专用设备制造业	Manufacture of Special Purpose Machinery	0.9	0.6	0.5	0.6	0.6	-13.9
汽车制造业	Manufacture of Automobiles	1.7	1.8	1.2	0.9	0.7	11.6
铁路、船舶、航空航天和其他运输设备制造业	Manufacture of Railroad, Ship, Aerospace and Other Transportation Equipment	1.1	1.4	1.5	1.3	1.2	11.6
电气机械及器材制造业	Manufacture of Electrical Machinery and Apparatus	1.2	1.8	1.6	1.1	1.0	11.6
计算机、通信和其他电子设备制造业	Manufacture of Computers, Communication and Other Electronic Equipment	2.3	2.9	1.9	1.8	1.2	-18.5
仪器仪表制造业	Manufacture of Measuring Instruments and Machinery	0.1	0.2	0.2	0.2	0.1	-11.2
其他制造业	Other Manufacture	0.2	0.2	0.1	0.1	0.1	27.7
废弃资源综合利用业	Utilization of waste Resources	0.1	0.1	0.1	0.1	0.1	-17.8
电力、热力、燃气及水的生产和供应业	Production and Supply of Electric Power, Heat Power,Gas and Water	11.0	11.6	12.0	11.2	11.8	3.3
电力、热力生产和供应业	Production and Supply of Electric Power and Heat Power	10.5	10.7	11.0	10.2	11.0	3.1
燃气生产和供应业	Production and Supply of Gas	0.1	0.3	0.4	0.4	0.2	-3.9
水的生产和供应业	Production and Supply of Water	0.4	0.6	0.5	0.6	0.6	11.6

14−5 规模以上工业总产值
Gross Output Value of Industry above Designated Size

单位：亿元 (100 million yuan)

指 标	Item	2016	2017	2018	2019	2020
规模以上工业总产值	**Gross Output Value of Industry above Designated Size**	**11877.28**	**11048.29**	**10234.05**	**10445.19**	**10301.81**
#国有控股企业	State-holding Enterprises	4111.19	3896.94	4212.66	4720.84	5001.50
按轻重工业分	**Grouped by Type of Light and Heavy Industries**					
轻工业	Light Industry	3225.10	3144.77	3120.86	3224.40	3344.73
重工业	Heavy Industry	8652.18	7903.52	7113.19	7220.80	6957.08
按企业规模分	**Grouped by Size of Enterprises**					
大型企业	Large Enterprises	3120.85	3080.78	3294.12	3793.79	4045.91
中型企业	Medium-sized Enterprises	4125.92	2270.51	1912.62	2057.07	2037.37
小型企业	Small Enterprises	4470.81	5293.40	4454.44	4093.05	3755.42
微型企业	Mini-sized Enterprises	159.70	403.60	572.87	501.27	463.12
按登记注册类型分	**Grouped by Status of Registration**					
内资企业	Domestic Funded Enterprises	11562.20	10753.42	9741.65	9924.88	9806.62
国有企业	State-owned Enterprises	871.18	743.67	708.99	797.07	960.37
集体企业	Collective-owned Enterprises	18.67	14.96	19.03	21.34	9.60
股份合作企业	Cooperative Enterprises	21.74	8.28	4.62	3.89	3.93
联营企业	Joint Ownership Enterprises	0.79	5.19			
有限责任公司	Limited Liability Corporations	5857.70	5118.89	4628.47	4870.32	4554.12
股份有限公司	Share-holding Corporations Limited	796.77	682.84	518.69	700.01	706.63
私营企业	Private Enterprises	3972.63	4157.32	3855.27	3531.66	3571.98
其他企业	Other Enterprises	22.73	22.28	6.59	0.59	
港、澳、台商投资企业	Enterprises with Funds from Hong Kong, Macao and Taiwan	162.54	181.72	192.45	207.63	249.13
外商投资企业	Foreign Funded Enterprises	152.54	113.14	299.94	312.68	246.06

注：2016年经名录管理部门认定，部分规模以上工业企业登记注册类型变更，导致相关指标数据变动。

Note: In 2016, determined by the directory management department, the types of registration of some industrial enterprises above designated size were changed, leading to changes in relevant indicators of data.

14-6 按行业分规模以上工业总产值
Gross Output Value of Industry above Designated Size by Sector

单位：亿元 (100 million yuan)

指　标	Item	2016	2017	2018	2019	2020
规模以上工业总产值	**Gross Output Value of Industry above Designated Size**	**11877.28**	**11048.29**	**10234.05**	**10445.19**	**10301.81**
采矿业	Mining	2021.30	1807.17	1365.47	1215.75	1106.59
#煤炭开采和洗选业	Mining and Washing of Coal	1605.12	1447.59	1106.00	983.21	905.29
黑色金属矿采选业	Mining and Processing of Ferrous Metal Ores	62.27	59.94	25.72	22.56	19.26
有色金属矿采选业	Mining and Processing of Non-Ferrous Metal Ores	68.31	66.08	58.87	77.38	68.25
非金属矿采选业	Mining and Processing of Non-metal Ores	285.36	230.43	172.56	128.97	113.79
制造业	Manufacturing	8500.44	8080.39	7449.75	7706.67	7576.00
#农副食品加工业	Processing of Food from Agricultural Products	390.10	376.06	298.40	259.39	285.87
食品制造业	Manufacture of Foods	185.21	192.87	166.21	159.46	174.04
酒、饮料和精制茶制造业	Manufacture of Liquor, Beverages and Refined Tea	1055.57	1067.86	1187.64	1284.73	1396.29
烟草制品业	Manufacture of Tobacco	334.42	341.21	371.27	405.86	424.92
纺织业	Manufacture of Textile	22.86	29.83	22.60	19.29	24.99
纺织服装、服饰业	Manufacture of Textile, Wearing Apparel and Accessories	65.74	50.83	50.57	26.52	25.48
皮革、毛皮、羽毛及其制造业和制鞋业	Manufacture of Leather,Fur,Feather and Related Products,and Footware	60.98	53.17	47.52	43.16	42.00
木材加工和木、竹、藤、棕、草制品业	Processing of Timber, Manufacture of Wood, Bamboo, Rattan, Palm and Straw Products	192.52	69.67	62.93	64.28	51.14
家具制造业	Manufacture of Furniture	45.68	54.01	49.40	44.93	32.90
造纸和纸制品业	Manufacture of Paper and Paper Products	105.97	81.80	89.33	90.37	121.84
印刷和记录媒介复制业	Printing and Reproduction of Recording Media	50.03	50.62	38.50	35.25	37.53
文教、工美、体育和娱乐用品制造业	Manufacture of Articles for Culture, Education, Arts and Crafts, Sports and Entertainment Activities	45.40	46.75	40.54	32.21	21.83
石油加工、炼焦和核燃料加工业	Processing of Petroleum,Coking and Processing of Nuclear Fuel	122.58	79.78	122.58	130.67	148.75
化学原料和化学制品制造业	Manufacture of Raw Chemical Materials and Chemical Products	831.46	694.09	651.58	608.51	544.83
医药制造业	Manufacture of Medicines	451.50	380.49	344.62	361.08	339.27
橡胶和塑料制品业	Manufacture of Rubber and Plastics Products	253.15	255.80	243.11	251.99	249.59
非金属矿物制品业	Manufacture of Non-metallic Mineral Products	1281.43	1311.77	1263.69	1140.84	997.07
黑色金属冶炼和压延加工业	Smelting and Pressing of Ferrous Metals	632.44	421.65	369.16	412.34	449.09
有色金属冶炼和压延加工业	Smelting and Pressing of Non-ferrous Metals	546.86	447.67	474.01	528.35	571.66
金属制品业	Manufacture of Metal Products	217.57	225.73	200.71	219.91	233.46
通用设备制造业	Manufacture of General Purpose Machinery	135.15	117.13	91.61	109.19	104.04
专用设备制造业	Manufacture of Special Purpose Machinery	136.22	119.55	68.28	82.44	76.55
汽车制造业	Manufacture of Automobiles	258.84	267.30	143.86	151.63	160.73
铁路、船舶、航空航天和其它运输设备制造业	Manufacture of Railway, ship, Aerospace and Other Transport Equipment	180.76	203.67	95.23	202.71	248.19
电气机械和器材制造业	Manufacture of Electrical Machinery and Apparatus	282.06	275.69	283.88	343.84	275.71
计算机、通信和其他电子设备制造业	Manufacture of Computers, Communication and Other Electronic Equipment	510.47	766.09	612.54	632.76	470.39
仪器仪表制造业	Manufacture of Measuring Instruments and Machinery	16.42	18.96	21.87	18.21	14.11
其他制造业	Other Manufacture	65.82	59.88	21.07	30.77	38.87
废弃资源综合利用业	Utilization of Waste Resources	18.56	17.50	11.94	11.02	8.68
电力、热力、燃气及水的生产和供应业	Production and Supply of Electric Power, Heat Power,Gas and Water	1355.54	1160.73	1416.53	1522.78	1619.23
电力、热力生产和供应业	Production and Supply of Electric Power and Heat Power	1298.83	1094.78	1324.71	1413.40	1508.91
燃气生产和供应业	Production and Supply of Gas	26.11	34.73	53.60	65.10	59.61
水的生产和供应业	Production and Supply of Water	30.60	31.22	38.22	44.28	50.72

14-7 规模以上工业企业主要经济指标

Major Economic Indicators of Industrial Enterprises above Designated Size

指 标	Item	2016	2017	2018	2019	2020
固定资产净值年平均余额(亿元)	Average Balance of Net Value of Fixed Assets (100 million yuan)	4975.59	5468.76	5486.53	5635.71	5521.27
流动资产年平均余额(亿元)	Average Balance of Circulating Funds (100 million yuan)	5778.54	6237.70	6788.78	7146.58	7441.28
主营业务收入(亿元)	Revenue from Principal Business (100 million yuan)	11172.44	10647.55	9791.34	9619.12	9120.36
利税总额(亿元)	Total Pre-tax Profits(100 million yuan)	1625.14	1756.78	1950.62	1853.77	2043.71
#利润总额	Total Profits	847.02	903.43	1036.16	976.30	1174.41
产值利税率(%)	Ratio of Pre-tax Profits to Output Value(%)	13.68	15.90	19.06	17.75	19.84
资金利税率(%)	Ratio of Pre-tax Profit to Assets(%)	15.11	15.01	16.19	14.95	15.77
销售利税率(%)	Ratio of Pre-Tax Profit to Sales(%)	14.55	16.50	19.92	19.27	22.41
资本保值增值率(%)	Ratio of Assets Appreciation YOY(%)	111.14	108.21	106.81	106.43	105.25
总资产贡献率(%)	Contribution rate of Total Assets(%)	12.75	12.85	13.57	12.46	12.89
资产负债率(%)	Ratio of Debts to Assets(%)	63.37	62.40	61.49	60.47	60.50
流动资产周转次数(次/年)	Turnover of Current Assets (time/year)	1.90	1.65	1.42	1.35	1.23
成本费用利润率(%)	Ratio of Profits to Costs(%)	8.42	9.52	12.22	11.77	15.21
产销率(%)	Sales as Percentage of Output(%)	97.25	92.26	98.50	98.10	95.80

14-8 大中型工业企业主要经济指标

Major Economic Indicators of Large and Medium-sized Industrial Enterprises

指 标	Item	2016	2017	2018	2019	2020
固定资产净值年平均余额(亿元)	Average Balance of Net Value of Fixed Assets(100 million yuan)	3966.04	3994.67	3691.83	3784.59	3766.03
流动资产年平均余额(亿元)	Average Balance of Circulating Funds (100 million yuan)	4208.11	4483.37	4685.95	4948.56	5206.94
主营业务收入(亿元)	Revenue from Principal Business (100 million yuan)	6863.16	5464.59	5421.26	5677.90	5685.97
利税总额(亿元)	Total Pre-tax Profits(100 million yuan)	1244.72	1218.85	1438.74	1470.26	1691.89
#利润总额	Total Profits	622.50	583.16	719.56	751.33	951.06
资本保值增值率(%)	Ratio of Assets Appreciation YOY(%)	109.08	101.07	107.45	110.88	108.22
总资产贡献率(%)	Contribution Rate of Total Assets(%)	13.07	13.17	14.75	14.08	15.49
资产负债率(%)	Ratio of Debts to Assets(%)	64.71	62.90	61.05	59.63	57.55
流动资产周转次数(次/年)	Turnover of Current Assets (time/year)	1.58	1.22	1.16	1.13	1.09
成本费用利润率(%)	Ratio of Profits to Costs(%)	10.34	12.44	16.24	16.36	21.50
产销率(%)	Sales as Percentage of Output(%)	97.73	86.51	98.12	98.32	95.18

14−9 规模以上工业主要产品产量
Output of Major Industrial Products above Designated Size

单位：万吨 (10000 tons)

指 标	Item	2016	2017	2018	2019	2020
粗钢	Crude Steel	515.86	439.9	418.41	442.34	461.94
成品钢材	Rolled Steel	526.18	495.72	569.40	707.74	741.09
铁合金	Ferroalloys	311.71	251.35	164.15	173.98	207.09
原铝	Electrolyzed Aluminium	86.48	101.85	103.67	127.80	135.58
氧化铝	Aluminium Oxide	449.61	433.14	575.54	404.11	427.67
铝材	Aluminium Material	75.06	55.28	47.06	51.11	41.11
磷矿石	Phosphate Rock	5256.00	4817.00	3084.11	2504.06	2132.89
生铁	Pig Iron	371.36	343.71	342.01	351.21	368.63
农用化肥	Chemical Fertilizer	611.31	538.47	474.48	371.42	338.33
轮胎外胎(万条)	Tires(10000 units)	494.19	497.59	570.59	609.42	708.54
水泥	Cement	10748.76	11356.51	11029.99	10991.07	10797.36
发电量(亿千瓦小时)	Electricity (100 million kwh)	1839.71	1856.53	1945.35	2106.28	2174.34
#水电	Hydropower	678.36	658.42	647.17	674.88	710.26
卷烟(万箱)	Cigarettes(10000 cases)	232.13	215.21	215.16	222.93	232.01
饮料酒(万千升)	Alcohol Beverages (10000 kiloliters)	152.79	143.9	129.13	140.67	127.97
#白酒	White Spirit	49.01	45.21	30.83	27.39	26.62
食用植物油	Edible Vegetable Oil	46.75	38.96	16.34	13.54	9.61
中成药	Traditional Chinese Medicine	10.52	9.78	6.53	6.72	6.47
家用电冰箱(万台)	Household Refrigerators (10000 sets)	146.99	125.9	143.12	157.64	157.08
彩色电视机(万部)	Color Television Sets (10000 sets)	191.24	205.45	132.74	123.56	183.62

14—10 规模以上工业企业主要经济指标(2020)

Major Economics Indicators of Industrial Enterprises above Designated Size

单位：亿元 (100 million yuan)

指 标	Item	工业总产值 Total Output Value of Industry	资产合计 Total Assets	主营业务收入 Revenue from Principal Business	利税总额 Total Profits and Taxes	#利润总额 Total Profits
总 计	**Total**	**10301.81**	**17244.62**	**9120.36**	**2043.71**	**1174.41**
#国有控股企业	State-holding Enterprises	5001.50	11080.45	4697.96	1569.57	893.71
按登记注册类型分	**Grouped by Status of Registration**					
内资企业	Domestic Funded Enterprises	9806.62	16399.94	8716.08	1978.59	1125.75
国有企业	State-owned Enterprises	960.37	1629.35	915.10	36.85	12.50
中央企业	Central Enterprises	855.48	1323.64	830.78	26.89	5.57
地方企业	Local Enterprises	104.88	305.71	84.32	9.97	6.93
集体企业	Collective-owned Enterprises	9.60	4.73	4.87	0.51	-0.01
股份合作企业	Cooperative Enterprises	3.93	7.01	3.75	0.36	0.13
联营企业	Joint Ownership Enterprises					
有限责任公司	Limited Liability Corporations	4554.12	10196.20	4237.58	1526.55	866.02
股份有限公司	Share-holding Corporations Limited	706.63	1338.62	614.08	113.51	75.94
私营企业	Private Enterprises	3571.98	3224.03	2940.71	300.79	171.18
其他企业	Other Enterprises					
港.澳.台商投资企业	Enterprises with Funds from Hong Kong,Macao and Taiwan	249.13	490.64	169.17	33.51	26.15
外商投资企业	Foreign Invested Enterprises	246.06	354.04	235.11	31.61	22.51
按轻重工业分	**Grouped by Type of Light and Heavy Industry**					
轻工业	Light Industry	3344.73	5163.75	3069.74	1495.19	864.84
重工业	Heavy Industry	6957.08	12080.87	6050.62	548.52	309.57
按企业规模分	**Grouped by Size of Enterprises**					
大型企业	Large Enterprises	4045.91	7693.61	3987.75	1532.07	873.81
中型企业	Medium-sized Enterprises	2037.37	4041.30	1698.22	159.81	77.25
小型企业	Small Enterprises	3755.42	4748.58	3150.49	324.88	206.83
微型企业	Mini-sized Enterprises	463.12	761.13	283.90	26.94	16.53

14—11 规模以上工业企业分行业主要经济指标(2020)

单位：亿元

指 标	Item	企业单位数(个) Number of Enterprises(unit)
总 计	**Total**	**4482**
采矿业	Mining	544
#煤炭开采和洗选业	Mining and Washing of Coal	332
黑色金属矿采选业	Mining and Processing of Ferrous Metal Ores	19
有色金属矿采选业	Mining and Processing of Non-Ferrous Metal Ores	29
非金属矿采选业	Mining and Processing of Non-metal Ores	164
制造业	Manufacturing	3600
农副食品加工业	Processing of Food from Agricultural Products	315
食品制造业	Manufacture of Foods	104
酒、饮料和精制茶制造业	Manufacture of Liquor, Beverages and Refined Tea	355
#白酒制造	Manufacture of Liquors	152
烟草制品业	Manufacture of Tobacco	3
纺织业	Manufacture of Textile	24
纺织服装、服饰业	Manufacture of Textile, Wearing Apparel and Accessories	52
皮革、毛皮、羽毛及其制品和制鞋业	Manufacture of Leather,Fur,Feather and Related Products, and Footware	43
木材加工和木、竹、藤、棕、草制品业	Processing of Timber, Manufacture of Wood, Bamboo, Rattan, Palm and Straw Products	65
家具制造业	Manufacture of Furniture	43
造纸和纸制品业	Manufacture of Paper and Paper Products	69
印刷和记录媒介复制业	Printing and Reproduction of Recording Media	37
文教、工美、体育和娱乐用品制造业	Manufacture of Articles for Culture, Education, Arts and Crafts,Sports and Entertainment Activities	36
石油加工、炼焦和核燃料加工业	Processing of Petroleum, Coking and Processing of Nuclear Fuel	20
化学原料和化学制品制造业	Manufacture of Raw Chemical Materials and Chemical Products	201
医药制造业	Manufacture of Medicines	142
橡胶和塑料制品业	Manufacture of Rubber and Plastics Products	163
非金属矿物制品业	Manufacture of Non-metallic Mineral Products	942
黑色金属冶炼和压延加工业	Smelting and Pressing of Ferrous Metals	79
有色金属冶炼和压延加工业	Smelting and Pressing of Non-ferrous Metals	95
金属制品业	Manufacture of Metal Products	182
通用设备制造业	Manufacture of General Purpose Machinery	78
专用设备制造业	Manufacture of Special Purpose Machinery	78
汽车制造业	Manufacture of Automobiles	55
铁路、船舶、航空航天和其他运输设备制造业	Manufacture of Railroad, Ship, Aerospace and Other Transportation Equipment	55
电气机械和器材制造业	Manufacture of Electrical Machinery and Apparatus	168
计算机、通信和其他电子设备制造业	Manufacture of Computers, Communication and Other Electronic Equipment	143
仪器仪表制造业	Manufacture of Measuring Instruments and Machinery	17
其他制造业	Other Manufacture	16
废弃资源综合利用业	Utilization of Waste Resources	15
电力、热力、燃气及水的生产和供应业	Production and Supply of Electric Power, Heat Power, Gas and Water	338
电力、热力生产和供应业	Production and Supply of Electric Power and Heat Power	217
#电力生产	Production of Electric Power	198
电力供应	Distribution of Electric Power	17
燃气生产和供应业	Production and Supply of Gas	44
水的生产和供应业	Production and Supply of Water	77

Main Economic Indicators of Industrial Enterprises above Designated Size by Sector

(100 million yuan)

工业总产值 Total Output Value of Industry	资产合计 Total Assets	主营业务收入 Revenue from Principal Business	利税总额 Total Profits and Taxes	利润总额 Total Profits
10301.81	**17244.62**	**9120.36**	**2043.71**	**1174.41**
1106.59	2455.73	925.13	141.27	61.37
905.29	2279.58	789.71	124.71	53.66
19.26	22.09	15.60	1.07	-0.14
68.25	38.57	28.82	3.68	1.61
113.79	115.50	91.00	11.81	6.23
7576.00	10201.35	6669.37	1764.36	1034.82
285.87	217.69	264.36	16.26	12.69
174.04	141.88	149.02	14.06	8.64
1396.29	3318.07	1379.05	1045.57	734.61
1251.74	3138.36	1253.30	1029.97	722.52
424.92	364.94	426.86	319.43	42.74
24.99	19.94	21.96	1.94	1.39
25.48	16.12	19.27	1.70	1.34
42.00	26.34	31.64	2.81	2.15
51.14	32.55	42.62	3.17	1.37
32.90	18.38	27.11	3.41	2.25
121.84	88.23	88.20	6.62	5.19
37.53	53.73	33.46	5.91	4.66
21.83	11.31	20.59	1.79	1.18
148.75	90.02	85.86	8.46	3.70
544.83	1162.45	457.31	25.38	14.19
339.27	478.13	245.30	48.23	28.95
249.59	204.37	198.80	27.90	22.98
997.07	1093.59	870.68	74.48	40.96
449.09	438.59	398.87	7.62	2.33
571.66	475.43	533.69	48.63	33.87
233.46	241.95	198.25	16.24	10.50
104.04	118.19	82.01	7.88	5.09
76.55	108.61	62.13	5.15	2.76
160.73	212.62	138.35	12.67	8.21
248.19	529.32	208.01	16.76	14.86
275.71	283.49	225.29	14.40	9.93
470.39	383.11	393.32	23.45	15.16
14.11	16.32	12.64	1.33	0.80
38.87	35.45	35.04	0.94	0.60
8.68	11.27	6.39	1.01	0.87
1619.23	4587.42	1524.57	138.08	78.23
1508.91	3902.18	1412.41	121.52	64.30
726.04	2758.43	624.20	101.45	64.30
781.95	1132.76	786.83	19.99	-0.06
59.61	151.47	63.55	5.01	4.06
50.72	533.77	48.60	11.55	9.86

14—12 规模以上国有控股工业企业主要经济指标(2020)

单位：亿元

指 标	Item	企业单位数(个) Number of Enterprises(unit)
总 计	**Total**	**595**
按轻重工业分	**Grouped by Type of Light and Heavy Industry**	
轻工业	Light Industry	76
重工业	Heavy Industry	519
按企业规模分	**Grouped by Scale of Enterprise**	
大型企业	Large Enterprises	46
中型企业	Medium-sized Enterprises	132
小型企业	Small Enterprises	324
微型企业	Mini-sized Enterprises	93
按工业行业分	**Grouped by Industrial Sector**	
采矿业	Mining	58
#煤炭开采和洗选业	Mining and Washing of Coal	42
黑色金属矿采选业	Mining and Processing of Ferrous Metal Ores	3
有色金属矿采选业	Mining and Processing of Non-ferrous Metal Ores	6
非金属矿采选业	Mining and Processing of Non-metal Ores	7
制造业	Manufacturing	326
农副食品加工业	Processing of Food fom Agricultural Products	13
食品制造业	Manufacture of Food	5
酒、饮料和精制茶制造业	Manufacture of Wine,Soft Drinks and Refined Tea	20
烟草制品业	Manufacture of Tobacco	3
纺织业	Manufacture of Textile	1
纺织服装、服饰业	Manufacture of Textile, Wearing Apparel and Accessories	3
皮革、毛皮、羽毛及其制品和制鞋业	Manufacture of Leather, Fur, Feather, and Related Products and Footwear	1
木材加工和木、竹、藤、棕、草制品业	Processing of Timber, Manufacture of Wood, Bamboo , Rattan, Palm and Straw Products Fiber and Straw Products	2
家具制造业	Manufacture of Furniture	1
造纸和纸制品业	Manufacture of Paper and Paper Products	3
印刷和记录媒介复制业	Printing and Reproduction of Recording Media	5
石油、煤炭及其他燃料加工业	Processing of Petroleum, Coal and Other Fuels	4
化学原料和化学制品制造业	Manufacture of Raw Chemical Materials and Chemical Products	36
医药制造业	Manufacture of Medicines	5
橡胶和塑料制品业	Manufacture of Rubber and Plastics Products	7
非金属矿物制品业	Manufacture of Non-metallic Mineral Products	81
黑色金属冶炼和压延加工业	Smelting and Pressing of Ferrous Metals	8
有色金属冶炼和压延加工业	Smelting and Pressing of Non-ferrous Metals	20
金属制品业	Manufacture of Metal Products	12
通用设备制造业	Manufacture of General Purpose Machinery	14
专用设备制造业	Manufacture of Special Purpose Machinery	11
汽车制造业	Manufacture of Automobiles	11
铁路、船舶、航空航天和其他运输设备制造业	Manufacture of Railway, Ship, Aerospace and Other	29
电气机械和器材制造业	Manufacture of Electrical Machinery and Apparatus	8
计算机、通信和其他电子设备制造业	Manufacture of Computers, Communication and Other	14
仪器仪表制造业	Manufacture of Measuring Instruments and Machinery	4
其他制造业	Other Manufacture	1
电力、热力、燃气及水的生产和供应业	Production and Supply of Electric Power, Heat Power, Gas and Water	211
电力、热力生产和供应业	Production and Supply of Electric Power and Heat Power	146
燃气生产和供应业	Production and Supply of Gas	5
水的生产和供应业	Production and Supply of Water	60

Major Economic Indicators of State-controlled

(100 million yuan)

工业总产值 Total Output Value of Industry	资产合计 Total Assets	主营业务收入 Revenue from Principal Business	利税总额 Total Profits and Taxes	#利润总额 Total Profits
5001.50	**11080.45**	**4697.96**	**1569.57**	**893.71**
1579.86	3255.50	1612.94	1302.26	745.04
3421.64	7824.96	3085.03	267.30	148.67
3299.15	6710.86	3337.12	1439.64	823.01
977.48	2256.96	819.89	38.93	7.12
576.96	1816.72	461.72	79.62	56.58
147.90	295.91	79.23	11.37	7.00
235.74	969.12	221.20	29.92	9.40
209.62	931.52	204.98	26.69	7.99
3.26	11.38	1.21	-0.50	-0.59
17.38	16.01	10.97	2.45	1.20
5.48	10.21	4.05	1.27	0.80
3280.12	6179.49	3088.90	1422.17	824.57
7.94	25.25	7.37	0.59	0.53
16.40	38.84	9.35	1.37	1.14
1065.14	2742.32	1114.70	978.56	700.09
424.92	364.94	426.86	319.43	42.74
0.47	0.39	0.35	0.02	
0.87	1.40	0.86	0.02	-0.04
8.82	12.72	5.90	0.55	0.36
2.47	9.14	0.88	-0.95	-0.95
4.15	3.82	4.04	0.52	0.28
2.42	2.81	2.40	-0.31	-0.36
3.71	10.71	3.36	0.22	0.20
119.84	67.78	57.72	3.74	1.71
238.71	848.55	242.57	9.79	0.50
6.03	4.69	5.46	0.52	0.31
102.96	120.18	73.02	15.28	13.49
193.24	315.79	179.56	15.13	6.86
205.11	317.35	177.08	2.67	1.69
307.22	299.23	297.82	31.81	23.82
39.23	64.85	37.07	3.50	1.47
39.71	68.30	31.43	1.80	1.15
20.72	56.77	18.13	0.85	0.25
24.64	47.94	23.99	2.79	2.02
224.37	507.15	189.81	13.93	12.43
34.62	35.35	27.52	0.48	0.03
154.19	168.69	121.03	17.55	13.13
7.06	8.87	6.05	0.95	0.57
20.02	26.41	19.55	0.35	0.29
1485.64	3931.85	1387.86	117.48	59.74
1444.35	3518.65	1348.88	110.23	54.19
3.06	3.78	3.05	0.21	0.17
38.24	409.42	35.94	7.04	5.39

14-13 规模以上集体工业企业主要经济指标(2020)
Main Economic Indicators of All Collective-owned Industrial Enterprises above Designated Size

单位：亿元 (100 million yuan)

指标	Item	企业单位数(个) Number of Enterprises (unit)	工业总产值 Total Output Value of Industry	资产合计 Total Assets	主营业务收入 Revenue from Principal Business	利税总额 Total Profits and Taxes	#利润总额 Total Profits
总计	**Total**	**9**	**9.60**	**4.73**	**4.87**	**0.51**	**-0.01**
按轻重工业分	**Grouped by Type of Light and Heavy Industry**						
轻工业	Light Industry	4	3.75	0.62	0.66	0.04	0.02
重工业	Heavy Industry	5	5.85	4.11	4.21	0.47	-0.03
按企业规模分	**Grouped by Size of Enterprises**						
#中型企业	Medium-sized Enterprises						
小型企业	Small Enterprises	9	9.60	4.73	4.87	0.51	-0.01
按工业行业分	**Grouped by Industries Sector**						
制造业	Manufacturing	7	4.76	1.37	1.46	0.09	0.03
#皮革、毛皮、羽毛及其制品和制鞋业	Manufacture of Leather, Fur, Feather and Related Products and Footware	1	3.04	0.05			-0.01
印刷和记录媒介复制业	Printing and Reproduction of Recording Media	1	0.35	0.26	0.26	0.01	0.01

14-14 规模以上外商投资和港澳台商投资工业企业主要经济指标(2020)
Major Economic Indicators of all above Designated Size Industrial Enterprises Funded by Foreigners and Hong kong, Macao and Taiwan

单位：亿元 (100 million yuan)

指 标	Item	企业单位数(个) Number of Enterprises (unit)	工业总产值 Gross Value of Industrial Output	资产合计 Total Assets	主营业务收入 Revenue from Principal Business	利税总额 Total Profits and Taxes	#利润总额 Total Profits
总 计	**Total**	**105**	**495.19**	**844.69**	**404.28**	**65.12**	**48.66**
#港、澳、台商投资企业	Enterprises with Funds from Hong kong, Macao and Taiwan	57	249.13	490.64	169.17	33.51	26.15
合资经营企业(港或澳、台资)	Joint Venture Enterprises(with Funds from Hong Kong, Macao and Taiwan)	26	193.84	331.23	119.49	26.75	20.51
港澳台商独资经营企业	Enterprises with Sole Funds from Hong Kong,Macao and Taiwan	31	55.29	159.41	49.68	6.76	5.64
外商投资企业	Foreign Funded Enterprises	48	246.06	354.04	235.11	31.61	22.51
中外合资经营企业	Cooperation Enterprises	20	56.08	110.51	51.19	9.20	6.87
外资企业	Foreign Funded Enterprises	26	175.99	222.01	170.20	15.34	9.33
按轻重工业分	**Grouped by Type of Light and Heavy Industry**						
轻工业	Light Industry	37	90.58	104.59	80.35	16.85	11.95
重工业	Heavy Industry	68	404.61	740.10	323.93	48.27	36.71
按企业规模分	**Grouped by Size of Enterprise**						
大型企业	Large Enterprises	7	173.52	235.34	167.39	24.41	18.49
中型企业	Medium-sized Enterprises	19	111.18	248.89	99.89	17.35	12.04
小型企业	Small Enterprises	71	202.30	322.25	130.13	20.85	16.08
微型企业	Mini-sized Enterprises	8	8.19	38.21	6.87	2.50	2.05
按工业行业分	**Grouped by Industrial Sector**						
采矿业	Mining	5	51.34	194.82	44.85	16.71	11.93
#煤炭开采和洗选业	Mining and Washing of Coal	4	50.88	193.55	44.45	16.69	11.91
制造业	Manufacturing	74	369.37	301.21	288.38	32.10	22.28
#农副食品加工业	Processing of Food from Agricultural Products	4	11.70	7.94	10.49	0.45	0.38
食品制造业	Manufacture of Food	3	2.97	1.48	2.71	0.30	0.09
酒、饮料和精制茶制造业	Manufacture of Liquor, Beverages and Refined Tea	10	21.57	27.63	20.18	5.55	4.09
皮革、毛皮、羽毛及其制品和制鞋业	Manufacture of Leather,Fur,Feather and Related Products, and Footware	2	1.98	0.22	1.38	0.01	
文教、工美、体育和娱乐用品制造业	Manufacture of Articles for Culture, Education, Arts and Crafts,Sports and Entertainment Activities	2	3.23	1.79	3.25	0.36	0.09
石油、煤炭及其他燃料加工业	Processing of Oil, Coal and Other Fuels	2	78.71	10.32	11.23	1.47	0.36
化学原料和化学制品制造业	Manufacture of Raw Chemical Materials and Chemical Products	5	7.46	18.73	7.27	2.46	1.81
医药制造业	Maufacture of Medicines	10	26.62	43.88	19.96	5.01	3.03
橡胶和塑料制品业	Manufacture of Rubber and Plastics Produets	2	14.25	10.42	14.67	3.42	2.85
非金属矿物制品业	Manufacture of Non-metallic Mineral Products	12	37.19	75.29	34.08	4.04	2.70
汽车制造业	Manufacture of Automobiles	3	5.40	5.92	5.69	0.61	0.45
铁路、船舶、航空航天和其他运输设备制造业	Manufacture of Railway, Ship, Aerospace and other Transport Equipment	2	1.61	2.60	1.57	0.08	0.02
电气机械和器材制造业	Manufacture of Electrical Machinery and Apparatus	2	8.15	7.76	8.06	1.08	1.12
计算机、通信和其他电子设备制造业	Manufacture of Computers,Communication and Other Electronic Equipment	7	113.30	31.91	113.12	-1.84	-2.48
电力、热力、燃气及水的生产和供应业	Production and Supply of Electric Power, Heat Power, Gas and Water	26	74.48	348.65	71.05	16.31	14.44
#电力、热力生产和供应业	Production and Supply of Electric Power and Heat Power	13	55.16	211.11	53.10	9.74	8.19
燃气生产和供应业	Production and Supply of Gas	2	2.93	4.93	3.05	0.87	0.73
水的生产和供应业	Production and Supply of Water	11	16.39	132.61	14.90	5.70	5.52

14-15 规模以上工业企业主要经济效益指标(2020)
Main Indicators on Economic Efficiency of all Industrial Enterprises above Designated Size

单位：%　　　　(%)

指　标	Item	产值利税率 Ratio of Pre-Tax Profit to Output Value	资金利税率 Ratio of Pre-Tax Profit to Asset	销售利税率 Ratio of Pre-Tax Profit to Sales
总　计	**Total**	**19.8**	**15.8**	**22.4**
内资企业	Domestic Funded Enterprises	20.2	15.9	22.7
国有企业	State-owned Enterprises	3.8	3.0	4.0
中央企业	Central Enterprises	3.1	2.5	3.2
地方企业	Local Enterprises	9.5	7.1	11.8
集体企业	Collective-owned Enterprises	5.3	9.7	10.5
股份合作企业	Cooperation Enterprises	9.2	9.4	9.6
联营企业	Joint-owned Enterprises			
有限责任公司	Limited Liability Corporations	33.5	19.4	36.0
股份有限公司	Share-holding Corporations Enterprises	16.1	10.9	18.5
私营企业	Private Enterprises	8.4	13.0	10.2
其他企业	Others			
港、澳、台商投资企业	Enterprises with Funds from Hong kong,Macao and Taiwan	13.5	10.8	19.8
外商投资企业	Foreign Invested Enterprises	12.8	14.5	13.4
在总计中	**of the Total:**			
#国有控股企业	State-controlled Enterprises	31.4	18.4	33.4
按轻重工业分	**Grouped by type of Light and Heavy Industry**			
轻工业	Light Industry	44.7	39.0	48.7
重工业	Heavy Industry	7.9	6.0	9.1
按企业规模分	**Grouped by Size of Enterprises**			
大型企业	Large Enterprises	37.9	25.9	38.4
中型企业	Medium-sized Enterprises	7.8	5.2	9.4
小型企业	Small Enterprises	8.7	9.5	10.3
微型企业	Mini-sized Enterprises	5.8	4.9	9.5
按工业行业分	**Grouped by Industrial Sector**			
采矿业	Mining	12.8	9.5	15.3
#煤炭开采和洗选业	Mining and Washing of Coal	13.8	9.2	15.8
黑色金属矿采选业	Mining and Processing of Ferrous Metal Ores	5.6	7.1	6.9
有色金属矿采选业	Mining and Processing of Non-Ferrous Metal Ores	5.4	13.9	12.8
非金属矿采选业	Mining and Processing of Non-metal Ores	10.4	14.3	13.0
制造业	Manufacturing	23.3	22.2	26.5
#农副食品加工业	Processing of Food from Agricultural Products	5.7	11.2	6.2
食品制造业	Manufacture of Food	8.1	13.4	9.4
酒、饮料和精制茶制造业	Manufacture of Liquor, Beverages and Refined Tea	74.9	42.6	75.8
烟草制品业	Manufacture of Tobacco	75.2	94.9	74.8
纺织业	Manufacture of Textile	7.8	13.5	8.8
纺织服装、服饰业	Manufacture of Textile, Wearing Apparel and Accessories	6.7	12.6	8.8
皮革、毛皮、羽毛及其制品和制鞋业	Manufacture of Leather,Fur,Feather and Related Products, and Footware	6.7	11.9	8.9

14-15 续表 continued (2020)

单位：% (%)

指 标	Item	产值利税率 Ratio of Pre-Tax Profits to Output Value	资金利税率 Ratio of Pre-Tax Profits to Assets	销售利税率 Ratio of Pre-Tax Profits to Sales
木材加工和木、竹、藤、棕、草制品业	Processing of Timber, Manufacture of Wood, Bamboo,Rattan, Palm and Straw Products	6.2	11.1	7.4
家具制造业	Manufacture of Furniture	10.4	24.0	12.6
造纸和纸制品业	Manufacture of Paper and Paper Products	5.4	10.0	7.5
印刷和记录媒介复制业	Printing and Reproduction of Recording Media	15.7	14.8	17.7
文教、工美、体育和娱乐用品制造业	Manufacture of Articles for Culture, Education, Arts and Crafts,Sport and Entertainment Activities	8.2	17.7	8.7
石油加工、炼焦和核燃料加工业	Processing of Petroleum,Coking and Processing of Nuclear Fuel	5.7	10.6	9.9
化学原料和化学制品制造业	Manufacture of Raw Chemical Materials and Chemical Products	4.7	2.7	5.5
医药制造业	Maufacture of Medicines	14.2	13.5	19.7
橡胶和塑料制品业	Manufacture of Rubber and Plastics Produets	11.2	17.2	14.0
非金属矿物制品业	Manufacture of Non-metallic Mineral Products	7.5	8.1	8.6
黑色金属冶炼和压延加工业	Smelting and Pressing of Ferrous Metals	1.7	2.6	1.9
有色金属冶炼和压延加工业	Smelting and Pressing of Non-ferrous Metals	8.5	12.5	9.1
金属制品业	Manufacture of Metal Products	7.0	11.1	8.2
通用设备制造业	Manufacture of General Purpose Machinery	7.6	7.7	9.6
专用设备制造业	Manufacture of Special Purpose Machinery	6.7	5.5	8.3
汽车制造业	Manufacture of Automobiles	7.9	7.1	9.2
铁路、船舶、航空航天和其他运输设备制造业	Manufacture of Railway, Ship, Aerospace and other Transport Equipment	6.8	3.8	8.1
电气机械和器材制造业	Manufacture of Electrical Machinery and Apparatus	5.2	6.7	6.4
计算机、通信和其他电子设备制造业	Manufacture of Computers,Communication and Other Electronic Equipment	5.0	6.9	6.0
仪器仪表制造业	Manufacture of Measuring Instruments and Machinery	9.4	8.8	10.5
其他制造业	Other Manufacture	2.4	3.0	2.7
废弃资源综合利用业	Utilization of Waste Resources	11.6	16.7	15.8
电力、热力、燃气及水的生产和供应业	Production and Supply of Electric Power, Heat Power,Gas and Water	8.5	3.9	9.1
电力、热力生产和供应业	Production and Supply of Electric Power and Heat Power	8.1	3.9	8.6
燃气生产和供应业	Production and Supply of Gas	8.4	5.4	7.9
水的生产和供应业	Production and Supply of Water	22.8	4.0	23.8

14–16 规模以上国有控股工业企业主要经济效益指标(2020)
Major Indicators on Economic Efficiency of State-controlled Industrial Enterprises above Designated Size

单位：% (%)

指　　标	Item	产值利税率 Ratio of Pre-Tax Profits to Output Value	资金利税率 Ratio of Pre-Tax Profits to Assets	销售利税率 Ratio of Pre-Tax Profits to Sales
总　　计	**Total**	**31.4**	**18.4**	**33.4**
按轻重工业分	**Grouped by Type of Light and Heavy Industry**			
轻工业	Light Industry	82.4	52.0	80.7
重工业	Heavy Industry	7.8	4.4	8.7
按企业规模分	**Grouped by Size of Enterprises**			
大型企业	Large Enterprises	43.6	27.4	43.1
中型企业	Medium-sized Enterprises	4.0	2.2	4.7
小型企业	Small Enterprises	13.8	6.5	17.2
微型企业	Mini-sized Enterprises	7.7	4.0	14.4
按工业行业分	**Grouped by Industrial sector**			
采矿业	Mining	12.7	5.7	13.5
#煤炭开采和洗选业	Mining and Washing of Coal	12.7	5.3	13.0
黑色金属矿采选业	Mining and Processing of Ferrous Metal Ores	-15.3	-8.3	-41.3
有色金属矿采选业	Mining and Processing of Non-Ferrous Metal Ores	14.1	24.8	22.3
非金属矿采选业	Mining and Processing of Non-metal Ores	23.2	15.7	31.4
制造业	Manufacturing	43.4	29.1	46.0
#农副食品加工业	Processing of Food from Agricultural Products	7.4	6.7	8.0
食品制造业	Manufacture of Foods	8.4	6.9	14.7
酒、饮料和精制茶制造业	Manufacture of Liquor, Beverages and Refined Tea	91.9	47.6	87.8
烟草制品业	Manufacture of Tobacco	75.2	94.9	74.8
皮革、毛皮、羽毛及其制品和制鞋业	Manufacture of Leather,Fur,Feather and Related Products, and Footware	6.2	4.9	9.3
木材加工和木、竹、藤、棕、草制品业	Processing of Timber, Manufacture of Wood, Bamboo,Rattan, Palm and Straw Products	-38.5	-10.8	-108.0
家具制造业	Manufacture of Furniture	12.5	15.8	12.9
印刷和记录媒介复制业	Printing, Reproduction of Recording Media	5.9	2.8	6.5

14-16 续表 continued

单位：% (%)

指 标	Item	产值利税率 Ratio of Pre-Tax Profits to Output Value	资金利税率 Ratio of Pre-Tax Profits to Assets	销售利税率 Ratio of Pre-Tax Profits to Sales
石油、煤炭及其他燃料加工业	Processing of Petroleum, Coal and Other Fuels	3.1	6.0	6.5
化学原料和化学制品制造业	Manufacture of Raw Chemical Materials and Chemical Products	4.1	1.4	4.0
医药制造业	Maufacture of Medicines	8.6	11.6	9.5
橡胶和塑料制品业	Manufacture of Rubber and Plastics Produets	14.8	16.7	20.9
非金属矿物制品业	Manufacture of Non-metallic Mineral Products	7.8	5.6	8.4
黑色金属冶炼和压延加工业	Smelting and Pressing of Ferrous Metals	1.3	1.3	1.5
有色金属冶炼和压延加工业	Smelting and Pressing of Non-ferrous Metals	10.4	13.2	10.7
金属制品业	Manufacture of Metal Products	8.9	5.1	9.4
通用设备制造业	Manufacture of General Purpose Machinery	4.5	2.9	5.7
专用设备制造业	Manufacture of Special Purpose Machinery	4.1	1.6	4.7
汽车制造业	Manufacture of Automobiles	11.3	7.1	11.6
铁路、船舶、航空航天和其他运输设备制造业	Manufacture of Railway, Ship, Aerospace and other Transportion Equipment	6.2	3.3	7.3
电气机械和器材制造业	Manufacture of Electrical Machinery and Apparatus	1.4	1.2	1.7
计算机、通信和其他电子设备制造业	Manufacture of Computers, Communication and Other Electronic Equipment	11.4	13.4	14.5
仪器仪表制造业	Manufacture of Measuring Instruments and Machinery	13.5	12.0	15.7
其他制造业	Other Manufacture	1.7	1.6	1.8
电力、热力、燃气及水的生产和供应业	Production and Supply of Electric Power, Heat Power, Gas and Water	7.9	3.8	8.5
电力、热力的生产和供应业	Production and Supply of Electric Power and Heat Power	7.6	3.8	8.2
燃气生产和供应业	Production and Supply of Gas	6.9	3.0	6.9
水的生产和供应业	Production and Supply of Water	18.4	2.8	19.7

14-17 规模以上集体工业企业主要经济效益指标(2020)

Main Indicators on Economic Benefit of Collective-owned Industrial Enterprises above Designated Size

单位：% (%)

指　标	Item	产值利税率 Ratio of Pre-Tax Profits to Output Value	资金利税率 Ratio of Pre-Tax Profits to Assets	销售利税率 Ratio of Pre-Tax Profits to Sales
总　计	**Total**	**5.3**	**9.7**	**10.5**
按轻重工业分	**Grouped by Type of Light and Heavy Industry**			
轻工业	Light Industry	1.1	7.0	6.1
重工业	Heavy Industry	8.0	10.1	11.2
按企业规模分	**Grouped by Size of Enterprises**			
中型企业	Medium-sized Enterprises			
小型企业	Small Enterprises	7.8	16.0	10.5
按工业行业分	**Grouped by Industrial Sector**			
采矿业	Mining	8.7	11.6	12.3
#煤炭开采和洗选业	Mining and Processing of Ferrous Metal Ores	2.2	1.16	9.3
制造业	Manufacturing	1.9	5.5	6.2
#有色金属冶炼和压延加工业	Smelting and Pressing of Non-ferrous Metals	3.7	12.5	5.0

14—18 大中型工业企业主要经济指标占全省规模以上工业比重(2020)
Percentages of Main Indicators of Large and Medium Industrial Enterprises as the whole Industrial Enterprises above Designated Size

单位：亿元 (100 million yuan)

指 标	Item	规模以上工业 Industrial Enterprises above Designated Size	#大中型工业企业 Large and Medium Industrial Enterprises	
			绝对数 Absolute Figure	占规模以上工业比重(%) Percentage Taken to Industrial Enterprises above Designated Size(%)
企业单位数(个)	Number of Industrial Enterprises(unit)	4482	442	9.9
#亏损企业个数(个)	Number of Loss Making Industrial Enterprises(unit)	945	130	13.8
工业总产值	Gross Value of Industrial Output	10301.81	6083.27	59.1
资产总计	Total Assets	17244.62	11734.91	68.0
流动资产合计	Total Current Assets	7625.53	5307.86	69.6
固定资产净额	Net Fixed Assets	5658.48	3814.38	67.4
负债总计	Total Liabilities	10432.81	6752.86	64.7
主营业务收入	Revenue from Principal Business	9120.36	5685.97	62.3
营业成本	Operating Costs	6685.76	3773.06	56.4
税金及附加	Taxes and Surcharges	496.97	456.67	91.9
亏损企业亏损额	Total Deficit of Loss Making Industrial Enterprises	131.72	80.33	61.0
利税总额	Total Profits and Taxes	2043.71	1691.89	82.8
资金利税率(%)	Ratio of Pre-Tax Profits and Assets(%)	15.77	18.86	119.6

14-19 规模以上大中型工业企业分行业主要经济指标(2020)

单位：亿元

指　标	Item	企业单位数(个) Number of Enterprises(unit)
总　计	**Total**	**442**
采矿业	Mining	115
#煤炭开采和洗选业	Mining and Washing of Coal	113
黑色金属矿采选业	Mining and Processing of Ferrous Metal Ores	1
有色金属矿采选业	Mining and Processing of Non-ferrous Metal Ores	1
制造业	Manufacturing	295
#农副食品加工业	Processing of Food from Agricultural Products	9
食品制造业	Manufacture of Food	7
酒、饮料和精制茶制造业	Manufacture of Liquor, Beverages and Refined Tea	27
烟草制品业	Manufacture of Tobacco	2
纺织业	Manufacture of Textile	3
纺织服装、服饰业	Manufacture of Textile, Wearing Apparel and Accessories	5
皮革、毛皮、羽毛及其制品和制鞋业	Manufacture of Leather, Fur, Feathers and other Products and Footwear	7
木材加工和木、竹、藤、棕、草制品业	Processing of Timber, Manufacture of Wood, Bamboo,Rattan, Palm and Straw Products	3
家具制造业	Manufacture of Furniture	1
造纸和纸制品业	Manufacture of Paper and Paper Products	5
印刷和记录媒介复制业	Printing, and Reproduction of Recording Media	6
文教、工美、体育和娱乐用品制造业	Manufacture of Articles for Culture, Education, Arts and Crafts, Sports and Entertainment Activities	2
石油加工、炼焦和核燃料加工业	Processing of Petroleum, Coking and Processing of Nuclear Fuel	2
化学原料和化学制品制造业	Manufacture of Raw Chemical Materials and Chemical Products	27
医药制造业	Manufacture of Medicines	17
橡胶和塑料制品业	Manufacture of Plastics	4
非金属矿物制品业	Manufacture of Non-metallic Mineral Products	35
黑色金属冶炼和压延加工业	Smelting and Pressing of Ferrous Metals	11
有色金属冶炼和压延加工业	Smelting and Pressing of Non-ferrous Metals	16
金属制品业	Manufacture of Metal Products	7
通用设备制造业	Manufacture of General Purpose Machinery	10
专用设备制造业	Manufacture of Special Purpose Machinery	3
汽车制造业	Manufacture of Automobiles	8
铁路、船舶、航空航天和其他运输设备制造业	Manufacture of Railway, Ship, Aerospace and Other Transportion Equipment	27
电气机械和器材制造业	Manufacture of Electrical Machinery and Apparatus	18
计算机、通信和其他电子设备制造业	Manufacture of Computers,Communication and Other Electronic Equipment	25
仪器仪表制造业	Manufacture of Measuring Instruments and Machinery	3
其他制造业	Other Manufacture	3
电力、热力、燃气及水的生产和供应业	Production and Supply of Electric Power, Heat Power, Gas and Water	32
电力、热力的生产和供应业	Production and Supply of Electric Power and Heat Power	25
燃气生产和供应业	Production and Supply of Gas	1
水的生产和供应业	Production and Supply of Water	6

Main Indicators on Economic of Large and Medium Industrial Enterprises by Sector

(100 million yuan)

工业总产值 Gross Value of Industrial Output	资产合计 Total Assets	主营业务收入 Revenue from Principal Business	利税总额 Total Profits and Taxes	#利润总额 Total Profits
6083.27	**11734.91**	**5685.97**	**1691.89**	**951.06**
559.93	1780.68	518.29	99.25	44.04
558.25	1778.96	516.61	98.89	44.01
1.13	0.84	1.13	0.27	0.04
0.55	0.88	0.55	0.09	-0.01
4310.85	7276.51	3990.25	1539.34	897.68
30.97	41.73	24.35	2.89	2.29
94.69	69.06	88.89	8.45	4.91
1159.07	2916.38	1185.91	1017.60	719.99
423.79	360.16	425.67	319.13	42.56
2.44	3.24	1.99	0.01	-0.01
4.68	2.81	4.53	0.41	0.34
14.37	15.80	10.55	1.17	0.78
5.93	2.03	3.86	0.10	0.01
4.15	3.82	4.04	0.52	0.28
51.54	53.41	40.46	1.82	1.63
10.65	29.49	9.54	2.26	1.90
3.54	0.85	3.28	0.35	0.10
59.36	67.27	64.87	6.45	3.02
369.52	966.75	310.15	9.09	2.51
169.60	319.40	123.47	28.37	16.60
112.42	125.65	83.79	18.09	15.94
203.80	267.57	177.03	19.51	11.46
294.91	348.71	267.36	6.37	2.98
372.68	406.95	362.40	39.07	29.32
37.78	72.31	38.12	3.19	1.77
39.01	68.86	30.93	3.34	2.52
15.70	31.58	13.06	1.04	0.66
117.26	146.98	96.36	8.86	5.37
224.66	501.43	189.61	10.93	9.46
140.05	169.62	124.16	8.58	5.65
306.80	239.45	266.92	19.40	13.95
6.65	6.96	5.68	0.92	0.58
30.37	30.33	28.96	0.48	0.39
1212.51	2677.70	1177.44	53.25	9.31
1184.03	2437.90	1148.28	47.86	4.88
11.96	66.59	14.95	1.25	1.12
16.52	173.21	14.21	4.14	3.31

14-20 规模以上工业用工人数(2020)
The Number of Employment of Industrial Enterprises above Designated Size

单位：万人 (10000 persons)

指　标	Item	平均用工人数 Average Number of Employment	期末用工人数 Number of Employment at Year-end
总　计	**Total**	**77.04**	**75.97**
#国有控股企业	State-controlled Enterprises	32.67	32.55
按登记注册类型分	**By status of Registration**		
内资企业	Domestic Funded Enterprises	72.78	72.12
国有企业	State-owned Enterprises	7.43	7.45
中央企业	Central Enterprises	6.01	6.02
地方企业	Local Enterprises	1.43	1.42
集体企业	Collective-owned Enterprises	0.09	0
股份合作企业	Cooperation Enterprises	0.07	0
联营企业	Joint-owned Enterprises		
有限责任公司	Limited Liability Corporations	27.73	27.48
股份有限公司	Share-holding Corporations Limited	7.62	7.54
私营企业	Private Enterprises	29.84	29.53
其他企业	Others		
港、澳、台商投资企业	Enterprises with Funds from Hong kong,Macao and Taiwan	2.01	2.01
外商投资企业	Foreign Funded Enterprises	2.26	1.84
按轻重工业分	**Grouped by Type of Light and Heavy Industry**		
轻工业	Light Industry	22.14	21.91
重工业	Heavy Industry	54.91	54.07
按企业规模分	**Grouped by Scale of Enterprises**		
大型企业	Large Enterprises	29.63	29.41
中型企业	Medium-sized Enterprises	18.75	19.24
小型企业	Small Enterprises	26.59	26.56
微型企业	Mini-sized Enterprises	2.07	0.76

14−21 高技术产业基本情况
Basic Statistics on High-tech Industry

指 标	Item	2016	2017	2018	2019	2020
规模以上高技术企业数(个)	Number of High-tech Enterprises (unit)	300	449	475	428	398
从业人员年平均人数(万人)	Annual Average Number of Employees(10000 persons)	10.91	13.31	12.71	12.04	11.11
工业总产值(亿元)	Gross Value of Industrial Output (100 million yuan)	1209.54	1603.95	1164.95	1380.87	1179.97
主营业务收入(亿元)	Revenue from Principal Business (100 million yuan)	971.20	1249.68	1183.71	1137.66	947.97
利税总额(亿元)	Pre-Tax Profits (100 million yuan)	88.54	98.43	119.90	92.57	93.16
利润总额(亿元)	Profits (100 million yuan)	58.83	69.28	73.66	57.85	62.41

注：高技术产业统计口径为年主营业务收入2000万元及以上工业企业。
Note: High tech industry's statistics caliber is the industrial enterprise with the main business income of 20 million yuan and above.

14-22 历年工业增加值增长速度
Growth Rate of Added Value of Industry Over the Years

单位：% (%)

年份 Year	全部工业增加值 Total Added Value of Industry	#规模以上工业增加值 Added Value of Industry above Designated Size	轻工业 Light Industry	重工业 Heavy Industry
1996	12.1	10.3	11.0	9.8
1997	11.8	9.0	6.0	11.1
1998	10.4	10.2	8.1	11.5
1999	11.8	6.2	0.8	9.3
2000	7.5	13.8	12.2	14.7
2001	9.2	12.6	6.4	13.6
2002	11.0	16.2	13.4	17.6
2003	13.3	16.9	9.8	20.3
2004	15.9	20.1	22.1	19.2
2005	13.0	17.0	25.3	13.3
2006	13.8	17.5	13.1	19.7
2007	14.0	16.8	13.9	18.1
2008	8.6	10.1	14.0	8.4
2009	10.2	10.6	11.6	10.2
2010	15.7	15.8	15.9	15.7
2011	18.9	21.0	22.7	20.1
2012	15.5	16.2	17.6	15.5
2013	13.1	13.6	12.7	14.1
2014	11.1	11.3	11.5	11.2
2015	9.8	9.9	8.3	10.9
2016	9.9	9.9	10.1	9.8
2017	9.0	9.5	12.2	7.7
2018	9.0	9.0	13.0	6.0
2019	8.3	9.6	10.7	8.6
2020	3.6	5.0	5.4	4.7

14—23 历年规模以上工业主要经济指标

Main Indicators of Industrial Enterprises above Designated Size Over the Years

单位：亿元 (100 million yuan)

年 份 Year	主营业务收入 Revenue from Principal Business	轻工业 Light Industry	重工业 Heavy Industry	利税总额 Total Profits and Taxes	轻工业 Light Industry	重工业 Heavy Industry
1996	434.00	129.12	304.88	50.61	29.73	20.88
1997	419.82	128.07	291.75	60.82	38.42	22.40
1998	463.24	149.81	313.43	62.25	37.38	24.87
1999	507.55	162.34	345.21	65.81	40.47	25.34
2000	593.80	178.54	415.26	87.44	45.66	41.78
2001	646.01	193.35	452.66	94.30	51.27	43.03
2002	752.97	213.50	539.47	104.43	57.76	46.67
2003	974.30	248.48	725.82	135.87	72.15	63.72
2004	1325.95	274.04	1051.91	201.21	85.43	115.78
2005	1577.16	338.02	1239.14	232.49	113.50	118.99
2006	1948.57	389.38	1559.19	299.09	137.05	162.04
2007	2430.62	486.28	1944.34	403.49	187.27	216.22
2008	2922.35	567.80	2354.55	453.53	233.66	219.87
2009	3234.59	674.36	2560.23	470.60	252.25	218.35
2010	3926.01	807.13	3118.88	671.39	326.72	344.67
2011	5022.11	1091.79	3930.32	901.36	463.03	438.33
2012	5966.52	1299.99	4666.53	1172.15	608.19	563.96
2013	7357.43	1697.41	5660.02	1268.68	722.35	546.33
2014	8655.87	2064.97	6590.89	1310.38	781.12	529.27
2015	9876.81	2471.60	7405.20	1460.84	844.46	616.38
2016	11172.44	2939.85	8232.59	1625.14	939.70	685.44
2017	10647.55	3023.56	7623.99	1756.78	1100.63	656.15
2018	9791.34	2863.54	6927.80	1950.62	1272.59	678.03
2019	9619.12	2933.88	6685.24	1853.77	1323.03	530.74
2020	9120.36	3069.74	6050.62	2043.71	1495.19	548.52

14-23 续表 continued

年 份 Year	利润总额 Total Profits	轻工业 Light Industry	重工业 Heavy Industry	资产合计 Total Assets	轻工业 Light Industry	重工业 Heavy Industry
1996	-3.57	-2.47	-1.10	960.79	257.78	703.01
1997	0.76	0.65	0.11	1076.72	294.65	782.07
1998	1.64	-0.65	2.29	1166.76	312.79	853.97
1999	0.65	1.14	-0.49	1328.55	357.12	971.43
2000	12.56	4.48	8.08	1517.13	371.83	1145.30
2001	18.59	6.98	11.61	1698.58	412.57	1286.01
2002	21.41	10.82	10.59	1797.46	404.54	1392.92
2003	37.52	19.00	18.52	1958.57	409.35	1549.22
2004	61.99	18.03	43.96	2441.52	430.64	2010.88
2005	70.79	34.31	36.48	2734.05	458.41	2275.64
2006	110.91	48.52	62.39	3214.39	514.26	2700.13
2007	174.41	81.29	93.12	3521.19	541.49	2979.70
2008	181.83	108.56	73.27	4566.10	700.92	3865.18
2009	191.73	109.42	82.31	5066.17	819.69	4246.48
2010	317.63	149.62	168.01	5960.13	1007.10	4953.03
2011	456.20	220.40	235.80	6990.58	1200.82	5789.76
2012	627.02	307.74	319.28	8302.29	1458.24	6844.05
2013	636.59	370.74	265.85	10339.87	1989.29	8350.58
2014	628.68	397.58	231.10	11747.39	2338.93	9408.46
2015	732.76	426.74	306.02	13540.06	2853.81	10686.25
2016	847.02	491.66	355.36	14319.98	3507.17	10812.81
2017	903.43	600.99	302.44	15228.11	3793.01	11435.10
2018	1036.16	696.99	339.17	15724.71	4238.28	11486.43
2019	976.30	722.05	254.24	16346.93	4418.96	11927.96
2020	1174.41	864.84	309.57	17244.62	5163.75	12080.87

14—24　历年主要工业产品产量
Output of Major Industrial Products Over the Years

年　份 Year	卷烟（万箱） Cigarettes (10000 cases)	白酒（万千升） White Spirit (10000 kiloliters)	发电量（亿千瓦小时） Electricity (100 million kwh)	粗钢（万吨） Crude Steel (10000 tons)	成品钢材（万吨） Steel Products (10000 tons)	水泥（万吨） Cement (10000 tons)	农用化肥（万吨） Chemical Fertilizer (10000 tons)	磷矿石（万吨） Phosphorite Material (10000 tons)
1978	31.60		41.43	8.73	4.95	130.93	11.57	169.02
1979	34.30		44.90	9.11	6.48	148.38	21.8	124.61
1980	44.00		45.17	8.66	7.75	144.47	30.34	188.02
1981	48.70		43.55	8.60	5.17	145.82	30.22	170.03
1982	56.10		57.86	10.62	9.43	161.07	30.98	207.98
1983	64.40		69.51	11.63	13.73	182.26	32.37	216.72
1984	85.70		76.46	13.87	18.93	206.94	36.85	214.34
1985	106.10		78.07	19.28	20.47	231.26	30.31	92.77
1986	102.10		82.52	26.34	21.45	247.31	34.99	162.58
1987	146.40		84.90	32.67	25.30	258.10	39.32	248.39
1988	188.40		90.12	33.17	23.13	293.38	39.23	281.82
1989	205.10		96.53	37.78	22.96	295.51	43.49	285.46
1990	208.00	16.06	103.87	47.11	25.36	278.29	46.73	323.86
1991	194.00	21.03	116.03	52.71	31.87	308.13	51.65	342.96
1992	202.90	22.58	129.35	64.19	48.83	370.44	51.54	348.42
1993	193.60	22.49	146.56	70.67	53.03	406.68	60.06	307.00
1994	204.90	23.32	197.21	69.89	56.14	463.10	53.60	341.43
1995	202.90	26.26	231.55	65.94	51.69	468.34	61.02	390.81
1996	197.70	34.24	248.80	59.47	51.60	522.00	57.50	446.40
1997	205.30	38.57	255.75	78.77	57.65	632.00	69.17	509.91
1998	195.80	6.91	291.77	100.28	77.28	559.42	72.82	436.51
1999	187.60	7.58	334.46	140.09	118.77	710.29	73.12	493.92
2000	187.40	8.38	404.70	166.90	150.93	783.88	84.05	588.70
2001	180.80	7.96	480.25	146.99	138.61	920.01	86.75	669.91
2002	177.80	8.63	547.12	194.65	177.79	1121.11	158.49	729.20
2003	183.19	9.85	636.60	206.10	192.97	1324.66	186.89	783.68
2004	194.74	9.22	713.04	208.07	203.22	1428.80	213.78	801.98
2005	208.21	11.74	786.78	237.83	214.85	1557.97	268.28	878.79
2006	211.73	14.21	974.66	332.51	256.57	1799.40	338.76	1034.60
2007	220.71	14.57	1166.32	349.36	328.14	1943.10	321.84	1198.83
2008	226.74	18.35	1192.08	345.64	337.52	2048.94	262.21	1317.18
2009	232.24	13.79	1363.09	343.10	337.62	2664.78	347.28	1360.66
2010	239.24	16.04	1358.69	360.48	391.04	3694.84	384.92	1579.21
2011	245.23	25.49	1359.01	434.01	462.77	5250.89	360.37	2084.18
2012	249.35	26.83	1548.44	531.27	560.22	6100.45	503.82	2281.95
2013	254.29	30.49	1620.08	531.44	573.28	8352.95	524.26	2905.44
2014	258.36	38.05	1682.27	551.81	552.39	9386.89	533.52	3397.42
2015	252.34	42.79	1740.92	466.59	463.04	9909.52	582.47	4323.10
2016	232.13	49.01	1839.71	515.86	526.18	10748.76	611.31	5256.00
2017	215.21	45.21	1856.53	439.90	495.72	11356.51	538.47	4817.00
2018	215.16	30.83	1945.35	418.41	569.40	11029.99	474.48	3084.11
2019	222.93	27.39	2106.28	442.34	707.74	10991.07	371.42	2504.06
2020	232.01	26.62	2174.34	461.94	741.09	10797.36	338.33	2132.89

注：表中工业产品产量1998年以前为全社会口径，1998年及以后为规模以上工业企业数据。

Note: 1.Before 1998, the data of industrial product output from this chart referred to all the industries in society and it refers to the industrial enterprises above designated size after 1998.

主要统计指标解释

工业 指从事自然资源的开采，对采掘品和农产品进行加工和再加工的物质生产部门。具体包括：(1)对自然资源的开采，如采矿、晒盐等(但不包括禽兽捕猎和水产捕捞)；(2)对农副产品的加工、再加工，如粮油加工、食品加工、缫丝、纺织、制革等；(3)对采掘品的加工、再加工，如炼铁、炼钢、化工生产、石油加工、机器制造、木材加工等，以及电力、自来水、煤气的生产和供应等；(4)对工业品的修理、翻新，如机器设备的修理、交通运输工具（如汽车）的修理等。

工业统计调查单位为独立核算法人工业企业。

独立核算法人工业企业指从事工业生产经营活动的单位。独立核算法人工业企业应同时具备以下条件：①依法成立，有自己的名称、组织机构和场所，能够承担民事责任；② 独立拥有和使用资产、承担负债、有权与其他单位签订合同；③独立核算盈亏，并能够编制资产负债表。

国有控股企业 包括：（1）在企业的全部实收资本中，国有经济成分的出资人拥有的实收资本（股本）所占企业全部实收资本（股本）的比例大于 50%的国有绝对控股。（2）在企业的全部实收资本中，国有经济成分的出资人拥有的实收资本（股本）所占比例虽未大于 50%，但相对大于其他任何一方经济成分的出资人所占比例的国有相对控股；或者虽不大于其他经济成分，但根据协议规定拥有企业实际控制权的国有协议控股。（3）投资双方各占 50%，且未明确由谁绝对控股的企业，若其中一方为国有经济成分的，一律按国有控股处理。

本篇涉及的其他企业登记注册类型的解释详见综合篇。

资产总计 指企业过去的交易或者事项形成的、由企业拥有或者控制的、预期会给企业带来经济利益的资源。资产一般按流动性分为流动资产和非流动资产。其中流动资产可分为货币资金、交易性金融资产、应收票据、应收账款、预付款项、其他应收款、存货等；非流动资产可分为长期股权投资、固定资产、无形资产及其他非流动资产等。根据会计“资产负债表”中“资产总计”项目的期末余额数填报。

流动资产合计 资产满足以下条件之一应归为流动资产：(1）预计在一个正常营业周期中变现、出售或耗用，主要包括存货、应收账款等；(2）主要为交易目的而持有；（3）预计在资产负债表日起一年内（含一年）变现；(4）自资产负债日起一年内，交换其他资产或清偿负债的能力不受限制的现金或现金等价物。包括货币资金、应收票据、应收账款、存货等项目。根据会计“资产负债表”中“流动资产合计”项目的期末余额数填报。

负债合计 指企业过去的交易或者事项形成的，预期会导致经济利益流出企业的现时义务。负债一般按偿还期长短分为流动负债和非流动负债。根据会计“资产负债表”中“负债合计”项目的期末余额数填报。

主营业务收入 指企业确认的销售商品、提供劳务等主营业务的收入。根据会计“主营业务收入”科目的期末贷方余额填报。

主营业务成本 指企业经营主要业务所发生的成本总额。根据会计“主营业务成本”科目的期末借方余额填报。

主营业务税金及附加 指企业经营主要业务应负担的营业税、消费税、城市维护建设税教育费附加等。根据会计“主营业务税金及附加”科目的期末借方余额填报。

利润总额 指企业在一定会计期间的经营成果，是生产经营过程中各种收入扣除各种耗费后的盈余，反映企业在报告期内实现的盈亏总额。根据会计“利润表”中“利润总额”项目的本期金额数填报。

应交增值税 指企业按税法规定，从事货物销售或提供加工、修理修配劳务等增加货物价值的活动本期应交纳的税金。计算公式为：

应交增值税=销项税额－（进项税额－进项税额转出）－出口抵减内销产品应纳税额－减免税款+出口退税

进项税额指企业在报告期内购入货物或接受应税劳务而支付的、准予从销项税额中抵扣的增值税额。

销项税额指企业在报告期内销售货物或提供应税劳务应收取的增值税额。

总资产贡献率 反映企业全部资产的获利能力，是企业经营业绩和管理水平的集中体现，是评价和考核企业盈利能力的核心指标。计算公式为：

$$\text{总资产贡献率} = \frac{\text{利润总额} + \text{税金总额} + \text{利息支出}}{\text{平均资金总额}} \times 100\%$$

公式中：税金总额为主营业务税金及附加与应交增值税之和；平均资产总额为期初期末资产之和的算术平均值。

资产负债率 该指标既反映企业经营风险的大小，也反映企业利用债权人提供的资金从事经营活动的能力。计算公式为：

$$\text{资产负债率} = \frac{\text{负债总额}}{\text{资产总额}} \times 100\%$$

资产与负债均为报告期期末数。

流动资产周转次数 指一定时期内流动资产完成的周转次数，反映投入工业企业流动资金的周转速度。计算公式为：

$$\text{流动资产周转次数} = \frac{\text{产品销售收入}}{\text{全部流动资产平均余额}}$$

公式中：全部流动资产平均余额为期初和期末的流动资产之和的算术平均值。

成本费用利润率 反映企业投入的生产成本及费用的经济效益，同时也反映企业降低成本所取得的经济效益。计算公式为：

$$\text{成本费用利润率} = \frac{\text{利润总额}}{\text{成本费用总额}} \times 100\%$$

公式中：成本费用总额为主营业务成本、销售费用、管理费用、财务费用之和。

Explanatory Notes on Main Statistical Indicators

Industry refers to the material production sector which is engaged in the extraction of natural resources and processing and reprocessing of minerals and agricultural products, including (1) extraction of natural resources, such as mining, salt production (but not including hunting and fishing); (2) processing and reprocessing of farm and sideline produces, such as rice husking, flour milling, wine making, oil pressing, silk reeling, spinning and weaving, and leather making; (3) manufacture of industrial products, such as steel making, iron smelting, chemicals manufacturing, petroleum processing, machine building, timber processing; water and gas production and electricity generation and supply; (4)repairing of industrial products such as the repairing of machinery and means of transport (including cars).

In industrial statistics surveys, the units of enquiry are corporate industrial enterprises with independent accounting systems.

Corporate industrial enterprises with independent accounting systems refer to enterprises engaging in industrial production activities, which meet the following requirements: (1) They are established legally, having their own names, organizations, location and able to take civil liability; (2) They possess and use their assets independently, assume liabilities and are entitled to sign contracts with other units; (3) They are financially independent and compile their own balance sheets.

State-holding Enterprises include: (1) Absolute state-holding in which the contributors of state-owned parts possess more than 50% of all the paid-in capital (stocks) of the enterprises; (2) Relative state-holding in which the contributors of state-owned parts possess no more than 50% of the paid-in capital (stocks) of the enterprises, but more than that of any other contributors; or Agreed state-holding in which the contributors of state-owned parts possess no more than other contributors but have actual control over the enterprises according to agreements; (3) In the case both contributors possess 50% and it is not clear which one is in absolute holding position, the enterprise is regarded as state-holding enterprise if one of the contributor has state-owned elements.

Total Assets refer to all resources that are owned or controlled by enterprises through previous trades or transactions with expectation of making economic profits. Classified by the degree of liquidity, total assets include current assets, and non-current assets. Current assets can be classified into monetary assets, trading financial assets, notes receivable, accounts receivable, advanced payments, other prepaid money and inventories. Non-current assets can be divided into long-term equity investment, fixed assets, intangible assets and other non-current assets. Date on this indicator can be obtained by the year-end figures of total assets in the Assets and Liability Table of accounting records of enterprises.

Total Current Assets refers to the assets that meet one of the following requirements: (1) expected to be cashed, sold or used in a normal operation cycle, mainly including inventory and accounts receivable; (2) be owned for trading purpose mainly; (3) expected to be cashed in one year (including one year) from the day of the Assets and Liability Table; (4) unlimited cash or cash equivalents that can be exchanged with other assets or being capable of settling debts during one year since the day of Assets and Liability Table. Included are monetary assets, notes receivable, accounts receivable and inventories. Data on this indicator can be obtained by the year-end figures of total current assets in the Assets and Liability Table of the accounting records of enterprises.

Total Liabilities refer to payable liabilities of enterprises that accumulated from previous trades or transactions with expectation of economic profits leaking out. In terms of payment, it can be divided into liquid liabilities and long-term liabilities. Data on this item is obtained from the year-end figures on total liabilities from the Assets and Liability Table of the accounting record of the enterprises.

Revenue from Principal Business refers to the income confirmed of an enterprise from the principal business of selling products and providing labor services. Data on this indicator can be obtained from the year-end credit balance of "revenue from principal business" in the accounting record of enterprise.

Cost of Principal Business refers to the total cost occurred from the principal business of the enterprise. Date can be obtained from the year-end debit balance of "cost of principal business" in the accounting record of enterprise.

Tax and Extra Charges from Principal Business refers to the sales tax, consumption tax, urban maintenance and construction tax and education expenses shouldered by the enterprise from its principal business. Date are obtained from the year-end debit balance of "tax and extra charges from principal business" in the accounting record of enterprise.

Total Profits refers to the operation results in a certain accounting period, and it is the balance of various incomes minus various spending in the course of operation reflecting the total profits and losses of enterprises in reference period. Date are obtained from the amount of "total profits" in the "profit table" of the accounting record of enterprise.

Value-added Tax Payable refers to the payable tax according to Tax Law of enterprises which engaged in selling of goods or providing services that bring added value to the goods, such as processing, repairing, fitting and other activities. The formula is as follows:

Value-added Tax Payable = tax on sales – (tax on purchase – transferred tax on purchase) – exports deduct tax payable on domestic sales – tax relief + the export tax rebate.

Tax on Purchase refers to the value-added tax payable by enterprises that purchase goods or receiving taxable services during the reference period and this part of the tax is allowed to be deducted from the tax on sales.

Tax on Sales refers to the value-added tax chargeable by enterprises that sell goods or provide taxable services during the reference period.

Ratio of Profits, Taxes and Interests to Average Assets reflects the profit-making capability of all assets, manifests the performance and management of the enterprise, and is a key indicator for evaluating the profit-making potential of the enterprise. It is calculated as follows:

$$\text{Ration of Profits, Taxes and Interests to Average Assets}(\%) = \frac{\text{total profits+total taxes+interest payment}}{\text{average assets}} \times 100\%$$

In the above formula, total taxes is the sum of tax of and extra charges on the principal business and value-added tax payable; and average assets is the arithmetic mean of the sum of beginning assets and ending assets.

Ratio of Debts to Assets reflects both the operation risk and the capability of the enterprise in making use of the capital from the creditors. It is calculated as follows:

$$\text{Ratio of Debts to Assets}(\%) = \frac{\text{total debts}}{\text{total assets}} \times 100\%$$

Both assets and debts are figures at the end of the reference period.

Turnover of Current Assets refers to the number of times of turnover of current assets in a given period of time, which reflects the speed of the turnover of current assets of industrial enterprises, and is calculated as follows:

$$\text{Turnover of Working Capital} = \frac{\text{sales revenue of products}}{\text{average balance of total working capital}}$$

In the above formula, average balance of total current assets refers to the arithmetic mean of the sum of current assets at the beginning and at the end of the reference period.

Ratio of Profits to Total Industrial Costs refers to the ratio of profits realized in a given period to the total costs in the same period, which reflects the economic efficiency of input cost and is calculated as follows:

$$\text{Ratio of Profits to Total Industrial Cost}(\%) = \frac{\text{total profits}}{\text{total costs}} \times 100\%$$

Total costs in the above formula are the sum of cost of principal business, marketing cost, management cost and financial cost.

建筑业

Construction 15

简 要 说 明

一、主要内容

本篇资料主要反映全省建筑业发展情况。包括企业数、从业人员、建筑业总产值、房屋建筑面积、利润税金、劳动生产率等。

二、统计范围

建筑业统计范围是全省具有总承包或专业承包建筑业资质的所有独立核算建筑业企业及所属产业活动单位。

三、统计调查方法

根据国家统计局制定的《建筑业统计报表制度》整理汇总。

四、资料来源

本篇资料由省统计局提供。

Brief Introduction

I. Main Contents

The data in this chapter show the general situation and the development of the construction industry in Guizhou Province, including the number of enterprises, number of employed persons, gross output value of the construction industry, floor space of buildings under construction, profits and taxes, labour productivity, etc.

II. Scope of Statistics

The scope of construction industry data in this chapter refers to all independent accounting construction enterprises and affiliated industrial activity units with the qualification of general contracting or professional contracting construction industry in the whole province.

III. Methods of Survey

Data on construction enterprises are collected in accordance with the Statistical Reporting System of Construction stipulated by the National Bureau of Statistics.

IV. Sources of Data

The data in this chapter are provided by Guizhou Provincial Bureau of Statistics.

15-1 建筑业主要指标
Main Economic Indicators on Construction Enterprises

指　标	Item	2016	2017	2018	2019	2020
建筑业企业个数(个)	**Number of Construction Enterprises (unit)**	**891**	**1029**	**1212**	**1449**	**1770**
年末从业人员(万人)	Number of Employed Persons at the Year-end (10000 persons)	67.53	77.64	90.27	80.00	81.10
自有固定资产原价(亿元)	Fixed Assets Owned(original value) (100 million yuan)	146.19	153.31	209.28	198.92	219.47
自有固定资产净价(亿元)	Fixed Assets Owned(net value)(100 million yuan)	80.00	91.53	135.97	120.45	130.31
自有机械设备台数(万台)	Number of Machinery and Equipment Owned (10000 sets)	8.23	8.01	7.96	7.14	8.04
自有机械设备净值(亿元)	Net Value of Machinery and Equipment Owned (100 million yuan)	61.09	72.95	69.55	58.54	50.13
自有机械设备总功率(万千瓦)	Total Power of Machinery and Equipment Owned (10000 kw)	340.54	385.98	404.49	321.40	332.89
建筑业总产值(亿元)	**Gross Output Value of Construction (100 million yuan)**	**2362.95**	**2932.96**	**3352.19**	**3714.89**	**4080.24**
#本年固定资产折旧	Depreciation of Fixed Assets	9.50	10.62	12.97	12.50	11.81
应付职工薪酬	Wages Payable	194.38	249.14	251.27	305.74	366.99
工程结算税金及附加	Taxes and Extra Charges on Project Settle Accounts	33.01	23.94	21.33	17.55	16.80
营业利润	Operating Profits	55.33	97.92	120.71	100.67	133.46
房屋建筑施工面积(万平方米)	**Floor Space of Buildings under Construction(10000 sq.m)**	**19355**	**18054**	**16496**	**15929**	**17167**
房屋建筑竣工面积(万平方米)	**Floor Space of Buildings Completed(10000 sq.m)**	**4112**	**4714**	**4912**	**4131**	**3952**
利润总额(亿元)	Total Profits(100 million yuan)	60.11	100.85	121.85	105.61	135.06
税金总额(亿元)	Total Taxes(100 million yuan)	82.57	107.93	129.77	110.24	124.39
劳动生产率(元/人)	**Overall Labor Productivity (yuan/person)**					
按总产值计算	In Terms of Gross Output Value	349909	366276	362686	408857	435615
技术装备率(元/人)	Value of Machines Per Laborer(yuan/person)	9047	9109	7705	6443	6181
动力装备率(千瓦/人)	Power of Machines Per Laborer(kw/person)	5.04	4.97	4.48	3.54	4.10
房屋建筑面积竣工率(%)	Ratio of Floor Space of Buildings Completed(%)	21.25	26.13	29.78	25.93	23.02
产值利润率(%)	Ratio of Profit to Gross Output Value(%)	2.5	3.4	3.6	2.8	3.3
产值利税率(%)	Ratio of Pre-tax Profit to Gross Output Value(%)	6	7.1	7.5	5.8	6.4

注：1.2018年数据已修订为第四次经济普查数据；2.2016年起建筑业数为有工作量的企业数据（以下表同）。

Note: 1. The data of 2018 has been revised to the fourth economic census. 2.The number of construction is the enterprises with work load from 2016. (the same as in the following table)

15−2 建筑业主要生产指标(2020)

指标	Item	企业个数(个) Number of Constru-stion Enterp-rises(unit)	年末从业人员(万人) Number of Persons Engaged (10000 persons)	签订合同额(亿元) Value of Signed Contract (100million yuan)	#本年新签合同额 New Value of Signed Contract This Year
总计	**Total**	**1770**	**81.10**	**11793.82**	**5611.79**
#国有及国有控股	State-owned and State-controlled Construction Enterprises	253	32.74	6811.31	3065.82
#施工总承包企业	General Contractors	1514	78.08	11378.07	5392.43
专业承包企业	Special Contractors	256	3.02	415.75	219.36
按登记注册类型分组	**By Registration Status**				
#内资企业	Domestic Funded	1769	81.08	11792.14	5610.11
#国有企业	State-owned	36	1.96	134.83	61.49
集体企业	Collective-owned	41	1.30	108.08	51.73
股份有限公司	Company Limited with Share Holding	19	0.96	354.20	141.05
私营企业	Private Enterprises	1294	27.36	2565.13	1175.50
按国民经济行业分组	**By Sector**				
房屋和土木工程建筑业	Building and Civil Engineering Construction	1540	73.61	11152.15	5234.04
房屋工程建筑	Building Engineering Construction	1111	52.78	7287.44	3540.07
土木工程建筑	Civil Engineering Construction	429	20.83	3864.71	1693.97
建筑安装业	Construction Installation	121	3.06	332.87	210.62
建筑装饰业	Construction Decoration	72	3.92	129.56	76.25
其他建筑业	Others	37	0.51	179.24	90.88

Main Production Indicators on Construction Enterprises

建筑业总产值 (亿元) Total Output Value of Construction (100 million yuan)	#在外省完成的产值 Value of Construction Fulfilled outside of Guizhou Province	#建筑工程 Output Value of Constr-uction	#安装工程 Output Value of Instal-lation	房屋建筑施工面积 (万平方米) Floor Space of Buildings under Construction (10000 sq.m)	#本年新开工面积 Floor Space Started This Year
4080.24	**1097.71**	**3448.88**	**401.71**	**17167.49**	**5998.15**
2088.56	894.26	1804.93	230.65	6462.51	2002.84
3918.11	1066.58	3345.23	352.00	16811.90	5930.65
162.13	31.13	103.65	49.71	355.59	67.50
4079.48	1097.71	3448.11	401.71	17167.50	5998.15
83.80	0.49	75.63	2.85	293.11	19.96
60.10		50.91	3.60	491.14	167.92
89.56	49.91	83.55	3.65	293.33	137.79
1154.33	48.90	982.99	98.73	5115.24	1949.56
3796.73	1019.74	3293.21	302.67	16786.35	5812.34
2524.09	467.16	2227.37	121.89	16409.09	5663.26
1272.64	552.58	1065.84	180.78	377.26	149.08
197.90	53.32	82.83	92.73	171.93	94.91
46.36	3.99	39.73	5.10	202.14	90.55
39.25	20.66	33.11	1.21	7.07	0.35

15–3 建筑业企业房屋建筑(2020)
House Buildings by Construction Enterprises

指 标	Item	竣工面积 (万平方米) Floor Space of Buildings Completed (10000sq.m)	#厂房、仓库 Workshop Storehouse	#住 宅 Residential Buildings	#教育用房 Educational Buildings	#卫生医疗用房 Medical Buildings	#科研用房 Scientific Research Buildings
总 计	**Total**	**3951.74**	**129.14**	**2781.91**	**244.94**	**53.58**	**19.28**
#国有及国有控股	Construction Enterprises of State-owned and State-controlled	837.31	22.81	598.42	41.76	7.95	0.68
#施工总承包企业	General Contractors	3851.02	125.76	2743.99	244.63	53.58	19.28
专业承包企业	Special Contractors	100.72	3.38	37.92	0.31		
按登记注册类型分组	**By Registration Status**						
#内资企业	Domestic Funded	3951.74	129.14	2781.91	244.94	53.58	19.28
#国有企业	State-owned	87.40	1.40	67.70	11.39	0.80	
集体企业	Collective-owned	120.79		76.83	8.41	1.93	
股份有限公司	Company Limited with Share Holding	107.13	3.50	78.24	7.62		
私营企业	Private Enterprises	1682.88	29.79	1166.41	90.00	21.39	3.81
按国民经济行业分组	**By Sector**						
#房屋和土木工程建筑业	Building and Civil Engineering Construction	3916.56	118.90	2761.26	244.78	53.48	19.28
房屋工程建筑	Building Engineering Construction	3845.47	115.26	2726.05	235.88	52.75	19.28
土木工程建筑	Civil Engineering Construction	71.09	3.64	35.21	8.90	0.73	
建筑安装业	Construction Installation	21.00	0.67	18.48	0.16	0.10	

15-4 历年建筑业总产值和房屋施工、竣工面积

Gross Output Value of Construction and Floor Space of Buildings Over the Years

年份 Year	建筑业总产值(亿元) Gross Output Value of Construction (100 million yuan)	#国有及国有控股 State-owned and State-controlled	房屋施工面积(万平方米) Floor Space Under Construction (10000 sq.m)	房屋竣工面积(万平方米) Floor Space Completed (10000 sq.m)
1978	4.40	3.55	313	164
1979	4.44	3.40	371	185
1980	4.55	3.37	380	198
1981	4.76	3.27	392	213
1982	5.34	3.46	450	236
1983	6.22	3.85	501	258
1984	7.54	4.79	551	293
1985	9.81	6.34	662	342
1986	11.27	7.21	720	368
1987	12.93	8.62	725	378
1988	15.30	10.43	823	326
1989	15.57	11.07	765	305
1990	16.98	11.85	699	328
1991	20.32	14.09	739	335
1992	26.20	18.13	906	393
1993	37.65	26.63	1250	597
1994	48.69	36.65	1119	467
1995	55.40	44.58	1191	477
1996	66.49	52.45	1216	510
1997	76.70	59.78	1278	585
1998	83.20	62.42	1457	592
1999	96.65	70.91	1671	694
2000	109.06	77.04	1792	824
2001	150.20	110.40	1946	892
2002	181.12	133.62	2309	1054
2003	212.29	164.02	2520	980
2004	255.45	191.63	2820	1251
2005	271.23	207.88	3153	1150
2006	312.34	247.90	3369	1108
2007	348.79	271.69	3813	1204
2008	393.88	303.28	4230	1216
2009	523.91	408.00	4953	1244
2010	622.96	496.00	5756	1350
2011	824.72	659.29	6779	1530
2012	1039.95	859.68	8254	1863
2013	1365.00	1103.42	12174	2450
2014	1640.24	1264.19	13890	2801
2015	1947.74	1497.31	16770	3194
2016	2362.95	1556.54	19355	4112
2017	2932.96	1918.88	18054	4714
2018	3352.19	1887.33	16496	4912
2019	3714.89	2003.62	15929	4131
2020	4080.24	2088.56	17167	3952

注：2018年数据为第四次经济普查数。

Note: The data of 2018 were the data from the fourth economic Census.

主要统计指标解释

建筑业总产值 是以货币形式表现的建筑业企业在一定时期内生产的建筑业产品和提供服务的总和。建筑业总产值包括：

(1)建筑工程产值：指列入建筑工程预算内的各种工程价值。

(2)安装工程产值：指设备安装工程价值，不包括被安装设备本身价值。

(3)其他产值：建筑业总产值中除建筑工程、安装工程以外的产值。包括房屋构筑物修理产值、非标准设备制造产值、总包企业向分包企业收取的管理费以及不能明确划分的施工活动所完成的产值。

a.房屋构筑物修理产值：指房屋和构筑物修理所完成的产值，但不包括被修理房屋、构筑物本身价值和生产设备的修理价值。

b.非标准设备制造产值：指加工制造没有定型的非标准生产设备的加工费和原材料价值(如化工厂、炼油厂用的各种罐、槽，矿井生产统一使用的各种漏斗、三角槽、阀门等)以及附属加工厂为本企业承建工程制作的非标准设备的价值。

在外省完成的产值 指建筑业企业在其他省份施工所完成的建筑业产值。

签订合同额 指建筑业企业在报告期直接同建设单位签订的各种国内工程合同的总价款和以前年度同建设单位签订的各种国内工程合同的未完成工程转入本年度继续施工工程合同的总价款余额。

房屋建筑施工面积 指在报告期内施工的全部房屋建筑面积，包括本期新开工的房屋面积、上期施工跨入本期继续施工的房屋面积、上期停缓建在本期恢复施工的房屋面积、本期竣工的房屋面积及本期施工后又停缓建的房屋面积。

房屋建筑竣工面积 指在报告期内房屋建筑按照设计要求全部完工，达到了住人和使用条件，经验收鉴定合格，正式移交使用单位的房屋建筑面积。

Explanatory Notes on Main Statistical Indicators

Gross Output Value of Construction refers to total of construction products and services, expressed in money terms, produced or rendered by construction and installation enterprises during a given period of time. It includes:

(1) Output value of construction projects: the value of projects covered by the project budgets;

(2) Output value of installation projects: the value of the installation of equipment, (excluding the value of the equipment to be installed);

(3) Other output values: the output value of construction industry apart from that of construction projects and installation projects. It includes: output value of repair of buildings and structures; output value of non-standard equipment manufacturing; overhead expenses received by contracted enterprises from the sub-contracted enterprises and the completed output value of construction activities for which there is no clear definition.

a. Output value of repair of buildings and structures: the value created through the repairs of buildings or structures. It does not include the value of buildings or structures being repaired and the value of the repair of production equipment;

b. Output value of manufactured non-standard equipment: the value of non-standard production equipment, including raw materials and manufacturing cost, made for the construction project (i.e., chemical plant; kettles or tanks used by refineries; various fillers, triangle tanks, valves used by mines). It also includes the output value of equipment manufactured by subsidiary workshops.

The Output Value in Other Provinces refers to the output value produced by the construction enterprises in other provinces .

The Total Amount of the Contract refers to the construction company in the reporting period directly with the construction unit signed a variety of domestic engineering contracts and the total price of the previous year with the construction unit signed a variety of domestic engineering contracts to complete the project transferred to the current year to continue construction contract price Balance.

Floor Space of Buildings Under Construction refers to floor space of buildings under construction during the reference period, including the space of buildings for which construction has newly started, buildings for which construction has started earlier and is continuing during the reference period, and buildings for which construction has been suspended earlier but has restarted during the reference period, buildings completed during the reference period, and buildings under construction but construction has subsequently been during the reference period.

Floor Space of Buildings Completed refers to the total floor space of each of the buildings that are completed in the reference period in accordance with the requirements of the design, up to the standard for being resided in and put into use, and have been checked and accepted by concerned departments as qualified ones.

运输和邮电

Transport, Postal and Telecommunication Services

16

简要说明

一、主要内容

本篇资料反映全省交通运输业、邮政和电信业、大数据等方面发展的基本状况。

交通运输业资料主要包括：铁路、公路、水运、航空四种运输方式的线路里程、各种运输方式完成的货物运输量和旅客运输量等资料。

邮政、电信业资料主要包括：营业网点及邮政邮路情况，电信主要通信能力，主要的邮电业务完成情况等资料。

大数据资料主要包括：互联网发展情况，软件和信息技术服务业等资料。

二、统计范围

1.铁路资料：包括国家铁路（含控股合资）、地方铁路和非控股合资铁路运营情况，不含军用铁路及由厂矿企事业单位自建的铁路专用线和不办理公共营业的专用铁路。

2.公路、水运资料：(1)公路和水路线路里程为年末通车和通航里程数，不含未正式投入使用的公路和航道里程；(2)民用汽车拥有量根据省公安厅交通管理局车管部门登记注册的车辆资料整理；(3)公路、水路客货运输量资料，由省交通运输厅负责收集整理；(4)公路、水路运输量统计包括全面调查和非全面调查两种方式，统计范围是在省交通运输主管部门登记注册的从事公路、水路客、货运输的营业性的车辆和船舶所完成的运输量。

3.民航运输资料：统计对象为在贵州境内注册从事民用航空运输飞行和通用飞行的航空运输企业和定期航班通航机场，不包括在贵州境内运输飞行的外国航空公司。统计范围为各航空公司从事国内运输、港澳台运输、国际运输的定期航班航线条数及里程、运输量及飞机构成和运营情况、通用航空飞行完成情况等。

4.邮政和电信业资料：包括邮政企业和获得快递业务经营许可的快递企业，以及从事电信运营的中国电信、中国移动、中国联通三家基础电信企业（不含专用网业务资料），主营业务收入100万元以上的软件和信息技术服务业等企业。邮电业务量按业务种类分为邮政业务量和电信业务量。

三、资料来源

本篇资料由省统计局根据部门资料加工、整理、编辑。

Brief Introduction

I. Main Contents

Data in this chapter present the development of transportation, post and telecommunications industry and big data in Guizhou.

Data on transport cover mainly the length of the routes of four means of transportation (railway, road, water and air), freight traffic, passenger traffic accomplished by various means of transportation etc.

Data on post and telecommunications industry cover mainly the situation of post and telecommunication offices and postal routes, main telecommunication capacity, business volume of postal and telecommunication services achieved.

Big Data mainly cover the development of Internet, services of software, information technology, etc.

II. Scope of Statistics

1. Data on railway transportation include the operation and management of the national, local and joint-venture railways, but not railways for military purpose, lines built by industrial and mining enterprises and special railways not for commercial use.

2. Data on highways and waterways: (1) The length of highways and waterways refers to the length open to traffic or navigation at the end of the year, not including the highways and waterways under construction or not officially having been put into use. (2) Data on the possession of civil motor vehicles are provided by the Divisions of Vehicle Management, which is subordinate to the Traffic Management Bureau of Guizhou Public Security. (3) Data on passenger traffic and freight traffic by highways and waterways are collected and prepared by the Ministry of Transport of Guizhou Province. (4) Data on highway and waterway transportation are collected through both comprehensive reporting system and non-comprehensive reporting system. The statistical scope encompasses all the enterprises, institutional units and individuals (including joint-households) registered in the Guizhou Provincial Transportation Department and engaged in highway or waterway freight or passenger transport business.

3. Data on civil aviation transport: The targets of statistical collection are enterprises registered for engagement in civil aviation transport flights and flights for general purposes and general aviation airports with

scheduled flights. Excluded are foreign companies which operate flights within Guizhou territory. The scope of statistics encompasses number of lines, mileage flown, transport volume, composition of the fleets operational situation of the airlines, performance of general purpose flights in respect of province transport, transport between China mainland and Hong Kong, Macao and Taiwan, and international transport.

4. Data on post and telecommunications industry: Data in this category include postal enterprises and express delivery companies with annual revenue above 2 million yuan, the three major enterprises of telecommunication: China Telecom, China Mobile and China Unicom (not including services provided through dedicated networks), and enterprises of software and IT services with turnover from primary activities above one million yuan. By types of business, the business volume of post and telecommunications is divided into postal services and telecommunication services; by coverage it is divided into province service, international service, and service between mainland and Hong Kong as well as Macao (business volume of the service to Taiwan is covered in that for Hong Kong and Macao).

III. Sources of Data

The data in this chapter are processed, sorted out and edited by the Guizhou Provincial Bureau of Statistics according to departmental data.

16-1 境内运输线路长度
Length of Domestic Transportation Routes

单位：公里 (km)

指 标	Item	2016	2017	2018	2019	2020	2020年比2019年增长(%) Increase Rate in 2020 over 2019(%)
铁路营业里程	**Length of Railways in Operation**	**3270**	**3285**	**3560**	**3753**	**3873**	3.2
#复线里程	Double-tracking Length	1630	1630	1941	2129	2344	10.1
#高速铁路营运里程	Length of High-speed Railways	835	860	1127	1337	1457	9.0
公路线路里程	**Length of Highways**	**191626**	**194379**	**196908**	**204723**	**206693**	**1.0**
按行政等级分	**Classified by Administrative Level**						
国 道	State Road	11620	11735	11910	11875	12069	1.6
#国家高速公路	Expressway	3179	3280	3458	3441	3647	6.0
省 道	Provincial Road	19980	20331	20877	21422	21657	1.1
县 道	County Road	34456	34501	34648	36422	36729	0.8
乡 道	Township Road	45827	45822	45898	48568	49117	1.1
村 道	Village Road	79744	81990	83575	86436	87122	0.8
按技术等级分	**Classified by Technical Grade**						
等级公路	Expressway and Class I to IV Highways	132264	148839	156559	170883	183245	7.2
高速公路	Expressway	5434	5835	6453	7005	7607	8.6
#四车道	Four-lane	5288	5497	6116	6668	7178	7.7
一 级	First Class	1140	1313	1464	1397	1438	2.9
二 级	Second Class	6681	7468	8433	9280	10283	10.8
三 级	Third Class	7483	7235	6918	6937	6727	-3.0
四 级	Fourth Class	111527	126988	133291	146264	157190	7.5
等外公路	Highways Below Class IV	59363	45540	40349	33840	23448	-30.7
按路面类型分	**Classified by Pavement**						
有铺装路面(高级)	Paved Road (advanced)	74310	97622	110799	132720	161353	21.6
沥青混凝土	Asphalt Concrete	15316	17662	21305	24729	30817	24.6
水泥混凝土	Cement Concrete	58994	79960	89494	107991	130536	20.9
简易铺装路面	Simple Paved Road	33469	33018	31959	31426	27903	-11.2
未铺装路面	Not-paved Road	83847	63739	54150	40577	17437	-57.0
可绿化里程	Greening Mileage	178816	182197	186105	191353	191986	0.3
养护里程	Maintained Road	189081	192180	195224	202992	206547	1.8
内河航道里程	**Length of Navigable Inland Waterways**	**3664**	**3664**	**3745**	**3755**	**3958**	**5.4**

注：1.资料来源于省交通运输厅、中国铁路成都局集团有限公司(以下相关表同)。2.公路线路里程包括村道里程。3.铁路复线里程数据为成都铁路局管辖范围内贵州省的数据。4.2016年路网调整，将专用公路调整到类似省道、县道、乡道、村道

Note:1. The data in the table are obtained from the Department of Transportation of Guizhou Province and China Railway Chengdu Group Co., Ltd (the relative tables in the chapter are the same). 2. Length of Highways includes the length of village road. 3. The data of Double-tracking Railway Length belongs to Guizhou Province under the jurisdiction of Chengdu Railway Bureau. 4. According to the road network adjustment in 2016, accommodation highway has been classified into the level of provincial road, county road, township road and village road.

16-2 民用航空运输
Civil Aviation Transportation

指 标	Item	2016	2017	2018	2019	2020	2020年比2019年增长(%) Increase Rate in 2020 over 2019(%)
机场个数(个)	**Number of Civil Airports(unit)**	**10**	**11**	**11**	**11**	**11**	**0.0**
通航城市(个)	Navigable Cities (unit)	92	101	117	132	136	3.0
#国际及地区城市	International and Regional Cities	20	21	19	24	22	-8.3
运输航班(架次)	Transport Flights (unit)	178386	228059	242893	253549	202912	-20.0
进出港旅客(万人次)	**Passengers Get in and Get out of the Airports(10000 person-times)**	**1873.81**	**2457.65**	**2799.51**	**3030.88**	**2253.16**	**-25.7**
#进港旅客	Passengers Arriving	862.99	1121.93	1296.28	1431.23	1066.66	-25.5
民航货邮吞吐量(万吨)	**Volume of Freight Handled in Civil Aviation(10000 tons)**	**9.86**	**10.70**	**11.80**	**12.74**	**11.81**	**-7.3**

注：1.资料来源于贵州省机场集团有限公司。2.通航城市数量仅为贵阳龙洞堡机场通航的城市，上海虹桥国际机场和上海浦东国际机场均位于上海市，算作一个通航城市。3.2017年原进港旅客数据为1118.54万人次，未包含遵义茅台机场数据。4.2018年起调整运输航班（架次）口径，不包含通用航空，按此口径修改2016年—2017年历史数据。

Note: 1. The data in the table are provided by Guizhou Airports Group Co., Ltd.. 2. The number of navigable cities only includes that of Guiyang Airport. Shanghai Hongqiao International Airport and Shanghai Pudong International Airport are both located in Shanghai, which are considered as one navigable city. 3. In 2017, the original number of passengers arriving was 11.1854 million, excluding the data of Maotai Airport in Zunyi. 4. The caliber of transport flights (unit) has been adjusted since 2018, excluding general aviation, and the historical data from 2016 to 2017 are modified according to this caliber.

16-3 民用汽车拥有量
Possession of Civil Vehicles

单位：万辆 (10000 units)

指 标	Item	2016	2017	2018	2019	2020	2020年比2019年增长(%) Increase Rate in 2020over 2019(%)
民用汽车合计	**Total**	**350.57**	**415.71**	**480.60**	**533.70**	**577.05**	**8.1**
#载客汽车	Passenger Vehicles	294.26	355.32	414.49	463.59	504.02	8.7
载货汽车	Trucks	52.69	56.49	62.13	67.62	71.63	5.9
#私人汽车	Private Vehicles	312.35	375.93	437.70	488.91	533.46	9.1

注：资料来源于省交警总队车辆管理所。

Note:The data in the table are obtained from the Vehicle Management Office of the Provincial Traffic Police Corps.

16–4 快递业务量
Business Volume of Express services

指　　标	Item	2016	2017	2018	2019	2020
快递（万件）	**Pieces of Express Mail Services (10000 pcs)**	**11260.13**	**15781.90**	**21193.68**	**24584.40**	**28156.99**
国内同城快递	Local Express Service	2854.89	4704.42	6848.08	6141.45	5058.01
国内异地快递	National Express Service	8397.20	11067.63	14331.46	18420.78	23048.96
国际及港澳台	Hong Kong, Macao, Taiwan and International Express Service	8.04	9.85	14.14	22.17	50.03
快递业务收入（亿元）	**Revenue from Express Service (100 million yuan)**	**21.79**	**31.15**	**40.45**	**46.11**	**52.21**

注：资料来源于省邮政管理局。
Note: The data in this table are provided by Guizhou Provincial Postal Administration.

16–5 旅客运量及周转量
Passenger Traffic and Passenger-Kilometers

指　　标	Item	2016	2017	2018	2019	2020
旅客运量(万人)	**Passenger Traffic (10000 persons)**	**89464**	**91804**	**93025**	**93756**	**40137**
铁　路	Railways	5169	5797	6761	7196	5536
公　路	Highways	82199	83809	84053	84255	33584
水　运	Waterways	2096	2198	2211	2305	1017
旅客周转量(亿人公里)	**Passenger-Kilometers (100 million passenger-km)**	**674.86**	**720.15**	**798.67**	**832.94**	**524.47**
铁　路	Railways	226.00	249.50	322.82	353.97	224.98
公　路	Highways	443.10	463.93	469.08	471.47	295.84
水　运	Waterways	5.76	6.72	6.77	7.50	3.65

16–6 货物运输量及周转量
Freight Traffic and Ton-Kilometers

指　　标	Item	2016	2017	2018	2019	2020
货物运输量(万吨)	**Freight Traffic (10000 tons)**	**89525**	**96241**	**102536**	**83454**	**86444**
铁　路	Railways	5634	5278	5511	5523	5801
公　路	Highways	82237	89298	95355	76258	79412
水　运	Waterways	1654	1665	1670	1674	1231
货物周转量(亿吨公里)	**Freight Ton-Kilometers (100 million ton-km)**	**1482.00**	**1656.25**	**1797.68**	**1235.31**	**1265.12**
铁　路	Railways	566.40	602.60	606.10	641.64	617.79
公　路	Highways	873.23	1008.58	1146.51	548.48	609.80
水　运	Waterways	42.37	45.07	45.07	45.19	37.53

注：2019年开展货运专项调查，2019年公路货物运输量、公路货物周转量为专项调查数。
Note:The data of highway freight traffic and highway freight ton-kilometers in 2019 are obtained from the special investigation on freight transportation which was carried out in 2019.

16-7 电信主要指标
Major Indicators of Telecommunications

指　标	Item	2016	2017	2018	2019	2020	2020年比2019年增长(%) Increase Rate in 2020 over 2019(%)
电信业务总量(亿元)	**Business Volume of Telecommunication Services(100 million yuan)**	796.58	825.29	2191.17	3874.88	5077.70	31.0
交换机总容量(万门)	Capacity of Telephone Exchanges (10000 line)	5280.50	5238.30	5938.50	6597.10	—	—
移动电话交换机容量(万户)	Capacity of Mobile Telephone Exchanges (10000 subscribers)	4908	4908	5605	6565	—	—
长途光缆线路长度(万公里)	Length of Long Distance Optical Cable Lines(10000km)	80.64	90.00	96.90	114.14	123.05	7.8
年末固定电话用户数(万户)	Number of Fixed Line Telephone at the Year-end (10000 subscribers)	258.69	247.90	238.94	229.71	223.10	-2.9
#农村电话用户	Rural Fixed Telephone Subscribers	48.28	45.40	43.11	—	—	—
城市电话用户	Urban Fixed Telephone Subscribers	210.41	202.50	195.83	—	—	—
#公　用	Public Telephone	9.33	8.00	6.03	—	—	—
移动电话用户(万户)	Number of Mobile Telephone Subscribers (10000 subscribers)	3262.43	3792.30	4248.90	4386.24	4386.92	0.0
移动短信业务量(亿条)	Business Volume of Short Message Services (100 million messages)	97.23	93.68	126.62	199.19	244.91	23.0
互联网宽带接入端口(万个)	Broad Band Subscribers Port of Internet (10 000 ports)	1094.98	1283.30	1575.13	1759.85	1744.46	-0.9
电话普及率(包括移动电话)(部/百人)	Popularization Rate of Telephone (Include Mobile Telephone) (set/100 persons)	99.76	112.86	125.36	128.94	127.30	-1.3
#移动电话普及率	Popularization Rate of Mobile Telephone	92.43	105.93	118.68	122.52	121.10	-1.2
已通电话的行政村比重(%)	Percentage of Administrative Villages Already on Call (%)	100	100	100	100	100	持平
国内长途电话(万分钟)	Number of Long Distance Telephone Calls Inside Country(10000 minutes)	138093	106311	95241	—	—	—
国际及港澳长途电话(万分钟)	Number of Long Distance Telephone Calls outside Country or to Macao、Hong Kong (10000 minutes)	32.73	16.73	14.89	—	—	—

注：1.资料来源于省通信管理局。2.电信业务总量2016年采用2010年不变价计算，2017—2020年按2015年不变价计算。3.电信业务总量增长速度按2015年不变价计算。

Note: 1.The data in the table are obtained from the Guizhou Communications Administration. 2. Business volume of telecommunication services from 2016 is calculated at constant prices of 2010, and that of 2017 and 2020 is calculated at constant prices of 2015. 3. The increase rate of business volume of telecommunication services is calculated at constant prices of 2015.

16-8 邮政主要指标
Major Indicators of Post

指 标	Item	2016	2017	2018	2019	2020	2020年比2019年增长(%) Increase Rate in 2020 over 2019(%)
邮电局所总数(处)	**Number of Post and Telecommunication Offices (unit)**	**14057**	**15751**	**21082**	**18393**	**17277**	-6.1
#邮政	Post	1821	1828	1830	1830	1826	-0.2
电信	Telecommunication	12236	13923	19252	16563	15451	-6.7
邮路网路总长度(公里)	Length of Postal Routes (km)	185922	148484	147277	150032	175412	16.9
#汽车邮路	Highway Routes	49391	56928	55721	57207	80928	41.5
邮政业务总量(亿元)	Business Volume of Postal Services (100 million yuan)	42.687	53.23	63.07	76.05	85.48	12.4
函件(万件)	Number of Letters(10000 pcs)	4321	7773	9288	6092	3809	-37.5
报刊、杂志累计订销数(万份)	Number of Newspapers and Magazines Sold and Booked(10000 copies)	35882	39888	41063	39610	38537	-2.7
国内快递(万件)	Pieces of Express Mail Services inside Nation(10000 pcs)	11252	15772	21180	24562	28107	14.4
国际快递(万件)	Pieces of Express Mail Services outside Nation(10000 pcs)	8.0418	9.85	14.14	22.17	50.03	125.7
集邮业务(万枚)	Stamps for Collection(10000 pcs)	4808.7	4398.1	3356.45	2769.3	1773.0	-36.0

注：1.资料来源于省邮政管理局、省通信管理局。2.邮电局所总数含授权代理点、电信部门特约代理点。3.邮路网路总长度为邮路总长度。4.国内、国际特快专递含快递企业数据。5.2016年起邮政集团火车改汽车邮运。

Note: 1. The data in this table are from Guizhou Provincial Postal Administration and Guizhou Communications Administration. 2. The total number of the post offices contains the authorized agencies and the special agencies of the telecom department. 3.The total length "postal" index changes to Length of Postal Routes. 4.Domestic and international express mail include data of delivery enterprise. 5. From 2016, the Post Group changed train delivery to car delivery.

16-9 历年交通运输
Transportation over the Years

年 份 Year	铁路营业里程(公里) Length of Railways in Operation (km)	公路线路里程(公里) Length of Highways(km)	客运量(万人) Passenger Traffic (10000 persons)	铁 路 Railway	公 路 Highway	水 运 Waterway	货运量(万吨) Freight Traffic (10000 tons)	铁 路 Railway	公 路 Highway	水 运 Waterway
1978	1365	25954	3294	977	2260	57	3467	1320	2083	64
1979	1373	26166	4608	1083	3462	63	3599	1314	2209	76
1980	1374	27367	5950	1164	4700	86	3424	1395	1953	76
1981	1373	27422	7175	1224	5873	78	3541	1481	1991	69
1982	1396	27499	8026	1288	6648	90	3825	1581	2164	80
1983	1396	27675	8259	1456	6707	96	4233	1665	2488	80
1984	1411	27872	9915	1620	8184	111	4600	1777	2735	88
1985	1419	27999	10874	1638	9102	134	5717	1874	3758	85
1986	1419	28383	11033	1458	9387	188	6551	1949	4510	92
1987	1420	29823	13512	1461	11854	197	7613	2043	5479	91
1988	1420	30445	14361	1633	12564	164	8570	2074	6413	83
1989	1420	30716	14923	1530	13125	268	9459	2178	7170	111
1990	1420	31157	17048	1256	15682	110	9840	2315	7414	111
1991	1419	31588	19081	1255	17718	108	10008	2365	7551	92
1992	1423	31889	21641	1251	20262	128	11349	2498	8752	99
1993	1423	32092	23494	1366	22010	118	11495	2537	8851	107
1994	1423	32398	27076	1515	25313	248	12189	2599	9453	137
1995	1423	32487	36151	1572	34304	275	12586	2657	9806	123
1996	1423	32700	42429	1843	40245	341	12182	2770	9192	220
1997	1640	33211	46644	1957	44416	271	13077	2739	10117	221
1998	1648	33604	48468	2048	45987	433	13577	3044	10219	314
1999	1654	33973	49457	2194	46807	456	14065	3272	10449	344
2000	1641	34643	53032	2251	50313	468	15615	3577	11684	354
2001	1644	34618	54665	2017	52154	494	16344	3875	12114	355
2002	1893	44220	55980	1947	53478	555	17399	4356	12685	358
2003	1900	45304	55074	1796	52695	583	18224	4971	12886	367
2004	1891	46128	58707	1855	56077	775	19439	5504	13541	394
2005	1986	46893	64450	2191	61414	845	21771	6169	15082	520
2006	2014	113278	69270	2536	65786	948	24709	6826	17284	599
2007	2012	123247	74440	2979	70377	1084	26788	7289	18834	665
2008	1962	125365	80056	3199	75350	1507	33576	6683	26156	737
2009	1983	142561	84981	3204	80044	1733	34844	6997	27031	816
2010	2002	151644	97793	3437	92426	1930	40310	7991	31409	910
2011	2070	157820	120554	3939	114429	2186	44890	7219	36684	987
2012	2058	164542	142809	3902	136454	2453	52765	6665	45000	1100
2013	2093	172564	83435	4322	77358	1755	72700	6458	65100	1142
2014	2373	179079	86572	4409	80231	1932	85673	6319	78017	1337
2015	2810	186407	87541	4901	80621	2019	84540	5736	77341	1463
2016	3270	191626	89464	5169	82199	2096	89525	5634	82237	1654
2017	3285	194379	91804	5797	83809	2198	96241	5278	89298	1665
2018	3560	196908	93025	6761	84053	2211	102536	5511	95355	1670
2019	3753	204723	93756	7196	84255	2305	106802	5523	76258	1674
2020	3873	206693	40137	5536	33584	1017	86444	5801	79412	1231

注：1.资料来源于省交通运输厅、中国铁路成都局集团有限公司。2.2006年起，公路线路里程包括村道里程；2008年公路、水路运输量采用全国公路水路运输量专项调查数据(下表同)。3.2013年由于交通运输部对公路、水运运输量统计方案进行调整，相关数据统计口径发生变化，相同指标数据与以往年份不可比(下表同)。

Note: 1. The data in the table are obtained from the Department of Transportation of Guizhou Province and China Railway Chengdu Group Co., Ltd. 2.From 2006, the total length of highways contained the length of village road; the data of highways and waterways freight traffic have been adapted to special volume investigation data in 2008 (the same applies to the next table). 3.Because the statistics schemes of highway, waterway transport volume are adjusted by the Ministry of Transport of the People's Republic of China in 2013, and the related data statistics caliber changed, and the same indicators can not compare with those of previous years (the same applies to the next table).

16-10 历年旅客周转量和货物周转量
Passenger-kilometers and Freight Ton-kilometers over the Years

年份 Year	旅客周转量(亿人公里) Passenger-kilometers (100 million passenger-km)	铁路 Railway	公路 Highway	水运 Waterway	货物周转量(亿吨公里) Freight Ton-kilometers (100 million ton.km)	铁路 Railway	公路 Highway	水运 Waterway
1978	25.50	16.04	9.26	0.20	79.60	72.30	6.57	0.73
1979	31.54	19.66	11.68	0.20	93.99	86.49	6.59	0.91
1980	37.69	22.77	14.67	0.25	96.03	88.99	5.91	1.13
1981	43.28	25.32	17.73	0.23	100.43	93.19	6.23	1.01
1982	46.93	26.70	19.99	0.24	109.69	98.99	9.50	1.20
1983	52.35	30.69	21.40	0.26	117.22	104.86	10.97	1.39
1984	61.04	36.21	24.55	0.28	132.72	119.19	11.61	1.92
1985	74.07	45.11	28.64	0.32	151.42	133.22	16.32	1.88
1986	76.45	47.39	28.70	0.36	171.03	148.13	20.44	2.46
1987	93.19	53.22	39.60	0.37	186.09	156.33	26.87	2.89
1988	105.67	61.20	44.14	0.33	196.04	159.75	33.50	2.79
1989	105.73	58.08	47.16	0.49	216.45	174.59	38.96	2.90
1990	102.90	49.20	53.34	0.36	224.31	179.72	41.84	2.75
1991	117.61	54.84	62.52	0.25	232.91	186.96	42.51	3.44
1992	136.77	66.62	69.84	0.31	268.80	214.88	49.84	4.08
1993	156.26	80.86	75.12	0.28	292.96	239.40	49.12	4.44
1994	173.71	88.72	84.53	0.46	298.44	243.87	50.06	4.51
1995	180.09	91.23	88.32	0.54	301.28	245.76	51.34	4.18
1996	185.94	88.32	96.84	0.78	317.70	261.99	51.07	4.64
1997	191.02	97.97	92.52	0.53	336.08	277.95	54.06	4.07
1998	201.77	101.13	99.97	0.67	330.30	270.40	54.84	5.06
1999	229.20	118.37	109.95	0.88	370.03	305.68	60.28	4.07
2000	238.36	120.79	116.54	1.03	404.07	334.11	65.86	4.10
2001	251.06	124.22	125.76	1.08	439.30	364.71	70.36	4.23
2002	250.79	116.10	133.60	1.09	486.03	407.26	74.25	4.52
2003	248.55	112.08	135.31	1.16	547.01	465.92	76.63	4.46
2004	278.21	125.87	150.79	1.55	610.88	520.70	84.27	5.91
2005	312.40	145.71	164.91	1.78	646.55	544.31	94.15	8.09
2006	349.82	160.98	186.91	1.93	680.96	557.70	114.48	8.78
2007	369.20	160.51	206.40	2.29	721.26	583.85	127.99	9.42
2008	407.59	163.00	241.15	3.44	809.93	564.31	234.96	10.66
2009	430.56	162.41	264.06	4.09	897.38	644.41	241.60	11.37
2010	514.41	189.38	320.46	4.57	1012.20	706.45	293.00	12.75
2011	631.74	204.58	422.01	5.15	1060.69	696.36	350.10	14.23
2012	718.22	199.20	513.07	5.95	1177.78	693.68	467.60	16.50
2013	593.62	211.21	377.87	4.54	1292.11	655.85	610.64	25.62
2014	635.50	217.39	412.92	5.19	1442.24	634.35	776.95	30.94
2015	658.23	229.92	422.79	5.52	1379.00	561.27	782.47	35.26
2016	674.86	226.00	443.10	5.76	1482.00	566.40	873.23	42.37
2017	720.15	249.50	463.93	6.72	1656.25	602.60	1008.58	45.07
2018	798.67	322.82	469.08	6.77	1797.68	606.10	1146.51	45.07
2019	832.94	353.97	471.47	7.50	1953.89	641.64	548.48	45.19
2020	524.47	224.98	295.84	3.65	1265.12	617.79	609.80	37.53

16-11 互联网主要指标发展情况（年底数）

Main Indicators on Internet Development at Year-end

指　标	Item	2015	2016	2017	2018	2019
互联网宽带接入端口(万个)	Broadband Subscribers Port of Internet (10000 ports)	875.8	1113.9	1325.6	1535.4	1759.9
移动互联网用户(万户)	Mobile Internet Subscribers(10000 subscribers)	2212.3	2528.7	2938.5	3323.1	3520.1
移动互联网接入流量(万GB)	Flow Accessed to Mobile Internet(10000 GB)	8488.1	20948.9	84612.3	250673.2	461004.4
互联网宽带接入用户(万户)	Broadband Subscribers of Internet (10000 subscribers)	386.8	459.5	568.6	732.0	892.9
#城市宽带接入用户	Urban Broadband Subscribers	313.9	361.5	436.7	568.0	715.6
农村宽带接入用户	Rural Broadband Subscribers	72.8	97.9	131.9	164.1	177.2
#家庭宽带接入用户	Household Broadband Subscribers	345.4	413.5	517.4	632.5	768.6
单位宽带接入用户	Institution Broadband Subscribers	41.3	46.0	51.2	99.5	124.3
域名数（万个）	Number of Domain Names(10000 units)	13.6	18.8	25.5	39.8	119.9
网站数（万个）	Number of Websites(10000 sites)	1.3	1.5	2.0	2.2	
网页数（万个）	Number of Webpages(10000 pages)	32992.3	18057.6	17166.7	15726.2	25034.4
IPv4地址数（万个）	IPv4 Addresses(10000)	154.1	154.1	149.0	149.1	149.2

注：数据来源于《中国统计年鉴》。
Note: The data come from China Statistical Yearbook.

16-12 软件和信息技术服务业主要经济指标

Main Indicators on Software and Information Technology Services

单位：亿元 (100 million yuan)

指　标	Item	2015	2016	2017	2018	2019
软件业务收入	Software Income	110.24	127.83	129.73	176.73	212.34
#软件产品收入	Software Products Income	42.45	50.27	19.11	29.96	23.98
#信息技术服务收入	Income from IT Service	65.92	76.78	102.71	143.95	182.83
#信息安全收入	Information Safety Income				0.87	4.11
#嵌入式系统软件收入	Embedded System and Software Income	1.87	0.79	7.90	1.96	1.40

注：1.本表统计口径为主营业务收入500万元以上的软件和信息技术服务业等企业。 2.数据来源于《中国统计年鉴》。
Note: 1. The data in the table cover enterprises with revenue from principal business of over 5 million yuan of software and information technology services etc. 2.The data come from China Statistical Yearbook.

主要统计指标解释

铁路营业里程 又称营业长度，指投入客货运输营业或临时营业的线路长度。

公路线路里程 指报告期末公路的实际长度。包括城间、城乡间、乡（村）间能行驶汽车的公共道路，公路通过城镇街道的里程，公路桥梁长度、隧道长度、渡口宽度。不包括城市街道里程，断头路里程，农（林）业生产用道路里程，工（矿）企业等内部道路里程。按已竣工验收或交付使用的实际里程计算；两条或多条公路共同经由同一路段的重复里程，只计算一次。

内河航道里程 指在一定时期内，能通航运输船舶及排筏的天然河流、湖泊水库、运河及通航渠道的长度。包括全年季节性通航累计三个月以上的航道，不包括仅供零散流放竹、木排的河道。两省以河为界的航道里程，双方均按一半计算，以免重复。该指标可以反映内河水运网的规模、水平和发展情况。

货(客)运量 指在一定时期内，各种运输工具实际运送的货物(旅客)数量。货运按吨计算，客运按人计算。货物不论运输距离长短、货物类别，均按实际重量统计。旅客不论行程远近或票价多少，均按一人一次客运量统计；半价票、小孩票按一人统计。

货物(旅客)周转量 指在一定时期内，由各种运输工具运送的货物(旅客)数量与其相应运输距离的乘积之总和。计算货物周转量通常按发出站与到达站之间的最短距离，也就是计费距离计算。计算公式为：

$$货物(旅客)周转量 = \Sigma 货物(旅客)运输量 \times 运输距离$$

移动电话用户 指通过移动电话交换机进入移动电话网、占用移动电话号码的电话用户。用户数量以报告期末在移动电话营业部门实际办理登记手续进入移动电话网的户数进行计算，一部移动电话统计为一户。

固定电话用户 指在电信运营企业营业网点办理开户登记手续并已接入固定电话网上的全部电话用户。包括普通电话用户、公用电话用户、窄带综合业务数字网(N—ISDN)用户、智能网专用接入终端用户等。按行政区划分为城市电话用户和农村电话用户。1997年以前，市内电话用户是指接入县城及县以上城市的电话网上的电话用户；农村电话用户是指接入县邮电局农话台及县以下农村电话交换点，以县城为中心(除市话用户外)联通县、乡(镇)、行政村、村民小组的用户。从1997年起，电话用户数分组以用户所在区域划分，调整为城市电话用户和乡村电话用户，与过去的按市内电话和农村电话划分方法不同。电话用户总数、电话机总部数统计范围不变。

城市电话用户 指按行政区划属于中央直辖市、省辖市、地级市、县级市的市区、市郊区及县城区范围内的电话用户数。包括分布在农村地区但以县团级以上建制的独立工矿区、林区、驻军的电话用户。

农村电话用户 指按行政区划属于城市范围以外的乡（镇）、村电话用户。

Explanatory Notes on Main Statistical Indicators

Length of Railways in Operation also is known as operating length and refers to the total length of the trunk line for passenger and freight transportation in full operation or temporary operation.

Length of Highways refers to the actual length of highways at the end of reference period. It covers public roads running vehicles among cities, city and rural areas, township (villages), highways passing through streets at small cities and towns, length of bridges and tunnels, width of ferry piers. It does not include the length of streets in cities, dead end highways, the length of streets built for agricultural (forest) production and inside factories (mines). It can only be calculated with the actual mileage having been completed, checked and accepted or put into operation. If two or more highways go the same section of the way, the length of the section is only calculated for once and no duplication is allowed.

Length of Navigable Inland Waterways refers to the length of the natural rivers, lakes, reservoirs and canals that are open to navigation for ships and rafts during a given period. It includes the channels with annual seasonal navigation for more than three months other than the waterways only for scattered bamboo and wooden rafts. If two provinces share one river as the border, the length of waterways will be half divided for each province to avoid duplication. This indicator can reflect the scale, level and development situation of the inland waterway network.

Freight (Passenger) Traffic refers to the weight of freight (number of passenger) transported with various means within a specific period of time. Freight transport is calculated in tons and passenger traffic is calculated in the number of persons. Despite the type of freight and travelling distance, the freight transport is calculated in the actual weight of the goods: and despite the travelling distance and ticket price, the passenger traffic is calculated by the principle that one person can be counted only once in one travel. The passenger who travel with a half price ticket or a child ticket is also calculated as one person.

Freight Ton-kilometers (Passenger-kilometers) refer to the sum of the products of the volume of transported cargo (passengers) multiplying by the transport distance. Normally, the shortest distance between the departure station and the destination station (i.e., the payable distance) is the basis to calculate the freight ton-kilometers. The formula is as follows:

$$\text{Freight Ton-kilometers (Passenger-kilometers)} = \sum \{\text{Freight (Passenger) Traffic} \times \text{Distance of Transportation}\}$$

Mobile Telephone Subscribers refer to the persons who are connected with the mobile telephone communication network through the mobile telephone switchboards and occupy mobile phone numbers. In the reporting period the number of users in the mobile phone operating divisions actual registration number of households into the mobile phone network to calculate, a mobile phone is counted as a household.

Local Telephone Subscribers refers to all subscribers who have gone through registration procedures in the operation points of enterprises engaged in telecommunications and are hence connected to the local telecommunications service provider through fixed line network. Included are general subscribers, public telephones subscribers, N-ISDN subscribers and intelligent network terminal subscribers. They are also classified in terms of administrative districts as urban telephone subscribers and rural telephone subscribers according to location. Before 1997, the "local phone users" refers to access cities above county and county telephone line telephone subscribers; "Rural

Telephone User" refers to access the post office, if farmers Taiwan county and below county rural telephone exchange points, to the county as the center (except local subscriber outside) Unicom county and township (town), administrative villages, village groups of users. From 1997 onwards, the number of telephone users adjust to the user group area classified as "urban telephone subscribers" and "rural telephone subscribers," with the past by local and rural telephone divided in different ways. But the number of telephone users and telephone statistical range are unchanged.

Urban Telephone Subscribers refers to the number of telephone users in the urban area, suburban area and county area, which are under the jurisdiction of central municipalities, municipalities directly under the central government, municipalities directly under the provincial government, prefecture-level cities, county-level cities, including telephone users in rural areas, but in the independent industrial and mining areas, forest areas and military garrison established at or above the county and regiment level.

Rural Telephone Subscribers refers to the telephone users of townships (towns) and villages outside the city limits according to the administrative divisions.

批发、零售、住宿和餐饮业

Wholesale, Retail Trades, Hotels and Catering Services

17

简 要 说 明

一、主要内容

本篇资料主要反映全省批发和零售业、住宿和餐饮业的基本情况和经营状况。包括：社会消费品零售总额、限额以上批发和零售业的基本情况、商品交易、限额以上住宿和餐饮业基本情况。

二、统计范围

限额以上批发和零售业的法人企业、个体经营户，零售连锁集团，成交额在亿元以上的商品交易市场，以及参与商品零售、餐饮经营活动的各行业法人企业、产业活动单位和个体经营户。限额以上批发和零售业统计单位指：批发业，年主营业务收入 2000 万元及以上；零售业，年主营业务收入 500 万元及以上。

限额以上住宿和餐饮业法人企业、个体经营户；餐饮连锁集团；旅行社、星级饭店和旅游者。限额以上住宿和餐饮业统计单位为年主营业务收入 200 万元及以上。

三、统计调查方法

限额以上单位采用全面调查方法。

四、资料来源

本篇资料由省统计局提供。

Brief Introduction

I. Main Contents

The data in this chapter reflect the development and operation of wholesale and retail trades, as well as hotel and catering services.

The main contents of data on wholesale and retail trades include total retail sales of consumer goods, basic conditions, operation and financial status of the wholesale and retail trades above designated size, commodity trading.

The data on hotel and catering services mainly include the basic conditions, operation and financial status of hotel and catering services above the designated size, etc.

II. Scope of Statistics

Included in this chapter are the registered enterprises and self-employed individuals of wholesale and retail trades, chain enterprises, large commodity markets with transaction value over 100 million yuan. corporation enterprises, economic active establishments and self-employed individuals involved in retail trades, as well as catering services. The criteria for wholesale and retail sale trades above designated size are as follows: wholesale trade with annual principal business sales over 20 million yuan; retail trade with annual principal business sales over 5 million yuan.

The data in this chapter cover the corporate enterprises of hotel and catering services above the designated size, self-employed households of hotel and catering services; chain catering services, travel agencies, star-rated hotels and tourists; The statistical unit of the enterprises of hotel and catering services above the designated size is the annual income of main business at and over 2 million yuan.

III. Methods of Survey

The data on all corporate enterprises of wholesale and retail trades above designated size, all corporate enterprises of hotel and catering services above designated size, are collected through comprehensive reporting system.

IV. Sources of Data

The data in this chapter are collected and processed by Guizhou Provincial Bureau of Statistics.

17–1 社会消费品零售总额
Total Retail Sales of Consumer Goods

年份 Year	社会消费品零售总额(亿元) Total Retail Sales of Consumer Goods (100 million yuan)	按地域分 By Area		按行业分 By Sector	
		城镇 Urban	乡村 Rural	批发和零售业 Wholesale and Retail Trade	住宿和餐饮业 Hotel and Catering Services
1978	21.23	14.83	6.40		
1979	23.57				
1980	26.73	15.07	11.66		
1981	30.48				
1982	34.55				
1983	38.43				
1984	43.64				
1985	52.25	35.58	16.67		
1986	57.25				
1987	66.39				
1988	83.40				
1989	83.84				
1990	85.90	59.44	26.46		
1991	92.92				
1992	106.75				
1993	143.09				
1994	165.01				
1995	204.45	156.48	47.97		
1996	241.57	184.14	57.43		
1997	274.68	209.43	65.25		
1998	299.97	227.26	72.71		
1999	324.67	247.84	76.83		
2000	355.58	273.27	82.31	322.73	24.23
2001	391.14	302.50	88.64	352.09	30.04
2002	430.64	334.07	96.57	384.66	37.34
2003	474.57	370.01	104.56	422.31	43.24
2004	535.31	420.64	114.67	467.28	58.64
2005	615.75	485.50	130.25	539.60	65.63
2006	710.00	558.10	151.90	619.35	78.29
2007	858.15	667.83	190.32	720.80	121.43
2008	1075.24	838.81	236.43	952.04	106.90
2009	1265.46	971.37	275.88	1114.40	132.85
2010	1531.64	1233.74	297.90	1373.41	158.23
2011	1899.92	1561.07	338.85	1710.15	189.77
2012	2266.27	1863.59	402.68	2049.70	216.57
2013	2601.20	2148.26	452.94	2370.95	230.25
2014	2936.85	2425.25	511.60	2679.29	257.56
2015	3283.02	2711.57	571.45	2991.84	291.18
2016	3708.99	3030.73	678.26	3386.39	322.61
2017	4154.00	3388.54	765.46	3784.41	369.58
2018	7105.02	6227.66	877.36		
2019	7468.15	6609.31	858.84	6754.92	713.23
2020	7833.37	6886.90	946.47	7140.62	692.75

注：2018年因经普调整，国家未反馈行业数。

Note:The data of Total Retail Sales of Consumer Goods by Secter were not fed back by the country because of the adjustment of national economic census in 2018.

17-2 限额以上批发业和零售业法人企业
Basic Conditions of Enterprises above Designated Size of Wholesale and Retail Trades

指　标	Item	2016	2017	2018	2019	2020
批发业	**Wholesale Trade**					
法人企业数(个)	Number of Corporation Enterprises(unit)	822	1072	1232	1375	1483
从业人员期末人数（人）	Engaged Persons at Year-end(person)	57390	62036	65559	62734	64797
商品购进额(亿元)	Total Purchases Value (100 million yuan)	2347.63	3031.47	2843.01	3275.06	4121.73
商品销售额(亿元)	Total Sales Value (100 million yuan)	3243.07	3808.26	3899.79	4577.42	5474.27
期末商品库存额(亿元)	Total Stock at Year-end (100 million yuan)	270.85	225.68	231.93	288.64	286.34
零售业	**Retail Trade**					
法人企业数(个)	Number of Corporation Enterprises(unit)	2044	2424	2451	2393	2373
从业人员期末人数（人）	Engaged Persons at Year-end(person)	91185	101667	104969	104822	104148
商品购进额(亿元)	Total Purchases Value (100 million yuan)	1424.17	1731.99	1528.59	1774.34	1744.62
商品销售额(亿元)	Total Sales value (100 million yuan)	1784.16	2092.80	2062.63	2413.28	2241.89
期末商品库存额(亿元)	Total Stock at Year-end (100 million yuan)	145.16	161.02	175.58	244.88	233.52
年末零售营业面积(万平方米)	Retail Operating Area at Year-end (10000 sq.m)	456.05	506.14	544.45	600.46	690.51

17-3 限额以上批发业法人企业(2020)

单位：万元

指　　标	Item	法人企业数(个) Number of Corporation Enterprises (Unit)
合　　计	**Total**	1483
按登记注册类型分	**by Status of Registration Status**	
内资企业	**Domestic-funded Enterprises**	1475
国有企业	State-owned Enterprises	30
集体企业	Collective-owned Enterprises	11
股份合作企业	Cooperative Enterprises	1
有限责任公司	Limited Liability Corporations	356
国有独资公司	State Sole Funded Corporations	74
其他有限责任公司	Other Limited Liability Corporations	282
股份有限公司	Share-holding Corporations Ltd.	9
私营企业	Private Enterprises	1066
私营独资企业	Private-funded Enterprises	5
私营合伙企业	Private Partnership Enterprises	1
私营有限责任公司	Private Limited Liability Corporations	1052
私营股份有限公司	Private Share-holding Corporations Ltd.	8
其他企业	Other Enterprises	2
港、澳、台商投资企业	**Enterprises with Funds From HongKong, Macao and Taiwan**	7
与港澳台商合资经营企业	Joint-venture with Hong Kong, Macao and Taiwan	2
港澳台商独资企业	Hong Kong, Macao and Taiwan Private-funded Enterprises	5
外商投资企业	**Foreign-funded Enterprises**	1
外资企业	Foreign-funded Enterprise	1
按国民经济行业分	**by Sector**	
农、林、牧、渔产品批发	**Wholesale of Farming, Forestry, Animal Husbandry and Fishery Products**	37
谷物、豆及薯类批发	Wholesale of Cereal, Bean and Tubers	21
种子批发	Wholesale of Seeds	2
畜牧渔业饲料批发	Wholesale of Animal Husbandry and Fishery Feed	3
林业产品批发	Wholesale of Forestry Products	5
牲畜批发	Wholesale of Livestock	5
其他农牧产品批发	Other Farm and Ranch Products	1
食品、饮料及烟草制品批发	**Wholesale of Food, Beverages and Tobacco**	240
米、面制品及食用油批发	Wholesale of Rice, Flour and Edible Oil	38
糕点、糖果及糖批发	Wholesale of Pastries, Candy and Sugar	3
果品、蔬菜批发	Wholesale of Fruits and Vegetables	21
肉、禽、蛋、奶及水产品批发	Wholesale of Meat, Poultry, Eggs, Milk and Aquatic Products	32
盐及调味品批发	Wholesale of Salts and Condiments	14
营养和保健品批发	Wholesale of Nutrition and Health Products	3
酒、饮料及茶叶批发	Wholesale of Wine, Beverages and Tea	107
烟草制品批发	Wholesale of Tobaccos	11
其他食品批发	Wholesale of Other Food	11

Basic Conditions of Enterprises above Designated Size of Wholesale Trade

(10000 yuan)

从业人员期末人数（人） Engaged Persons at Year-end (person)	商品购进额 Total Purchase Value	商品销售额 Total Sales Value	#零售额 Retail Sales	期末商品库存额 Stock（year-end）
64797	41217261	54742737	1278573	2863372
62564	41023119	54343351	1253081	2839068
18800	7287067	10061647	15908	1026883
183	51163	53132	7198	5557
100	82175	93811	464	1
18725	22613521	31517197	558015	1213862
3756	6437257	7943415	391254	354925
14969	16176263	23573782	166761	858937
784	827886	893792	328245	17909
23954	10160516	11722967	343252	574856
119	22211	25001	5605	2118
6	391	653	136	2
23365	10040984	11591660	328326	563065
464	96930	105653	9185	9670
18	791	806		0
1974	179541	375888	25491	23092
538	44648	214126	18050	3895
1436	134893	161762	7441	19197
259	14602	23498		1212
259	14602	23498		1212
808	333177	334220	3521	93150
295	229177	215028	1448	49976
39	3480	6286	1	1785
51	32810	33537		370
63	19383	19339	198	1433
334	46083	56637	1871	39581
26	2245	3394	4	5
31292	12314274	23668126	512991	1593280
1822	460534	475507	16111	114415
102	12508	14875	1114	1362
733	178269	193475	7525	2746
1022	170910	193570	25021	7760
806	604547	809375	126226	56871
68	14582	18693	12	3593
9962	6686027	15061934	328658	489454
16354	4119750	6831095	196	912085
423	67146	69604	8129	4993

17−3 续表

单位：万元

指　　标	Item	法人企业(个) Number of Corporation Enterprises (Unit)
纺织、服装及家庭用品批发	**Wholesale of Textiles, Garments and Household Articles**	36
服装批发	Wholesale of Garments	4
鞋帽批发	Wholesale of Shoes and Hats	1
化妆品及卫生用品批发	Wholesale of Cosmetics and Sanitary Articles	9
厨具卫具及日用杂品批发	Wholesale of Kitchen Utensils, Sanitary Wares and Daily Groceries	2
家用视听设备批发	Wholesale of Household Audio-visual Equipment	2
日用家电批发	Wholesale of Household Appliances	14
其他家庭用品批发	Wholesale of Other Household Articles	4
文化、体育用品及器材批发	**Wholesale of Cultural, Sports Articles and Equipment**	10
文具用品批发	Wholesale of Stationery	3
图书批发	Wholesale of Books	3
其他文化用品批发	Wholesale of Other Cultural Articles	4
医药及医疗器材批发	**Wholesale of Medicines and Medical Appliances**	170
西药批发	Wholesale of Western Medicines	98
中药批发	Wholesale of Traditional Chinese Medicines	27
动物用药品批发	Wholesale of Veterinary Drugs	2
医疗用品及器材批发	Wholesale of Medical Articles and Appliances	43
矿产品、建材及化工产品批发	**Wholesale of Mineral Products, Building Materials and Chemical Products**	819
煤炭及制品批发	Wholesale of Coal and Related Products	263
石油及制品批发	Wholesale of Petroleum and Related Products	31
非金属矿及制品批发	Wholesale of Nonmetal Minerals and Related Products	20
金属及金属矿批发	Wholesale of Metal Materials and Metal Minerals	171
建材批发	Wholesale of Building Materials	240
化肥批发	Wholesale of Fertilizer	40
农药批发	Wholesale of Farm Chemicals	1
其他化工产品批发	Wholesale of Other Chemical Products	53
机械设备、五金产品及电子产品批发	**Wholesale of Machinery, Hardware and Electronic Products**	153
农业机械批发	Wholesale of Agricultural Machinery	4
汽车及零配件批发	Wholesale of Automobiles Fittings	57
摩托车及零配件批发	Wholesale of Motorcycles and Fittings	4
五金产品批发	Wholesale of Hardware Products	3
电气设备批发	Wholesale of Electrical Equipments	4
计算机、软件及辅助设备批发	Wholesale of Computer, Software and Assistance Appliances	8
通讯设备批发	Wholesale of Communication Equipments	40
其他机械设备及电子产品批发	Wholesale of Other Machinery and Electric Products	33
贸易经纪与代理	**Trade Brokering and Agency**	2
贸易代理	Trade Agency	2
其他批发业	**Other Wholesales**	16
再生物资回收与批发	Recycling and Wholesale of Recycled Materials	7
互联网批发	Wholesale of Internet	1
其他未列明批发业	Other Wholesale Not Classified Elsewhere	8

continued

(10000 yuan)

从业人员期末人数（人） Engaged Persons at Year-end (person)	商品购进额 Total Purchase Value	商品销售额 Total Sales Value	#零售额 Retail Sales	期末商品库存额 Stock（year-end）
1592	219292	245440	18613	32506
791	35225	49833	4623	14807
9	5032	5081		0
180	33678	38588	7334	3175
143	7019	9153	326	175
6	889	819	535	162
274	108422	109564	2992	10592
189	29028	32403	2803	3595
638	286441	262021	6972	52989
59	21455	21323	1444	2569
525	249200	224053	4274	49296
54	15787	16646	1255	1124
11233	3500885	3868135	17448	327315
8388	2566403	2799973	9482	244603
1409	432246	487371	2092	40025
65	10679	13491		591
1371	491558	567300	5874	42095
13156	20376262	21893854	583283	567580
3582	3834268	4247205	128751	54663
1686	735618	789562	360657	18371
172	109068	130937		4050
2224	9775559	10113684	3049	254996
2628	2387928	2512852	73117	123043
1011	2242049	2595985	10476	74373
172	16398	20209	5850	5854
1681	1275374	1483420	1383	32230
3992	3472335	3725946	60136	128808
43	11190	10546		2147
1249	1811049	1901165	32812	44889
111	64669	75539	4540	9022
96	138478	143934	2062	9930
25	32907	43513		166
141	69885	90125	6581	3061
754	983661	1019818	374	9408
1573	360498	441308	13768	50185
6	10050	16728		
6	10050	16728		
2080	704546	728267	75608	67744
430	299664	283810		43171
29	49105	71920	12250	3790
1621	355777	372538	63358	20783

17-4 限额以上批发业法人企业主要财务指标(2020)
Main Financial Indicators of Enterprises above Designated Size of Wholesale Trade

单位：万元 (10000 yuan)

指 标	Item	营业收入 Operating Revenue	营业成本 Operating Costs	税金及附加 Tax and Surcharges	销售费用 Selling Expenses	营业利润 Operating Profits
总 计	Total	49277415	38134448	700350	1547223	7982176
按登记注册类型分	by Status of Registration					
内资企业	Domestic Funded Enterprises	48911055	37818790	699479	1517258	7952963
国有企业	State-owned Enterprises	9005238	6710575	536910	463895	952529
集体企业	Collective-owned Enterprises	36675	34060	45	1386	-401
股份合作企业	Joint-equity Cooperative Enterprises	78779	52452	404	6675	19165
有限责任公司	Limited Liability Corporations	28326527	20711656	133694	556365	6691455
国有独资公司	State Sole Funded Corporations	7300707	6172141	21348	165025	828493
其他有限责任公司	Other Limited Liability Corporations	21025820	14539515	112346	391341	5862962
股份有限公司	Share-holding Corporations Ltd.	801042	717822	915	41015	29215
私营企业	Private Enterprises	10659517	9589081	27404	447920	260922
私营独资企业	Private-funded Enterprises	33153	29001	20	354	676
私营合伙企业	Private Partnership Enterprises	180	130	5	6	27
私营有限责任公司	Private Limited Liability Corporations	10529550	9471680	27234	443255	259912
私营股份有限公司	Private Share-holding Corporations Ltd.	96634	88270	145	4306	307
其他企业	Other Enterprises	3276	3144	107	1	78
港、澳、台商投资企业	Enterprises with Funds from HongKong, Macao and Taiwan	344889	298203	793	27306	28749
合资经营企业(港或澳、台资)	Joint-venture Enterprises (HongKong, Macao or Taiwan)	210435	199479	277	6224	5375
港、澳、台商独资经营企业	Hong Kong, Macao and Taiwan Private-funded Enterprises	134454	98724	516	21082	23374
外商投资企业	Foreign Funded Enterprises	21472	17455	78	2659	464
外资企业	Overseas-funded Enterprise	21472	17455	78	2659	464
按国民经济行业分	by Sector					
农、林、牧、渔产品批发	Wholesale of Farming, Forestry, Animal Husbandry and Fishery Products	313140	279757	185	8613	6334
谷物、豆及薯类批发	Wholesale of Cereal, Bean and Tubers	200959	177518	68	7220	3376
种子批发	Wholesale of Seeds	6297	5173	13	233	206
畜牧渔业饲料批发	Wholesale of Animal Husbandry and Fishery Feed	31083	29653	9	511	70
林业产品批发	Wholesale of Forestry Products	17439	16922	19	67	164
牲畜批发	Wholesale of Livestock	53974	48261	72	455	2039
其他农牧产品批发	Other Farm and Ranch Products	3389	2231	4	127	480
食品、饮料及烟草制品批发	Wholesale of Food, Beverages and Tobacco	21141109	11383250	656166	1009883	7692262
米、面制品及食用油批发	Wholesale of Rice, Flour and Edible Oil	463565	429361	315	16119	-1153
糕点、糖果及糖批发	Wholesale of Pastries, Candy and Sugar	13884	12644	16	366	64
果品、蔬菜批发	Wholesale of Fruits and Vegetables	186567	172473	93	4173	3460
肉、禽、蛋、奶及水产品批发	Wholesale of Meat, Poultry, Eggs, Milk and Aquatic Products	183112	168817	222	8244	1465
盐及调味品批发	Wholesale of Salts and Condiments	720492	659871	1257	9890	6671
营养和保健品批发	Wholesale of Nutraceutical Products	16570	15104	42	772	228
酒、饮料及茶叶批发	Wholesale of Wine, Beverages and Tea	13345967	5628945	124129	712108	6879075
烟草制品批发	Wholesale of Tobaccos	6147883	4240597	530017	255431	801882
其他食品批发	Wholesale of Other Food	63071	55439	77	2781	568

17-4 续表 continued

单位：万元 (10000 yuan)

指 标	Item	营业收入 Operating Revenue	营业成本 Operating Costs	税金及附加 Tax and Surcharges	销售费用 Selling Expenses	营业利润 Operating Profits
纺织、服装及家庭用品批发	**Wholesale of Textiles, Garments and Household Articles**	223978	193735	300	13779	4477
服装批发	Wholesale of Garments	44221	33546	138	6351	2424
鞋帽批发	Wholesale of Shoes and Hats	5081	5032		57	-63
化妆品及卫生用品批发	Wholesale of Cosmetics and Sanitary Articles	36348	28196	17	860	672
厨具卫具及日用杂品批发	Wholesale of Kitchen Utensils, Sanitary Ware and Daily Groceries	6620	4669	22	14	494
家用视听设备批发	Wholesale of Household Audio-visual Equipment	725	661	1	-243	252
日用家电批发	Wholesale of Household Appliances	102133	95325	84	4742	597
其他家庭用品批发	Wholesale of Other Household Articles	28852	26306	38	1998	101
文化、体育用品及器材批发	**Wholesale of Cultural, Sports Articles and Equipment**	252221	223928	73	11393	13837
文具用品批发	Wholesale of Stationery	18946	17649	17	600	6499
图书批发	Wholesale of Books	218557	192482	42	10487	7120
其他文化用品批发	Wholesale of Other Cultural Articles	14718	13798	15	306	218
医药及医疗器材批发	**Wholesale of Medicines and Medical Appliances**	3485064	3121436	7864	138769	80740
西药批发	Wholesale of Western Medicines	2526970	2283396	4848	91960	52043
中药批发	Wholesale of Traditional Chinese Medicines	436897	384016	1277	21161	8465
动物用药品批发	Wholesale of Veterinary Drugs	11994	9942	28	595	762
医疗用品及器材批发	Wholesale of Medical Articles and Appliances	509203	444082	1711	25053	19470
矿产品、建材及化工产品批发	**Wholesale of Mineral Products, Building Materials and Chemical Products**	19743470	19013678	29918	266702	132243
煤炭及制品批发	Wholesale of Coal and Related Products	3846148	3649290	8862	89344	19247
石油及制品批发	Wholesale of Petroleum and Related Products	682402	599729	1791	43815	34301
非金属矿及制品批发	Wholesale of Nonmetal Minerals and Related Products	114175	101824	350	8043	2008
金属及金属矿批发	Wholesale of Metal Materials and Metal Minerals	9041827	8870362	6450	36202	43929
建材批发	Wholesale of Building Materials	2264423	2144994	9337	26024	11592
化肥批发	Wholesale of Fertilizer	2385643	2325189	1980	35414	10504
农药批发	Wholesale of Farm Chemicals	19597	16133	80	2316	-656
其他化工产品批发	Wholesale of Other Chemical Products	1389255	1306158	1070	25546	11319
机械设备、五金产品及电子产品批发	**Wholesale of Machinery, Hardware and Electronic Products**	3416984	3280976	2895	69156	30006
农业机械批发	Wholesale of Agricultural Machinery	9842	8827	2	555	-12
汽车及零配件批发	Wholesale of Automobiles Fittings	1676919	1615862	1745	37917	20429
摩托车及零配件批发	Wholesale of Motorcycles and Fittings	66860	63583	86	980	1269
五金产品批发	Wholesale of Hardware Products	138368	133509	116	1790	638
电气设备批发	Wholesale of Electrical Equipments	38506	32645	175	2476	1448
计算机、软件及辅助设备批发	Wholesale of Computer, Software and Assistance	83408	66195	60	742	658
通讯设备批发	Wholesale of Communication Equipments	976844	969668	180	3247	2192
其他机械设备及电子产品批发	Wholesale of Other Machinery and Electric Products	426237	390687	533	21449	3384
贸易经纪与代理	**Trade Brokering and Agency**	16007	15973	3	8	-51
贸易代理	Trade Agency	16007	15973	3	8	-51
其他批发业	**Other Wholesales**	685441	621716	2946	28920	22328
再生物资回收与批发	Recycling and Wholesale of Recycled Materials	258888	251025	2065	2127	997
互联网批发	Wholesale of Internet	63415	56624	293	8161	7626
其他未列明批发业	Other Wholesale Not Classified Elsewhere	363139	314066	588	18633	13705

17-5 限额以上零售业法人企业(2020)

单位：万元

指 标	Item	法人企业(个) Number of Corporations Enterprises (Unit)
合 计	**Total**	2373
按登记注册类型分	**by Status of Registration**	
内资企业	**Domestic Funded Enterprises**	2337
国有企业	State-owned Enterprises	21
集体企业	Collective-owned Enterprises	11
股份合作企业	Cooperative Enterprises	3
有限责任公司	Limited Liability Corporations	381
国有独资公司	State Sole Funded Corporations	40
其他有限责任公司	Other Limited Liability Corporations	341
股份有限公司	Share-holding Corporations Ltd.	18
私营企业	Private Enterprises	1902
私营独资企业	Private-funded Enterprise	286
私营合伙企业	Private Partnership Enterprises	47
私营有限责任公司	Private Limited Liability Corporations	1563
私营股份有限公司	Private Share-holding Corporations Ltd.	6
其他企业	Others Enterprises	1
港、澳、台商投资企业	**Enterprises with Funds From Hongkong, Macao and Taiwan**	12
与港澳台商合资经营企业	Joint-venture Enterprises with Hong Kong, Macao and Taiwan	5
港澳台商独资企业	Hong Kong, Macao and Taiwan Private-funded Enterprises	7
外商投资企业	**Foreign-Funded Enterprises**	24
中外合资经营企业	Joint-venture Enterprises	2
外资企业	Foreign-funded Enterprises	20
外商投资股份有限公司	Foreign-invested Limited Liability Companies	2
按国民经济行业分	**by Sector**	
综合零售	**Integrated Retail**	304
百货零售	Retail of General Merchandise	110
超级市场零售	Retail of Supermarkets	178
便利店零售	Retail of Convenience Stores	1
其他综合零售	Other Integrated Retail	15
食品、饮料及烟草制品专门零售	**Retail of Food,Beverages and Tobaccos**	259
粮油零售	Retail of Grain and Oil	46
糕点、面包零售	Retail of Pastries and Bread	1
果品、蔬菜零售	Retail of Fruits and Vegetables	58
肉、禽、蛋、奶及水产品零售	Retail of Meat, Poultry, Eggs,Milk and Aquatic Products	21
营养和保健品零售	Retail of Nutrition and Health Products	2
酒、饮料及茶叶零售	Retail of Wine, Beverages and Tea	115
其他食品零售	Retail of Other Food	16
纺织、服装及日用品专门零售	**Sperial Retail of Textiles,Wearing Apparel and Household Articles**	29
服装零售	Retail of Costumes	16
鞋帽零售	Retail of Shoes and Hats	1
化妆品及卫生用品零售	Retail of Cosmetics and Hygiene Products	2

Basic Conditions of Enterprises above Designated Size in Retail Trade

(10000 yuan)

从业人数(人) Engaged Persons (person)	购进总额 Total Value	销售总额 Total Value	#零售 Retail Trade	年末库存额 Stock(year-end)
104148	17446168	22418933	19841583	2335150
97595	16048547	19368759	17079849	2238313
1902	250240	1469645	1278075	113913
104	20987	30468	26036	1084
180	17058	16595	11893	3919
35061	7213936	7889914	6825292	819106
2128	708557	754573	680654	157412
32933	6505379	7135342	6144638	661694
3369	1098747	1814139	1412138	36511
56971	7446612	8146554	7524970	1263772
3435	319382	362916	352476	19283
553	50317	59451	59252	2331
52857	7069748	7670889	7059944	1238810
126	7165	53299	53299	3348
8	967	1445	1445	9
2058	290752	357908	357908	15968
651	217847	266982	266982	15960
1407	72905	90926	90926	8
4495	1106869	2692265	2403827	80869
287	152745	168937	168937	9690
3356	732009	1807660	1638620	64481
852	222115	715669	596270	6698
33057	2207515	2788901	2698937	240910
6881	744404	884423	873315	47359
25653	1364439	1795661	1719561	186505
12	9508	10170	8085	235
511	89165	98647	97976	6811
8234	2229739	2516451	1842797	822137
1745	95676	103100	101135	29441
35	769	1772	1772	47
2899	206117	243302	157979	8586
768	42658	49067	42570	4824
87	2037	3074	3074	94
2113	1850698	2073129	1503040	776397
587	31784	43006	33227	2747
1814	133719	144491	124329	39347
1209	110316	112223	93010	30701
352	11317	18183	18183	4766
49	3363	3682	3682	1184

17-5 续表

单位：万元

指　标	Item	法人企业(个) Number of Corporations Enterprises (Unit)
厨具卫具及日用杂品零售	Retail of Kitchen and Bathroom Utensils , and Daily Necessities	1
钟表、眼镜零售	Retail of Horologe and Spectacles	3
自行车等代步设备零售	Retail of Bicycles	1
其他日用品零售	Retail of Other Daily Consumer Use	5
文化、体育用品及器材专门零售	**Retail of Cultural, Sports Appliances and Equipment**	52
文具用品零售	Retail of Stationery	19
图书、报刊零售	Retail of Books, Newspaper and Periodicals	16
珠宝首饰零售	Retail of Jewelry	11
工艺美术品及收藏品零售	Retail of Arts and Handicrafts and Collections	4
乐器零售	Retail of Musical Instruments	2
医药及医疗器材专门零售	**Retail of Medicines and Medical Appliances**	122
西药零售	Retail of Western Medicines	116
中药零售	Retail of Traditional Chinese Medicine	4
医疗用品及器材零售	Retail of Medical Applies and Equipment	2
汽车、摩托车、零配件和燃料及其他动力销售	**Retail of Motor Vehicles, Motorcycles, Fuel and Parts**	1270
汽车新车零售	Retail of New Cars	848
汽车旧车零售	Retail of Used Cars	10
汽车零配件零售	Retail of Automobile Fittings	6
摩托车及零配件零售	Retail of Motorcycles and Parts	43
机动车燃油零售	Retail of Motor Vehicle Fuel	358
机动车燃气零售	Retail of Motor Vehicle Gas	5
家用电器及电子产品专门零售	**Special Retail of Household Electrical Appliances and Electronic Products**	213
家用视听设备零售	Retail of Household Audio and Video Appliances	30
日用家电零售	Retail of Household Appliances	91
计算机、软件及辅助设备零售	Retail of Computer, Software and Assistant Appliances	62
通信设备零售	Retail of Communication Equipment	25
其他电子产品零售	Retail of Other Electronic Products	5
五金、家具及室内装饰材料专门零售	**Special Retail of Hardware, Furniture and Interior Decoration Materials**	57
五金零售	Retail of Hardware	6
灯具零售	Retail of Light Fittings	3
家具零售	Retail of Furniture	28
涂料零售	Retail of Paint	1
卫生洁具零售	Retail of Sanitary Wares	1
木质装饰材料零售	Retail of Wooden Decorative Materials	2
陶瓷、石材装饰材料零售	Retail of Ceramics, Stone Decorative Materials	5
其他室内装饰材料零售	Retail of Other Indoor Decoration Materials	11
货摊、无店铺及其他零售业	**Stalls, Non-shop and Other Retails**	67
互联网零售	E-commerce Retail	36
邮购及电视、电话零售	Retails by Post, TV and Telephone	1
生活用燃料零售	Retail of Fuel for Daily Use	20
其他未列明零售业	Other Retails Not Classified Elsewhere	10

continued

(10000 yuan)

从业人数(人) Engaged Persons (person)	购进总额 Total Value	销售总额 Total Value	#零售 Retail Trade	年末库存额 Stock(year-end)
18	1017	1107	1107	1413
80	3085	3864	3612	957
5	625	1222	1222	4
101	3997	4210	3513	322
1345	208747	228563	226839	17693
161	12342	15705	15705	913
951	178737	194649	192996	9850
136	10187	10121	10121	5714
81	3320	3889	3889	1194
16	4163	4198	4128	23
14227	553525	719444	645406	111246
14049	549225	713269	640617	109775
154	2993	4538	3153	1306
24	1307	1637	1637	165
39204	10250033	14114600	12616634	1024582
26364	7178365	7490516	7096482	867824
179	35531	35872	35872	4822
67	12371	13345	11026	726
1239	243939	700911	522278	12933
11152	2769724	5853800	4930821	138158
203	10104	20156	20156	119
4002	653690	663434	543996	59517
478	49032	63020	59620	8435
2022	382955	374500	320697	25624
726	84121	91741	69779	6219
646	113414	116859	76986	6338
130	24169	17314	16914	12901
745	70764	83490	76025	8829
51	6185	6981	5879	1155
11	2120	2406	1783	213
462	35269	44781	44731	4141
25	855	1103	882	831
10	692	980	980	35
15	1879	1861	1861	3
84	8534	9276	4350	1698
87	15231	16103	15560	753
1520	1138436	1159560	1066621	10889
668	957375	940175	851612	4543
247	135181	167042	167042	3143
461	31779	37732	34886	1655
144	14101	14610	13081	1549

17-6 限额以上零售业法人企业主要财务指标(2020)
Main Financial Indicators of Enterprises above Designated Size of Retail Trade

单位：万元 (10000 yuan)

指 标	Item	营业收入 Operating Revenue	营业成本 Operating Costs	税金及附加 Tax and Surcharges	销售费 Selling Expenses	营业利润 Operating Profits
总 计	Total	20359399	18017655	44595	1145611	680340
按登记注册类型分	by Status of Registration					
内资企业	Domestic Funded Enterprises	17646904	15590098	37527	994604	611175
国有企业	State-owned Enterprises	1236092	1135895	955	49932	91557
集体企业	Collective-owned Enterprises	28252	24845	83	688	1155
股份合作企业	Cooperative Enterprises	15643	13656	41	892	60
有限责任公司	Limited Liability Corporations	7320779	6280473	14615	451544	391301
国有独资公司	State Sole Funded Corporations	713564	638259	1425	19051	183380
其他有限责任公司	Other Limited Liability Corporations	6607216	5642214	13190	432493	207921
股份有限公司	Share-holding Corporations Ltd.	1607316	1526366	2153	88245	6103
私营企业	Private Enterprises	7437610	6607917	19671	403299	120868
私营独资企业	Private-funded Enterprises	329283	276322	1668	12977	17398
私营合伙企业	Private Partnership Enterprises	53536	45483	325	2611	2056
私营有限责任公司	Private Limited Liability Corporations	7002626	6234366	17625	387530	101438
私营股份有限公司	Private Share-holding Corporations Ltd.	52166	51746	54	181	-25
其他企业	Others Enterprises	1211	947	9	4	132
港、澳、台商投资企业	Enterprises with Funds From HongKong, Macao and Taiwan	336326	271850	1823	36693	21055
合资经营企业(港或澳、台资)	Joint-venture Enterprises(with Hong Kong, Macao and Taiwan)	248990	206074	1581	18129	18459
港、澳、台商独资经营企业	Hong Kong, Macao and Taiwan Private-funded Enterprises	87335	65777	242	18563	2596
外商投资企业	Foreign Funded Enterprises	2376169	2155707	5245	114315	48109
中外合资经营企业	Joint-venture Enterprises	153434	131337	936	5837	10815
外资企业	Foreign-funded Enterprises	1620201	1453436	3496	73944	45985
外商投资股份有限公司	Foreign-invested Limited Liability Companies	602535	570935	813	34534	-8691
按国民经济行业分	by Sector					
综合零售	Integrated Retail	2629062	2148916	10179	307753	58750
百货零售	Retail of General Merchandise	774269	602041	6034	78587	29499
超级市场零售	Retail of Supermarkets	1753566	1453261	3931	225360	28851
便利店零售	Retail of Convenience Stores	10168	9572	2	273	2
其他综合零售	Other Integrated Retail	91059	84043	213	3534	399
食品、饮料及烟草制品专门零售	Retail of Food, Beverages and Tobaccos	2306126	1984691	5726	48240	355183
粮油零售	Retail of Grain and Oil	101677	88214	223	4744	-4241
糕点、面包零售	Retail of Pastries and Bread	1772	1314		34	358
果品、蔬菜零售	Retail of Fruits and Vegetables	237786	204736	810	13018	-4731
肉、禽、蛋、奶及水产品零售	Retail of Meat, Poultry, Eggs, Milk and Aquatic Products	50992	43327	156	1123	715
营养和保健品零售	Retail of Nutrition and Health Products	2911	1945	10	567	241
酒、饮料及茶叶零售	Retail of Wine, Beverages and Tea	1853632	1592721	4409	27090	362844
其他食品零售	Retail of Other Food	57356	52434	118	1666	-3
纺织、服装及日用品专门零售	Special Retail of Textiles, Wearing Apparel and Household Articles	129299	103429	435	19749	1902
服装零售	Retail of Costumes	101415	83319	329	15683	-256
鞋帽零售	Retail of Shoes and Hats	16095	10273	76	3201	1676
化妆品及卫生用品零售	Retail of Cosmetics and Hygiene Products	2482	2154	0	162	7

17-6 续表 continued

单位：万元 (10000 yuan)

指 标	Item	营业收入 Operating Revenue	营业成本 Operating Costs	税金及附加 Tax and Surcharges	销售费 Selling Expenses	营业利润 Operating Profits
厨具卫具及日用杂品零售	Retail of Kitchen and Bathroom Utensils , and Daily Necessities	812	602	2	133	51
钟表、眼镜零售	Retail of Horologe and Spectacles	3412	2785	24	392	-126
自行车等代步设备零售	Retail of Bicycles	1081	530		3	536
其他日用品零售	Retail of Other Daily Consumer Use	4003	3766	4	176	14
文化、体育用品及器材专门零售	**Retail of Cultural, Sports Appliances and Equipment**	220253	183506	276	8970	18062
文具用品零售	Retail of Stationery	14699	12690	27	452	356
图书、报刊零售	Retail of Books, Newspaper and Periodicals	188920	157385	85	7773	16315
珠宝首饰零售	Retail of Jewelry	9595	7385	102	647	830
工艺美术品及收藏品零售	Retail of Arts and Handicrafts and Collections	3087	2305	50	77	397
乐器零售	Retail of Musical Instruments	3952	3741	12	21	164
医药及医疗器材专门零售	**Retail of Medicines and Medical Appliances**	663529	482732	2799	105376	15813
西药零售	Retail of Western Medicines	657914	479142	2711	104474	15267
中药零售	Retail of Traditional Chinese Medicin	4200	2585	85	801	366
医疗用品及器材零售	Retail of Medical Applies and Equipment	1415	1005	4	101	181
汽车、摩托车、零配件和燃料及其他动力销售	**Retail of Motor Vehicles, Motorcycles, Fuel and Parts**	12692032	11581514	21605	483317	241521
汽车新车零售	Retail of New Cars	6840849	6317599	14167	231804	52234
汽车旧车零售	Retail of Used Cars	33146	30179	61	1659	386
汽车零配件零售	Retail of Automobile Fittings	10928	10249	5	229	165
摩托车及零配件零售	Retail of Motorcycles and Parts	592802	541623	1090	27802	14141
机动车燃油零售	Retail of Motor Vehicle Fuel	5194336	4667173	6198	220984	171454
机动车燃气零售	Retail of Motor Vehicle Gas	19971	14690	83	839	3142
家用电器及电子产品专门零售	**Special Retail of Household Electrical Appliances and**	601298	552139	1203	56301	-2620
家用视听设备零售	Retail of Household Audio and Video Appliances	53340	46854	140	4059	-284
日用家电零售	Retail of Household Appliances	339214	316006	665	43464	-4680
计算机、软件及辅助设备零售	Retail of Computer, Software and Assistant Appliances	85406	75073	269	2703	2311
通信设备零售	Retail of Communication Equipment	107105	99623	113	5366	-239
其他电子产品零售	Retail of Other Electronic Products	16232	14583	16	709	272
五金、家具及室内装饰材料专门零售	**Special Retail of Hardware, Furniture and Interior Decoration**	76596	60849	790	5054	-4235
五金零售	Retail of Hardware	5917	5553	3	62	71
灯具零售	Retail of Light Fittings	2195	1949	6	121	101
家具零售	Retail of Furniture	40940	30654	648	4017	-6471
涂料零售	Retail of Paint	1032	875	0	161	-70
卫生洁具零售	Retail of Sanitary Wares	919	689	20	60	42
木质装饰材料零售	Retail of Wooden Decorative Materials	1861	1793	1	19	28
陶瓷、石材装饰材料零售	Retail of Ceramics, Stone Decorative Materials	8214	7269	13	411	110
其他室内装饰材料零售	Retail of Other Indoor Decoration Materials	15519	12068	99	203	1954
货摊、无店铺及其他零售业	**Stalls, Non-shop and Other Retails**	1041205	919881	1581	110850	-4037
互联网零售	E-commerce Retail	836029	753092	1282	81092	-6510
邮购及电视、电话零售	Retails by Post, TV and Telephone	156631	125146	142	28185	1498
生活用燃料零售	Retail of Fuel for Daily Use	34423	28088	121	1363	1111
其他未列明零售业	Other Retails Not Classified	14122	13554	36	210	-136

17—7 商品交易市场
Commodity Exchange Markets

单位：个 (unit)

指　　标	Item	2016	2017	2018	2019	2020
商品交易市场数	**Number of Commodity Trading Markets**	**1244**	**1365**	**1626**	**1666**	**1307**
消费品市场数	**Number of Consumable Markets**	**1200**	**1283**	**1530**	**1566**	**1225**
消费品综合市场	Consumable Comprehensive Markets	560	538	652	474	441
农副产品市场	Agricultural Subproduct Markets	497	567	642	866	553
工业消费品市场	Industrial Consumable Markets	27	49	44	54	49
其他消费品市场	Other Consumable Markets	116	129	192	172	182
生产资料市场数	**Number of Production Markets**	**44**	**82**	**96**	**100**	**82**
生产资料综合市场	Production Comprehensive Markets	14	21	32	48	12
工业生产资料市场	Industrial Production Markets	22	17	20	8	17
农业生产资料市场	Agricultural Production Markets	7	35	41	35	33
其他生产资料市场	Others	1	9	3	9	20

注：资料来源于省市场监督管理局。
Note: The data in the table are provided by the Administration for Market Regulation of Guizhou Province.

17—8 限额以上住宿业和餐饮业法人企业
Basic Conditions of Enterprises above Designated Size in Hotels and Catering Services

指　标	Item	2016	2017	2018	2019	2020
住宿业	**Hotels**					
法人企业数(个)	Number of Corporation Enterprises(unit)	573	642	704	776	808
从业人员期末人数（人）	Engaged Persons at Year-end (person)	34744	39253	39965	41868	37691
营业额(亿元)	Business Revenue (100 million yuan)	60.59	68.70	73.43	79.71	73.63
#客房收入	From Hotel Rooms	37.03	42.75	47.97	52.36	49.04
餐费收入	From Meals	18.18	20.39	19.66	20.08	17.39
客房数(万间)	Number of Rooms(10000 rooms)	8.43	9.56	14.76	18.63	12.94
床位数(万张)	Number of Beds(10000 beds)	13.90	14.90	23.81	29.41	20.31
年末餐饮营业面积(万平方米)	Business Area of Catering Services at Year-end(10000 sq.m)	101.05	116.98	138.65	262.02	256.58
餐饮业	**Catering Services**					
法人企业数(个)	Number of Corporation Enterprises(unit)	511	603	611	607	645
从业人员期末人数（人）	Engaged Persons at Year-end (person)	17334	20419	21651	24266	23416
营业额(亿元)	Business Revenue (100 million yuan)	31.65	36.84	41.89	45.95	46.92
#餐费收入	From Meals	27.01	32.44	37.49	41.42	41.77
年末餐饮营业面积(万平方米)	Business Area of Catering Services at Year-end(10000 sq.m)	63.82	71.46	79.81	101.37	99.60

17—9 限额以上住宿业法人企业(2020)

单位：万元

指标	Item	法人企业数(个) Number of Corporations Enterprises (unit)	从业人员平均(人) Engaged Persons at Year-end (person)	营业额 Business Revenue	#客房收入 from Hotel Rooms	#餐费收入 from Meals
合计	**Total**	808	37483	736317	490388	173902
按登记注册类型分	**by Status of Registration**					
内资企业	**Domestic Funded Enterprises**	804	37340	729011	486769	171516
国有企业	State-owned Enterprises	19	1446	37326	22064	12452
集体企业	Collective-owned Enterprises	3	172	2522	1420	1102
有限责任公司	Limited Liability Corporations	135	11412	223538	118800	66839
国有独资公司	State Sole Funded Corporations	32	2208	40783	18521	12817
其他有限责任公司	Other Limited Liability Corporations	103	9204	182755	100278	54023
股份有限公司	Share-holding Corporations Ltd.	3	22	417	417	
私营企业	Private Enterprises	644	24288	465208	344068	91123
私营独资企业	Private-funded Enterprises	69	1355	39854	31588	5779
私营合伙企业	Private Partrership Enterprises	11	317	4456	3834	556
私营有限责任公司	Private Limited Liability Corporations	560	22355	415362	305978	83216
私营股份有限公司	Private Share-holding Corporations Ltd.	4	261	5536	2668	1574
港、澳、台商投资企业	**Enterprises with Funds From Honkong, Macao and Taiwan**	2	38	2994	1352	943
港澳台商独资企业	Hong Kong, Macao and Taiwan Private-funded Enterpises	1	16	1374	678	459
港澳台商投资股份有限公司	Hong Kong, Macao and Taiwan Investment co. LTD	1	22	1620	674	484
外商投资企业	**Enterprises with Foreign Investment**	2	105	4312	2267	1443
中外合资经营企业	Joint-venture Enterprises	2	105	4312	2267	1443
按国民经济行业分	**by Sector**					
旅游饭店	Tourist Hotel	458	26661	538086	334201	143465
一般旅馆	Fonda	317	9437	180597	143127	27262
经济型连锁酒店	Economical Chain Hotel	44	1216	27881	24834	2200
其他一般旅馆	Other Ordinary Hotel	273	8221	152716	118293	25063
民宿服务	Homestay Facility Serive	6	197	2731	2416	295
露营地服务	Campsite Service	1	33	260	156	79
其他住宿业	Others	26	1155	14643	10488	2800

Basic Conditions of Enterprises above Designated Size in Hotel Services

(10000 yuan)

营业收入 Operating Revenue	营业成本 Operating Costs	税金及附加 Tax and Surcharges	利润总额 Total profit	资产总计 Total Assets	#流动资产合计 Current Assets	#固定资产原价 Fixed Assets Original cost	负债合计 Total Liabilities	所有者权益 Total Owners' Equities
827462	492401	9450	-42919	3719951	1648936	1752961	2459689	1243148
820260	487921	9301	-43859	3698354	1643818	1734641	2457448	1223793
35870	19705	194	1444	53071	29069	22623	39423	13648
2302	758	1	-153	2095	1683	881	1791	304
336974	234615	5418	-11467	1966120	915659	957870	1118744	841148
156038	139566	1670	-3719	207141	87281	116551	162230	44405
180936	95050	3748	-7747	1758980	828378	841319	956513	796743
399			193	798	735	12	212	586
444715	232843	3689	-33877	1676269	696672	753256	1297279	368106
37865	25391	294	3663	70396	31446	53421	18458	48725
4693	3184	57	439	10746	3856	7130	3305	7441
396733	201588	3169	-37110	1553041	653425	661537	1237961	307409
5424	2681	169	-868	42087	7946	31168	37555	4532
2994	2169	19	594	5673	2689	4210	51	5623
1374	1003	5	292	2326	1609	1423	38	2287
1620	1166	14	303	3348	1080	2788	13	3335
4208	2311	130	346	15923	2430	14110	2190	13733
4208	2311	130	346	15923	2430	14110	2190	13733
520866	265345	7759	-33470	3056434	1358210	1455133	2023708	1024889
291321	218702	1501	-7245	575539	261358	250826	386111	180151
25146	14562	126	-185	58667	19402	30439	21469	36272
266175	204141	1375	-7059	516872	241956	220387	364643	143879
2725	814	3	205	8018	1914	753	5823	2196
260	190		-4	437	200	217	74	363
12290	7349	187	-2406	79523	27254	46033	43974	35549

17-10 限额以上餐饮业法人企业(2020)

单位：万元

指　标	Item	法人企业数(个) Number of Corporation Enterprises (unit)	从业人员平均人数(人) Average number of Engaged Persons (person)	营业额 Business Revenue	#餐费收入 From Meals
合计	**Total**	645	22313	469151	417690
按登记注册类型分	**by Status of Registration**				
内资企业	**Domestic Funded Enterprises**	641	22089	465464	415067
国有企业	State-owned Enterprises	5	321	4316	3101
集体企业	Collective-owned Enterprises	7	116	2449	2449
有限责任公司	Limited Liability Corporations	66	4448	102152	77807
国有独资公司	State Sole Funded Corporations	21	1357	22160	16213
其他有限责任公司	Other Limited Liability Corporations	45	3091	79992	61595
私营企业	Private Enterprises	563	17204	356547	331710
私营独资企业	Private-funded Enterprises	142	1782	53985	51409
私营合伙企业	Private Psrtrership Enterprises	6	269	5131	4251
私营有限责任公司	Private Limited Liability Corporations	413	14711	291230	270888
私营股份有限公司	Private Share-Holding Co.Ltd	2	442	6201	5162
港、澳、台商投资企业	**Enterprises with Funds From HongKong, Macao and Taiwan**	3	184	3104	2047
与港澳台商合资经营企业	Joint-venture Enterprises with HongKong, Macao and Taiwan	2	20	857	857
港澳台商独资企业	Hong Kong, Macao and Taiwan Private-funded Entepises	1	164	2247	1190
外商投资企业	**Enterprises with Foreign Investment**	1	40	583	576
外资企业	Foreign-funded Enterprises	1	40	583	576
按国民经济行业分	**by Sector**				
正餐服务	Restaurant	592	18067	364184	331474
快餐服务	Fast Food	9	172	3954	3465
饮料及冷饮服务	Beverages and Cold Drinks	5	324	11087	10503
咖啡馆服务	Coffee Shop Services	3	134	4651	4285
其他饮料及冷饮服务	Other Beverages and Cold Drinks Services	2	190	6436	6218
餐饮配送及外卖送餐服务	Food and Beverage Delivery and Delivery Services	29	3134	68061	58362
餐饮配送服务	Food and Beverage Delivery Services	29	3134	68061	58362
其他餐饮业	Others	10	616	21865	13886
小吃服务	Snack Services	7	289	4656	4656
其他未列明餐饮业	Other Food and Beverage Industry Not Listed	3	327	17209	9230

Basic Conditions of Enterprises above Designated Size in Catering Services

(10000 yuan)

营业收入 Operating Revenue	营业成本 Operating Costs	税金及附加 Tax and Surcharges	利润总额 Total Profit	资产总计 Total Assets	#流动资产合计 Current Assets	#固定资产原价 Fixed Assets Original cost	负债合计 Total Liabilities	所有者权益 Total Owners' Equities
447654	316688	1637	10951	488117	312504	115614	318823	165786
444145	315044	1623	10805	479290	308632	110313	318441	157341
4266	3186	6	-195	4799	4403	598	1154	3645
2449	1773		201	101	22	57	85	16
92015	68087	283	-4393	155204	121635	30445	131078	24165
21450	18413	65	-6878	73248	62077	5854	72983	396
70565	49674	218	2485	81956	59558	24591	58096	23769
345416	241999	1334	15192	319186	182571	79213	186124	129515
52291	39745	285	5470	29844	14973	11038	10022	18837
5014	2329	24	624	4682	2344	2849	1138	3538
282052	195272	1019	8764	277129	158297	64310	168151	106422
6059	4652	6	334	7532	6958	1015	6814	718
2926	1540	2	-123	6145	1307	3937	245	5900
798	510	2	77	285	183	137	243	42
2128	1031	0	-200	5860	1124	3800	2	5858
583	103	11	268	2683	2565	1364	137	2546
583	103	11	268	2683	2565	1364	137	2546
353107	246526	1441	3574	432752	268953	105535	289302	140458
3939	2851	19	480	993	597	627	467	485
7306	2962	6	1217	2493	1187	545	2318	174
1085	954	3	-24	844	647	3	1899	-1057
6221	2008	3	1241	1649	540	542	418	1231
63195	49395	57	2446	36603	28866	6900	20249	15880
63195	49395	57	2446	36603	28866	6900	20249	15880
20107	14953	113	3234	15276	12902	2007	6487	8789
4556	2981	17	486	2869	1923	93	1849	1020
15551	11972	96	2748	12407	10979	1913	4638	7769

主要统计指标解释

社会消费品零售总额 指企业（单位、个体户）通过交易直接售给个人、社会集团非生产、非经营用的实物商品金额，以及提供餐饮服务所取得的收入金额。个人包括城乡居民和入境人员，社会集团包括机关、社会团体、部队、学校、企事业单位、居委会或村委会等。

社会消费品零售总额包括：（1）售给城乡居民作为生活用的商品和修建房屋用的建筑材料；（2）售给社会集团的各种办公用品和公用消费品；（3）售给机关、团体、学校、部队、企业、事业单位的职工食堂和旅店(招待所)附设专门供本店旅客食用，不对外营业的食堂的各种食品、燃料；企业、单位和国营农场直接售给本单位职工和职工食堂的自己生产的产品；（4）售给部队干部、战士生活用的粮食、副食品、衣着品、日用品、燃料；（5）售给来华的外国人、华侨、港澳台同胞的消费品；（6）居民自费购买的中、西药品、中药材及医疗用品；（7）报社、出版社直接售给居民和社会集团的报纸、图书、杂志，集邮公司出售的新、旧纪念邮票、特种邮票、首日封、集邮册、集邮工具等；（8）旧货寄售商店自购、自销部分的商品；（9）煤气公司、液化石油气站售给居民和社会集团的煤气灶具和罐装液化石油气；（10）农民售给非农业居民和社会集团的商品。不包括售给国民经济各部门企业、事业单位(包括国有经济的农场)生产经营用的各种原材料、燃料、设备、工具等和售给批发和零售贸易业、住宿和餐饮业作为转卖用的商品，旧货寄售商店受托寄售卖出的商品，服务业的营业收入，邮局出售邮票的收入，自来水、电力、煤气生产(供应)单位的产品供应收入，也不包括农民之间的商品销售。

商品购进额 指从本企业以外的单位和个人购进（包括从国外直接进口）作为转卖或加工后转卖的商品金额（含增值税）。商品购进包括：（1）从工农业生产者、批发和零售业企业、住宿和餐饮业企业、出版社或报社的出版发行部门和其他服务业企业购进的商品；（2）从机关团体、事业单位购进的商品；（3）从海关、市场管理部门购进的缉私和没收的商品；（4）从居民收购的废旧商品等，不包括：①企业为本单位自身经营用，不是作为转卖而购进的商品，如材料物资、包装物、低值易耗品、办公用品等；②未通过买卖行为而收入的商品，如接受其他部门移交的商品、借入的商品、收入代其他单位保管的商品、其他单位赠送的样品、加工回收的成品等；③经本单位介绍，由买卖双方直接结算，本单位只收取手续费的业务；④销售退回和买方拒付货款的商品；⑤商品溢余；⑥期货交易商品。

商品销售额 指对本单位以外的单位和个人出售的商品金额（包括售给本单位消费用的商品，含增值税）。商品销售包括：（1）售给城乡居民和社会集团消费用的商品；（2）售给农业、工业、建筑业、服务业等国民经济各行业用于生产、经营用的商品，包括售予批发和零售业作为转卖或加工后转卖的商品；（3）对国（境）外直接出口的商品。不包括：①未通过买卖行为付出的商品，如随机构变动移交给其他企业单位的商品、借出的商品、归还受其他单位委托代保管的商品、付出的加工原料和赠送给其他单位的样品等；②促销返券所销售的、不计入营业收入的商品；③经本单位介绍，由买卖双方直接结算，本单位只收取手续费的业务；④未发生所有权转移的商品预付卡销售，如加油卡；⑤汽车维修、电话卡销售等服务性经济活动；⑥购货退回的商品；⑦商品损耗和损失；⑧出售本单位自用的废旧物资；⑨期货交易商品；⑩自来水供应企业、电力企业、天然气供应企业提供的水、电、气。

商品库存额 对于批发和零售业法人单位和个体经营户，是指报告期末取得所有权的全部商品金额（含增值税）；对于批发和零售业产业活动单位，是指报告期末实际在库且归属法人具有所有权的全部商品金额（含增值税）。它反映批发和零售业企业(单位)的商品库存情况和对市场商品供应的保证程度。商品库存包括：(1)存放在批发和零售业经营单位(如门市部、批发站、经营处)仓库、货场、货柜和货架中的商品；(2)挑选、整理、包装中的商品；(3)已记入购进而尚未运到本单位的商品，即发货单或银行承兑凭证已到而货未到的商品；(4)寄放他处的商品，如因购货方拒绝承付而暂时存放在购货方的商品和已办完加工成品收回手续而未提回的商品；(5)委托其他单位代销(未作销售或调出)尚未售出的商品；(6)代其他单位购进尚未交付的商品。库存商品不包括所有权不属于本单位的商品、委托外单位加工生产尚未收回成品的商品、外贸企业代理其他单位从国外进口尚未付给订货单位的商品、代国家物资储备部门保管的商品等。

住宿业 指为旅行者提供短期留宿场所的活动，有些单位只提供住宿，也有些单位提供住宿、饮食、商务、娱乐一体的服务，不包括主要按月或按年长期出租房屋住所的活动,如出租房屋、公寓等，列入房地产开发经营。

餐饮业 指通过即时制作加工、商业销售和服务性劳动等，向消费者提供食品和消费场所及设施的服务。

营业额 指住宿和餐饮业法人企业（单位）在经营活动中因提供服务或销售商品等取得的收入（含增值税）。包括客房收入、餐费收入、商品销售额和其他收入。其中，客房收入指住宿和餐饮业法人企业（单位）在经营活动中因提供住宿服务取得的收入。餐费收入指住宿和餐饮业法人企业（单位）因为顾客提供就餐服务取得的收入（含增值税），包括经烹饪、调制加工后出售的各种食品，如主食、炒菜、凉拌菜等的收入。

Explanatory Notes on Main Statistical Indicators

Total Retail Sales of Consumer Goods refers to enterprises (units and self-employed) by trading sold directly to individuals, social groups, non-production and non-business use of the physical amount of goods, and provide catering services achieved the amount of revenue. Individuals, including urban and rural residents and immigration personnel, social groups, including organs, social groups, troops, Schools, enterprises and institutions, neighborhood committees, etc.

The total retail sales of consumer goods include: (1) commodities sold to urban and rural residents for their daily use and building materials sold to them for the construction or repair of houses; (2) office appliances and supplies sold to institutions; (3) food and fuels sold to canteens of institutions, enterprises ,schools ,military units and to canteens of hotels and hostels that only serve their guests ,and commodities produced by enterprises ,institutions or state farms and sold directly to their employees or their canteens; (4) grain and non-staple food, clothing ,daily articles and fuels sold to military personnel; (5)consumer goods sold to foreigners, overseas Chinese, and Chinese compatriots from Taiwan, Hong Kong and Macao during their stay in the mainland of China; (6) Chinese and western medicines, herbs and medical facilities purchased by residents; (7) newspapers, books and magazines directly sold to residents and social groups by publishers, new and old commemorative stamps, special stamps, first-day covers, stamp albums and other stamp-collection articles sold by stamp companies; (8) consumer goods purchased and then sold by second-hand shops; (9) stoves and other heating facilities and liquefied gas sold by gas companies to households and institutions; and (10) commodities sold by farmers to non-agricultural residents and social groups. Excluded under this heading are: raw materials, fuels, equipment, tools sold to enterprises, institutions and state farms for production purpose; commodities sold to trade establishments for re-selling; commissioned sales at second-hand shops; operational income of urban public utilities; stamps sold at post offices; income of water, power, gas production and supply establishments from the supply of their products; and sales of commodities among farmers.

Purchases of Commodities refer to the total value of purchases of commodities by enterprises (establishments) from other establishments or individuals (including direct import from abroad) for the purpose of re-selling, either with or without further processing of the commodities purchased. The commodities include: (1) commodities purchased from agricultural and industrial producer, wholesaler, retailer, publishing house and other service business; (2) commodities purchased from institutions and government departments; (3) confiscated goods purchased from the customs authorities or market management agencies; (4) second-hand goods and wastes purchased from residents; The commodities exclude: ①commodities purchased by enterprises (establishments) for use in their own business operation, commodities obtained without buying or selling procedures such as materials, consumable goods of low value, office appliance, etc. ②received goods without trading, such as goods handed over from others, borrowed goods, preserved goods for others, donated goods from others, processed and retrieved goods, etc. ③goods of direct settlement between buyer and seller with handling fees introduced by others, ④goods returned or refused to pay by the buyer, ⑤excessive goods, ⑥futures traded commodity.

Sales of Commodities refer to value of commodities sold by the establishments to other establishments and individuals (including goods sold for self-consumption, including the value-added tax). The commodities include: (1) commodities sold to urban and rural residents and social groups for their consumption; (2) commodities sold to establishments in all industries for their production and operation, including agriculture, industry, construction, transportation, post and telecommunications, catering services, and public utility including commodities sold to wholesale and retail establishments for re-selling, with or without further processing; and (3) commodities for direct export to abroad. Excluded are ①extended commodities without trading, such as goods handed over to other enterprises and institutions because of the change of organizations, lent goods, returned goods preserved for others, extended processing materials and samples donated to others, ②goods sold with promotional vouchers and not included in operating income, ③business introduced by the establishment and settled directly by the buyer and seller, and the establishment only charge commission, ④no transfer of ownership occurs in the sale of prepaid cards for goods, such as fuel cards, ⑤automobile maintenance, telephone card sales and other service economic activities, ⑥goods returned after purchase, ⑦damaged and spoiled goods, ⑧waste and used goods of self use, ⑨futures traded commodity, ⑩water, electricity and gas provided by water supply enterprises, electric power enterprises and natural gas supply enterprises.

Stock of Commodities refers to total commodities possessed by wholesaler and retailer of various types of registration status at the end of the reference period, reflecting the commodity stock level of various wholesaler and retailer and the potential for market supply. It includes: (1) commodities located in storage, garages, counters, and shelves of operating places (such as sale stores, wholesale centers, and operating offices); (2) commodities in the process of being selected, sorted, and packed; (3) commodities not arrived but recorded as purchase in the account, i.e. commodities not arrived but payment receipts for the commodities from the sellers or the banks arrived; (4) commodities deposited in other places rather than places mentioned above, for instance: commodities in the hold of purchasers temporarily due to the refusal of payment and commodities not taken back after going through the formalities; (5) commodities entrusted to other units to sell but not sold yet; (6) commodities purchased for other units but not delivered yet. Commodities not included as stock are those not owned by the enterprises (units), commodities on commission for processing but not yet delivered, imported commodities of agency of foreign trade enterprise but not yet delivered to ordering units and finally those put in stock on behalf of the state material reserves units.

Hotel Services refer to the activities that provides temporary places for travelers to stay. Some establishments only provide accommodation, while others provide accommodation, catering, business and entertainment services, excluding activities for the permanent rental of premises mainly on a monthly or annual basis, such as rental housing, apartments, etc., which are listed in the real estate development and management.

Catering Services refers to services that provide food and consumption places and facilities to consumers through instant production and processing, commercial sales and service labor, etc.

Business Revenue refers to revenue received from providing services or selling commodities by enterprises and establishments engaged in hotels and catering services (VAT included), including income from hotels, from catering services, from selling of commodities and from other services. Income from hotels refers to income of enterprises and establishments engaged in hotels and catering services by providing lodging services. Income from catering services refers to income of enterprises and establishments engaged in hotels and catering services by providing catering services (VAT included), including selling of cooked or prepared foods, such as staple food, cooked dishes, or cold dishes.

旅游业

Tourism 18

简 要 说 明

一、主要内容

本篇主要反映全省旅游业发展变化情况。包括旅游业基本情况、旅游外汇收入、旅游业接待经营、风景名胜区等基本情况。

二、资料来源

本篇资料由省文化和旅游厅提供。

Brief Introduction

I. Main Contents

The data in this chapter reflect the development of tourism in Guizhou, which mainly include basic tourism conditions, tourism foreign exchange earnings, tourism reception business, basic conditions of scenic area, etc.

II. Sources of Data

The data in this table are come from Guizhou Tourism Development Committee.

18-1 旅游业
Tourism

指　　标	Item	2016	2017	2018	2019	2020
旅行社总数(个)	**Total Number of Travel Agencies (unit)**	**364**	**392**	**339**	**498**	**665**
出境游组团旅行社	International Travel Agencies	27	30	28	31	31
国内及入境旅游旅行社	Domestic Travel Agencies	337	362	311	467	634
旅行社职工人数(人)	**Number of Staff and Workers of Travel Agencies(person)**	**5873**	**6229**	**4572**	**5244**	**4159**
出境游组团旅行社	International Travel Agencies	1135	1203	1205	1201	723
国内及入境旅游旅行社	Domestic Travel Agencies	4738	5026	3367	4043	3436
旅游总人数(万人次)	**Total Number of Tourists (10000 person-times)**	**53148.42**	**74417.43**	**96858.12**	**113526.60**	**61781.49**
入境旅游人数	Number of Overseas Visitor Arrivals	110.19	126.79	146.55	161.31	4.36
外国人	Foreigners	51.83	64.86	79.57	102.11	1.94
港澳同胞	Chinese Compatriots from Hong Kong and Macao	29.13	31	35.74	24.26	1.50
台湾同胞	Chinese Compatriots from Taiwan Province	29.24	30.93	31.24	34.94	0.91
国内旅游人数	Total Number of Domestic Tourists	53038.23	74290.64	96711.56	113365.29	61777.13
旅游总收入(亿元)	**Tourism Earnings (100 million yuan)**	**5027.54**	**7116.81**	**9471.03**	**12318.86**	**5785.09**
国际旅游外汇收入(万美元)	Foreign Exchange Earnings from International Tourism (USD 10000)	25270.74	28326.58	31762.59	34503.00	2110.80
国内旅游收入(亿元)	Earnings from Domestic Tourism (100 million yuan)	5011.94	7097.91	9449.58	12296.03	5783.64

注：1.资料来源于省文化和旅游厅；2.旅游收入按过夜游客花费和一日游游客花费进行核算。（以下表同）

Note: 1. The data in the table come from the Department of Culture and Tourism of Guizhou Province. 2. The tourism earnings are calculated according to the spending of overnight tourists and one-day tourists. (the relative tables are the same)

18−2 旅游外汇收入
Foreign Exchange Earnings from Tourism

单位：万美元 (USD 10000)

指　标	Item	2016	2017	2018	2019	2020
旅游外汇收入	**Foreign Exchange Earnings from Tourism**	**25270.74**	**28326.58**	**31762.59**	**34503.00**	**2110.80**
长途交通	Long Distance Transportation	6463.61	9381.93	12962.31	14687.93	425.33
游　览	Sightseeing	1442.81	1690.54	476.44	562.40	66.91
住　宿	Accommodation	2003.77	2387.49	6740.02	7255.98	568.44
餐　饮	Food and Beverage	1372.06	1565.25	4872.38	3771.18	368.54
商品销售	Shopping	8068.14	9446.99	2493.36	2984.51	415.83
娱　乐	Entertainment	770.68	848.21	1013.23	1255.91	66.91
邮电通讯	Postal and Communication Services	775.73	814.98	101.64	113.86	26.38
市内交通	Local Transportation	495.26	525.32	1191.10	1411.17	134.25
其他服务	Other Services	3878.67	1665.87	1912.11	2460.06	38.21

18−3 接待外国旅游人数(按地区分)
Number of Overseas Tourists Visiting Guizhou(by Country/Territory)

单位：人次 (person-time)

指　标	Item	2016	2017	2018	2019	2020	2020年比2019年增长(%) Increase Rate in 2020 over 2019(%)
接待外国旅游人数	**Number of Overseas Tourists Visiting Guizhou**	**518277**	**648563**	**795744**	**1021130**	**19428**	**-98.1**
亚　洲	Asia	197080	281768	378991	656829	8268	-98.7
非　洲	Africa	11063	11812	36743	26784	2062	-92.3
欧　洲	Europe	153731	169055	185573	180639	3961	-97.8
拉丁美洲	Latin America	89745	112393	132082	118239	4259	-96.4
大洋洲	Oceania	34176	49991	28040	21856	877	-96.0
其　他	Others	32482	23544	34315	16783	1	-100.0

18-4 来黔境外旅游人数及人均消费支出
Number of Overseas Tourists Visiting Guizhou and Average Per Capita Spending

指标	Item	2016	2017	2018	2019	2020	2020年比2019年增长(%) Increase Rate in 2020 over 2019(%)
来黔境外旅游人数(万人次)	**Number of Foreign Tourists Visiting Guizhou (10000 person-times)**	**110.19**	**126.79**	**146.55**	**161.31**	**4.36**	**-97.3**
外国人	Foreigners	51.83	64.86	79.57	102.11	1.94	**-98.1**
港澳同胞	Chinese Compatriots From Hong Kong and Macao	29.13	31.00	35.74	24.26	1.50	**-93.8**
台湾同胞	Chinese Compatriots from Taiwan Province	29.24	30.93	31.24	34.94	0.91	**-97.4**
平均每人逗留天数(天/人)	Average Days Tourists Stay in Guizhou Per Capita (day/person)	1.85	2.15	2.08	2.70	2.03	**-24.8**
平均每人每天消费支出(美元/人、天)	Average Per Capita Daily Spending (USD/person-day)	189.29	203.11	231.90	181.41	172.61	**-4.9**

18-5 星级饭店个数
Star-rated Hotels

单位：个 (unit)

指标	Item	2016	2017	2018	2019	2020
星级饭店个数	**The Number of Star-rated Hotels**	**308**	**286**	**203**	**239**	**231**
按经济类型分	**Grouped by Economic Type**					
国有经济	State-owned	56	43	39	41	35
集体经济和私营经济	Collective-owned and Privately-owned	248	239	163	197	195
外商投资经济	Foreign Funded	4	4	1	1	1
按规模分	**Grouped by Capacity**					
客房总数300间以上	With above than 300 Rooms	14	12	11	11	12
客房总数200-299间	With 200-299 Rooms	19	19	17	28	20
客房总数100-199间	With 100-199 Rooms	82	76	71	93	70
客房总数99间以下	With Less than 100 Rooms	193	179	104	107	129

18–6 旅馆业接待经营
Operation of Hotels

指　标	Item	2016	2017	2018	2019	2020
接待能力	**Capacity**					
年末客房数(间)	Guest Rooms (Year-end) (unit)	521275	766831	792121	824545	786012
年末客房床位数(张)	Guest Beds (Year-end) (bed)	920173	1340539	1380706	1438921	1219728
客房开房率(%)	Room Occupancy Rate(%)	61.7	59.5	57.4	61.0	39.1
#星级宾馆	Star-rated Hotels	60.2	58.6	59.1	46.9	40.4
实际住宿人次数(万人次)	Actual Number of Guests (10000 person-times)	14362.34	17971.59	18070.78	20557.52	7356.18
#海外来黔	Overseas Visitors	26.44	32.40	39.69	47.18	4.36
实际住宿人天数(万人天)	Actual Number of Guests and Days of Stay (10000 person-days)	22405.25	28574.83	28913.25	32048.08	17437.10
#海外来黔	Overseas Visitors	48.91	69.66	82.56	127.39	8.85
经营和财务	**Management and Financial**					
营业收入(万元)	Operational Revenue (10000 yuan)	3066799	4270087	5872039	7637761	3586789

注：2017年统计方法制度改革，本表2016年旅馆业接待经营数据作同口径调理。

Note: According to the statistical method system reform in 2017, the data of hotel capacity and operation from 2016 are adjusted based on the same caliber.

18-7 风景名胜区
National Parks

名　称	Name	级　别	地　址
红枫湖风景名胜区	Hongfeng Lake National Park	国家级	贵州省贵阳市清镇市、贵安新区、安顺市平坝区
黄果树风景名胜区	Huangguoshu Waterfalls National Park	国家级	贵州省安顺市镇宁、关岭县
龙宫风景名胜区	The Dragon Palace National Park	国家级	贵州省安顺市西秀区
织金洞风景名胜区	Zhijin Cave National Park	国家级	贵州省毕节市织金县
九洞天风景名胜区	Jiudongtian National Park	国家级	贵州省毕节市大方、纳雍县
马岭河峡谷风景名胜区	Malinghe Canyon ----Wanfeng Lake National Park	国家级	贵州省黔西南州兴义市
㵲阳河风景名胜区	Wuyang River National Park	国家级	贵州省黔东南州镇远、施秉、黄平县
黎平侗乡风景名胜区	Liping Dong-Village National Park	国家级	贵州省黔东南州黎平县
荔波樟江风景名胜区	Libo Zhangjiang National Park	国家级	贵州省黔南州荔波县
都匀斗篷山——剑江风景名胜区	Duyun Doupeng Mountain----Jianjiang National Park	国家级	贵州省黔南州都匀市
赤水风景名胜区	Chishui National Park	国家级	贵州省遵义市赤水市
九龙洞风景名胜区	Jiulong Cave National Park	国家级	贵州省铜仁市
紫云格凸河风景名胜区	Ziyun Getu River National Park	国家级	贵州省安顺市紫云县
平塘风景名胜区	Pingtang National Park	国家级	贵州省黔南州平塘县
瓮安江界河风景名胜区	Wengan Jiangjie River National Park	国家级	贵州省黔南州瓮安县
榕江苗山侗水风景名胜区	Rongjiang Mountain and Water Landscapes with Miao and Dong Dong Cultures National Park	国家级	贵州省黔东南州榕江县
石阡温泉群风景名胜区	Shiqian Hot Well Flock National Park	国家级	贵州省铜仁市石阡县
沿河乌江山峡风景名胜区	Yanhe Wujiang River Sanxia National Park	国家级	贵州省铜仁市沿河县
百花湖风景名胜区	Baihua Lake National Park	省级	贵州省贵阳市清镇市、观山湖区
花溪风景名胜区	Huaxi National Park	省级	贵州省贵阳市花溪区
息烽风景名胜区	Xifeng National Park	省级	贵州省贵阳市息烽县
修文阳明风景名胜区	Xiuwen Yangming National Park	省级	贵州省贵阳市修文县
贵阳香纸沟风景名胜区	Guiyang Xiangzhigou National Park	省级	贵州省贵阳市乌当区
开阳风景名胜区	Kaiyang National Park	省级	贵州省贵阳市开阳县
贵阳相思河风景名胜区	Guiyang Xiangsi River National Park	省级	贵州省贵阳市乌当区
清镇暗流河风景名胜区	Qingzhen Undercurrent River National Park	省级	贵州省贵阳市清镇市
普定梭筛风景名胜区	Puding Suoshai National Park	省级	贵州省安顺市普定县
关岭花江大峡谷风景名胜区	Guanling Huajiang Canyon National Park	省级	贵州省安顺市关岭县
平坝天台山——斯拉河风景名胜区	Pingba Tiantai Mountain ----Sila River National Park	省级	贵州省安顺市平坝区
百里杜鹃风景名胜区	One-Hundred-Li Azalea Belt National Park	省级	贵州省毕节市大方、黔西县
贵州屋脊赫章韭菜坪风景名胜区	Guizhou Fastigium Hezhang Jiucaiping National Park	省级	贵州省毕节市赫章县
鲁布革风景名胜区	Lubuge National Park	省级	贵州省黔西南州兴义市
泥凼石林风景名胜区	Nidang shilin National Park	省级	贵州省黔西南州兴义市
安龙招堤风景名胜区	Anlong Zhaodi National Park	省级	贵州省黔西南州安龙县
贞丰三岔河风景名胜区	Zhenfeng Sancha River National Park	省级	贵州省黔西南州贞丰县

18-7 续表 continued

名　称	Name	级 别	地　址
晴隆三望坪风景名胜区	Qinglong Sanwangping National Park	省级	贵州省黔西南州晴隆县
兴仁放马坪风景名胜区	Xingren Fangmaping National Park	省级	贵州省黔西南州兴仁市
岑巩龙鳌河风景名胜区	Cengong Longao River National Park	省级	贵州省黔东南州岑巩县
剑河风景名胜区	Jianhe National Park	省级	贵州省黔东南州剑河县
镇远高过河风景名胜区	Zhenyuan Gaoguo River National Park	省级	贵州省黔东南州镇远县
雷山风景名胜区	Leishan National Park	省级	贵州省黔东南州雷山县
锦屏三板溪——隆里古城风景名胜区	Jinping Sanbanxi----Longli National Park	省级	贵州省黔东南州锦屏县
丹寨风景名胜区	Danzhai National Park	省级	贵州省黔东南州丹寨县
从江风景名胜区	Congjiang National Park	省级	贵州省黔东南州从江县
龙里猴子沟风景名胜区	Longli Monkey Fossa National Park	省级	贵州省黔南州龙里县
福泉洒金谷风景名胜区	Fuquan Sajingu National Park	省级	贵州省黔南州福泉市
惠水涟江——燕子洞风景名胜区	Huishui good Bonus -- Swallow Cave Scenic Park	省级	贵州省黔南州惠水县
长顺杜鹃湖——白云山风景名胜区	Changshun Dujuan Lake--Baiyun Mountain National Park	省级	贵州省黔南州长顺县
三都都柳江风景名胜区	Sandu Duliu River National Park	省级	贵州省黔南州三都县
贵定洛北河风景名胜区	Guiding Luobei River National Park	省级	贵州省黔南州贵定县
独山深河桥风景名胜区	Dushan Shenhe Bridge National Park	省级	贵州省黔南州独山县
遵义娄山风景名胜区	Zunyi Loushan Mountain National Park	省级	贵州省遵义市汇川区、红花岗区、播州区、桐梓县
绥阳宽阔水风景名胜区	Suiyang Kuankuoshui National Park	省级	贵州省遵义市绥阳县
仁怀茅台风景名胜区	Renhuai Moutai National Park	省级	贵州省遵义市仁怀市
习水风景名胜区	Xishui National Park	省级	贵州省遵义市习水县
余庆大乌江风景名胜区	Yuqing Wujiang River National Park	省级	贵州省遵义市余庆县
湄潭湄江风景名胜区	Meitan National Park	省级	贵州省遵义市湄潭县
梵净山——太平河风景名胜区	Fanjing Mountain----Taiping River National Park	省级	贵州省铜仁市江口县
印江木黄风景名胜区	Yinjiang Muhuang National Park	省级	贵州省铜仁市印江县
思南乌江白鹭洲风景名胜区	Sinan Wujiang River Bailuzhou National Park	省级	贵州省铜仁市思南县
松桃豹子岭——寨英风景名胜区	Songtao Baozi Mountain----Zhaiying National Park	省级	贵州省铜仁市松桃县
万山汞都——夜郎谷风景名胜区	Wanshan mercury night - Lang Valley Scenic Park	省级	贵州省铜仁市万山区
玉屏北洞萧笛之乡风景名胜区	Yuping Beidong Xiaodi-Village National Park	省级	贵州省铜仁市玉屏县
六枝牂牁江风景名胜区	Liuzhi Zangke River National Park	省级	贵州省六盘水市六枝特区
盘县古银杏风景名胜区	Panxian Ancientry Gingko National Park	省级	贵州省六盘水市盘州市
盘县大洞竹海风景名胜区	PanXian Dadong Banboo Sea National Park	省级	贵州省六盘水市盘州市
盘县坡上草原风景名胜区	PanXian Grassland on Mountain National Park	省级	贵州省六盘水市盘州市
南开风景名胜区	Nankai National Park	省级	贵州省六盘水市钟山区、水城县
务川洪渡河风景名胜区	Wuchuan Hongduhe National Park	省级	贵州省遵义市务川县
罗甸大小井风景名胜区	Luodian Daxiaojin National Park	省级	贵州省黔南州罗甸县
德江乌江傩文化风景名胜区	Dejiang Wujiang Riverside National Park	省级	贵州省铜仁市德江县

18-8 全国重点文物保护单位

Historical and Cultural Relics under Key Protection

文物单位名称	Name	地址
天台山伍龙寺	Tiantai Wulong Temple	贵州省安顺市平坝区
云山屯古建筑群(含本寨)	The Ancientry Construction of Yunshantun(Including the Village)	贵州省安顺市西秀区
安顺文庙	Anshun Temple	贵州省安顺市西秀区
穿洞遗址	The Ruins of Chuandong	贵州省安顺市普定县
宁谷遗址	The Ruins of Ninggu	贵州省安顺市西秀区
黔西观音洞遗址	The Site of Kwan-yin Cave Qianxi	贵州省毕节市黔西县
可乐遗址	The Ruins of Kele	贵州省毕节市赫章县
织金古建筑群	The Ancientry Construction Zhijin	贵州省毕节市织金县
川滇黔省革命委员会旧址	Finish the Committee old address of Chuan Dian Qian Province Revolution	贵州省毕节市七星关区、大方县
奢香墓	The Mausoleum of Lady She Xiang	贵州省毕节市大方县
大屯土司庄园	Datun Headman's Castle	贵州省毕节市毕节市
马头寨古建筑群	The Ancientry Construction of Matouzhai	贵州省贵阳市开阳县
阳明洞和阳明祠	Yangming Cave and Yangming Ancestral Temple	贵州省贵阳市修文县、云岩区
文昌阁和甲秀楼	Wenchang Pavilion and Jiaxiu Floor	贵州省贵阳市贵阳市
息烽集中营旧址(含玄天洞)	The Site of Concentration Camp Xifeng(including Tien-dong)	贵州省贵阳市息烽县
大洞遗址	The Site of Dadong Cave	贵州省六盘水市盘州市
郎德上寨古建筑群	The Ancientry Construction Langdeshangzhai	贵州省黔东南州雷山县
地坪风雨桥	Diping Pavilion Bridge	贵州省黔东南州黎平县
飞云崖古建筑群	The Ancientry Construction of Feishanya	贵州省黔东南州黄平县
旧州古建筑群	The Ancientry Construction of Jiuzhou	贵州省黔东南州黄平县
黎平会议会址	The Site of Liping Conference	贵州省黔东南州黎平县
和平村旧址	The Former Site of Peace Village	贵州省黔东南州镇远县
青龙洞	Qinglong Cave	贵州省黔东南州镇远县
增冲鼓楼	Zengchong Drum-tower	贵州省黔东南州从江县
福泉城墙	Ming Dynasty Wall in Fuquan	贵州省黔南州福泉市
葛镜桥	Gejing Bridge	贵州省黔南州福泉市
交乐墓群	Jiaole Tombs	贵州省黔西南州兴仁市
“二十四道拐”抗战公路	"Twenty-four Shui" Road War	贵州省黔西南州晴隆县
石阡万寿宫	Shiqian Wanshou Palace	贵州省铜仁市石阡县
万山汞矿遗址	The Site of Wanshan Hydrargyrum	贵州省铜仁市万山区
东山古建筑群	The Ancient Building Complex of Dongshan	贵州省铜仁市铜仁市
寨英村古建筑群	The Ancient Building Complex of Zhaiying Village	贵州省铜仁市松桃县
思唐古建筑群	The Ancientry Construction Sitang	贵州省铜仁市思南县
黔东特区革命委员会旧址	The Site of Qiandong SAR Revolution Committee	贵州省铜仁市沿河县、德江县、印江县
遵义会议会址	The Site of Zunyi Conference	贵州省遵义市红花岗区
海龙屯	Hailongtun	贵州省遵义市汇川区
杨粲墓	Yangcan Tomb	贵州省遵义市汇川区
红军四渡赤水战役旧址	The Former Site of Battle of the Red Army Siduchishui	贵州省遵义市习水县、仁怀市
湄潭浙江大学旧址	The Former Site of Zhejiang University in Meitan	贵州省遵义市湄潭县

注：资料来源于省文化和旅游厅，表中文物单位为第一批至第六批全国重点文物保护单位。

Note: The data in this table come from the Department of Culture and Tourism of Guizhou Province. The cultural relics listed in the table are the first to the sixth batch of national key cultural relics protection units.

18-8 续表 continued

名　　称	Name	地址
龙广观音洞遗址	The Ruins of Guanglong Cave	贵州省黔西南州安龙县
普安铜鼓山遗址	The Ruins of Puan Timbal Hill	贵州省黔西南州普安县
茶马古道	Tea-Horse Road	四川、云南、贵州
务川大坪墓群	Wuchuan Daping Tombs	贵州省遵义市务川县
兴义万屯墓群	Xingyi Wan Tun Tombs	贵州省黔西南州兴义市
平坝棺材洞	Pingba Coffin Hole	贵州省安顺市平坝区
惠水仙人桥洞葬	Huishui Fairy Bridge Burial Cave	贵州省黔南州惠水县
黔南水族墓群	Qiannan Aquarium Tombs	贵州省黔南州三都县、荔波县
小冲墓群	Small Punch Tombs	贵州省六盘水市盘州市
明十八先生墓	Eighteen Persons' Tomb of Ming Dynasty	贵州省黔西南州安龙县
鲍家屯水利工程	Baojiatun Hydraulic	贵州省安顺市西秀区
镇远城墙	Zhenyuan Walls	贵州省黔东南州镇远县
安顺武庙	Anshun Wumiao	贵州省安顺市西秀区
隆里古建筑群	The Ancient Building Complex of Longli	贵州省黔东南州锦屏县
石阡府文庙	Shiqian Temple	贵州省铜仁市石阡县
榕江大利村古建筑群	The Ancient Building Complex in the Village Rongjiang	贵州省黔东南州榕江县
楼上村古建筑群	The Ancient Building Complex in the Village Loushang	贵州省铜仁市石阡县
岩门长官司城	Yanmen Long lawsuit City	贵州省黔东南州黄平县
锦屏飞山庙	Jinping Feishan Temple	贵州省黔东南州锦屏县
高阡鼓楼	Gaoqian Drum-tower	贵州省黔东南州从江县
宰俄鼓楼	Zaie Drum-tower	贵州省黔东南州从江县
金勾风雨桥	Jingou Pavilion Boasting	贵州省黔东南州从江县
鲁屯牌坊群	Lu Tun Archway	贵州省黔西南州兴义市
复兴江西会馆	Jiangxi Hall in the Town of Fuxing	贵州省遵义市赤水市
三门塘古建筑群	The Ancient Buildings Complex in the Village of	贵州省黔东南州天柱县
敖氏和罗氏墓群石刻	Ao and Roche' Tombs of Carved Stone	贵州省毕节市金沙县
尚稽陈玉壂祠	Chenyu Temple in the Town of Shangji	贵州省遵义市播州区
兴义刘氏庄园	The Liu Manor in Xingyi	贵州省黔西南州兴义市
茅台酒酿酒工业遗产群	Maotai Wine Industry Heritage Group	贵州省遵义市仁怀市
王若飞故居	Wang Ruofei's Former Residence	贵州省安顺市西秀区
述洞独柱鼓楼	Duzhu Drum-tower in the Village of Shudong	贵州省黔东南州黎平县
重安江水碾群	Chongan River Shuinian Group	贵州省黔东南州黄平县
正安尹道真务本堂	Yindaozhen's Lecture Hall in Zhengan	遵义市正安县
镇远天后宫	Zhenyuan Thean Hou Temple	黔东南州镇远县
玛瑙山营盘遗址	The Ruins of Military Camp in Agate Mountain	遵义市凤冈县
贵阳达德学校旧址	The Site of Guiyang Dade School	贵阳市南明区
猴场会议旧址	The Site of Houchang Conference	黔南州瓮安县
苟坝会议旧址	The Site of Gouba Conference	遵义市播州区
天门河水电厂旧址	The Site of Tianmen River Hydropower plant	遵义市桐梓县
邓萍墓	Dengping Tomb	遵义市红花岗区
三线贵州航空发动机厂旧址	The Site of Sanxian Guizhou Aero Engine Plant	安顺市平坝区
三线贵州歼击机总装厂旧址	The Site of Fighter Plane Assembly Plant	安顺市西秀区

注：表中文物单位为第七批全国重点文物保护单位。

Note:The units in this table are the seventh batch of national key cultural relics protection units.

18-9 历年旅游人数及收入
Tourism Numbers and Earnings Over the Years

年份 Year	国内旅游人数(万人次) Number of Domestic Visitors (10000 person-times)	国内旅游收入(亿元) Earnings from Domestic Tourism (100 million yuan)	入境旅游人数(万人次) Number of Overseas Visitor Arrivals (10000 person-times)	#外国人(万人次) Foreigners (10000 person-times)	国际旅游外汇收入(万美元) Foreign Exchange Earnings from International Tourism(10000 USD)
1980			0.17	0.07	0.70
1981			0.23	0.06	2.49
1982			0.51	0.18	5.73
1983			0.71	0.19	8.03
1984	204	0.07	1.02	0.27	15.86
1985	244	0.07	1.13	0.29	61.95
1986	248	0.05	1.40	0.46	100.19
1987	261	0.07	1.88	0.77	137.22
1988	296	0.18	2.36	0.75	162.54
1989	397	0.18	1.37	0.47	136.75
1990	399	0.19	2.41	0.74	180.90
1991	630	0.66	3.75	1.04	307.35
1992	1426	2.21	7.63	1.87	686.13
1993	1647	4.29	10.25	4.26	1049.45
1994	1700	4.28	12.08	7.61	2109.63
1995	1750	7.18	13.65	7.78	2897.73
1996	1800	8.53	12.53	6.67	3811.95
1997	1850	30.81	15.02	7.81	4429.10
1998	1880	35.14	15.13	6.77	4831.18
1999	1910	43.75	16.70	6.57	5501.54
2000	1980	57.95	18.39	7.12	6092.23
2001	2100	75.81	20.55	7.85	6873.23
2002	2200	99.86	22.81	8.45	7950.63
2003	1835	114.36	7.70	2.40	2893.91
2004	2480	161.02	23.10	7.63	8020.27
2005	3099	242.83	27.62	9.26	10141.36
2006	4716	377.79	32.14	10.70	11515.66
2007	6220	504.04	43.00	15.48	12917.55
2008	8151	643.82	39.54	18.22	11697.37
2009	10400	797.69	39.95	16.28	11044.40
2010	12863	1052.64	50.01	18.61	12957.88
2011	16961	1420.70	58.51	23.62	13507.18
2012	21331	1849.49	70.50	30.42	16893.60
2013	26684	2358.18	77.70	31.97	20143.41
2014	32049	2882.66	85.50	35.94	21671.23
2015	37536	3500.46	94.09	39.83	20111.94
2016	53038	5011.94	110.19	51.83	25270.74
2017	74291	7097.91	126.79	64.86	28326.58
2018	96712	9449.58	146.55	79.57	31762.59
2019	113365	12296.03	161.31	102.11	34503.00
2020	61777	5783.64	4.36	1.94	2110.80

主要统计指标解释

入境游客人数 指报告期内来中国(大陆)观光、度假、探亲访友、就医疗养、购物、参加会议或从事经济、文化、体育、宗教活动的外国人、港澳台同胞等游客(即入境旅游人数)。统计时，入境游客按每入境1次统计1人次。

入境游客包括入境过夜游客和入境一日游游客。

国内游客人数 指报告期内在中国(大陆)观光游览、度假、探亲访友、就医疗养、购物、参加会议或从事经济、文化、体育、宗教活动的中国(大陆)居民，其出游的目的不是通过所从事的活动谋取报酬。统计时，国内游客按每出游1次统计1人次。

国内游客包括国内过夜游客和国内一日游游客。

国际旅游(外汇)收入 入境游客在中国(大陆)境内旅行、游览过程中用于交通、参观游览、住宿、餐饮、购物、娱乐等全部花费。

出境游组团旅行社 指从事招徕、组织、接待中国内地居民出国旅游，赴香港特别行政区、澳门特别行政区和台湾地区旅游，以及招徕、组织、接待在中国内地的外国人、在内地的香港特别行政区、澳门特别行政区居民和在大陆的台湾地区居民出境旅游的业务的旅行社。

国内及入境旅游旅行社 指从事招徕、组织和接待中国内地居民在境内旅游的业务和从事招徕、组织、接待外国旅游者来我国旅游，香港特别行政区、澳门特别行政区旅游者来内地旅游，台湾地区居民来大陆旅游，以及招徕、组织、接待在中国内地的外国人，在内地的香港特别行政区、澳门特别行政区居民和在大陆的台湾地区居民在境内旅游的业务的旅行社。

国内旅游收入 国内游客在旅游过程中(由游客或游客的代表为游客)支付的一切旅游支出就是国家(省、区、市)的国内旅游收入。旅游支出应包括过夜游客和一日游游客在整个游程中行、游、住、食、购、娱，以及为亲友、家人购买纪念品、礼品等方面的旅游支出，不包括为商业目的购物、购买房、地、车、船等资本性或交易性的投资、馈赠亲友的现金及给公共机构的捐赠。

星级饭店 指设备、设施、服务符合《旅游饭店星级的划分与评定》（GB/T14308—2003），通过相关旅游管理部门评定，并取得星级饭店称号的饭店（含预备星级饭店）。

Explanatory Notes on Main Statistical Indicators

Number of Oversea Visitor Arrivals refer to the number of foreigners, Chinese compatriots from Hong Kong, Macao and Taiwan Chinese who come to China within the reference period for sight-seeing, vacation, visiting relatives, medical treatment, shopping, attending conference, or to engage in economic, cultural, sports and religious activities (namely the number of oversea arrivals). In compiling statistics, each time of entering China is counted as one person-time.

The number of overseas visitor arrivals includes inbound overnight tourists and one-day tourists.

Number of Domestic Tourists refers to the number of Chinese (mainland) residents who travel within China (mainland) for sight-seeing, vacation, visiting relatives, medical treatment, shopping, attending conference, or to engage in economic, cultural, sports and religious activities. In compiling statistics, each time of travelling is counted as one person-time.

Domestic tourists are including domestic overnight visitors and domestic day trip visitors.

Foreign Exchange Earnings from International Tourism refer to the total expenditure of foreigners, overseas Chinese, Chinese compatriots from Hong Kong, Macao and Taiwan during their stay in the mainland of China on transportation of sighting, accommodation, food, shopping and entertainment.

Outbound Travel Agencies refer to the agencies which is engaged in the solicitation, organization, hospitality Chinese mainland residents to travel abroad, to visit Hong Kong SAR, Macao SAR and Taiwan tourism and attract, organize the reception of foreigners in the Chinese mainland, the mainland Hong Kong SAR, Macao SAR residents and residents of Taiwan on the mainland outbound travel business travel.

Domestic and Inbound Tourism Travel Agencies refer to the agencies which is engaged in soliciting travel, organization and hospitality Chinese mainland residents to travel in the territory and engaged in soliciting business, organization, reception of foreign tourists to China's tourism, Hong Kong SAR, Macao SAR mainland tourists to travel to the mainland for Taiwan residents tourism and attract, organization, reception of foreigners in China Mainland, the Mainland Hong Kong SAR, Macao SAR residents and residents of Taiwan on the mainland tourism business.

Income from Domestic tourism refer to the payment of all tourism expenditure revenue domestic tourists in the tourism process (by the representatives of visitors or tourists for tourists) payment of all tourism expenditure is the national (provincial, autonomous regions and municipalities) of domestic tourism revenue. Travel expenses shall include overnight visitors and day visitors in the entire run Bank of China, travel, housing, food, shopping and entertainment, as well as friends, family, buy souvenirs, gifts and other aspects of tourism expenditure, not including for commercial purposes, shopping, purchase house, ground, cars, boats and other capital investment or trading, cash and gift donations to public institutions.

Star-rated Hotels refer to hotels rated with stars as assessed by the relevant tourism authorities according to GB/T14308-2003 standard with reference to their infrastructure, facilities and service levels.

金融业

Financial Intermediation

19

简 要 说 明

一、主要内容

本篇资料主要反映全省金融、保险和证券业发展情况。

二、资料来源

1.金融资料由中国人民银行贵阳中心支行提供。

2.保险业资料由中国银保监局提供。

3.证券资料由中国证监会贵州监管局提供。

Brief Introduction

I. Main Contents

The data in this chapter show the development of financial, securities and insurance industries of Guizhou.

II. Sources of Data

1. The data on financial are provided by Guiyang central branch of the People's Bank of China.

2. The data on insurance industry are provided by the China Banking and Insurance Regulatory Bureau.

3. The data in the table are provided by the Guizhou Securities Regulatory Bureau of the CSRC.

19-1 各类金融机构
Financial Institutions

单位：个 (unit)

指　标	Item	2016	2017	2018	2019	2020
银行类	**Banking Institutions**	**5102**	**5329**	**5354**	**5379**	**5406**
#商业银行	Commercial Banks	2950	3063	3281	4308	4430
外资银行	Foreign Funded Banks	1	1	1	1	1
非银行类	Non-Bank Financial Intermediaries	7	7	7	7	7
#财务公司	Finance Companies	5	5	5	5	5
信托公司	Trust Companies	1	1	1	1	1

注：1资料来源于中国银行保险监督管理委员会贵州监管局。2.商业银行数量中包括邮政储蓄银行。

Note:1.The data in the table are obtained from Guizhou Regulatory Bureau of China Banking and Insurance Regulatory Commission. 2. The data of Commercial Banks include the data of Postal Savings Banks.

19-2 金融机构人民币各项存贷款余额
Saving Deposits and Loans Balance of Financial Institutions

单位：亿元 (100 million yuan)

指　标	Item	2016	2017	2018	2019	2020	2020年比2019年增长(%) Increase Rate in 2020over 2019(%)
资金来源合计	**Sources of Funds**	**22449.89**	**26433.92**	**30380.05**	**34543.02**	**39062.94**	**13.1**
各项存款	**Total Deposits**	**23770.93**	**26088.89**	**26473.34**	**27170.60**	**28276.31**	**4.1**
#财政存款	Fiscal Deposits	802.56	824.05	739.42	471.06	619.86	31.6
个人存款	Personal Deposits	8531.81	9580.29	10588.61	11527.25	12764.42	10.7
资金运用合计	**Uses of Funds**	**22449.89**	**26433.92**	**30380.05**	**34543.02**	**39062.94**	**13.1**
各项贷款	**Total Loans**	**17857.80**	**20860.34**	**24715.05**	**28448.73**	**32235.75**	**13.3**
#短期贷款	Short-term Loans	3426.45	3791.62	4276.30	4863.57	5351.29	10.0
中长期贷款	Medium-term & Long-term Loans	14115.25	16798.37	20018.37	23033.16	26118.05	13.4

注：资料来源于中国人民银行贵阳中心支行。

Note: The data in the table come from Guiyang Central Sub-branch of the People's Bank of China.

19-3 保险
Insurance

单位：个 (unit)

指　　标	Item	2016	2017	2018	2019	2020	2020年比2019年增长(%) Increase Rate in 2020 over 2019(%)
机构数	**Total**	**1148**	**1226**	**1250**	**1255**	**1286**	**2.5**
省级分公司	Provincial Branches	29	31	32	32	33	3.1
地市级分公司	Branches at Prefecture Level	160	170	176	176	188	6.8
县级支公司	Branches at County Level	566	616	633	638	656	2.8
办事处或营业部	Business Offices and Departments	35	36	36	36	36	持平
营销服务部	Marketing Departments	358	372	372	372	372	持平
职工人数	**Total**	**17138**	**18848**	**20029**	**20644**	**19562**	**-5.2**
省级分公司	Provincial Branches	3323	3546	3499	3934	3997	1.6
地市级分公司	Branches at Prefecture Level	8483	9219	9290	9942	8827	-11.2
县级支公司	Branches at County Level	4798	5003	5918	5441	5503	1.1
办事处或营业部	Business Offices and Departments	259	402	286	331	309	-6.6
营销服务部	Marketing Departments	325	678	1036	996	926	-7.0

注：1.资料来源于中国银行保险监督管理委员会贵州监管局(以下相关表同)。2.2017年起，贵州省机构数含1家总公司。

Note:1.The data in the table are obtained from the Guizhou Office of China Banking and Insurance Regulatoty Commission. (the relative tables in the chapter are the same). 2.Since 2017, there has been one head office in the total institutions of Guizhou Province.

19-4 财产保险
Property Insurance

单位：万元 (10000 yuan)

指 标	Item	2016	2017	2018	2019	2020	2020年比2019年增长(%) Increase Rate in 2020 over 2019(%)
保费收入	**Premium**	**1625878**	**1918309**	**2259880**	**2466040**	**2564620**	**4.0**
企业财产保险	Enterprise Property Insurance	38272	40577	45523	49193	51426	4.5
机动车辆保险	Motor Vehicle Insurance	1274947	1469550	1632961	1720559	1733412	0.7
货物运输保险	Freight Transport Insurance	5303	4904	4385	5102	4603	-9.8
责任保险	Liability Insurance	73176	82083	100097	107637	129702	20.5
信用保证保险	Credit and Guarantee Insurance	39443	63428	113056	170726	123818	-27.5
农业保险	Agriculture Insurance	66179	82600	118798	136115	166820	22.6
其他保险	Other Insurance	128558	175167	245060	276709	354841	28.2
储金	**Deposits**	**7429**	**15592**	**9507**	**18063**	**12880**	**-28.7**
赔案件数(万件)	**Cases of Claims (10000 cases)**	**173.10**	**200.36**	**288.83**	**352**	**657**	**87.0**
赔款支出	**Claim and Payment**	**844489**	**982906**	**1179830**	**1321276**	**1415752**	**7.2**
企业财产保险	Enterprise Property Insuance	21513	18238	18602	16036	19042	18.7
机动车辆保险	Motor Vehicle Insurance	672762	769981	895841	952004	967876	1.7
货物运输保险	Freight Transport Insurance	642	1436	467	712	806	13.2
责任保险	Liability Insurance	32483	44446	53974	61132	62126	1.6
信用保证保险	Credit and Guarantee Insurance	15094	25672	27277	51776	99338	91.9
农业保险	Agriculture Insurance	26709	32800	61617	89447	96136	7.5
其他保险	Other Insurance	75286	90335	122051	150169	170428	13.5
未决赔款	**Outstanding Claim**	**363035**	**399813**	**417754**	**441080**	**459657**	4.2

注：1.资料来源于中国银行保险监督管理委员会贵州监管局（下表同）。2.储金为保险机构银行活期存款金额。

1.The data come from the Guizhou Office of China Banking and Insurance Regulatoty Commission (the same as in the following table).

2.The deposits in the table are the bank demand deposits of the insurance institutions.

19-5 财产保险主要指标(2020)
Major Indicators on Property Insurance

指标	Item	合计 Total	企业财产保险 Enterprise Property Insurance	家庭财产保险 Family Property Insurance	机动车辆保险 Motor Vehide Insurance	工程保险 Engin-eering Insurance	责任保险 Liability Insu-rance	保证保险 Guarantee Insu-rance	信用保险 Export Credit Insurance
承保件数(万件)	Amount Insured (10000 cases)	23545	82	197	1195	0	9990	6406	1
保险金额或责任限额(亿元)	Insurance Value or Liability Limit (100 million yuan)	500357	7572	4085	63955	1315	48823	154	0
签单保费(万元)	Premium of Sign Bill (10000 yuan)	2642767	52127	11601	1781772	22914	132190	136630	79
赔付件数(万件)	Amount Claim and Payment (10000 cases)	657	1	5	153	0	381	50	0
已决赔款(万元)	Settled claim (10000 yuan)	1412112	19032	8542	955294	19998	60091	112683	150
未决赔款(万元)	Outstanding claim (10000 yuan)	459657	8153	1490	350125	23736	24860	1478	745

19-5 续表 continued

指标	Item	船舶保险 Ship Insurance	货物运输保险 Freight Transport Insurance	特殊风险保险 Special Risk Insurance	农业保险 Agric-ultural Insurance	健康险 Health Insu-rance	意外伤害保险 Accident Injury Insurance	其他险 Other Insu-rance
承保件数(万件)	Amount Insured(10000 cases)	0.02	3.53	0.02	5.22	2265.44	1989.05	1411.24
保险金额或责任限额（亿元）	Insurance Value or Liability Limit (100 million yuan)	0.61	1839.56	219.78	1907.81	140994.03	180573.50	48916.34
签单保费(万元)	Premium of Sign Bill(10000 yuan)	71.25	4633.40	1864.93	166035.04	207913.28	120820.43	4116.30
赔付件数(万件)	Amount of Claim and Payment (10000 cases)	0	0.19	0.09	10.96	37.49	7.85	10.48
已决赔款(万元)	Settled claim(10000 yuan)	69.48	866.22	602.55	94571.21	102410.77	37452.36	348.55
未决赔款(万元)	Outstanding claim(10000 yuan)	725.38	65.08	724.12	17651.76	8028.78	21806.45	69.10

注：赔付件数指已决赔付件数。

Note: The amount of the claim and payment refers to the amount of settled claims.

19-6 人寿保险
Life Insurance

单位：万元 (10000 yuan)

指 标	Item	2016	2017	2018	2019	2020	2020年比2019年增长(%) Increase Rate in 2020 over 2019(%)
保费收入	**Premium**	**1586953**	**1958979**	**2198902**	**2426545**	**2553049**	**5.2**
#新单保费	Premium of New Guarantee Slip	911726	1010762	935638	998189	976533	-2.2
#个人业务	Personal Business	1460316	1812505	1987744	2196702	2326246	5.9
人寿保险	Life Insurance	1284249	1561347	1615517	1715809	1824857	6.4
意外伤害险	Accident Injury Insurance	41688	50922	62184	60528	55047	-9.1
健康险	Health Insurance	134379	200235	310043	420366	446341	6.2
团体业务	Group Business	126636	146474	211157	229843	226803	-1.3
人寿保险	Life Insurance	3669	4685	3481	5830	4341	-25.5
意外伤害险	Accident Injury Insurance	18613	23865	21768	18742	17596	-6.1
健康险	Health Insurance	104354	117924	185909	205270	204866	-0.2
有效保单件数(万件)	**Cases of Virtual Guarantee Slip(10000 cases)**	**738.03**	**1042.13**	**1127.46**	**1411**	**1552**	**10.0**
赔款及给付支出	**Claim and Payment**	**470792**	**555165**	**632831**	**544401**	**544893**	**0.1**
个人业务	Personal Business	344051	373533	417692	345452	350120	1.4
赔款支出	Claim Paid	13832	18314	20524	25644	25901	1.0
年金给付	Payment for Annuity	64985	77243	111552	92985	83596	-10.1
满期给付	Payment for Expiration	224294	223545	221163	148876	153800	3.3
死伤医疗给付	Payment for Death and Injured person	40940	54432	64454	77947	86823	11.4
团体业务	Group Business	126740	181632	215139	198950	194773	-2.1
赔款支出	Claim and Payment	89093	137835	173021	182499	178142	-2.4
年金给付	Payment for Annuity	4978	4751	4135	5712	6165	7.9
满期给付	Payment for Expiration	30120	34640	30991	4620	6262	35.5
死伤医疗给付	Payment for Death and Injured Person	2550	4405	6991	6118	4204	-31.3

注：本表数据包含华贵人寿、中国人、太保寿险、平安寿险、新华人寿、泰康人寿、平安养老、太平人寿、人保寿险、富德生命人寿、泰康养老、阳光人寿12家人寿保险分公司数据(下表同)。

Note: The data in the table include the figures of the Guizhou Branches of Huagui Life Insurance Company, China Life Insurance Company, Pacific Life Insurance Company, Ping'an Life Insurance Company, Xinhua Life Insurance Company, Taikang Life Insurance Company, Ping'an pension Insurance and Life Insurance Company, Taiping Life Insurance Company, PICC Life Insurance Company, Funde Sino Life Insurance Company, Taikang pension Insurance and Life Insurance Company, Sunshine Life Insurance Company (the same applies to the next table).

19−7 人寿保险主要指标(2020)

Major Indicators on Life Insurance

单位：万元 (10000 yuan)

指标项目	Item	合计 Total	寿险业务 Life Insurance Business	普通寿险 Normal Life Insurance	个人业务 Personal	团体业务 Group	分红寿险 Share out Bonus	个人业务 Personal	团体业务 Group
保费收入	Premium	2553048.53	1829198.60	1059216.39	1054892.31	4324.08	759610.08	759592.75	17.33
期末有效保险金额(亿元)	Virtual Insurance Value at the Year-end(100 million yuan)	145692.48	17518.34	16541.80	16109.85	431.94	717.88	714.27	3.61
期末有效承保人次(万人)	Virtual Insurance Person-time at the Year-end (10000 persons)	7118.02	1062.68	815.30	762.62	52.68	153.59	146.49	7.09
期末有效承保保单件数(万件)	Cases of Virtual Guarantee Slip at the Year-end (10000 cases)	1552.05	663.05	433.82	430.05	3.77	145.72	145.10	0.62
赔款和给付支出	Expenditure for Claim and Payment	544893.22	292835.62	103358.39	86995.47	16362.92	186848.47	186824.96	23.51
#赔款支出	Claim and Payment	204042.88	0	0	0	0	0	0	0
死伤医疗给付	Payment for Death,Injury or Medical Treatmnet	91026.77	43495.66	33596.49	29637.43	3959.06	7935.57	7935.57	0
满期给付	Mature Payment	160062.44	159578.83	32294.07	26031.83	6262.24	126619.60	126619.60	0
年金给付	Payment for Annuity	89761.13	89761.13	37467.83	31326.21	6141.62	52293.30	52269.79	23.51
退保金	Insurance Withdrawed	236743.38	226994.56	110842.25	110764.96	77.29	116130.90	116126.70	4.20
在售产品数量（个）	Amount of Products under Selling(unit)	1951	532	384	332	52	75	72	3

19−7 续表 continued

单位：万元 (10000 yuan)

指标项目	Item	投资连结产品 Life Insurance Product in Investment	万能寿险 Omnipotence Life Insurance	健康险业务 Health Insurance	个人业务 Personal	团体业务 Group	意外伤害保险业务 Unforeseen Injury Insurance
保费收入	Premium	156.22	10215.90	651207.08	446340.98	204866.10	72642.86
期末有效保险金额(亿元)	Virtual Insurance Value at the Year-end (100 million yuan)	4.65	254.03	113270.72	32571.02	80699.70	14903.41
期末有效承保人次(万人)	Virtual Insurance Person-time at the Year-end(10000 persons)	0.46	93.34	4407.85	1524.02	2883.83	1647.48
期末有效承保保单件数(万件)	Cases of Virtual Guarantee Slip at the Year-end(10000 cases)	0.42	83.09	570.77	511.04	59.73	318.23
赔款和给付支出	Expenditure for Claim and Payment	21.76	2607.00	235342.74	66786.80	168555.95	16714.86
#赔款支出	Claim and Payment			187328.02	19016.53	168311.49	16714.86
死伤医疗给付	Payment for Death,Injury or Medical Treatmnet	4.04	1959.56	47531.11	47286.66	244.46	
满期给付	Mature Payment	17.72	647.44	483.61	483.61	0	
年金给付	Payment for Annuity						
退保金	Insurance Withdrawed	0.10	21.32	9748.82	9624.12	124.70	0
在售产品数量（个）	Amount of Products under Selling (unit)	8	65	1032	732	300	387

19—8 贵州上市公司股票发行情况(2020)
Summary List of Stocks Publicly Issued by Guizhou Enterprises

单位：亿股 (100 million shares)

上市公司名称	Listed Companies	上市时间 Listed Time	板块类别 Sector of Listed Companies	总股本(亿股) Total Capital Stock(100 million shares)	流通股 Tradable Share	募集资金总额(亿元) Total Amount Issued (100 million yuan)
中天金融	Zhongtian Financial Group Company Limited	1994.02.02	主板	70.05	69.68	
贵州轮胎	Guizhou Tyre Co.,Ltd.	1996.03.08	主板	7.98	7.75	
中航重机	AVIC Heavy Machinery Co.,Ltd.	1996.11.06	主板	9.40	8.57	
振华科技	China Zhenhua (Group) Science & Technology Co.,Ltd.	1997.07.03	主板	5.15	5.15	
ST天成	Guizhou Changzheng Tiancheng Holding Co.,Ltd.	1997.11.27	主板	5.09	5.09	
高鸿股份	Gohigh Data Networks Technology Co.,Ltd.	1998.06.09	主板	9.08	8.78	
南方汇通	South Huiton Co.,Ltd.	1999.06.16	主板	4.22	4.22	
圣济堂	Guizhou Salvage Pharmaceutical CO.,Ltd.	2000.02.21	主板	16.93	12.78	
红星发展	Guizhou Redstar Developing Co.,Ltd.	2001.03.20	主板	2.95	2.91	
盘江股份	Guizhou Panjiang Refined Coal Co.,Ltd.	2001.05.31	主板	16.55	16.55	
贵州茅台	Kweichow Moutai Co.,Ltd.	2001.08.27	主板	12.56	12.56	
贵航股份	Guizhou Guihang Automotive Components Co.,Ltd.	2001.12.27	主板	4.04	4.04	
益佰制药	Guizhou Yibai Pharmaceutical Co.,Ltd.	2004.03.23	主板	7.92	7.92	
贵绳股份	Guizhou Wire Rope Co.,Ltd.	2004.05.14	主板	2.45	2.45	
航天电器	Guizhou Space Appliance Co.,Ltd.	2004.07.26	主板	4.29	4.29	
保利联合	Poly Union Chemical Holding Group Co.,Ltd.	2004.09.08	主板	4.88	3.27	
黔源电力	Guizhou Qianyuan Power Co.,Ltd.	2005.03.03	主板	3.05	3.05	
信邦制药	Guizhou Xinbang Pharmaceutical Co.,Ltd.	2010.04.16	主板	16.67	15.58	
贵州百灵	Guizhou Bailing Group Pharmaceutical Co.,Ltd.	2010.06.03	主板	14.11	7.78	
朗玛信息	Guiyang Longmaster Information&Technology Co.,Ltd.	2012.02.16	创业版	3.38	2.11	
贵阳银行	Bank Of Guiyang CO.,Ltd.	2016.08.16	主板	32.18	30.96	
永吉股份	Guizhou Yongji Printing CO.,Ltd.	2016.12.23	主板	4.19	4.18	
贵广网络	Guizhou BC&TV Information Network Co.,Ltd.	2016.12.26	主板	10.52	10.52	
新天药业	Guiyang Xintian Pharmaceutical Co.,Ltd.	2017.05.19	主板	1.17	1.13	
勘设股份	Guizhou Transportation Planning Survey&design Academe Co.,Ltd.	2017.08.09	主板	2.41	2.37	
川恒股份	Guizhou Chanhen Chemical Corporation	2017.08.25	主板	4.88	4.04	9.10
贵州燃气	Guizhou Gas Group Corporation Ltd.	2017.11.07	主板	11.38	11.38	
泰永长征	Guizhou Taiyong-Changzheng Technology Co.,Ltd.	2018.02.23	主板	2.24	0.94	
华夏航空	China Express Airlines Co.,Ltd.	2018.03.02	主板	10.14	4.19	
贵州三力	Guizhou SanLi Pharmaceutical Co.,Ltd.	2020.04.28	主板	4.07	0.41	2.99
中伟股份	Cngr Advanced Material Co.,Ltd.	2020.12.23	创业板	5.70	0.43	14.01

注：1.资料来源于中国证监会贵州监管局。2.募集资金总额包括首发、增发、配股、可转债等募集的资金。

Note: 1.The data in the table are provided by Guizhou Securities Regulatory Bureau of the CSRC. 2.Total Raised Capitals include money raised by the first, issuing, allotment, convertible bonds of listed companies.

19-9 历年金融机构人民币各项存贷款余额

Saving Deposits and Loans Balance of Financial Institutions Over the Years

单位：亿元 (100 million yuan)

年 份 Year	各项存款余额 Total Deposits Balance	#个人储蓄存款 Personal Savings Deposits	人均储蓄余额（元） Per Capita Savings Deposits (yuan)	各项贷款余额 Total Loans Balance
1978	18.05	1.84	6.91	21.62
1979	19.82	2.42	8.93	23.31
1980	24.43	3.73	13.54	24.94
1981	25.75	5.28	18.85	30.10
1982	30.75	7.26	25.46	33.99
1983	35.25	8.86	30.68	36.07
1984	45.33	12.33	42.27	46.22
1985	52.27	16.61	56.27	63.41
1986	69.76	22.21	74.06	89.67
1987	83.79	30.37	99.60	107.76
1988	91.92	34.99	112.87	125.17
1989	107.35	44.54	141.44	142.73
1990	144.39	61.27	190.32	183.91
1991	187.06	80.30	243.99	234.56
1992	232.80	102.07	305.80	290.01
1993	291.22	141.88	419.16	357.00
1994	364.84	181.05	527.30	421.07
1995	478.21	247.62	710.89	513.41
1996	586.26	311.19	881.12	610.51
1997	712.80	362.87	1013.43	761.88
1998	815.43	423.08	1164.96	840.63
1999	945.80	484.51	1315.23	899.83
2000	1106.64	539.49	1445.23	1064.82
2001	1341.11	641.67	1698.83	1212.23
2002	1553.00	759.05	1988.13	1403.92
2003	1898.62	912.84	2368.88	1714.04
2004	2322.27	1094.55	2816.16	2020.04
2005	2777.54	1350.90	3633.79	2303.93
2006	3300.08	1596.86	4304.20	2696.11
2007	3826.37	1790.14	4889.76	3128.63
2008	4736.93	2237.05	6189.96	3569.27
2009	5898.26	2676.09	7502.35	4656.50
2010	7363.92	3244.99	9250.26	5747.53
2011	8742.79	3934.48	11226.94	6841.92
2012	10540.06	4806.09	13505.94	8274.78
2013	13265.01	5919.05	16398.53	10104.30
2014	15263.26	6620.56	18116.18	12368.30
2015	19438.64	6861.43	18582.07	15051.94
2016	23770.93	7795.01	20881.36	17857.80
2017	26088.89	8581.34	22698.95	20860.34
2018	26473.34	9099.21	23866.79	24715.05
2019	27170.60	9929.40	25891.53	28448.73
2020	28276.31	11280.79	29277.95	32235.75

注：1.2005年及以后各年人均储蓄余额采用按人口普查修订后常住半年的年平均人口计算，以前年份按常住一年口径计算。2.表中个人储蓄存款及人均储蓄余额2010年及以前为城乡居民储蓄存款和城乡居民人均储蓄。

Note: 1.Per capita savings deposits have been calculated by permanent population in half a year scope since 2005, and by permanent population in one year scope before 2005. 2.In the year 2010 and before, personal savings deposits and per captia savings deposits respectively refer to urban and rural resident savings and per capita savings deposits.

主要统计指标解释

存款 指企业、机关、团体或居民把货币资金存入银行或其他信贷机构保管，可随时或按约定时间支取款项，并取得一定利息的一种信用活动形式。根据存款对象或性质的不同可划分为住户存款、非金融企业存款、政府存款、非银行业金融机构存款等科目。它是银行信贷资金的主要来源。

贷款 指银行或其他信贷机构根据资金必须归还的原则，按一定利率，为企业、个人等提供资金的一种信用活动形式。我国银行贷款分为短期贷款、中长期贷款、融资租赁、票据融资、各项垫款、境外贷款等。

保费 指投保人为取得保险人在约定范围内所承担赔偿责任而支付给保险人的费用。

赔款 指保险人对保险事故造成的损失，根据合同约定向被保险人或受益人给予的经济补偿。

给付 包括死伤医疗给付和满期给付。死伤医疗给付是指保险人根据人寿保险及长期健康保险合同的规定，因被保险人在保险期内发生保险责任范围内的保险事故支付给被保险人(或受益人)的金额。满期给付是指被保险人生存期满，保险人按人寿保险合同规定支付给被保险人的满期保险金额。

Explanatory Notes on Main Statistical Indicators

Deposit refers to a form of credit activity in which an enterprise, organ, group or resident deposits monetary funds in a bank or other credit institution for safekeeping and may withdraw funds at any time or at the agreed time and obtain certain interest. According to the different objects or properties of deposits, it can be divided into household deposits, non-financial corporate deposits, government deposits, and deposits of non-banking financial institutions. Deposits are major sources of the credit funds of banks.

Loan is a form of credit by which banks and other credit institutions provide funds at certain interest rate to enterprises and individuals in the light of the principle of unconditional repayment. Bank loans in China are divided into short-term loans, medium - and long-term loans, financial leasing, bill financing, advances, overseas loans, etc.

Premium refers to the expenses paid to the insurer by the applicant to obtain the insurer's liability for compensation within the agreed scope.

Settled Claim is the economic compensation that for the insurance losses caused by the accident and according to the contract, the insurer paid to the insured or the beneficiary.

Payment includes death and injury medical benefits and expired benefits. Death and injury medical benefits refer to the expenses paid by the insurer to the insured (or the beneficiary) for the insured's occurrence of an insured event within the scope of the insured's liability during the period of insurance, according to life insurance and long-term health insurance contract provisions. Expired benefits refer to the expired insurance amount paid by the insurer to the insured as stipulated in the life insurance contract, upon the expiration of the life of the insured.

教 育

Education 20

简 要 说 明

一、主要内容

本篇资料主要反映全省教育事业发展情况。包括：公办教育和民办教育、学历教育和非学历教育。具体有高等教育(研究生教育、普通高等教育和成人高等教育)、中等教育(高中阶段教育和初中阶段教育)、初等教育(小学)、学前教育、民族教育、特殊教育(盲聋哑和智力障碍学校等)以及教育经费等资料，主要指标包括学校数、在校学生数、招生数、毕业生数、教职工数和专任教师数等。

二、资料来源

本篇资料由省教育厅、省人力资源社会保障厅提供。

Brief Introduction

I. Main Contents

The data in this chapter show the development of education, and cover the situations on education funded by government and non-government agencies, as well as the education with and without academic credentials, including higher education (education of postgraduates, general higher education and adult education), secondary education (senior and junior high schools), elementary education (primary schools), preschool education, national education, special education (schools for the blind, the deaf and the mentally handicapped, etc.) and education funds and other information. Key indicators include the number of schools, the number of students enrolled, the number of new students enrolled, the number of graduates, the number of staff and workers, and the number of full-time teachers.

II. Sources of Data

The data in this chapter are provided by Provincial Guizhou Department of Education, the Ministry of Human Resources and Social Security of Guizhou Province.

20-1 各级各类学校数
Number of Schools by Level and Type

单位：所 (unit)

指　　标	Item	2016	2017	2018	2019	2020
研究生培养机构	Institutions Providing Postgraduate Programs	8	9	9	10	10
普通高等学校	Regular Higher Education Institutions	64	70	72	72	75
成人高等学校	Adult Higher Education Institutions	3	3	3	3	3
中等职业教育	Secondary Vocational Education	195	192	183	185	184
普通中等专业教育	Regular Specialized Secondary Education	66	66	67	65	63
职业高中	Vocational Senior Secondary Schools	120	119	110	115	116
成人中等专业学校	Adult Specialized Secondary Schools	9	7	6	5	5
普通中学	Regular Secondary Schools	2536	2499	2468	2476	2491
高　中	Senior Secondary Schools	437	451	466	468	471
初　中	Junior Secondary Schools	2099	2048	2002	2008	2020
#九年一贯制学校	9-Year Schools	551	544	525	535	550
小　学	Primary Schools	7818	7113	6951	6943	6855
幼儿园	Kindergartens	8008	9772	10306	10685	11017
特殊教育	Special Education	76	76	77	77	77
工读学校	Correctional Work-Study Schools	15	18	18	22	21
成人中学	Adult Secondary Schools	0	1	52	75	41
成人技术培训学校	Adult Technical Training Schools	5886	5084	3910	4635	4476
成人小学	Adult Primary Schools	2783	2926	3035	2310	1801

注：资料来源于省教育厅。(以下表同)。

Note: The data in the table are provided by the Department of Education of Guizhou Province(the relative tables in the chapter are the same).

20-2 各级各类学校专任教师数

Number of Full-time Teachers by Level and Type of School

单位：人 (person)

指　　标	Item	2016	2017	2018	2019	2020
专任教师	**Number of Full-time Teachers**					
培养研究生的单位	Institutions Providing Postgraduate Programs	3948	4302	4686	4937	5427
普通高等学校	Regular Higher Education Institutions	33087	35072	36243	37753	39418
成人高等学校	Adult Higher Education Institutions	334	326	353	342	91
中等职业教育	Secondary Vocational Education	17717	18181	17386	17470	16630
普通中等专业教育	Regular Specialized Secondary Education	6827	6520	5724	5485	4675
职业高中	Vocational Senior Secondary Schools	9581	10369	10506	10819	10826
成人中等专业学校	Adult Specialized Secondary Schools	1220	1203	1067	1076	1036
其它机构	Other Institutions	89	89	89	90	93
普通中学	Regular Secondary Schools	188127	191622	194840	196323	198076
高　中	Senior Secondary Schools	61030	64094	66598	68099	69086
初　中	Junior Secondary Schools	127097	127528	128242	128224	128990
小　学	Primary Schools	197069	202061	207839	212485	215012
幼儿园	Kindergartens	73415	83376	87421	90713	94064
特殊教育	Special Education	1637	1728	1839	1922	1981
工读学校	Correctional Work-Study Schools	206	256	271	320	318
成人中学	Adult Secondary Schools	0	13	240	790	500
成人技术培训学校	Adult Technical Training Schools	5542	5605	4980	7683	8257
成人小学	Adult Primary Schools	1693	3309	3882	4935	4063

20-3 各级各类学校招生数

Number of New Students Enrollment by Level and Type of School

单位：人 (person)

指　　标	Item	2016	2017	2018	2019	2020
研究生	Postgraduates	5736	7117	7848	8483	11078
普通高等教育	Regular Higher Education Institutions	195553	209522	229587	261485	277696
成人高等教育	Adult Higher Education	32371	34743	35087	33325	35384
#成人高等学校	Adult Higher Education Institutions	711	351	434	916	873
中等职业教育	Secondary Vocational Education	196615	183061	166564	154707	145981
普通中等专业教育	Regular Specialized Secondary Education	76656	72428	62978	54676	45308
职业高中	Vocational Senior Secondary Schools	92185	88619	85044	79587	86962
成人中等专业教育	Adult Specialized Secondary Education	27774	22014	18542	20444	13711
#成人中等专业学校	Adult Specialized Secondary Schools	511	806	382	340	418
普通中学	Regular Secondary Schools	952023	948978	952430	886868	924971
高　中	Senior Secondary Schools	342626	348498	337279	325020	331313
初　中	Junior Secondary Schools	609397	600480	615151	561848	593658
小　学	Primary Schools	640446	650473	675210	687609	648934
幼儿园	Kindergartens	806156	738023	687339	654564	699124
特殊教育	Special Education	4443	5269	6147	7876	6948
工读学校	Correctional Work-Study Schools	524	808	943	1566	989

20–4 各级各类学校在校生数

Number of Students Enrollment by Level and Type of School

单位：人 (person)

指 标	Item	2016	2017	2018	2019	2020
在校生数	**Total Enrollment**					
研究生	Postgraduate	16448	18591	20946	23676	27668
普通高等教育	Regular Higher Education Institutions	573932	627672	687530	765745	840249
成人高等教育	Adult Higher Education	117317	106930	95478	92078	92726
#成人高等学校	Adult Higher Education Institutions	5439	5398	4394	4694	5111
中等职业教育	Secondary Vocational Education	550922	503118	472182	438121	403573
普通中等专业教育	Regular Specialized Secondary Schools	224468	207934	188919	171042	138452
职业高中	Vocational Senior Secondary Schools	248017	230943	228535	215223	224712
成人中等专业教育	Adult Specialized Secondary Education	78437	64241	54728	51856	40409
#成人中等专业学校	Adult Specialized Secondary Schools	1728	1913	1670	1543	1140
普通中学	Regular Secondary Schools	2885106	2840913	2816227	2784875	2755931
高 中	Senior Secondary Schools	993695	1011043	1007791	992072	975235
初 中	Junior Secondary Schools	1891411	1829870	1808436	1792803	1780696
小 学	Primary Schools	3533745	3620770	3717297	3882991	3972666
幼儿园	Kindergartens	1446274	1534207	1549437	1545246	1588464
特殊教育	Special Education	20235	25840	31068	38942	42053
工读学校	Correctional Work-Study Schools	658	1043	1342	2183	1283
成人中学	Adult Secondary Schools		432	7920	9394	5194
成人技术培训学校	Adult Technical Training Schools	1490563	1354921	837569	898526	830610
成人小学	Adult Primary Schools	134974	155365	146770	100071	83095

20-5 各级各类学校毕业生数

Number of Graduates by Level and Type of School

单位：人 (person)

指 标	Item	2016	2017	2018	2019	2020
毕业生数	**Graduates**					
研究生	Postgraduate	4728	4929	5361	5559	6942
普通高等教育	Regular Higher Education Institutions	116794	149037	149037	169655	194515
成人高等教育	Adult Higher Education	34098	45408	44575	38101	33897
#成人高等学校	Adult Higher Education Institutions	2794	1808	1184	608	453
中等职业教育	Secondary Vocational Education	173046	158978	152670	142170	134772
调整后中等职业教育	Adjusted Secondary Vocational Education	704				
普通中等专业教育	Regular Specialized Secondary Education	69551	65849	65067	59454	51793
职业高中	Vocational Senior Secondary Schools	75224	66897	66126	62297	62935
成人中等专业教育	Adult Specialized Secondary Education	27567	26232	21477	20419	20044
#成人中等专业学校	Adult Specialized Secondary Schools	996	223	297	254	445
普通中学	Regular Secondary Schools	999546	981299	959035	934814	951403
高 中	Senior Secondary Schools	307414	323440	330559	333356	340290
初 中	Junior Secondary Schools	692132	657859	628476	601458	611113
小 学	Primary Schools	604027	595600	605043	545516	581395
幼儿园	Kindergartens	566890	604508	661726	659658	637090
特殊教育	Special Education	2049	2407	3311	4297	6135
工读学校	Correctional Work-Study Schools	506	813	821	1462	1428
成人中学	Adult Secondary Schools	0	0	4817	11088	5194
成人技术培训学校	Adult Technical Training Schools	1453015	1337112	873665	857997	767585
成人小学	Adult Primary Schools	126823	137645	131063	96229	70867

20–6 教师职称
Technical Rank of Teachers

单位：人 (person)

指 标	Item	2016	2017	2018	2019	2020
高等学校教师数	**Teachers of Regular Higher Education Institutions**	**33421**	**35398**	**36596**	**38095**	**39509**
正高级	Senior	3016	3343	3470	3774	3840
副高级	Sub-senior	10654	11164	11317	11950	12291
中 级	Middle	10589	10422	10619	11081	12094
初 级	Junior	5298	5990	6155	5724	6111
无职称	No Rank	3864	4479	5035	5566	5173
中等职业学校教师数	**Teachers of Secondary Vocational Education**	**17717**	**18181**	**17386**	**17470**	**16630**
正高级	Senior	38	53	54	56	59
副高级	Sub-senior	2958	2967	2601	2780	2680
中 级	Middle	5458	5436	5401	5531	5383
初 级	Junior	6071	6290	6381	6318	5511
无职称	No Rank	3192	3435	2949	2785	2997
普通中学教师数	**Teachers of Regular Secondary Schools**			**194840**	**196323**	**198076**
正高级	Senior				352	395
副高级	Sub-senior			35264	36424	38112
中级	Middle			68483	73167	75711
助理级	Assistant			65392	60332	58332
员级	Technician			1774	3107	2802
未定职级	Undetermined			23927	22941	22724
小学教师数	**Teachers of Regular Primary Schools**			**207839**	**212485**	**215012**
正高级	Senior				16	38
副高级	Sub-senior			3447	9593	11780
中级	Middle			95949	112948	112577
助理级	Assistant			63975	58002	58994
员级	Technician			18799	5425	4548
未定职级	Undetermined			25669	26501	27075

注：2018年起普通中学、小学统一职称（职务）等级和名称，分别为：正高级、副高级、中级、助理级、员级、未定职级

Note: Since 2018, regular middle schools and primary schools have unified technical ranks (posts), namely senior, sub-senior, middle, assistant, technician, and undetermined.

20—7 各级各类学校女学生和女教师数
Female Students and Teachers by Level and Type of School

单位：人 (person)

指 标	Item	2016	2017	2018	2019	2020
在校女生数	**Number of Female Students Entrollment**					
普通高等教育	Regular Higher Education	322576	352750	381322	424200	462884
成人高等教育	Adult Higher Education	74158	66934	61145	58625	58095
中等职业教育	Vocational Secondary Education	284525	259239	235686	209688	183276
普通中学	Regular Secondary Schools	1401212	1381877	1369786	1347135	1331199
#高 中	Senior Secondary Schools	514941	528648	526558	516355	503385
初 中	Junior Secondary Schools	886271	853229	843228	830780	827814
小 学	Primary Schools	1644721	1690658	1735762	1811674	1851653
女教师数	**Number of Female Teachers**					
普通高等学校	Regular Higher Education Institutions	16478	18200	19032	19930	20997
成人高等学校	Adult Higher Education Institutions	190	191	210	201	57
中等职业学校	Secondary Vocational Schools	8466	8982	8624	8765	8288
普通中学	Regular Secondary Schools	81948	85501	88846	90923	93021
#高 中	Senior Secondary Schools	27785	29839	31439	32548	33435
初 中	Junior Secondary Schools	54163	55662	57407	58375	59586
小 学	Primary Schools	101178	106597	112594	117347	120764

20−8 各级各类学校师生比
Student-Teacher Ratio by Level and Type of School

单位：学生/教师 (Student/Teacher)

指　标	Item	2016	2017	2018	2019	2020
普通高等学校	Regular Higher Education Institutions	17.35	17.90	18.97	20.28	18.48
普通高中	Regular Senior Secondary School	16.28	15.77	15.13	14.57	13.8
初　中	Junior Secondary School	14.88	14.35	14.10	13.98	14.12
小　学	Primary School	17.93	17.92	17.89	18.27	21.32

20−9 各级各类学校学生入学率
Enrollment Rate by Level and Type of School

单位：% (%)

指　标	Item	2016	2017	2018	2019	2020
小学学龄儿童入学率	Enrollment Rate of School-age Children in Primary Schools	99.6	99.6	99.7	99.7	99.9
小学毕业生升学率	Enrollment Rate of Primary Schools Graduates	100	100.0	100.0	100.0	100
初中阶段毛入学率	Rate of Primary School Graduates Entering into Junior Secondary Schools	107.9	108.8	109.7	109.9	109.8
高中阶段毛入学率	Rate of Junior Secondary School Graduates Entering into Senior Secondary Schools	87	87.0	88.0	89.0	90.7
高等教育毛入学率	Rate of Senior Secondary School Graduates Entering into Institution of Higher Education	33	34.0	36.0	38.2	41.6
九年义务教育巩固率	The Consolidation Rate of Nine Year Compulsory Education	88.0	90.0	91.0	93.0	95.0

20-10 普通高等学校基本情况(2020)
Basic Statistics on Regular Institutions of Higher Education

单位：人 (person)

类别	Sort	学校数(所) Number of Schools (unit)	毕业生数 Graduates with Degrees or Diplomas	招生数 New Enrollment	在校学生人数 Enro-llment	教职员工 Teachers, Staff & Workers	#专任教师 Full-time Teachers	#正、副教授 Senior and Sub-senior Professors
普通高等院校	**Regular Institutions of Higher Education**	**75**	**194515**	**277696**	**840249**	**54246**	**39418**	**16098**
综合大学	Comprehensive Universitie	21	64653	87779	258526	15478	11555	4193
理工院校	Science & Engineering	17	31059	56425	149084	7953	6115	1586
农业院校	Agriculture	1	2048	4494	10330	542	393	64
医药院校	Medicine & Pharmacy	12	27539	45002	139772	9706	7109	3242
师范院校	Teacher Training	14	40027	44260	152323	11604	8148	4362
财经院校	Finance & Economics	7	19633	29910	91298	5987	3978	1443
政法院校	Politics and Law	1	1135	1099	4583	377	281	123
民族院校	Ethnic Minorities	2	8421	8727	34333	2599	1839	1085
高等职业技术学院	**Vocational and Technical Colleges**	**46**	**103882**	**168749**	**439972**	**22707**	**17542**	**4257**

20-11 普通高等学校分科专任教师数(2020)
Number of Full-time Teachers in Institutions of Higher Education by Field of Study

单位：人 (person)

类别	Sort	专任教师数 Full-time Teachers	正高级 Senior	副高级 Sub-senior	中级 Middle	初级 Junior	无职称 No Rank
总计	**Total**	**39418**	**3836**	**12262**	**12057**	**6090**	**5173**
哲学	Philosophy	1315	122	445	372	168	208
经济学	Economics	2133	153	576	586	448	370
法学	Law	2013	226	708	627	188	264
教育学	Education	3588	275	1056	1158	499	600
文学	Literature	4725	357	1627	1576	622	543
历史学	History	526	97	201	130	44	54
理学	Science	3968	511	1503	1034	444	476
工学	Engineering	8269	604	2544	2647	1357	1117
农学	Agriculture	1316	209	469	338	144	156
医学	Medicine	5987	922	1740	1675	1063	587
管理学	Management	3345	244	832	1050	691	528
艺术学	Art	2233	116	561	864	422	270

20−12 研究生数
Number of Postgraduates

单位：人 (person)

指　标	Item	2016	2017	2018	2019	2020
招研究生数	Number of New Postgraduates Entrants	5736	7117	7848	8483	11078
#女　性	Female	3363	4133	4672	5180	6747
在校研究生数	Number of Postgraduates Enrollment	16448	18591	20946	23676	27668
#女　性	Female	9160	10541	12262	14078	16621
毕业研究生数	Number of Postgraduates Graduate	4728	4929	5361	5559	6942
#女　性	Female	2553	2740	3001	3289	4153

20−13 技工学校基本情况
Statistics on Technical Schools

单位：人 (person)

指　标	Item	2016	2017	2018	2019	2020
学校数（所）	Number of Schools (unit)	55	51	49	48	46
招生数	Number of Entrants	36839	35486	29444	33370	39284
在校学生数	Number of Students Enrollment	85207	86366	69735	72974	91324
毕业生数	Number of Graduates	19421	20064	19121	20811	20068
教职工数	Teachers and Staff	6455	7333	6452	6397	6078
专任教师数	Full-time Teachers	6153	6813	6879	6757	6209
文化技术理论课教师	Classroom Teachers	3173	3676	3584	3194	3440
生产实习课指导教师	Practical Training Teachers	1556	1498	1379	1733	986
理论实习一体化教师	Classroom cum Practical Training Teachers	1424	1639	1916	1830	1783

注：资料来源于省人力资源社会保障厅。

Note: The data in the table are obtained from Guizhou Human Resources and Social Security.

20-14 中等职业学校(机构)数 (2020)

Number of Secondary Vocational Schools

单位：个 (unit)

指标	Item	总计 Total	地方部门 Local Departments	教育部门 Departments of Education	非教育部门 Departments of Non-Education	民办 Private
中等职业学校	**Secondary Vocational Schools**	**184**	**143**	**106**	**37**	**34**
普通中等专业学校	Regular Specialized Secondary Schools	63	59	30	29	29
成人中等专业学校	Adult Specialized Secondary Schools	5	5	1	4	4
职业高中学校	Vocational Senior Secondary Schools	116	79	75	4	1

20-15 中等职业学校(2020)

Secondary Vocational Schools

单位：人 (person)

指标	Item	学校数(所) Schools (unit)	毕业生数 Graduates	招生数 New Enrollment	在校学生数 Total Enrollment	教职员工 Teachers, Staff & Workers	#专任教师 Full-time Teachers
中等职业学校	**Secondary Vocational Schools**	**184**	**134772**	**145981**	**403573**	**20046**	**16630**
普通中等专业学校	Regular Specialized Secondary Schools	63	51793	45308	138452	6226	4675
成人中等专业学校	Adult Specialized Secondary Schools	5	20044	13711	40409	1320	1036
职业高中	Vocational Senior Secondary Schools	116	62935	86962	224712	12389	10826
#其他机构(教学点)	Others Institutions	2				111	93

20–16 中等职业学校（机构)学生分科类情况（2020）
Students in Secondary Vocational Schools by Field of Study

单位：人 (person)

指 标	Item	招生数 New Enrollmen	#应届毕业生 Current Year Graduates	#初中毕业生 Junior Secondary School Graduates	在校学生数 Total Enrollmen	毕业生数 Graduates	#获得职业资格证书 With Certificate On Professional Competence
总 计	**Total**	**145981**	**136974**	**133258**	**403573**	**134772**	**86762**
农林牧渔类	Farming, Forestry, Animal Husbandry and Fishery	6214	3693	3586	15796	7907	4244
资源环境类	Resources and Environment	132	126	126	154	105	105
能源与新能源类	Energy and New Energy	207	196	195	573	195	191
土木水利类	Civil and Hydraulic Engineering	6219	5877	5777	17317	5653	3938
加工制造类	Manufacturing	8055	7694	7569	23727	8431	6454
石油化工类	Petroleum and Chemical	17	11	11	186	26	
轻纺食品类	Light Textile and Food	2162	1865	1851	5972	1981	1246
交通运输类	Transportation	27592	26491	26032	77729	20692	14276
信息技术类	Information Technologies	24731	23083	22260	65243	23383	17034
医药卫生类	Medicine and Health	12645	12451	12238	36564	15961	7265
休闲保健类	Leisure and Health-care	5109	5047	4744	12285	3002	2029
财经商贸类	Finance and Trade	13287	12064	11512	34506	9113	5831
旅游服务类	Tourism and services	11561	11032	10864	33139	9547	6595
文化艺术类	Culture and Art	5838	5661	5436	14721	3400	2499
体育与健身	Physical Education	926	909	909	2102	704	612
教育类	Education	17330	16940	16527	56277	22557	13019
司法服务类	Justice Services				16	40	22
公共管理与服务类	Public Management and Services	2053	1938	1725	3294	714	473
其 他	Others	1903	1896	1896	3972	1361	929

20–17 民族教育
Minority Nationality Education

指　标	Item	2016	2017	2018	2019	2020
学校数(所)	**Number of Schools(unit)**					
普通高校	Regular Higher Education Institutions	2	2	2	2	2
普通中学	Regular Secondary Schools	206	203	129	126	126
小　学	Primary Schools	538	506	174	175	174
专任教师数(人)	**Full-time Teachers(person)**					
普通高校	Regular Higher Education Institutions	8382	8726	9264	9456	9942
成人高校	Adult Higher Education Institutions	70	66	83	81	18
普通中学	Regular Secondary Schools	76121	78562	79667	80776	81797
#高　中	Senior Secondary Schools	23644	25197	26247	26992	27662
中等职业学校	Secondary Vocational Schools	4869	4966	5050	5812	4690
小　学	Primary Schools	83276	85108	87667	89182	90263
在校生数(人)	**Number of Total Enrollment (person)**					
普通高等教育	Regular Higher Education Institutions	223224	256633	280702	318543	352723
成人高等教育	Adult Higher Education	35201	30647	32878	31629	29999
普通中学	Regular Secondary Schools	1228209	1230147	1238237	1240414	1232647
#高　中	Senior Secondary Schools	418217	432444	441013	440303	438403
中等职业学校	Secondary Vocational Schools	193880	186741	181097	157004	141486
小　学	Primary Schools	1544896	1590718	1651245	1742680	1803316
毕业生数(人)	**Number of Graduates(person)**					
普通中学	Regular Secondary Schools	407965	410816	407480	405244	420726
#高　中	Senior Secondary Schools	125494	133505	139194	143253	148793
小　学	Primary Schools	259388	260308	264300	242827	255697

20-18 民办教育
Private Education

指 标	Item	2016	2017	2018	2019	2020
学校数(所)	**Number of Schools(unit)**					
普通高等学校	Regular Higher Education Institutions	14	15	15	15	16
中等职业教育学校	Secondary Vocational Schools	47	47	40	41	41
普通中学	Regular Secondary Schools	456	475	491	504	517
#高 中	Senior Secondary Schools	110	127	147	157	165
小 学	Primary Schools	250	230	214	198	190
在校学生数(人)	**Number of Total Enrollment (person)**					
普通高等学校	Regular Higher Education Institutions	104691	114140	129558	148800	169016
中等职业教育学校	Secondary Vocational Schools	39494	38753	40163	42700	49081
普通中学	Regular Secondary Schools	254958	280550	311813	330983	346005
#高 中	Senior Secondary Schools	102516	124465	147242	165670	179619
小 学	Primary Schools	154893	172136	171896	180207	176468
教职员工数(人)	**Teachers, Staff and Workers (person)**					
普通高等学校	Regular Higher Education Institutions	6730	7005	7029	7768	8301
中等职业教育学校	Secondary Vocational Schools	2240	2144	2541	2632	2994
普通中学	Regular Secondary Schools	25392	28270	32532	36170	39414
小 学	Primary Schools	4939	5257	5278	4989	4907
专任教师数(人)	**Full-time Teachers(person)**					
普通高等学校	Regular Higher Education Institutions	5191	5365	5126	5836	6046
中等职业教育学校	Secondary Vocational Schools	1502	1532	1895	1924	2134
普通中学	Regular Secondary Schools	19613	21405	24396	26788	28802
小 学	Primary Schools	3879	4104	3951	3798	3565

20–19 成人教育
Adult Education

指　标	Item	2016	2017	2018	2019	2020
学校数(所)	**Number of Schools(unit)**					
成人高等教育学校	Adult Higher Education Institutions	3	3	3	3	3
成人中等专业教育学校	Adult Specialized Secondary Schools	9	7	6	5	5
成人中学	Adult Secondary Schools	0	1	52	75	41
成人技术培训学校	Adult Technical Training Schools	5886	5084	3910	4635	4476
成人小学	Adult Primary Schools	2783	2926	3035	2310	1801
在校生数(万人)	**Number of Students Enrollment (10000 persons)**				-	
成人高等教育	Adult Higher Education	11.73	10.69	9.55	9.21	9.27
成人中等专业教育	Adult Specialized Secondary Education	7.84	6.42	5.47	5.19	4.04
成人中学	Adult Secondary Schools	0.00	0.04	0.79	0.94	0.52
成人技术培训学校	Adult Technical Training Schools	149.06	135.49	83.76	89.85	83.06
成人小学	Adult Primary Schools	13.50	15.54	14.68	10.01	8.31
毕业生数(万人)	**Number of Graduates (10000 persons)**				-	
成人高等教育	Adult Higher Education	3.41	4.54	4.46	3.81	3.39
成人中等专业教育	Adult Specialized Secondary Education	2.76	2.62	2.15	2.04	2.00
成人中学	Adult Secondary Schools	0.00	0.00	0.48	1.11	0.52
成人技术培训学校	Adult Technical Training Schools	145.30	133.71	87.37	85.80	76.76
成人小学	Adult Primary Schools	12.68	13.76	13.11	9.62	7.09

20-20 历年教育事业发展情况

年份 Year	在校学生数(万人) Students Enrollment(1 0000 persons)			小学毕业生升学率(%) Enrollment Rate of Primary Schools Graduates(%)
	普通高等学校 Regular Institutions of Higher Education	普通中学 Regular Secondary Schools	小学 Primary Schools	
1978	1.33	137.17	423.60	76.1
1979	1.78	126.07	413.71	70.0
1980	1.71	110.24	404.22	62.6
1981	1.81	96.58	403.49	56.7
1982	1.67	89.53	412.30	53.8
1983	1.68	82.39	415.79	51.5
1984	2.03	85.13	436.56	53.1
1985	2.30	91.59	447.68	54.2
1986	2.52	99.00	461.99	53.8
1987	2.60	102.35	458.27	47.7
1988	2.73	98.63	449.70	56.6
1989	2.76	93.31	440.36	67.1
1990	2.70	96.54	435.05	60.8
1991	2.57	100.23	433.85	59.6
1992	2.67	103.99	435.94	59.9
1993	2.93	100.55	439.81	63.9
1994	3.23	103.08	455.30	70.5
1995	3.47	108.43	475.34	72.7
1996	3.57	113.47	489.32	71.5
1997	3.85	121.54	503.82	75.8
1998	4.26	127.10	505.36	75.1
1999	5.65	138.63	500.96	77.8
2000	7.55	157.20	500.21	78.7
2001	10.82	184.60	490.17	84.4
2002	12.27	212.81	484.28	88.2
2003	14.94	235.30	476.87	92.4
2004	17.99	249.34	479.41	96.0
2005	20.68	254.96	473.76	97.4
2006	22.15	256.31	474.38	97.8
2007	24.17	256.00	466.31	95.6
2008	26.75	261.78	469.79	98.7
2009	29.91	269.45	456.87	97.7
2010	32.33	276.75	433.50	96.3
2011	34.41	282.71	408.74	96.5
2012	38.38	287.38	380.08	96.3
2013	41.90	296.01	355.53	99.0
2014	46.04	301.10	346.31	100.0
2015	50.09	295.86	346.31	99.3
2016	57.39	288.51	353.37	100.0
2017	62.77	284.09	362.08	100.0
2018	68.75	281.62	371.73	100.0
2019	76.57	278.49	388.30	100.0
2020	84.02	275.59	397.27	100.0

Development of Education Over the Years

学龄儿童 入学率(%) Percentage of School-aged Children Enrolled(%)	专任教师数(人) Number of Full-time Teachers(person) 普通高等学校 Regular Higher Education Institutions	普通中学 Regular Secondary Schools	小学 Primary Schools
89.5	2753	54227	155930
86.1	3357	55532	151860
80.8	3638	51950	155708
78.5	3606	46892	159494
78.3	3986	44646	152176
81.2	4183	43821	152338
83.6	4555	41879	155715
84.9	4830	45159	157622
86.9	5177	47119	162105
89.2	5559	50216	161689
89.9	5588	51618	163514
88.8	5530	53279	164298
91.3	5469	55528	166662
90.3	5371	57074	168364
92.4	5542	59006	166769
93.8	5550	60453	165276
95.1	5540	63059	168842
96.0	5599	64292	168358
96.7	5600	66842	166526
97.4	5699	69355	168493
97.7	5929	72865	167823
98.2	6050	76654	170680
98.5	7240	81156	174822
98.2	9007	88079	173238
98.2	11079	97641	177920
98.2	11775	107312	179367
97.8	13792	115616	180793
98.3	14353	122721	183679
98.6	15398	128274	188762
98.6	16964	131087	191991
97.2	18037	135360	200024
98.4	19634	139302	199189
97.9	20351	143128	197913
98.6	21855	147396	197094
99.3	22803	156325	197983
99.3	25351	162309	192953
99.1	28144	171988	192850
99.5	30515	179875	193511
99.6	33087	188127	197069
99.6	35072	191622	202061
99.7	36243	194840	207839
99.7	37753	196323	212485
99.9	39418	198076	215012

主要统计指标解释

普通高等学校 指通过国家普通高等教育招生考试，招收高中毕业生为主要培养对象，实施高等学历教育的全日制大学、独立设置的学院，独立学院和高等专科学校、高等职业学校及其他普通高教机构。

成人高等学校 指通过国家成人高等教育招生考试，招收具有高中毕业或同等学历的人员为主要培养对象，利用函授、业余、脱产等多种形式，对其实施高等学历教育的学校。包括：职工高等学校、农民高等学校、管理干部学院、教育学院、独立函授学院、广播电视大学、其他成人高教机构。

小学学龄儿童入学率 指调查范围内已入小学学习的学龄儿童占校内外学龄儿童总数(包括弱智儿童，不包括盲聋哑儿童)的比重。计算公式为：

小学学龄儿童入学率=已入学的小学学龄儿童数/校内外小学学龄儿童总数×100%

Explanatory Notes on Main Statistical Indicators

Regular Institutions of Higher Education refer to recruiting graduates from senior secondary schools as the main target by National Matriculation TEST. They include full-time universities, colleges, institutions of higher professional education, institutions of higher vocational education, institutions of higher vocational education and others.

Institutions of Higher Education for Adults refer to educational establishments, enrolling staff and workers with senior secondary school or equivalent education, and providing higher education courses in many forms of correspondence, spare time, or full time for adults. Professionals thus trained receive a qualification equivalent to graduates studying regular courses at regular universities, colleges and professional colleges. Institutions of higher learning for adults include schools of higher education for staff and workers, schools of higher education for peasants, colleges for management cadres, pedagogical colleges, independent correspondence colleges, Radio and TV universities and other educational establishments.

Enrollment Ratio of Primary Schools refers to the proportion of school age children enrolled at schools to the total number of school age children both in and outside schools (including retarded children, but excluding blind, deaf and mute children). The formula is:

$$\text{Net Enrolment Ratio of Primary Schools} = \frac{\text{Total Primary School-age Children at Schools}}{\text{Total Primary School-age Children Whether or Not Attending School}} \times 100\%$$

科学技术

Technology 21

简要说明

一、主要内容

本篇资料主要反映全省科技事业发展状况。包括全社会规模以上工业法人单位、政府属研究机构、高等学校的研究与试验发展（R&D）活动情况；规模以上工业法人单位创新活动开展情况；专利申请和授权情况；高技术企业生产及研发活动情况；科技成果情况；科协系统科技活动情况等。

二、统计范围

科技活动统计范围为全社会有研究与试验发展（R&D）活动的企事业单位，具体包括规模以上工业法人单位、地级及以上独立核算的政府属科学研究与技术开发机构及科技信息与文献机构、全日制普通高等学校及附属医院，以及研究与试验发展（R&D）活动相对密集行业（包括农、林、牧、渔业，建筑业，交通运输、仓储和邮政业，信息传输、软件和信息技术服务业，金融业，租赁和商务服务业，科学研究和技术服务业，水利、环境和公共设施管理业，卫生和社会工作，文化、体育和娱乐业等）中从事研究与试验发展（R&D）活动的企事业单位。

创新活动统计范围为规模以上工业法人单位。

三、统计调查方法

研究与试验发展(R&D)活动情况采用全面调查取得；创新活动情况采用全面调查取得；科协、专利等资料采用抽样等多种调查方法取得。

四、资料来源

本篇综合资料由省统计局根据科技综合统计报表的有关资料加工整理编辑，规模以上工业法人单位科技活动情况根据企业（单位）科技活动统计报表的有关资料加工整理编辑。

政府属研究机构资料、专利申请和授权资料由省科技厅提供。

科协系统科技活动资料由省科协提供。

Brief Introduction

I. Main Contents

Statistics in this chapter reflect the development of science and technology in Guizhou province. It contains the data on research and development (R&D) activities of the whole society, industrial corporate units above designated size, scientific and technological institutions under the government and institutions of higher education; data on innovation activities of industrial corporate units above designated size; data on patents application accepted and granted; data on production, research and development activities of high-tech enterprises; data on scientific and technological achievements; data on the scientific and technological activities in the system of associations for science and technology.

Ⅱ.Scope of Statistics

The data on scientific and technological activities cover research and development (R&D) activities of enterprises and institutions of whole society, mainly including industrial corporate units above designated size, scientific research and technological development institutions and scientific and technological information and literature institutions of prefecture level and above under the government with independent accounting, full-time universities and colleges, affiliated hospitals, and enterprises and institutions engaged in R&D activities in relatively R&D-intensive industries (such as agriculture, forestry, animal husbandry, fishery, construction, transport, storage and post, information transmission, software and information technology service, finance, leasing and business services, scientific research and technical services, management of water conservancy, environment and public facilities, health and social service, culture, sports and entertainment).

Data on innovation activities cover industrial corporate units above designated size.

Ⅲ.Statistical Methodology

The data on R&D activities and innovation activities are collected through complete surveys. The data on scientific and technological associations, patents are collected through sample surveys and other surveys.

Ⅳ. Sources of Data

The comprehensive data are processed, sorted out and edited by Guizhou Provincial Bureau of Statistics according to the relevant data of comprehensive reporting forms of science and technology. Meanwhile, data on scientific and technological activities of industrial corporate units above designated size are processed, sorted out and edited based on reporting forms of enterprises'(units') scientific and technological activities in this article.

Guizhou Science and Technology Department provides information on scientific and technological institutions under the government, and the data on patent apply and authorize.

Guizhou Association for Science and Technology provides data on the scientific and technological activities of associations for science and technology.

21-1 科技活动
Scientific and Technological Activities

指　标	Item	2016	2017	2018	2019	2020
科技活动人员(人)	**Persons Engaged in Scientific and Technological Activities (person)**	**90604**	—	—	—	—
科研机构	**Scientific Research Institutions**					
科研机构数(个)	Number of Institutions(unit)	741	744	842	993	969
科研用仪器设备原价(万元)	Original Cost of Instrument and Equipment for Scientific Research(10000yuan)	542829	586266	636277	916893	1121103
#进　口	Import	113808	139330	158474	81588	113590
研究与实验发展(R&D)	**Research and Development**					
研究与试验发展(R&D)人员(人)	R&D Personnel(person)	45222	52746	63689	67285	71604
#博士毕业	Doctor	2810	2827	3601	4776	5432
#硕士毕业	Master	7780	8574	9888	11070	12573
研究与试验发展(R&D)经费支出(万元)	Expenditure on R&D(10000yuan)	734006	958815	1216145	1446849	1617090
科技产出	**S&T Output**					
专利申请数(件)	Number of Patents Application(piece)	6856	10376	11324	13772	14414
#发明专利	Inventions	3037	4458	4790	5952	5873
专利授权数(件)	Number of Patents Granted(piece)	1583	2247	3107	3044	5010
#发明专利	Inventions	361	339	528	399	628
有效发明专利数(件)	Number of Inventions in Force(piece)	7175	10400	11021	11840	13105
专利所有权转让及许可数(件)	Number of Patents Ownership Assigned and Granted (piece)	112	141	20	202	234
专利所有权转让及许可收入(万元)	Revenue from Patents Ownership Assigned and Granted(10000yuan)	4919	4145	169.3	2775.2	9662
植物新品种权授予数(项)	Number of New Plant Breed Rights Granted(unit)	46	28	6	13	40
形成国家或行业标准数(项)	Number of Standards Adopted by State or Industry(unit)	353	187	244	271	291
发表科技论文(篇)	Scientific Papers Issued(piece)	20710	21251	21902	25537	27526
出版科技著作(种)	Publication on Science and Technology(kind)	739	890	976	857	864

注：2018年起，专利所有权转让及许可数、专利所有权转让及许可收入不含企业数据。

Note: Since 2018, the number of patents ownership assigned and granted and the revenue from patents ownership assigned and granted have not included the corporate data yet.

21−2 研究与试验发展(R&D)活动
Scientific Research and Development

指　　标	Item	2016	2017	2018	2019	2020	2020年比2019年增长(%) Increase Rate in 2020 over 2019(%)
有研究与试验发展(R&D)活动的单位(个)	**Number of Institutions Having R&D Activities(unit)**	**850**	**1166**	**1209**	**1432**	**1627**	**13.6**
R&D人员(人)	**R&D Personnel(person)**	**45222**	**52746**	**63689**	**67285**	**71604**	**6.4**
#女性	Female	13473	14991	16836	18262	19459	6.6
#研究人员	Research Personnel	22874	24780	26957	31510	34294	8.8
#全时人员	Full-time Personnel	25501	30962	32847	35898	38338	6.8
非全时人员	Part-time Personnel	19721	21784	30842	31387	33266	6.0
#博士毕业	Doctor	2810	2827	3601	4776	5432	13.7
硕士毕业	Master	7780	8572	9888	11070	12573	13.6
本科毕业	Bachelor	19739	22363	23402	27357	29292	7.1
其他学历	Others	14893	18984	26798	24082	24307	0.9
R&D人员折合全时当量(人年)	**Full-time Equivalent of R&D Personnel(person-year)**	**24124**	**28290**	**33357**	**37757**	**41496**	**9.8**
#研究人员	Research Personnel	11873	13327	14318	17106	19198	12.2
#基础研究	Basic Research	3606	3993	4773	5282	6068	14.9
应用研究	Applied Research	2937	3906	6057	6689	7234	8.2
试验发展	Experimental Development	17581	20390	22526	25791	28194	9.3
R&D经费内部支出(万元)	**Intramural Expenditure on R&D (10000yuan)**	**734006**	**958815**	**1216145**	**1446849**	**161709**	**11.8**
#基础研究	Basic Research	74255	98003	102724	139705	147190	5.4
应用研究	Applied Research	69501	125749	198295	203493	208591	2.5
试验发展	Experimental Development	590251	735063	915126	1103650	1261309	14.3
#日常性支出	Daily Expenditure	593820	762786	1050432	1222913	1406296	15.0
#人员劳务费	Personnel Service Fees	177765	232849	311807	392146	454153	15.8
资产性支出	Expenditure on Assets	140186	196029	165713	219998	210794	-4.2
#仪器和设备	Instrument and Equipment	120962	166170	139098	179358	167944	-6.4
#政府资金	Government Appropriation Funds	152854	260656	264591	357154	434585	21.7
企业资金	Self-raised Funds by Enterprises	537892	657388	909258	1050195	1149983	9.5
境外资金	Overseas Funds	752	1071	325	7	124	1800.0
其他资金	Other Funds	42508	39700	41971	39494	32398	-18.0
经费投入强度(%)	**Intensity of Funds Input(%)**	**0.62**	**0.70**	**0.79**	**0.86**	**0.91**	**0.05**
R&D项目(课题)数(项)	Projects of R&D(unit)	17573	20453	22369	25290	28445	12.5
R&D项目(课题)参加人员折合全时当量(人年)	Full-time Equivalent of R&D Participants(man-year)	21679	25777	29824	34787	38260	10.0
#研究人员	Research Personnel	9955	11449	12404	14783	16431	11.1
R&D项目(课题)经费内部支出(万元)	Intramural Expenditure on R&D(10000yuan)	673116	865479	1056315	1275698	1396633	9.5

注：经费投入强度历史数据根据地区生产总值核算结果进行修订。

Note: The historical data on the intensity of funds input was revised based on the results of the regional GDP accounting.

21-3 规模以上工业企业科技活动

Scientific and Technological Activities of Industrial Enterprises above Designated Size

指　标	Item	2016	2017	2018	2019	2020
科技活动人员(人)	**Persons Engaged in Scientific and Technological Activities (person)**	**51301**	—	—	—	—
科研机构	**Scientific Research Institutions**					
科研机构数(个)	Number of Institutions(unit)	474	442	494	590	679
科研用仪器设备原价(万元)	Original Cost of Instrument and Equipment for Scientific Research(10000yuan)	389994	403695	414826	635742	798085
#进　口	Import	69079	73119	78447	—	—
研究与实验发展(R&D)	**Research and Development**					
研究与试验发展(R&D)人员(人)	R&D Personnel(person)	27677	32616	37686	37644	41280
#研究人员	Research Personnel	9126	9775	9221	10635	12200
#全时人员	Full-time Personnel	18331	21813	22121	24314	25845
#博士毕业	Doctor	140	212	123	—	176
硕士毕业	Master	1251	1492	1125	—	1676
研究与试验发展(R&D)人员折合全时当量(人年)	Full-time Equivalent of R&D Personnel (person-year)	15774	18786	20041	23164	26261
#研究人员	Research Personnel	5491	6167	5501	6872	8140
#基础研究	Basic Research	70	107	174	162	113
应用研究	Applied Research	402	568	2275	2442	3084
试验发展	Experimental Development	15302	18113	17592	20566	23064
研究与试验发展(R&D)经费支出(万元)	Expenditure on R&D(10000yuan)	556853	648576	762280	910206	1053574
#基础研究	Basic Research	550	2950	2860	6259	1543
应用研究	Applied Research	12121	19217	53630	51990	76498
试验发展	Experimental Development	544182	626409	705789	851957	975533
#日常性支出	Daily Expenditure	460863	525440	673209	806103	947656
#人员劳务费	Personnel Service Fees	124092	138333	178215	220584	255708
资产性支出	Expenditure on Assets	95990	123136	89071	104103	105918
#仪器和设备	Instrument and Equipment	94906	121749	85520	102488	103691
#政府资金	Government Appropriation Funds	46900	73466	47464	76307	119306
企业资金	Self-raised Funds by Enterprises	499387	559695	707679	833899	926788
境外资金	Overseas Funds	447	740	159		104
其他资金	Other Funds	10119	14675	6978		7376
科技产出	**Statistics on S&T Outputs**					
专利申请数(件)	Number of Patents Application(piece)	4341	5344	5976	6919	7227
#发明专利	Inventions	2021	2542	2611	2985	3475
有效发明专利数(件)	Number of Valid Patents for Invention(piece)	5411	6805	6544	7740	8487
专利所有权转让及许可数(件)	Number of Patents Ownership Assigned and Granted (piece)	102	116	—	117	169
专利所有权转让及许可收入(万元)	Revenue from Patents Ownership Assigned and Granted(10000yuan)	4702	2389	—	2560	8725
形成国家或行业标准数(项)	Number of Standards Adopted by State or Industry (unit)	313	167	180	174	206
发表科技论文(篇)	Scientific Papers Issued(piece)	1232	1379	1101	1018	1516

注：规模以上工业企业指年主营业务收入2000万元及以上工业企业。

Note: The industrial enterprises which are above designated size refer to the industrial enterprises with the sales revenue above 20 million yuan.

21-4 规模以上工业企业新产品开发及生产情况(2020)

New product Development and Production of Industrial Enterprises above Designated Size

指　标	Item	新产品开发项目数(项) The number of new pruduct development (unit)	新产品开发经费支出(万元) Expenditure on New Product Development (10000 yuan)	新产品销售收入(万元) Sales Revenue of New Product (10000 yuan)	#出口 Exports
合　计	Total	4993	960411	8760932	294623
#大中型工业企业	Large and Medium-sized Industrial Enterprises	2573	647620	7092594	250473
按登记注册类型分	by Status of Registration				
内资企业	Domestic Funded Enterprises	4887	942890	8584646	271467
#国有企业	State-owned Enterprises	632	50486	189823	
有限责任公司	Limited Liability Corporations	1891	491865	4610568	161299
股份有限公司	Share-holding Corporations Ltd	548	134469	2157068	72573
港、澳、台商投资企业	Enterprises with Funds From Honkong, Macao and Taiwan	56	9531	150321	23157
外商投资企业	Foreign Funded Enterprises	50	7991	25966	
按行业分	By Industrial Sector				
#煤炭开采和洗选业	Mining and Washing of Coal	38	19221	89856	
食品制造业	Manufacture of Foods	93	15417	27779	3085
酒、饮料和精制茶制造业	Manufacture of Liquor, Beverages and Refined Tea	183	23146	981455	1070
烟草制品业	Manufacture of Tobacco	117	10679	103273	100
石油、煤炭及其他燃料加工业	Processing of Petroleum, Coking, Processing of Nuclear Fuel	13	2644	17816	
化学原料及化学制品制造业	Manufacture of Raw Chemical Material and Chemical Products	246	69371	950247	172293
医药制造业	Manufacture of Medicines	437	66043	618923	919
非金属矿物制品业	Manufacture of Non-metallic Mineral Products	360	60013	238520	
黑色金属冶炼和压延加工业	Smelting and Pressing of Ferrous Metals	104	35933	252309	
有色金属冶炼和压延加工业	Smelting and Pressing of Non-ferrous Metals	93	40377	1017643	9089
金属制品业	Manufacture of Metal Product	194	33731	201497	21190
通用设备制造业	Manufacture of General Purpose Machinery	257	23892	205238	5372
专用设备制造业	Manufacture of Special Purpose Machinery	146	16745	140888	5937
汽车制造业	Manufacture of Automobiles	115	25916	675682	2753
计算机、通信和其他电子设备制造业	Manufacture of Computer, Communication and Other Electronic Equipment	685	73436	673535	17099
电力、热力生产和供应业	Production and Supply of Electric Power and Heat Power	428	39258	25814	8500

21-5 政府属独立研究与开发机构科技活动
Scientific and Technological Activities of Government-affiliated Independent Research Institutions

指 标	Item	2016	2017	2018	2019	2020
科技机构数(个)	**Number of S&T Institutions(unit)**	**82**	**75**	**77**	**70**	**71**
县级以上自然类研究与开发机构	The Scientific Research and Development Institution above the county level	65	60	59	58	61
县级以上社会、人文科学研究机构	The Research Institutions of Social and Human Studies above the county level	5	5	7	7	6
县级以上部门属科技情报与文献机构	Department of S&T Informations and Literature Institutions above the county level	6	5	5	5	4
县级政府部门属研究与开发机构	Scientific Research and Development Institutions at County Level	6	5	6		5
科技活动人员数(人)	**Personnel Engaged in S&T Activities (person)**	**4088**	**4206**	**4265**	**5187**	**4948**
县级以上自然类研究与开发机构	The Scientific Research and Development Institution above the county level	3579	3722	3720	4683	4437
县级以上社会、人文科学研究机构	The Research Institutions of Social and Human Studies above the county level	280	281	311	350	317
县级以上部门属科技情报与文献机构	Department of S&T Informations and Literature Institutions above the county level	154	143	151	154	140
县级政府部门属研究与开发机构	Scientific Research and Development Institutions at County Level	75	60	83		54
大学本科及以上学历人数(人)	**University,College and Above(person)**	**3347**	**3484**	**3508**	**4369**	**4263**
县级以上自然类研究与开发机构	The Scientific Research and Development Institution above the county level	2935	3070	3052	3915	3831
县级以上社会、人文科学研究机构	The Research Institutions of Social and Human Studies above the county level	261	263	270	322	281
县级以上部门属科技情报与文献机构	Department of S&T Informations and Literature Institutions above the county level	125	118	133	132	123
县级政府部门属研究与开发机构	Scientific Research and Development Institutions at County Level	26	33	53		28

注：2016年起，政府属独立研究与开发机构科技活动单位不再包含县级以上研究与开发转制机构，此类机构改革转制为企业。

Note: Since 2016, independent research and development institutions of science and technology activities which is within the jurisdiction of the government no longer contain the institutions for research and development above the county level. Such institutions have been transformed into enterprises.

21-6 省部级以上成果登记(完成人员)

Staffs Personnel of Provincial or Ministerial Level and above

单位：人次 (person-time)

指标	Item	2016	2017	2018	2019	2020
合 计	**Total**	**1339**	**1468**	**672**	**1662**	**1409**
按学历分	**by Education Background**					
博士	Doctor	280	369	109	509	301
硕士	Master	417	444	258	473	376
大本	Undergraduate Student	534	589	268	594	546
大专	Junior College Student	89	54	33	69	137
中专	Secondary Specialized School Student	14	9	3	11	34
其他	Others	5	3	1	6	15
按年龄结构分	**by Type of Age**					
35岁以下(含35岁)	thirty-five and below	398	403	202	384	321
36-45岁	thirty-six to forty-five	428	516	259	601	548
46-55岁	forty-six to fifty-five	390	449	161	500	373
56-65岁	fifty-six to sixty-five	93	89	47	160	152
65岁以上	above sixty-five	30	11	3	17	15
按技术职称分	**by Type of Title**					
院士	Academicians	1	3		1	1
正高	Senior Title	366	410	127	546	351
副高	Sub-senior Title	339	544	265	574	430
中级	Middle Title	457	403	224	421	383
初级	Primary Title	102	54	27	57	110
其他	Others	74	54	29	63	134

注：2018年根据“放管服”改革精神，非财政支持的科技成果登记采用自愿登记的方式管理，2018年登记数量较少

Note: In 2018, according to the reform spirit of "delegating, regulating and serving", the registration of non-financially supported scientific and technological achievements was managed by voluntary registration, and the number of registrations is rather small in 2018 (the same applies to the next table).

21-7 省部级以上成果登记（数量及投资额）
Number of Achievements and Investment of Projects at Provincial or Ministerial Level and above（number & investment）

指 标	Item	2016	2017	2018	2019	2020
成果登记(项)	**Achievement Registration(item)**	**120**	**144**	**65**	**220**	**198**
发明专利授权数(件)	Invention of Patent Authorizations Granted (piece)	247	316	166	489	408
制订标准数(个)	Number of Standards for Formulation (unit)	8	3	2	1	5
按成果类别分(项)	**by Type of Achievement Sort (item)**					
#基础理论成果	Basic Theory Achievement	28	36	13	61	34
应用技术成果	Applied Technical Achievement	92	108	50	156	164
按成果应用属性分(项)	**by Type of Achievement Application Property (item)**					
# 原始性创新	Original Invention	22	54	23	88	77
国外引进消化 吸收创新	Absorb and Digest Invention of Foreign Indraught	22	12	2	27	15
国内技术二次开发	Twice Development of Inner Technology	48	42	25	41	72
项目投资额(万元)	**Project Investment (10000 yuan)**	**98050**	**164272**	**109147**	**167401**	**265651**
国家资金	Government Funds	6621	70195	5468	14593	12137
部门资金	Department Funds	5429	2803	82	7689	161711
地方资金	Local Funds	14759	34754	38232	17882	16001
基金投入	Fund Input	297	240	81	1435	594
自有资金	Self-raised Funds	69963	54069	65233	84014	68804
银行贷款	Loans from Bank	900	900	0	0	0
国外资金	Foreign Funds	25	86	0	0	72
其他资金	Other Funds	56	1225	51	41788	6332
净利润(万元)	**After-Tax Profit (10000 yuan)**	**293909**	**2581655**	**30119**	**120644**	**215107**
实交税金(万元)	**Tax (10000 yuan)**	**82758**	**2270754**	**11753**	**50185**	**98672**

21-8 专利申请受理及授权
Patent Application Accepted and Granted

单位：件 (item)

指 标	Item	2016	2017	2018	2019	2020
受理专利总计	**Total Patent Applications Accepted**	**25315**	**34610**	**44508**	**44328**	**46428**
按种类分	**Grouped by Sort**					
发 明	Inventions	10953	13885	14992	10770	9805
实用新型	Utility Models	11081	16898	25577	28364	31801
外观设计	Designs	3281	3827	3939	5194	4822
按对象分	**Grouped by Applicant**					
非职务发明创造	Non-service Creations and Inventions	4709	6920	12641	14095	18187
职务发明创造	Service Creations and Inventions	20606	27690	31867	30233	28241
大专院校	Universities and Colleges	3637	5532	6386	7173	6360
科研单位	Research Institutions	724	897	633	818	728
工矿企业	Industrial and Mineral Enterprises	15045	18875	18914	18592	18733
机关团体	Government Agencies and Organizations	1200	2386	3839	3650	2420
授权专利总计	**Total Patent Authorigations Granted**	**10425**	**12559**	**19456**	**24729**	**34971**
按种类分	**Grouped by Sort**					
发 明	Inventions	2036	1875	2081	1900	2268
实用新型	Utility Models	6525	7986	13980	19392	27714
外观设计	Designs	1864	2698	3395	3437	4989
按对象分	**Grouped by Applicant**					
非职务发明创造	Non-service Creations and Inventions	1847	2340	4514	7362	12240
职务发明创造	Service Creations and Inventions	8578	10219	14942	17367	22731
大专院校	Universities and Colleges	1529	1908	2883	3124	5670
科研单位	Research Institutions	307	301	375	346	385
工矿企业	Industrial and Mineral Enterprises	6581	7656	10473	11479	14091
机关团体	Government Agencies and Organizations	161	354	1211	2418	2585

注：资料来源于省市场监督管理局。
Note: The data in the table are obtained from the Administration for Market Regulation of Guizhou Province.

21−9 科协系统科学技术普及情况

Popularization of Science and Technology

指　标	Item	2016	2017	2018	2019	2020
科学技术普及活动	**Science and Technology Popularization Activities**					
举办科普宣讲活动(次)	Popular Science Propaganda Activities(unit)	5720	1454	983	1369	2818
宣讲活动受众人数(万人次)	Audience of Preaching Activity (10000 Person-time)	339.0	444.9	309.8	223.5	412.25
参加活动科技人员（万人次）	Personnel Participated in the scientific and Technical Activities(10000 Person-time)	10.0	2.6	7.3	1.5	2.96
科普基础设施建设	**Infrastructure Construction in Popularization of Science**					
科技馆(个)	Number of Science and Technology Museum(unit)	3	3	7	14	5
全年参观人数(万人次)	Number of Participants (10000 Person-time)	35.00	58.48	119.86	134.50	44.93
#少儿参观人数	Number of Child and Youth's Participation	13.00	27.07	75.06		
科普画廊建筑面积(宣传栏、橱窗)(平方米)	Gallery Construction Area in Popularization of science(square meter)	47054	49809	58234	40851	18279
科普画廊展示面积（平方米）	Gallery Exhobition Area in Popularization of Science(square meter)	71135	71746	75557	78044	52349

注：资料来源于省科协。

Note: The data in the table are provided by Guizhou Association for Science and Technology.

主要统计指标解释

科技活动 指在自然科学、农业科学、医药科学、工程与技术科学、人文与社会科学领域(简称科学技术领域)中，与科技知识的产生、发展、传播和应用密切相关的有组织的活动。可分为研究与试验发展(R&D)、研究与试验发展成果应用及相关的科技服务三类活动。

科技活动人员 指直接从事科技活动以及专门从事科技活动管理和为科技活动提供直接服务，累计的实际工作时间占全年制度工作时间10%及以上的人员。(1)直接从事科技活动的人员包括：在独立核算的科学研究与技术开发机构、高等学校、各类企业及其他事业单位内设的研究室、实验室、技术开发中心及中试车间(基地)等机构中从事科技活动的研究人员、工程技术人员、技术工人及其他人员；虽不在上述机构工作，但编入科技活动项目(课题)组的人员；科技信息与文献机构中的专业技术人员；从事论文设计的研究生等。(2)专门从事科技活动管理和为科技活动提供直接服务的人员，包括：独立核算的科学研究与技术开发机构、科技信息与文献机构、高等学校、各类企业及其他事业单位主管科技工作的负责人，专门从事科技活动的计划、行政、人事、财务、物资供应、设备维护、图书资料管理等工作的各类人员，但不包括保卫、医疗保健人员、司机、食堂人员、茶炉工、水暖工、清洁工等为科技活动提供间接服务的人员。该指标用来反映投入科技活动人力的规模。

科技活动从业人员：指从业人员中的科技管理人员、课题活动人员和科技服务人员。其中，**科技管理人员**：指院、所领导及业务、人事管理人员。包括：从事科技计划管理、课题管理、成果管理、专利管理、科技统计、科技档案管理、科技外事工作、人事管理、教育培训、财务等与科技活动有关的人员；**课题活动人员**：指编制在研究室或课题组的人员；**科技服务人员**：指直接为科技工作服务的各类人员，如从事图书、信息与文献、测试、试制、咨询、物资器材供应等工作的人员，以及实验室、试验工厂（车间）、试验农场的人员。不包括司机、门卫、食堂人员、医务人员、清洁工、幼儿园和托儿所的工作人员，以及主要从事生产、经营活动人员。

研究与试验发展(R&D) 指在科学技术领域，为增加知识总量以及运用这些知识去创造新的应用进行的系统的创造性的活动，包括基础研究、应用研究、试验发展三类活动。国际上通常采用R&D活动的规模和强度指标反映一国的科技实力和核心竞争力。

基础研究：是一种实验性或理论性的工作，主要是为了获得关于现象和可观察事实的基本原理的新知识，不预设任何特定的应用或使用目的。

应用研究：是指为了获取新知识而进行的创造性研究，但它主要针对某一特定的实际目的或目标。应用研究通常是为了确定基础研究成果或知识的可能的用途，或是为达到某一具体的、预定的实际目的，确定新的(原理性)方法或途径。

试验发展：是指利用从科学研究、实际经验中获取的知识和产生的额外知识，以形成新的产品、工艺（流程），或改进现有产品、工艺（流程），而进行的系统性工作。

R&D 人员：指本单位人员及外聘研究人员和在读研究生中参加 R&D 课题的人员、R&D 课题管理人员和为 R&D 活动提供直接服务的人员，不包括为 R&D 课题提供间接服务的人员（如生活服务人员），也不包括全年从事 R&D 活动工作量不到 0.1 年的人员。

R&D 人员折合全时当量：指全时人员折合全时工作量与所有非全时人员工作量之和，结果取整数。一个全时人员的折合全时工作量计为 1，非全时人员按实际投入工作量进行累加。例如：有两个全时人员(他们的工作量分别为 0.9 年和 1.0 年)和三个非全时人员(他们的工作量分别为 0.2 年、0.3 年和 0.7 年)，则折合为：折合全时工作量＝1+1+0.2+0.3+0.7=3(人年)（四舍五入）。

科技活动经费支出：指调查单位在报告期内用于内部开展科技活动实际支出的费用，包括来自科研渠道以及其他各种渠道的经费实际用于科技活动支出的费用,包括外协加工费。

专利 一般是专利权的简称，指专利权人对发明创造享有的专利权。即国家依法在一定时期内授予发明创造或者其权利继受者独占使用其发明创造的权利。

专利同时也指具体专利技术，即受国家认可并在公开的基础上进行法律保护的技术或者方案。

专利还可指具体的物质文件，即国家颁发的确认申请人对其发明创造享有的专利证书或记载发明创造内容的专利文献。

发明 对产品、方法或其改进所提出的新的技术方案。

Explanatory Notes on Main Statistical Indicators

Scientific and Technological Activities (S&T Activities) refer to organized activities which are closely related with the creation, development, dissemination and application of the scientific and technical knowledge in the fields of natural sciences, agricultural science, medical science, engineering and technological science, humanities and social sciences (referred to as scientific and technological fields). S&T activities can be classified in to 3 categories: research and development (R&D) activities, application of R&D results, and related S&T services.

Personnel Engaged in S&T Activities refer to personnel directly engaged in S&T activities, in the management of S&T activities, and in providing direct service to S&T activities, who spend over 10% of the total working hours in a year in S&T activities. (1) Personnel directly engaged in S&T activities include researchers, engineers, technicians and other related personnel engaged in S&T activities in independent-accounting R&D institutions, institutions of higher learning, and in research institutes, laboratories, technology development centers and central experiment workshops under enterprises and institutions. Also included are people working in S&T research project teams, professional and technical personnel working in S&T information archiving institutes, and graduate students working on the design of their thesis. (2) Personnel engaged in the management of S&T activities and in providing direct service to S&T activities include senior management people responsible for S&T activities in independent-accounting R&D institutions, S&T information archiving institutes, institutions of higher learning, and in enterprises and institutions where S&T activities are undertaken. Also included are people responsible for the planning, administration, personnel management, financial management, logistics supply, equipment maintenance, information and library management that are related with S&T activities. People providing indirect services are excluded, such as security, medical service, drivers, plumbers, cleaners and those providing catering and related service. This indicator reflects the size of personnel engaged in S&T activities.

Science and Technology Activities Staff refers to the scientific and technological management ,project and technical services person in employee 。 The scientific and technological management refers to the Instructor leadership and business, personnel management persons which including related person Engaged in science and technology program management, project management, results management, patent management, science and technology statistics, science and technology file management, science and technology foreign affairs, personnel management, education and training, finance and other scientific and technological activities; project staff refers to the person who are staffed in a research room or task group; technical service person refers to the various types of staff who work for scientific and technological ,such as work on books, information and literature, testing, trial production, consulting, supplies and other equipment, as well as laboratories, test factories (workshops), experimental farms. Those staff are not including the driver, guard, canteen staff, medical staff, cleaners, kindergartens and nursery staff, and mainly engaged in production and business activities.

Research and Development (R&D) refers to systematic and creative activities in the field of science and technology aiming at increasing the knowledge and using the knowledge for new application. R&D includes 3 categories of activities: basic research, applied research and experimentation for development. The scale and intensity of R&D are widely used internationally to reflect the strength of S&T and the core competitiveness of a country in the world.

Basic Research refers to empirical or theoretical research aiming at obtaining new knowledge on the fundamental principles regarding phenomena or observable facts to reveal the intrinsic nature and underlying laws and to acquire new discoveries or new theories. Basic research takes no specific or designated application as the aim of the research.

Applied Research refers to creative research aiming at obtaining new knowledge on a specific objective or target. Purpose of the applied research is to identify the possible uses of results from basic research, or to explore new (fundamental) methods or new approaches.

Experiments and Development refer to systematic activities aiming at using the knowledge from basic and applied researches or from practical experience to develop new products, materials and equipment, to establish new production process, systems and services, or to make substantial improvement on the existing products, process or services.

R&D Personnel refer to persons engaged in research, management and supporting activities of R&D, including persons in the project teams, persons engaged in the management of S&T activities of enterprises and supporting staff providing direct service to the research projects, and not including annual research and experimental development activities in less than 0.1 years of staff workload.

Full-time Equivalent of R&D Personnel refers to the sum of the full-time persons and the full-time equivalent of part-time persons converted by workload. A full-time staff equivalent to full-time work is counted as a part-time personnel according to actual efforts to accumulate. For instance, if there are 2 full-time persons and 3 part-time workers (20%, 30% and 70% of working hours respectively on R&D activities), the full-time equivalent are 2+0.2+0.3+0.7=3.2 person-years.

Expenditure on science and technology activities refers to real expenditure of surveyed units on their own science and technology activities, including funding from scientific research channels and other channels for the actual cost of expenditure on scientific and technological activities, including external assistance in processing expenditure.

Patent is an abbreviation for the patent right and refers to the exclusive right of ownership by the inventors or designers for the creation or inventions, given from the patent offices after due process of assessment and approval in accordance with the Patent Law.

Patent also refers to a specific patented technology that recognized by the State and public legal protection on the basis of technical or program.

Patent document also refers to a specific substance, which confirm that the applicant issued by the state enjoyed their inventions patented inventions certificate or record the content of patent documents.

Inventions refer to new technical proposals to the products or methods or their modifications.

文化、体育和卫生

22

Culture, Sports and Public Health

简要说明

一、主要内容

本篇资料主要反映全省文化、体育、卫生事业发展情况。

文化、体育内容包括文化事业机构、文化娱乐、艺术表演团体、群众艺术馆、广播电视、期刊报纸出版、体育运动员获奖、群众体育活动等。

卫生内容包括医疗卫生机构、卫生人员、卫生设施、卫生经费、基层医疗卫生服务、妇幼保健、疾病控制、医疗保障制度等情况。

二、资料来源

新闻出版、广播、电视资料由省新闻出版广电局提供。

文化资料由省文化和旅游厅提供。

体育资料由省体育局提供。

卫生资料由省卫生健康委员会提供。

Brief Introduction

I. Main Contents

The data in this chapter mainly reflect the development of culture, sports and public health undertakings.

The data on culture and sports include culture undertakings, culture and entertainment, art performance troupes, mass art centers, radio and television; the publication of magazines and newspapers, the awards of athlete, and the activities of mass sports.

The data on public health include the number of medical and health institutions, health personnel, health facility, health expenses, medical and health services at grass-root level, maternal and child health, disease control and health security system.

II. Sources of Data

The data on news and publication, radio broadcasting and television are provided by Guizhou Provincial Administration of Press, Publication, Radio, Film and Television.

The data on culture are provided by Provincial Department of Culture.

The data on sports are provided by Provincial Sports Administration.

The data on public health are provided by Provincial Health Commission

22-1 文化事业机构和人员
Number of Institution and Personel in Culture Industry

指 标	Item	2016	2017	2018	2019	2020
机构总计（个）	**Total Number of Institutions (unit)**	**2230**	**2298**	**2164**	**2174**	**2177**
艺术事业	Art Institutions	125	146	26	25	19
文物事业	Cultural Relics	150	155	203	204	204
图书馆事业	Libraries	98	98	98	98	100
群众文化事业	Mass Culture	1666	1694	1688	1698	1701
文艺科研	Art Research Institutions	2	3	3	3	3
其他文化事业	Other Culture Units	189	202	146	146	150
人员总计（人）	**Total Number of Persons Engaged (person)**	**18929**	**17318**	**16170**	**21502**	**18553**
艺术事业	Arts	3857	3976	664	645	441
文物事业	Cultural Relics	1847	2277	2390	2297	2702
图书馆事业	Libraries	1078	1081	1089	1088	1084
群众文化事业	Mass Culture	6370	6617	6467	10907	7493
文艺科研	Art Research Institutions	26	25	28	32	35
其他文化事业	Other Culture Units	5751	3342	5532	6533	6798

注：1.资料来源于省文化和旅游厅(以下相关表同)。2.机构和人员数不含文化市场新分的机构和人员数。3.2018年机构改革，部份事业单位转为企业，不在本表统计之列。

Note: 1.The data in the table are provided by the Department of Culture and Tourism of Guizhou Province(the relative tables in the chapter are the same). 2. The number of institutions and personnels in the table exclude newly increased institutions and personnel. 3. Due to the institutional reform in 2018, some public institutions were transformed into enterprises, which are not included in this table.

22-2 文化事业单位数
Basic Statistics on Culture Establishment

单位：个 (unit)

指 标	Item	2016	2017	2018	2019	2020
公共图书馆	Public Libraries	98	98	98	98	100
博物馆、纪念馆	Museums and Memorials	73	84	91	91	92
群众艺术馆、文化馆	Mass Art Centers and Cultural Centers	99	99	99	99	99
档案馆	Archives	108	108	108	109	114

注:博物馆、纪念馆统计范围含民间博物馆机构。

Note: The statistical range of museums and memorials has included folk museum agencies.

22-3 文化娱乐业(2020)
Culture and Entertainment Industry

指 标	Item	机构数（个）Institutions (unit)	从业人员（人）Number of Employed Persons(person)	营业收入（万元）Operating Revenue (10000 yuan)	营业利润（万元）Primary Business Profit (10000 yuan)
总 计	**Total**	**6280**	**40032**	**289680**	**30818**
非国有艺术表演团体	Non-state Performing Arts Groups	164	3000	12322	-184
娱乐场所	Places of Entertainment	2638	28211	212466	30477
互联网上网服务营业场所（网吧）	Internet Access Service Establishments(internet cafes)	3478	8821	64893	525

22-4 艺术表演场所(2020)
Art Preformances Places

指 标	Item	机构数（个）Number of Institutions (unit)	从业人员（人）Number of Staff and Workers (person)	座席数（个）Seats (unit)	演(映)出场次(场) Number of Performances (show)	#艺术演出场次 Art Performance	观众人次（万人次）Number of Spectators (10000 person-times)
总 计	**Toatl**	**31**	**366**	**6066**	**200**	**200**	**3.71**
#省 级	Province Level	4	51				
地 级	Prefectural Level	1					
县 级	County Level	26	315	6066	200	200	3.71
#文化系统	Cultural Organizations and Institutions	5	51				

22-5 文化部门艺术表演团体(2020)
Art Troupes of Culture Sector

指　标	Item	剧团数(个) Number of Troupes (unit)	从业人员(人) Number of Employed Persons (person)	国内演出(场) Number of Domestic Performances (show)	#在农村演出 Shows in Rural Areas	国内观众人数(万人次) Number of Domestic Spectators (10000 person-times)
总　计	**Total**	**18**	**432**	**1500**	**700**	**54.45**
按隶属关系分	**By Jurisdiction of Management**					
#国有剧团	State-owned Troupes	17	430	1500	700	53.54
按剧种分	**By Type of Art**					
话剧、儿童剧、滑稽剧团	Drama, Children's Play and Comedy Troupes					
歌舞、音乐类	Song and Dance Troupes, Music Troupes	17	312	1300	600	49.17
京剧、昆曲类	Peking Opera Troupes and Kunqu Troupes					
地方戏曲类	Local Opera Troupes	1	120	200	100	5.28
杂技、魔术、马戏类	Acrobatics , Magic, Circus Troupes					
曲艺类	Folk Arts					
综合性艺术表演团体	Comprehensive Art Performance					

22-6 群众文化馆(站)(2020)
Mass Culture Centers (Stations)

指　标	Item	合计 Total	文化馆 Culture Centers	文化站 Culture Stations
馆(站)个数(个)	**Number of Centers(unit)**	**1701**	**99**	**1602**
组织各类讲座次数(次)	Organizing Lectures(time)	513	513	
组织文艺活动次数(次)	Organizing Art Performances(time)	19394	5784	13610
举办文艺训练班(班次)	Conducting Arts and Cultural Training Courses (course)	17234	3624	13610
#培训人数(万人次)	Number of People Trained (10000 person-time)	56.48	23.88	32.6
举办展览次数(次)	Number of Exhibitions(time)	2474	467	2007

22-7 广播、电视
Radio and Television Industry

指　　标	Item	2016	2017	2018	2019	2020
广播电视台(座)	Broadcasting and Television Stations(unit)	85	85	85	85	85
广播节目综合人口覆盖率(%)	Radio Coverage Rate of the Population(%)	93	93.5	93.9	94.6	95.5
广播节目自办套数(套)	Number ofRadio Programs with Ownership(set)	46	46	48	45	44
#公共广播	Public Radio	46	46	48	45	44
广播节目制作时间(万小时)	Length of Radio Programs Produced (10 000 hours)	14.27	14.57	14.61	14.94	13.86
公共广播节目播出时间(万小时)	Length of Public Radio Programs Broadcasted (10 000 hours)	24.87	24.82	25.65	25.54	26.20
电视节目综合人口覆盖率(%)	TV Coverage Rate of Population(%)	96.1	96.5	96.8	97.0	97.5
有线广播电视用户数(万户)	Users of Cable Radio and TV (10 000 households)	457	576.43	702.92	813.02	836.90
数字电视用户数(万户)	Number of Users of Digital TV (10 000 households)	452.75	576.43	702.92	813.02	836.90
有线广播电视入户率(%)	Popularization Rate of Cable Radio and TV (%)	35.0	43.3	53.2	59.9	62.3
电视节目自办套数(套)	Number of TV Programs with Ownership(set)	103	103	104	104	105
#公共电视	Public TV	103	103	104	104	105
电视节目制作时间(万小时)	Length of TV Programs Produced (10 000 hours)	3.81	3.87	4.65	4.37	5.14
公共电视节目播出时间(万小时)	Length of Public TV Programs Broadcasted (10 000 hours)	25.53	43.26	45.15	47.53	51.26
电视剧播出数(万部)	Number of TV Plays Broadcasted (10 000 sets)	0.27	0.52	0.46	0.42	0.49
#进口电视剧播出数(部)	Imported TV Plays(set)	65	32	20	13	0
电视剧播出数(万集)	Number of TV Plays Broadcasted (10 000 parts)	7.14	14.15	13.7	14.52	16.40
#进口电视剧播出数	Imported TV Plays	0.18	0.1	0.06	0.05	0

注：资料来源于省新闻出版广电局(以下相关表同)。

Note: The data in the table are provided by Guizhou Provinvial Press and Publication Bureau (the relative tables in the chapter are the same).

22-8 广播、电视节目播出时间(2020)
Broadcasting Hours of Radio and Television Programs

单位：小时 (hour)

指标	Item	全年公共节目播出时间 Broadcasting Hours	#新闻咨询类节目 News	#专题服务类节目 Special Subject	#综合益智类节目 General Entertainment
广播电台	**All Radio Broadcasting Stations**	**262047**	**55227**	**44206**	**53443**
省　级	Province Level	61312	7446	6201	16694
地　级	Prefectural Level	122424	25434	28686	18137
县　级	County Level	78311	22347	9318	18611
电视台	**All Television Stations**	**512563**	**95608**	**56374**	**9192**
省　级	Province Level	37224	3271	6972	1093
地　级	Prefectural Level	136699	27419	21291	3413
县　级	County Level	338638	64917	28111	4685

22-9 图书出版
Books Published

指标	Item	2016	2C17	2018	2019	2020
出版图书(种)	**Number of Publications(kind)**	**1013**	**1062**	**1001**	**1222**	**1370**
#新出版	New Publications	742	769	674	696	879
总印数(万册)	Printed Copies (10000 copies)	8823	9151	9754	13663	13052
总印张数(万印张)	Printed Sheets (10000 sheets)	66039	68651	70836	87480	88065

注：数据由省委宣传部提供（以下相关表同）。

Note:The data in the table are provided by the Publicity Department of Provincial Party Committee (the relative tables in the chapter are the same).

22−10 杂志出版
Magazines Published

指 标	Item	2016	2017	2018	2019	2020
出版杂志(种)	**Number of Publications(kind)**	**90**	**93**	**93**	**93**	**93**
每期平均印数(万册)	Average Printed Copies Per Issue(10000 copies)	80	74	69	65.4	56
总印数(万册)	Printed Copies (10000 copies)	1713	1734	1722	1668	1436
总印张数(万印张)	Printed Sheets (10000 sheets)	8790	8897	10054	9357	9393

22−11 报纸出版
Newspaper Published

指 标	Item	2016	2017	2018	2019	2020
出版报纸(种)	**Number of Publications (kind)**	**42**	**39**	**38**	**38**	**38**
每期平均印数(万份)	Average Printed Copies Per Issue (10000 copies)	114	100	95	89	81
总印数(万份)	Printed Copies (10000 copies)	30351	27733	26718	25367	23440
总印张数(万印张)	Printed Sheets (10000 sheets)	82334	70465	64813	59233	51439

22−12 报纸分类出版数量(2020)
Number of Newspaper Published by Category

指 标	Item	出版报纸(种) Number of Publications (kind)	每期平均印数(万份) Average Publication Per Issue (10000 copies)	总印数(万份) Total Printed (10000 copies)	总印张数(万印张) Total Printed Sheets (10000 sheets)
总 计	**Total**	**3**	**23.13**	**8410.33**	**22016.35**
#贵州日报	Guizhou Daily	1	17.72	6485.81	19652.37
贵州都市报	Guizhou Urban Newspaper	1	2.44	869.53	967.23
贵阳晚报	Guiyang Evening Newspaper	1	2.97	1054.99	1396.75

22-13 体育运动员
Athletes

单位：人 (person)

指 标	Item	2016	2017	2018	2019	2020
优秀运动员	**Excellent Athletes**	**248**	**182**	**265**	**213**	**223**
#女运动员	Female	112	89	127	100	101
专职教练员	**Full-time Coaches**	**237**	**210**	**274**	**160**	**67**
#女专职教练员	Female	66	52	70	42	18
等级运动员发展人数	**Number of Certified Athletes**	**469**	**522**	**653**	**751**	**286**
等级裁判员发展人数	**Number of Certified Referees**	**1738**	**1005**	**530**	**623**	**72**

注：资料来源于省体育局(以下相关表同)。

Note: The data in the table are provided by Guizhou Administration of Sports (the relative tables in the chapter are the same).

22-14 体育运动获奖
Medals Won by Guizhou Athletes in Domestic and International Competitions

单位：项 (unit)

指 标	Item	2016	2017	2018	2019	2020
国内外大赛第一名	Number of the First-Order	17	23	55	98	13
国内外大赛第二名	Number of the Second-Order	10	19	58	95	14
国内外大赛第三名	Number of the Third-Order	15	18	61	98	42

22-15 公共体育场地
Number of Public Stadiums and Gymnasiums

单位：个 (unit)

指 标	Item	2020
总 计	**Total**	**26662**
#体育场馆	Stadiums	272
全民健身活动中心	The National Fitness Activities Center	19
乡镇体育健身工程	Villages and Towns Sports Fitness Sites	1269
村级农民体育健身工程	Villages Farmer Sports Fitness Sites	15168
全民健身路径工程(条)	**Body-building Activities of the Whole Nation(unit)**	**9934**

注：本表统计口径为历年累计数。

Note:The statistical caliber is the cumulative number over the years.

22-16 体育场地及体育产业情况
Sport Fields and Sports Industry

指标名称	Item	2018年	2019年	2020年
体育场地数量（个）	**Number of Sport Fields(unit)**	**81121**	**91579**	**93629**
按系统分	By System			
体育	Sports	1697	2842	3495
教育	Education	38355	42295	42449
其他	Others	41069	46442	47685
按城乡属性分	By Urban and Rural Attributes			
城镇	Urban	41624	46829	47708
乡村	Rural	39497	44750	45921
按室内外分	By Indoor and Outdoor			
室内场地	Indoor	3972	4473	4596
室外场地	Outdoor	77149	87106	89033
体育场地面积（万平方米）	**Area of Sport Fields (10000 sq. m)**	**5496.86**	**5782.37**	**6293.48**
按系统分	By System			
体育	Sports	175.94	250.76	301.81
教育	Education	2921.79	2897.25	2897.55
其他	Others	2399.13	2634.36	3094.12
按城乡属性分	By Urban and Rural Attributes			
城镇	Urban	3418.56	3626.7	3908.65
乡村	Rural	2078.3	2155.67	2384.83
按室内外分	By Indoor and Outdoor			
室内场地	Indoor	230.65	249.66	259.56
室外场地	Outdoor	5266.21	5532.71	6033.92
人均体育场地面积（平方米）	**Per Capita Area of Sport Fields(sq. m)**	**1.53**	**1.60**	**1.63**
体育场地投资（亿元）	**Investment in Sport Fields (100 million yuan)**	**370.97**	**671.14**	**814.47**
体育产业（亿元）	**Sports Industry (100 million yuan)**			
总规模	Total	213.7	280.32	
增加值	Added Value	96.86	113.11	

22-17 卫生事业
Health Care

指　　标	Item	2016	2017	2018	2019	2020
卫生机构(个)	**Number of Health Institutions(unit)**	**28023**	**28053**	**28072**	**28516**	**28880**
#医院、卫生院	Hospitals and Township Hospitals	2661	2682	2705	2708	2755
床位数(万张)	**Number of Beds(10000 beds)**	**21.02**	**23.29**	**24.56**	**26.48**	**27.58**
#医院、卫生院床位	Number of Hospital and Township Hospitals Beds	19.99	22.09	23.27	25.07	26.03
卫生人员合计(万人)	**Number of Employed Personnel in Health Care Institutions (10000 persons)**	**27.74**	**30.19**	**32.35**	**34.71**	**36.84**
#卫生技术人员	Medical Technical Personnels	20.47	22.59	24.56	26.75	28.93
#执业(助理)医师	Licensed(Assistant) Doctors	6.90	7.55	8.15	8.98	9.86
#注册护士	Registered Nurse	8.60	9.80	10.91	12.14	13.20
医疗机构病床使用率(%)	**Utilization Rate in Medical Institutions(%)**	**70.70**	**72.46**	**74.11**	**74.31**	**68.27**
人均卫生费(元)	**Expenditure for Health of each Person(yuan)**	**2472**	**3015**	**3271**	**3839**	
平均每千人拥有:	**Per 1000 Person:**					
床位数(张)	Beds(set)	5.91	6.51	6.82	7.31	7.15
#医院、卫生院床位	Number of Hospital Beds	5.62	6.17	6.46	6.92	6.75
卫生人员(人)	Number of Employed Personnel in Health Care Institutions(person)	7.80	8.43	8.99	9.58	9.55
#卫生技术人员	Medical Technical Personnels	5.76	6.31	6.82	7.38	7.50
#执业(助理)医师	Licensed(Assistant) Doctors	1.94	2.11	2.26	2.48	2.56
医院服务情况	**Hospital Services**					
诊疗人次(万人次)	Visits (10000 person-times)	5626.39	6390.52	7078.57	7667.90	7193.90
入院人数(万人)	Inpatients (10000 persons)	507.89	571.92	639.10	860.08	624.29
出院人数(万人)	Patients Discharged from Hospital (10000 persons)	501.92	567.55	633.60	854.51	619.33
每百门诊急诊入院人数（人)	Inpatients per 100 Outpatient and Emergency Visits (person)	9.45	9.33	9.34	8.92	8.93
病床使用率(%)	Utilization Rate of Beds (%)	78.29	79.90	81.76	81.50	75.35
出院者平均住院日(天)	Average Stay Days in Hospital(day)	8.5	8.1	8.1	8.2	8.4

注：1.资料来源于省卫生健康委员会(以下相关表同)。2.机构数含村卫生室。3.医院服务情况指医院类别的医疗服务情况。4.每千人口指标以常住人口数为基数计算。

Note:1.The data are obtained from the Health Committee of Guizhou Province(the following relative tables are the same). 2. The number of institutions includes village clinics. 3. Hospital services refer to the medical services in the hospital category. 4.The per thousand population index was calculated from the permanent resident population number as the base.

22-18 卫生机构、床位、人员数(2020)
Number of Health Institutions, Beds and Personnels

指 标	Item	机构数(个) Institutions (unit)	床位数(张) Hospital Beds (Bed)	人员数(人) Number of Personnels (person)	#卫生技术人员数 Medical Technical Personnels
合 计	**Total**	**28880**	**275767**	**368422**	**289322**
医 院	Hospitals	1378	214527	217516	185369
#市	City	666	114846	126147	106505
县	County	712	99681	91369	78864
#综合医院	Genaral Hospital	962	140209	157266	135524
县医院	Hospitals at County Level	119	51985	60468	53113
中医医院	Hospital Specialized in Traditional Chinese Medicine	111	26942	29768	25845
中西医结合医院	Hospitals of Integrated Traditional Chinese with Western Medicine	23	3124	3517	2923
民族医院	Nationalities Hospitals	8	386	333	266
专科医院	Specialized Hospitals	271	43716	26493	20708
护理院	Nursing Hospital	3	150	139	103
疗养院(所)	Sanatoriums	2	148	79	41
社区卫生服务中心(站)	Community Health Service Centers (Station)	843	6167	15128	13034
社区卫生服务中心	Community Health Service Centers	280	6034	11187	9475
社区卫生服务站	Community Health Service Stations	563	133	3941	3559
卫生院	Health Centers	1377	45733	56272	49086
#农村乡镇卫生院	Rural Township Health Centers	1330	44600	54388	47504
中心卫生院	Central Health Centers	542	26961	30042	26310
乡卫生院	Township Health Centers	788	17639	24346	21194
门诊部、诊所、医务室	Outpatient Department, Clinic and Infirmary	4756	27	17149	15642
#私人办诊所	Private Clinique	4106		12391	11881
专科防治所(站)	Specialized Disease Prevention and Treatment	5	60	106	90
疾控中心(卫生防疫站)	CDC(Epidemic Prevention Station)	100		5427	4354
#县疾控中心	CDC at County Level	64		2801	2306
卫生监督机构	Sanitation Supervise Centers	75		1627	1306
#县卫生监督机构	Sanitation Supervise Centers at County Level	65		1288	1013
妇幼保健院(所、站)	Women and Children Care Agencies	99	9105	15766	13394
#县妇幼保健院(所、站)	Women and Children Care Agenciesat County level	64	4583	7104	6064
医学科学研究机构	Research Institution of Medicine Science	2			
村卫生室	Health Clinics of Village	20162		36072	4761
其他卫生机构	Other Health Project Institution	81		3280	2245
按主办单位分	**By Host Unit**				
政府办	Government Office	4194	179869	235203	200121
卫计部门办	Health Department	4070	175064	232591	198301
社会办	Industrial and Other Department	14108	28914	54551	28183
个人办	Private	10578	66984	78668	61018
按经济类型分	**By Type of Economic**				
公立	The Public	13327	189263	262935	212465
国有	State-owned	6397	188318	249350	210301
集体	Collective	6930	945	13585	2164
民营	Private	15553	86504	105487	76857
联营	Joint venture	146	581	571	332
私营	Private	14020	69714	83658	60588
其他	others	1387	16209	21258	15937

22-19 卫生防疫防治和妇幼卫生事业
Sanitation and Epidemic Prevention, Maternity and Child Care

指　标	Item	2016	2017	2018	2019	2020
专科疾病防治院(所、站)机构数(个)	**Specialized Disease Prevention and Treatment Institution(unit)**	**10**	**10**	**8**	**6**	**5**
人员总数(人)	Number of Personnels(person)	177	268	169	157	106
#卫生技术人员数	Medical Technical Personnels	139	198	150	143	90
床位数(张)	Hospital Beds(bed)	276	665	163	138	60
疾病预防控制中心机构数(个)	**Center for Disease Control and Prevention (unit)**	**100**	**100**	**100**	**100**	**100**
人员总数(人)	Number of Personnels(person)	5233	5324	5278	5335	5427
#卫生技术人员数(人)	Medical Technical Personnels (person)	4288	4368	4327	4338	4354
妇幼保健机构数(个)	**Institutions of Maternity and Child Care (unit)**	**101**	**98**	**99**	**99**	**99**
人员总数(人)	Number of Personnels(person)	8839	10917	12590	13980	15766
#卫生技术人员数(人)	Medical Technical Personnels (person)	7615	9373	10733	11804	13394
床位数(张)	Hospital Beds(bed)	7047	7635	8268	8479	9105

22-20 县及县以上医院、卫生院(2020)
Hospitals and Health Centers at County Level and above

指 标	Item	机构合计(个) Insti-tutions (unit)	诊疗人次数(万人次) Number of Visits and Inpatients (10000 person-times)	#门 诊(万人次) Number of Visits in Clinics (10000 person-times)	入院人数(万人) Inpatients (10000 persons)	出院人数(万人) Outpatients (10000 persons)
县及县以上医院合计	**Hospitals at County Level and above**	**1378**	**7193.90**	**6208.91**	**624.29**	**619.33**
#综合医院	General Hospitals	962	5671.98	4869.48	490.21	486.88
中医医院	Hospitals Specialized in Traditional Chinese Medicine	111	967.61	847.64	87.32	86.20
妇幼保健院(所、站)	**Maternity and Child Care Hospital(Centers or Stations)**	**99**	**541.50**	**501.58**	**28.29**	**28.13**
#妇幼保健院	Maternity and Child Care Hospital	98	540.20	500.28	28.26	28.10
卫生院合计	**Health Centers**	**1377**	**3554.16**	**3415.11**	**119.41**	**119.33**
#农村乡镇卫生院	Rural Health Centers	1330	3470.59	3334.68	117.94	117.87
中心卫生院	Central Health Centers	542	1998.83	1916.35	77.87	77.82
乡卫生院	Township Health Centers	788	1471.76	1418.32	40.08	40.05

22-20 续表 continued

指 标	Item	平均开放病床数(张) Average Beds Opened (bed)	病床周转次数(次/年) Turnover of Beds (time/year)	病床工作日(日/床) Working Days of Bed (day/bed)	病床使用率(%) Utili-zation Rate of Beds(%)	出院者平均住院日(天/人) Average Stay Days in Hospital (day/person)	每百门(急)诊入院人数(人) Inpatients Per 100 OutPatient and Emergency Visits（person）
县及县以上医院合计	**Hospitals at County Level and above**	**207712**	**29.8**	**275.8**	**75.4**	**8.4**	**8.93**
#综合医院	General Hospitals	137100	35.5	274.7	75.1	7.5	8.89
#中医医院	Hospitals Specialized in Traditional Chinese Medicine	25667	33.6	287.3	78.5	8.2	9.19
妇幼保健院(所、站)	**Maternity and Child Care Hospital(Centers or stations)**	**8652**	**32.5**	**190**	**51.9**	**5.6**	**5.27**
#妇幼保健院	Maternity and Child Care Hospital	8627	32.6	190.3	52.0	5.6	5.28
卫生院合计	**Health Centers**	**44239**	**27**	**155.1**	**42.4**	**5.3**	**3.45**
#农村乡镇卫生院	Rural Township Health Centers	43368	27.2	156.4	42.7	5.3	3.49
中心卫生院	Central Health Centers	26237	29.7	172.5	47.1	5.3	3.99
乡卫生院	Township Health Centers	17131	23.4	131.8	36.0	5.2	2.81

22-21 县、乡、村三级医疗、预防、保健
Health Organization at County,Town and Village Level

指标	Item	2016	2017	2018	2019	2020
县医院个数(个)	**Number of Hospitals at County Level (unit)**	**67**	**65**	**66**	**114**	**119**
平均每院病床数(张)	Average Number of Beds Per Hospital(bed)	458.22	508.92	522.83	436.00	436.85
平均每院人员数(人)	Average Personnels Per Hospital(person)	481.99	537.18	574.67	482.69	508.13
#平均每院卫生技术人员数	Average Medical Technical Personnels Per Hospital Per Station	420.34	467.75	503.41	421.70	446.33
县妇幼保健院(所、站)机构数(个)	**Maternity and Child Care Centers at County Level (unit)**	**68**	**65**	**65**	**64**	**64**
平均每院(所、站)床位数(张)	Average Number of Beds Per Station (bed)	52.04	60.57	64.85	65.50	71.61
平均每院(所.站)人员数(人)	Average Personnels Per Station (person)	65.46	77.23	83.26	96.45	111.00
#每院(所.站)卫生技术人员数	Medical Technical Personnels Per Station	56.29	66.15	71.97	82.94	94.75
县疾病预防控制中心机构数(个)	**Centers for Disease Control and Prevention at County Level (unit)**	**68**	**65**	**65**	**64**	**64**
平均每所站人员数(人)	Personnels Per Station(person)	41.21	41.86	41.75	42.47	43.77
#平均每站卫生技术人员数	Average Medical Technical Personnels Per Station	35.09	35.85	35.34	35.59	36.03
农村乡镇卫生院机构数(个)	**Institutions of Rural Health Centers (unit)**	**1399**	**1362**	**1341**	**1329**	**1330**
农村乡镇卫生院床位数（张）	Number of Beds of Rural Health Centers (bed)	39905	41754	42349	44041	44600
平均每院床位数(张)	Average Number of Beds Per Hospital(bed)	28.52	30.66	31.58	33.14	33.53
平均每千乡村人口乡镇卫生院床位数(张)	Average Number of Beds of Rural Health Centers Hospitals Per 1000 Rural Personnels(bed)	2.01	2.33	2.24	2.38	2.47
农村乡镇卫生院人员数(人)	Personnels of Rural Health Centers (person)	42420	44940	47153	50944	54388
平均每院人员数(人)	Average Personnels Per Hospital (person)	30.32	33.00	35.16	38.33	40.89
平均每千乡村人口乡镇卫生院人员数(人)	Average Medical Technical Personnels of RuralHealth Centers Per 1000 Rural Personnels(person)	2.14	2.33	2.50	2.76	3.01
村卫生室个数(个)	**Number of Health Clinics of Village (unit)**	**20652**	**20555**	**20355**	**20265**	**20162**
村卫生室覆盖率(%)	Coverage Rate of Health Clinics of Village (%)	100.0	100.0	100.0	100.0	100.0
开展合作医疗的村数(个)	Number of Villages of Carrying out Rural Cooperative Medical Treatment(unit)	14619	13436	13295	13231	13195
开展合作医疗的村覆盖率(%)	Coverage Rate of Villages of Carrying out Rural Cooperative Medical Treatment (%)	100.0	100.0	100.0	100.0	
平均每村设置医疗点数(个)	Average Number of Medical Treatment Stations Per Village(unit)	1.41	1.53	1.51	1.5	1.5
乡村医生和卫生员数(人)	Doctors and Health Workers(person)	34684	35109	34097	32027	31131
#乡村医生所占比例(%)	Proportion of Rural Doctors(%)	77.0	76.2	76.3	82.4	83.5
平均每村乡村医生和卫生员数(人)	Average Number of Doctors and Health Workers Per Village (person)	2.37	2.61	2.54	2.42	2.37
平均每千乡村人口乡村医生和卫生员数(人)	Average Number of Doctors and Health Workers Per 1000 Rural Personnels (person)	1.75	1.82	1.80	1.73	1.73

注：1.县医院指卫生计生部门办的县综合医院，不含县级市和区。2.“村卫生室覆盖率”=设置村卫生室的村数/行政村总数。3.每千乡村人口数以统计局提供的乡村常住人口数为计算基数。

Note: 1.Hospitals at county level refers to the general hospitals at county level running by the health department, but exclude county-level city and district. 2."Coverage Rate of Health Clinics of Village"=number of villages with medical treatment stations/the number of administrative villages. 3. The number of rural residents per thousand was calculated based on the number of permanent rural residents provided by the bureau of statistics.

22-22 28种传染病报告发病及死亡人数(2020)
List of 28 Infectious Diseases Reported and Number of Death

单位：人 (person)

顺位 No.	发病 Diseases 疾病名称 Diseases	发病人数Persons	死亡 Death 疾病名称 Diseases	死亡人数Persons
1	肺结核 Pulmonary Tuberculosis	34976	艾滋病 AIDS	1429
2	病毒性肝炎 Viral Hepatitis	26229	肺结核 Pulmonary Tuberculosis	45
3	梅毒 Syphilis	19501	狂犬病 Hydrophobia	9
4	细菌性和阿米巴性痢疾 Dysentery	653	流行性乙型脑炎 Encephalitis B	
5	淋病 Gonorrhea	3370	新生儿破伤风 Newborn Tetanus	
6	伤寒副伤寒 Typhoid and Paratyphoid Fever	382	病毒性肝炎 Viral Hepatitis	5
7	艾滋病 AIDS	4162	梅毒 Syphilis	2
8	猩红热 Scarlet Fever	275	细菌性和阿米巴性痢疾 Dysentery	
9	流行性乙型脑炎 Encephalitis B	10	钩端螺旋体病 Leptospirosis	
10	狂犬病 Hydrophobia	10	流行性脑脊髓膜炎 Epidemic Encephalitis	
11	流行性出血热 Hemorrhage Fever	24	流行性出血热 Hemorrhage Fever	
12	百日咳 Pertussis	167	人感染高致病性禽流感 Highly Pathogenic Avian Influenza	
13	麻疹 Measles	2	淋病 Gonorrhea	
14	钩端螺旋体病 Leptospirosis	9	伤寒副伤寒 Typhoid and Paratyphoid Fever	
15	新生儿破伤风 Newborn Tetanus		疟疾 Malaria	
16	疟疾 Malaria	4	麻疹 Measles	
17	流行性感冒(包含甲型H1N1流感) A(H1N1)Flu	6707	流行性感冒(包含甲型H1N1流感) A(H1N1)Flu	
18	布鲁氏菌病 Brucellosis	52	炭疽 Anthrax	
19	流行性脑脊髓膜炎 Epidemic Encephalitis	3	鼠疫 The Plague	
20	炭疽 Anthrax	1	血吸虫病 Schistosomiasis	
21	人感染高致病性禽流感 Highly Pathogenic Avian Influenza		百日咳 Pertussis	
22	血吸虫病 Schistosomiasis		布鲁氏菌病 Brucellosis	
23	霍乱 Cholera		猩红热 Scarlet Fever	
24	鼠疫 The Plague		登革热 Dengue Fever	
25	登革热 Dengue Fever		霍乱 Cholera	
26	传染性非典型肺炎 SARS		传染性非典型肺炎 SARS	
27	脊髓灰质炎 Poliomyelitis		脊髓灰质炎 Poliomyelitis	
28	白喉 Diphtheria		白喉 Diphtheria	

22−23 28种传染病报告发病率、死亡率及病死率(2020)

List of Incidence, Death and Mortality Rates of 28 Infectious Disease Reported

顺位 No.	发病 Disease Incidence 疾病名称 Diseases	发病率(1/10万) Incidence (1/100 000)	死亡 Death 疾病名称 Diseases	死亡率(1/10万) Death Rate (1/100 000)	病死 Mortality Rate 疾病名称 Diseases	病死率(%) Mortality Rate (%)
1	肺结核 Pulmonary Tuberculosis	96.5402	狂犬病 Hydrophobia	0.0248	人禽流感 Highly Pathogenic Avian Influenza	
2	病毒性肝炎 Viral Hepatitis	72.3969	艾滋病 AIDS	3.9443	狂犬病 Hydrophobia	90.0000
3	梅毒 Syphilis	53.8264	肺结核 Pulmonary Tuberculosis	0.1242	新生儿破伤风 Newborn Tetanus	
4	细菌性和阿米巴性痢疾 Dysentery	1.8024	流行性乙型脑炎 Encephalitis B		流脑 Epidemic Encephalitis	
5	淋病 Gonorrhea	9.3018	病毒性肝炎 Viral Hepatitis	0.0138	钩端螺旋体病 Leptospirosis	
6	伤寒+副伤寒 Typhoid and Paratyphoid Fever	1.0544	新生儿破伤风 Newborn Tetanus		流行性乙型脑炎 Encephalitis B	
7	艾滋病 AIDS	11.4879	梅毒 Syphilis	0.0055	流行性出血热 Hemorrhage Fever	
8	猩红热 Scarlet Fever	0.7591	细菌性和阿米巴性痢疾 Dysentery		肺结核 Pulmonary Tuberculosis	0.1300
9	流行性乙型脑炎 Encephalitis B	0.0276	流脑 Epidemic Encephalitis		淋病 Gonorrhea	
10	狂犬病 Hydrophobia	0.0276	流行性出血热 Hemorrhage Fever		梅毒 Syphilis	0.0100
11	流行性出血热 Hemorrhage Fever	0.0662	人禽流感 Highly Pathogenic Avian		细菌性和阿米巴性痢疾 Dysentery	
12	百日咳 Pertussis	0.4610	淋病 Gonorrhea		病毒性肝炎 Viral Hepatitis	0.0200
13	麻疹 Measles	0.0055	伤寒+副伤寒 Typhoid and Paratyphoid Fever		炭疽 Anthrax	
14	钩端螺旋体病 Leptospirosis	0.0248	疟疾 Malaria		流行性感冒(包含甲型H1N1流感) A(H1N1)Flu	
15	新生儿破伤风 Newborn Tetanus		流行性感冒(包含甲型H1N1流感 A(H1N1)Flu		鼠疫The Plague	
16	疟疾 Malaria	0.0110	炭疽 Anthrax		麻疹 Measles	
17	流行性感冒(包含甲型H1N1流感) A(H1N1)Flu	18.5126	麻疹 Measles		疟疾 Malaria	
18	布鲁氏菌病 Brucellosis	0.1435	血吸虫病 Schistosomiasis		百日咳 Pertussis	
19	流脑 Epidemic Encephalitis	0.0083	鼠疫 The Plague		血吸虫病 Schistosomiasis	
20	炭疽 Anthrax	0.0028	百日咳 Pertussis		伤寒+副伤寒 Typhoid and Paratyphoid Fever	
21	人禽流感 Highly Pathogenic Avian Influenza		淋病 Gonorrhea		布鲁氏菌病 Brucellosis	
22	登革热 Dengue Fever		布鲁氏菌病 Brucellosis		猩红热 Scarlet Fever	
23	血吸虫病 Schistosomiasis		猩红热 Scarlet Fever		登革热 Dengue Fever	
24	鼠疫 The Plague		登革热 Dengue Fever		霍乱 Cholera	
25	霍乱 Cholera		霍乱 Cholera		传染性非典型肺炎 SARS	
26	传染性非典型肺炎 SARS		传染性非典型肺炎 SARS		脊灰 Poliomyelitis	
27	脊灰 Poliomyelitis		脊灰 Poliomyelitis		白喉 Diphtheria	
28	白喉 Diphtheria		白喉 Diphtheria		艾滋病 AIDS	34.33

注：死亡率指法定传染病报告死亡人数占同年该地区总人口之比。病死率指传染病死亡人数占同年同类传染病人数之比。

Nate: Dead rate refers to the ratio of the number of reported deaths from statutory infectious diseases to the total population of the region in the same year. Mortality rate refers to the ratio of the number of deaths from infectious diseases to the number of similar infectious

22-24 5岁以下儿童和孕产妇死亡率
Mortality Rate of the Maternal and Children Aged under 5

指 标	Item	2016	2017	2018	2019	2020
新生儿死亡率(‰)	**Newborn Mortality Rate(‰)**	**4.5**	**4.5**	**4.1**	**3.1**	**2.6**
城 市	Urban	3.5	3.9	3.2	2.5	2.1
农 村	Rural	5.0	4.8	4.6	3.3	2.9
婴儿死亡率(‰)	**Infant Mortality Rate(‰)**	**7.9**	**7.4**	**7.5**	**5.6**	**5.0**
城 市	Urban	5.5	5.7	5.9	4.6	4.6
农 村	Rural	9.1	8.3	8.3	6.3	5.2
5岁以下儿童死亡率(‰)	**Mortality Rate of Children under 5(‰)**	**10.9**	**10.5**	**10.0**	**8.3**	**7.5**
城 市	Urban	7.5	7.6	7.8	6.2	6.8
农 村	Rural	12.7	11.9	11.1	9.4	7.8
孕产妇死亡率(1/10万)	**Maternal Mortality Rate(1/100 000)**	**27.3**	**22.8**	**19.5**	**16.9**	**15.9**
城 市	Urban	28.7	26.1	20.6	15.1	18.5
农 村	Rural	26.5	21.3	18.9	17.3	14.6

注：数据源自省妇幼卫生监测数据。

Note: The data are obtained from the Annual Report of Maternal and Child Health of Guizhou Province.

22-25 新型农村合作医疗
Conditions of New Cooperative Medical System

指 标	Item	2016	2017	2018	2019	2020
开展新农合县（市、区、特区)数(个)	Number of Counties Implementing of NCMS(unit)	88	88	88	88	88
参加新农合人数(万人)	Number of Enrollees (10000 persons)	3025.28	3067.58	3193.12	3146.11	3718.87
参合率(%)	Enrollment Rate(%)	99.3	99.5	99.7		
当年筹资总额(亿元)	Total Funds Raised at Current Year (100 million yuan)	153.85	172.34	188.87		
人均筹资(元)	Per Capita Premiums(yuan)	510	570	610	740	800
当年基金支出(亿元)	Payout at Current Year (10000 million yuan)	132.74	167.87	193.57	184.51	256.65
补偿受益人次(万人次)	Number of Beneficiaries from Reimbursement(10000person-times)	5567.93	6402.86	7225.55	7880.25	7738.93

注：1.数据由省医疗保障局提供。2.2020年新农合与城镇居民合并为城乡居民保险，因此2019年起数据为合并后城乡居民数

Note:The data in the table are provided by Guizhou Provincial Healthcare Security Administration.

2.In 2020,the new rural cooperative medical system and the basic medical insurance for urban residents were merged into urban and rural residents' insurance,so the data from 2019 is the combined data of urban and rural residents' insurance.

22-26 历年卫生事业发展情况
Development of Health Care Over the Years

年 份 Year	卫生机构数(个) Number of Health Institutions (unit)	#医 院、卫生院 Hospitals, Health Centers	卫生机构床位数(张) Number of Beds in Health Institutions (bed)	#医 院、卫生院 Hospitals, Health Center	卫生技术人员数(人) Medical Technical Personnels (person)	#执业(助理医 师 Licensed (Assistant) Doctors	每万人口拥有 Per 10000 person 床位数(张) Number of Beds (bed)	每万人口拥有 Per 10000 person 执业(助理)医师数(人) Number of Licensed(Assistant) Doctors(person)
1978	6274	4510	40274	37533	58190	21228	14.0	7.9
1979	6267	4516	42812	40001	60635	21868	14.6	8.0
1980	6246	4529	43627	40835	63766	26491	14.7	9.5
1981	6634	4588	44752	41314	68918	26798	14.6	9.5
1982	6595	4605	46226	42301	70671	27097	14.7	9.4
1983	6605	4602	47555	43292	72988	28433	14.9	9.8
1984	6673	4643	49271	44123	75808	29309	15.0	10.0
1985	6480	3295	49805	45226	76722	29153	15.2	9.8
1986	6760	3358	50893	46259	79776	30475	15.3	10.1
1987	6716	3349	52595	48059	81599	31305	15.6	10.2
1988	7021	3896	54193	49543	84904	35249	15.8	11.3
1989	6926	3620	57428	52063	84891	35646	16.4	11.2
1990	6949	3721	59013	53074	86120	37185	16.2	11.4
1991	6908	3630	59168	53978	87774	37978	16.3	11.5
1992	4734	1624	57767	52405	87927	38537	15.6	11.5
1993	3908	1623	57720	51888	84409	38060	15.2	11.2
1994	3930	1660	59648	53766	88053	40358	15.5	11.7
1995	3934	1692	60295	54475	87005	40260	15.5	11.5
1996	10932	1870	58205	54051	84273	43548	15.2	12.2
1997	8955	1870	57560	53627	84348	43236	14.9	12.0
1998	9113	1877	57844	54492	84400	44138	14.9	12.1
1999	9703	1874	58624	55138	85613	45473	14.9	12.3
2000	8992	1878	58380	55148	85397	45673	14.8	12.2
2001	8791	1872	59120	55876	86103	46412	14.8	12.3
2002	7027	1857	59850	57742	79727	36964	15.1	11.3
2003	6499	1866	59281	56273	77557	36911	14.9	11.2
2004	6664	1850	61313	58113	76699	36911	14.9	12.2
2005	6571	1843	61784	58398	77805	35521	16.6	9.5
2006	6147	1855	66452	62586	82324	41147	17.9	11.1
2007	5907	1939	75806	71400	85298	42100	20.7	11.5
2008	5848	1934	83132	78129	89313	38830	23.0	10.7
2009	5736	1982	97527	91164	95270	40171	27.3	11.3
2010	5637	2005	105277	97490	102527	42158	30.0	12.0
2011	5683	2071	117534	108029	112210	44037	27.7	10.4
2012	27379	2210	136542	129670	152608	49200	32.1	11.2
2013	29182	2429	163332	155848	156557	55877	38.1	13.0
2014	28995	2512	181728	174002	169799	57802	42.0	13.4
2015	28740	2631	196517	187334	187361	63412	55.7	18.0
2016	28023	2661	210247	199930	204687	69007	59.1	19.4
2017	28053	2682	232903	220940	225870	75535	65.1	21.1
2018	28072	2705	245639	232701	245568	81476	68.2	22.6
2019	28516	2708	264827	250701	267502	89784	73.1	24.8
2020	28880	2755	275767	260260	289322	98592	71.5	25.6

注：1.表中数据2011年及以前的数据不含村卫生室,2012年起含村卫生室；2.每万人口指标2011年以前以常住人口数为基数计算，2011年起以户籍人口数为基数计算。2015年起以常住人口为基数计算。

Note: 1.The data in the table for 2011 and before excludes village clinics, but the data from 2012 include village clinics. 2. Before 2011, per ten thousand population indicators were calculated on the number of permanent resident population, but since 2011, they have been calculated on the number of household registered population. After 2015, they are calculated on the base of the number of the resident population.

主要统计指标解释

文化事业机构 指由文化部门主办或实行行业管理的文化及相关产业机构以及由文化部门主办的非文化及相关产业机构等。

艺术表演团体 指由文化部门主办或实行行业管理（经文化行政部门审批并领取营业性演出许可证），专门从事表演艺术等活动的各类专业艺术表演团体，含民间职业剧团（不包括群众业余文艺表演团队）。

艺术表演观众人数(人次) 指在国内和国外的艺术表演的观众人数。包括售票、包场等有演出收入的场次人数和政府采购的公益性演出场次人数及参加汇演、调演等无演出收入的公开演出场次人数，包括流动舞台车演出场次人数，不包括彩排和内部观摩等无演出收入的场次人数。

广播节目综合人口覆盖率 指根据国家广电总局制定的《广播电视人口覆盖率统计技术标准和方法》进行统计调查的，在对象区内采用无线、有线、卫星等技术手段能够收听到包括中央、省、地市、县广播节目其中任意一套的人口数占全国总人口数的百分比。

电视节目综合人口覆盖率 指根据国家广电总局制定的《广播电视人口覆盖率统计技术标准和方法》进行统计调查的，在对象区内采用无线、有线、卫星等技术手段能够收看到包括中央、省、地市、县级电视节目中任意一套的人口数占全国总人口数的百分比。

体育馆 指有固定看台，可供篮球、排球、羽毛球、乒乓球、体操等项目训练比赛活动用的室内运动场地。体育馆按看台容纳观众人数分为：甲级6000人以上，乙级4000−6000人，丙级2000−4000人，丁级2000人以下。

医院 包括综合医院、中医医院、中西医结合医院、民族医院、各类专科医院和护理院。包括医学院校附属医院，不包括专科疾病防治院、妇幼保健院和疗养院。

社区卫生服务中心(站) 指为本社区居民提供预防、医疗、保健、康复、健康教育、计划生育技术服务等的基层卫生机构。包括社区卫生服务中心和社区卫生服务站。

卫生技术人员 包括执业医师、执业助理医师、注册护士、药师(士)、检验及影像技师(士)、卫生监督员和见习医(药、护、技)师(士)等卫生专业人员(不包括药剂员、检验员、护理员等)，不包括从事管理工作的卫生技术人员(如院长、副院长、党委书记等)。其中见习医师(士)指毕业于高中等院校医学专业但尚未取得医师执业证书的医师和医士。

执业医师 指具有《医师执业证》及其“级别”为“执业医师”且实际从事临床工作的人员，不包括取得执业证书但从事管理工作的人员（如院长、书记等）。执业医师类别分为临床、中医、口腔和公共卫生。

执业助理医师 指具有《医师执业证》及其“级别”为“执业助理医师”且实际从事临床工作的人员，不包括取得执业证书但从事管理工作的人员。执业助理医师类别分为临床、中医、口腔和公共卫生。

孕产妇死亡率

$$\text{孕产妇死亡率}=\frac{\text{该年该地区孕产妇死亡人数}\times 100000}{\text{某年某地区活产率}\times 100000}$$

5岁以下儿童死亡率

$$\text{5岁以下儿童死亡率}=\frac{\text{该年该地区5岁以下儿童死亡人数}}{\text{某年某地区活产率}}\times 1000‰$$

婴儿死亡率 指某地区一年内出生未满28天（0—27天）的婴儿死亡人数与该地区当年全部活产数的比率。

$$婴儿死亡率 = \frac{该年该地区婴儿死亡人数}{某年某地区活产数} \times 10000‰$$

参加新农合人数 指根据本地新农合的实施方案，到本年度新农合筹资截止时，已缴纳参加新农合资金的人口数。

Explanatory Notes on Main Statistical Indicators

Cultural Institutions defined by the cultural industry management department sponsored or cultural institutions and related industries as well as non-organized by the cultural sector and related industries and cultural institutions.

Art Performance Troupe defined by the cultural industry management department sponsored or carried (by the cultural administrative departments for approval and obtain business performance license), specializing in the performing arts and other activities of the various professional performing arts groups, including the professional troupes (Excluding the masses of amateur theatrical performance team).

Number of Spectators at Art Performance refers to the domestic and foreign performing arts attendance. Including ticketing, private use, which are the number of performances and screenings of revenue for government procurement and participation in the number of public performances show and other non-public performances show the number of performances, including the number of mobile stage vehicle, not including rehearsals and internal observation and other the number of non-performing income screenings.

The Population Coverage Rate of Radio refers to the percentage of population, who can receives to one of central, provincial, city, prefecture, and county radio programs by wireless, cable, satellite and other technical means, in the surveying area, to national total population, according to Statistical Standard and Method on Television and Radio Coverage of Population established by the State Administration of Broadcasting, Film and Television.

The Population Coverage Rate of Television refers to the percentage of population, who can watch one of central, provincial, city, prefecture, and county television programs by wireless, cable, satellite and other technical means, in the surveying area, to national total population, according to Statistical Standard and Method on Television and Radio Coverage of Population established by the State Administration of Broadcasting, Film and Television.

Gymnasiums refer to indoor sports grounds with permanent seats in which basketball, volleyball. badminton, table tennis and gymnastics competitions can be held. Gymnasiums are classified according to seating capacity. They include Class A gymnasiums seating over 6000 people, Class B gymnasiums seating 4000 to 6000 people, Class C gymnasiums seating 2000 to 4000 people, and Class D gymnasiums seating fewer than 2000 people.

Hospitals include polyclinics, traditional Chinese medical hospitals, hospitals integrated with traditional Chinese therapeutics and western therapeutics, ethical hospitals, various specialties hospitals and nursing hospitals, including medical colleges affiliated hospitals, but excluding specialized prevention and treatment hospital, maternal and child health care hospitals and convalescent hospitals.

Community Health Service Centers (stations) refer to the primary units that provide the health care for community residents, such as disease prevention and control, medical treatment, health care, rehabilitation, health education, family planning technical services, including community health service centers and community health service stations.

Medical Technical Personnel refers to practicing physicians, practicing physician assistant, registered nurses, pharmacists (who), inspection and imaging technician (who), health supervisors and trainee doctors (medicine, nursing, technology) division (disabilities) and other health professionals (not including pharmacy staff , inspectors, care workers, etc.), not including those engaged in the management of health and technical personnel (such as president, vice president, party secretary, etc.). The trainee doctors (who) refers graduated from high school and other institutions but has not yet obtained physician medical specialty physicians and healers practicing certificate.

Licensed Doctors refer to the medical workers who have obtained the licenses of qualified doctors and are employed in medical treatment, disease prevention or healthcare institutions, excluding the licensed doctors engaged in management job. The classification of licensed doctors is clinician, Chinese medicine, dentist and public health.

Licensed Assistant Doctors refer to the medical workers who have obtained the licenses of qualified assistant doctors and are employed in medical treatment, disease prevention or healthcare institutions, excluding the licensed assistant doctors engaged in management job. The classification of licensed assistant doctors is clinician, Chinese medicine, dentist and public health.

Maternal Mortality Rate

$$\text{Maternal Mortality Rate} = \frac{\text{number of maternal deaths} \times 100000}{\text{live births} \times 100000}.$$

Mortality Rate of Children under 5

$$\text{Mortality Rate of Children under 5} = \frac{\text{death number of children under 5}}{\text{live birth}} \times 1000‰.$$

Newborn Mortality Rate refers to the ratio of neonatal deaths of new birth under the age of 28 days (0-27 days) in a year of the region to the total number of live births of this region.

$$\text{Newborn Mortality Rate} = \frac{\text{death number of newborn}}{\text{live birth}} \times 1000‰.$$

Number of Persons Participated in the New Rural Cooperative Medical System refers to the number of persons who have given payment to the new cooperative medical system by the deadline of fundraising during the year according to the implementation plan of the new system.

社会服务及其他

Social Services and Others 23

简 要 说 明

一、主要内容

本篇资料主要反映社会服务、公检法司、交通事故情况及火灾情况。

社会服务内容包括消费者协会受理投诉、生产安全、社会保险、社会福利、民政事业、殡葬服务情况等。

公检法司内容包括司法部门律师、公证、调解工作情况，人民检察院办案情况，人民法院审理案件和收结案情况等。

二、资料来源

本篇资料分别由省司法厅、省消费者协会、省人民检察院、省高级人民法院、省应急管理厅、省消防总队、省人力资源社会保障厅、省民政厅等提供。

Brief Introduction

I. Main Contents

The data in this chapter mainly reflect the social services, public security, procuratorial, legal and judicial affairs, traffic accident and fire situation.

The data on social services include consumers association receiving complaints, production safety, social insurance, social welfare, civil affairs, funeral and interment services.

The data on public security, procuratorial, legal and judicial affairs cover information such as statistics on lawyers, notarization and mediation, cases handled by procuratorate's offices, cases accepted and settled by the people's courts.

II. Sources of Data

The data in this chapter are provided respectively by Guizhou Provincial Department of Justice, Provincial Consumers Association, the People's Procuratorate of Guizhou, Guizhou Higher People's Court, Department of Emergency Management of Guizhou Province, Provincial Fire Brigade, Provincial Human Resources and Social Security Department, and Provincial Department of Civil Affairs.

23-1 律师、公证、调解工作
Lawyers, Notarization and Mediation

指 标	Item	2016	2017	2018	2019	2020
律师工作	**Lawyers**					
法律律师事务所(个)	Number of Law Offices (unit)	485	559	658	775	891
专职律师(人)	Full-time Lawyers (person)	4072	4708	5624	6769	7818
辅助工作人员(人)	Assistant (person)	1701	1470	979	879	
聘请常年法律顾问(个)	Number of Permanent Legal Advisors (person)	5967	8071	9155	5776	2722
全年办理(件)	Number of Cases in Whole Year (case)	207003	179088	174154	71066	146021
刑事案件诉讼代理	Agent of Criminal Cases	7334	11810	15655	33492	25455
民事诉讼代理	Agent of Civil Cases	28742	36249	70854	33271	108592
行政诉讼代理	Agent of Administrative Action	1340	2980	3606	1384	4279
经济案件诉讼代理	Agent of Economic Cases	13825	15004	—		
非诉讼法律事务	Agent of Non-litigious Legal Affairs	1784	5737	5915	2919	7695
解答法律询问	Agent of Legal Advisory Services	109872	98713	56568	38763	11129
代写法律事务文书	Agent of Legal Document Written on Behalf of Clients	8952	7640			
调解成功	Successful Mediation	1729	955	1278	2000	17035
公证工作	**Notarization**					
公证处(个)	Number of Notary Offices (unit)	97	98	98	98	98
公证员(人)	Notaries (person)	242	261	269	294	311
公证辅助人员(人)	Assistant Notaries (person)	180	174	179	191	182
办理公证文书(件)	Number of Notarized Documents (case)	100454	114816	123049	132995	128827
#经济合同公证	Notarized Documents on Economic Affairs	16994	15877	11050	115224	118232
#涉外公证	Foreign-related Notarization	16851	16672	16406	16491	9982
国内公证	Domestic Notarization	83603	98144	106648	—	—
公证费收入(万元)	Income of Notarization (10000 yuan)	2660	3031	4134	5386	5486
人民调解工作	**Number of People's Mediation**					
人民调解委员会(个)	Number of People's Mediation Committees (unit)	19738	19554	19952	20348	20440
人民调解人员(人)	Number of Mediators (person)	106889	103743	108343	101689	102245
调解民间纠纷(件)	Number of Civil Disputes Mediated (case)	147947	141967	131089	117423	53124
调解成功率(%)	The Rate of Success of Mediation (%)	97.2	96.8	96.5	95.7	95.0
基层法律服务工作	**Law Service at Basic Level**					
法律服务所(个)	Offices for Law Service (unit)	492	491	471	449	418
法律工作者(人)	Law Staffs (person)	2473	2487	2487	1555	1148
代理案件(件)	Cases Deputed (case)	15247	19513	22962	16982	15671
刑释解教人员安置帮教工作	**Settling and Assisting and Teaching Work for People That Has Been Released After Serving a Sentence**					
设立工作机构(个)	Institutions Established (unit)	96	90	104	86	148
工作人员(人)	Staffs (person)	188	279	256	201	568
安置人数(人)	Number of Persons Settled Down (person)	33541	24515	26868	30353	10585
帮教人数(人)	Number of Persons Assisted and Teached (person)	39369	29026	35024	35399	16314

注：1.资料来源于省司法厅(下表同)。 2.2018年起“经济案件诉讼代理”纳入“民事诉讼代理”统计中。

Note: 1.The data in the table are obtained from the Provincial Department of Justice (the same applies to the next table). 2.Since 2018, “Agent of Economic Cases” had been included in the data of "Agent of Civil Cases".

23-2 公证文书分类

Domestic Notarial Documents by Type

单位：件 (piece)

指　　标	Item	2018	2019	2020
合　计	**Total**	**123049**	**132995**	**128827**
合　同（协议）	**Contract (Agreement)**	11050	8971	7644
继　承	Inheritance	27294	31376	33670
委　托	Delegation	21891	21267	18050
声　明	Declaration	12550	14003	12538
赠　与	Grant	1160	1043	682
遗　嘱	Testament	1971	1969	1015
现场监督	Site Supervision	937	320	737
婚姻状况、亲属关系、收养关系	Marital Status, Kinship, Adoptive Relationship	3481	3670	1488
出生、生存、死亡	Birth, Life, Death	2276	2099	1490
身份、经历、学历、学位、职务、职称	Identity, Experience, Education, Degree, Post, Professional title	1435	845	1172
有无违法犯罪记录	Criminal Record or Not	2019	2607	1405
公司章程	Articles of Incorporation	750	8	2
保全证据	Evidence Preservation	1509	3042	3611
证书、执照	Certificate, License	2945	5431	3904
签名、印鉴	Signature, Seal	3939	1903	2076
文本相符	Text Consistency	5064	6818	4568
赋予强制执行效力	Endow Enforcement with Force	12052	19017	30622
执行证书	Performing Certificate	117	306	1448
抵押登记	Mortgaging Registration	40	30	0
提　存	Escrow	19	40	23
保　管	Legal Custody	60	60	77
其　他	Other	10490	8170	2605

注：本表按2018年司法统计报表编制。

Note: This table is compiled on the basis of 2018 judicial statistics.

23-3 消费者协会受理投诉
Cases Accepted and Heard by Consumer Association

单位：件 (piece)

指　标	Item	2016	2017	2018	2019	2020
总　计	**Total**	**2660**	**2377**	**3241**	**3856**	**6692**
#家用电器类	Household Appliances	459	308	331	271	332
#视听产品	Televison	46		18	12	33
电冰箱	Refrigerators	16		7	15	19
洗衣机	Washing Machines	8		15	7	11
空调器	Air-Conditioner	6		9	7	15
摩托车	Motorcycles	11		9	13	18
医疗器械	Assistant Things of Medical Treatment	1		5	9	42
服装鞋帽	Garment,Shoes and Caps	221	199	189	215	324
家　具	Furniture	31	36	41	38	53
食　品	Foods	253	216	322	360	695
房屋及装修建材	Houses and Fitment Material	209	186	221	269	330
#房　屋	Houses	35	41	76	100	104
装饰材料	Fitment Material	122	96	87	102	140
电信服务	Telecom	78	49	64	67	249
邮政业服务	Mail	50	37	38	29	49
农用生产资料类	Agricultural Production Materials	27	25	27	20	32
其他类	Others	355	430	640	916	1736

注：资料来源于省消费者协会。
Note: The data in the table are obtained from Guizhou Provincial Consumers Association.

23-4 检察院主要业务
Cases of Procuratorate

指　　标	Item	2016	2017	2018	2019	2020
民事行政案件(件)	**Civil administrative case (case)**					
受　理	Cases Accepted	6095	6280	5461	5954	11632
提请抗诉	Protests Lodged to Procuratorate	105	81	109	141	231
提出抗诉	Protests Lodged to Court of the Same Level	52	37	65	84	173
提出再审检察建议	Retrial Inspection Suggested	32	36	54	181	586
批准、决定批捕	**Total of Arrests**					
案件数（万件）	Cases (10000 cases)	2.10	2.08	2.06	2.08	1.61
人　数（万人）	Persons (10000 persons)	2.82	2.80	2.97	3.09	2.35
决定起诉	**Total of Public Prosecutions**					
案件数（万件）	Cases (10000 cases)	2.94	2.93	2.73	2.67	2.64
人　数（万人）	Persons (10000 persons)	3.97	4.00	3.87	3.93	3.95

注：资料来源于省人民检察院。

Note:.The data in the table are obtained from the People's Procuratorate of Guizhou Province.

23-5 人民法院刑事一审案件收案
First Trail Criminal Cases Accepted by Courts

单位：件 (case)

指　　标	Item	2016	2017	2018	2019	2020
总　　计	**Total**	**31725**	**30552**	**29146**	**28564**	**28522**
危害国家安全罪	Offences Against State Security	1	1		1	3
危害公共安全罪	Offences Against Public Security	5247	5140	6198	6527	7183
破坏社会主义市场经济秩序罪	Offences Against Socialist Economic Order	821	870	812	1053	1198
侵犯公民人身权利民主权利罪	Offences Against Citizens' Personal and Democratic Rights	4958	4606	4712	5002	5036
侵犯财产罪	Offences Against Properties	9600	9453	8595	8043	7268
妨害社会管理秩序罪	Offences Against Social Management of Order	9572	9280	8067	7428	7315
危害国防利益罪	Offences Against National Defense	2	2	3	1	3
贪污贿赂罪	Offences on Corruption and Bribery	1345	1021	671	454	449
渎职罪	Offences on Abuse and Dereliction of Duty	178	179	88	55	67
其他	Others	1				

注：资料来源于省高级人民法院(以下相关表同)。

Note: The data in the table are obtained from Guizhou Provincial Higher People's Court (the relative tables in the chapter are the same).

23-6 人民法院刑事一审案件结案
First Trail Criminal Cases Settled by Courts

单位：件 (case)

指　　标	Item	2016	2017	2018	2019	2020
总　　计	**Total**	**30656**	**29611**	**27995**	**27312**	**26578**
危害国家安全罪	Offences Against State Security	1	1			2
危害公共安全罪	Offences Against Public Security	5163	5083	6094	6434	6956
破坏社会主义市场经济秩序罪	Offences Against Socialist Economic Order	718	768	693	900	995
侵犯公民人身权利民主权利罪	Offences Against Citizens' Personal and Democratic Rights	4733	4448	4451	4686	4562
侵犯财产罪	Offences Against Properties	9367	9299	8355	7786	6849
妨害社会管理秩序罪	Offences Against Social Management of Order	9338	9019	7753	7091	6813
危害国防利益罪	Offences Against National Defense	2	2	3	1	1
贪污贿赂罪	Offences on Corruption and Bribery	1195	851	568	377	343
渎职罪	Offences on Abuse and Dereliction of Duty	139	140	78	37	57
其他	Others					

23-7 人民法院刑事案件中青少年犯罪
Juvenile Delinquency Among Criminal Cases

单位：人 (person)

指　　标	Item	2016	2017	2018	2019	2020
刑事罪犯总数	**Number of Criminals**	**33820**	**41110**	**37162**	**39658**	**40377**
#青少年罪犯	Juvenile Criminals	8324	10878	9099	10658	9715
#不满18岁	Less Than 18	2240	2551	1712	2110	1664
18-25岁	Aged 18-25	6084	8327	7387	8548	8051
青少年罪犯占刑事罪犯(%)	Proportion of Juvenile Criminals to Total Criminals (%)	24.6	26.5	24.5	26.9	24.1

23-8 生产安全
Production Safety

指　　标	Item	2016	2017	2018	2019	2020
各类事故死亡人数合计(人)	**Number of Deaths for Production Security Accidents(person)**	**1360**	**1299**	**1118**	**956**	**750**
农林牧渔业	Farming,Forestry,Animal Husbandry, Fishery	4	1	3		3
#农业机械	Agricultural Machinery	2				1
采矿业	Mining Industry	23	65	54	77	19
#煤矿	Coal Mine	16	58	43	60	6
非煤矿山	Non-coal Mine	7	7	11	17	13
商贸制造业	Trade Manufacturing	28	27	39	38	43
#化工	Chemical Industry	5		3	1	3
烟花爆竹	Fireworks	1	1			
冶金机械八行业	Metallurgical Machinery Eight Industry	19	10	22	14	8
建筑业	Construction	104	69	63	69	47
#房屋建筑及市政工程	Building Contruction and Municipal Works	39	31	27	47	16
交通建设工程	Traffic Construction Project	26	30	20	13	20
交通运输和仓储业	Transportation and Warehousing	1173	1127	938	752	616
#铁路运输业	Railway Transportation Industry	33	39	51	38	15
道路运输业	Road Transportation Industry	1139	1087	886	709	596
其他行业	Other Industry	28	10	21	20	22
亿元地区生产总值生产安全事故死亡人率(人/亿元)	Production Safety Accidents of GDP per billion yuan Death Rate(Person/100 million yuan)	0.116	0.096	0.076	0.057	0.042
工矿商贸就业人员10万人生产安全事故死亡率(人/10万人)	Industrial, Commercial and Employment Personnel 100 Thousand People,Production Safety Accident Mortality(person/100 thousand persons)	2.161	1.901	1.881	2.146	
煤矿百万吨死亡人率(人/百万吨)	Coal Mine Million tons Tortality Rate (person/million tons)	0.096	0.36	0.309	0.463	0.046

注：数据来源于省应急管理厅、省能源局。

Note: The data in the table are provided by the Department of Emergency Management of Guizhou Province and Guizhou Energy Administration.

23-9 火灾事故情况
Fire Accidents

指　　标	Item	2016	2017	2018	2019
实际发生数(起)	**Number of Fire Accidents(case)**	**4008**	**3996**	**4650**	**5576**
按火灾原因分	**Grouped by Cause**				
生产作业	Operation	110	120	115	172
电　气	Electric	1990	1864	2362	3065
吸　烟	Smoking	60	52	101	97
生活用火不慎	Not Careful with Cooking Fire	740	752	830	1098
玩　火	Playing with Fire	104	89	84	71
自　燃	Natural Fire	103	110	155	229
不　明	Uncertain	93	73	77	105
其　他	Others	808	936	853	655
死亡人数(人)	Number of Deaths(person)	36	33	37	37
受伤人数(人)	Number of Injuries(person)	22	16	27	37
直接财产损失(万元)	Direct Property Loss (10000 yuan)	8416	10617	8836.8	10200
平均每起事故损失(万元	Average Loss of Fire (10000 yuan)	2.09	2.66	1.9	1.83

注：数据来源于省消防总队。

Note: The data in the table are provided by Guizhou Provincial Fire Brigade.

23-10 社会保险
Social Insurance

指 标	Item	2016	2017	2018	2019	2020
社会保险基金	**Social Security Fund**					
社会保险基金收入(亿元)	Revenue(100 million yuan)	582.84	953.81	1127.29	1359.75	1307.04
社会保险基金支出(亿元)	Expenses(100 million yuan)	487.49	796.67	889.77	1130.53	1219.31
社会保险基金累计结余(亿元)	Balance at Year-end(100 million yuan)	871.43	1028.56	1266.08	1495.30	1583.03
城乡居民基本养老保险	**Basic Pension Insurance for Urban and Rural Residents**					
城乡居民基本养老保险参保人数(万人)	The Number of Insured (10000 persons)	1703.08	1748.55	1802.66	1855.76	1904.49
城乡居民基本养老保险基金收入(亿元)	Revenue(100 million yuan)	58.58	63.28	70.17	71.21	80.44
城乡居民基本养老保险基金支出(亿元)	Expenses(100 million yuan)	43.04	44.37	56.33	59.69	62.11
城镇职工基本养老保险	**Basic Pension Insurance of urban Staff**					
城镇职工基本养老保险参保人数(万人)	Number of Urban Employees Joining in Basic Pension Insurance(10000 persons)	423.58	588.17	639.81	677.50	713.98
#参保职工	Number of Employees	323.94	446.91	490.09	521.72	553.51
城镇职工基本养老保险基金收入(亿元)	Revenue(100 million yuan)	331.29	667.10	799.25	725.62	668.01
城镇职工基本养老保险基金支出(亿元)	Expenses(100 million yuan)	283.88	575.69	636.57	613.49	683.68
离退休人员社区管理服务率(%)	Rate of Community Management and Services for Retirees(%)	77.00	78.01	79.03	81.42	85.31
基本医疗保险	**Basic Medical Care Insurance**					
基本医疗保险参保人数(万人)	Number of Persons Joining in Basic Medical Care Insurance(10000 persons)	973.59	1001.34	1040.47	4186.75	4194.35
职工	Urban Worker	389.81	410.42	431.97	462.04	475.49
城乡居民	Urban Residents	583.78	590.92	608.50	3724.71	3718.87
基本医疗保险基金收入(亿元)	Revenue(100 million yuan)	158.00	186.62	214.19	516.34	534.27
职工	Urban Worker	131.50	154.09	185.80	205.12	220.53
城乡居民	Urban Residents	26.51	32.53	28.39	311.21	313.74
基本医疗保险基金支出(亿元)	Expenses(100 million yuan)	129.88	143.49	161.39	413.65	431.08
职工	Urban Worker	111.22	120.71	133.87	149.42	174.44
城乡居民	Urban Residents	18.66	22.77	27.51	264.23	256.65
失业保险	**Unemployment Insurance**					
失业保险参保人数(万人)	Number of Persons Joining in Unemployment Insurance(10000 persons)	218.10	235.71	257.33	276.07	297.93
领取失业金人数(万人)	Beneficiaries of Unemployment Insurance Fund (10000 persons)	2.37	2.24	2.30	2.71	4.17
失业保险基金收入(亿元)	Revenue(100 million yuan)	17.03	13.80	15.54	17.69	15.00
失业保险基金支出(亿元)	Expenses(100 million yuan)	13.91	11.31	10.74	12.25	24.51
#失业金(亿元)	Jobless Claims(100 million yuan)	2.99	3.30	3.77	4.16	6.15
职业培训补贴支出(亿元)	Expenses of Professional Training(100 million yuan)	0.06	0.25	0.04	0.04	0.01
工伤保险	**Work Injury Insurance**					
工伤保险参保人数(万人)	Number of Persons Joining in Injury Insurance (10000 persons)	305.02	332.48	355.75	408.51	463.78
工伤保险基金收入(亿元)	Revenue(100 million yuan)	12.45	15.15	16.00	14.88	9.32
工伤保险基金支出(亿元)	Expenses(100 million yuan)	11.89	12.65	14.65	17.81	17.93
生育保险	**Maternity Insurance**					
生育保险参保人数(万人)	Number of Persons Joining in Basic Maternity Insurance(10000 persons)	286.27	304.03	325.90	349.61	—
生育保险基金收入(亿元)	Revenue(100 million yuan)	5.48	7.86	12.15	14.01	—
生育保险基金支出(亿元)	Expenses(100 million yuan)	4.90	9.16	10.09	13.64	—

注：1.资料来源于省人力资源社会保障厅；2.2017年起，城镇职工基本医疗保险调整为职工基本医疗保险。3.社会保险基金2016年前统计口径为“老五险”，2016年起，增加城乡居民基本养老保险和城乡居民基本医疗保险。4.2019年起，新型农村合作医疗保险合并到基本医疗保险。

Note: 1.The data in the table are obtained from Guizhou Human Resources and Social Security. 2. Since 2017, the basic medical insurance for urban employees had been adjusted to the basic medical insurance for employees. 3. Before 2016, the statistical caliber of social insurance fund was "Old Five Insurances". While from 2016, basic pension insurance for urban and rural residents and basic medical care insurance for urban and rural residents were increased. 4. Starting from 2019, the new rural cooperative medical insurance was incorporated into the basic medical care insurance.

23-11 社会福利机构
Social Welfare Institutions and Enterprises

单位：个 (unit)

项　目	Item	2016	2017	2018	2019	2020
总　计	**Total**	**24611**	**24344**	**24395**	**24741**	**26215**
提供住宿的社会服务机构	Social Welfare Institutions with Accommodations	1015	980	1005	1041	1091
社会福利企业	Social Welfare Enterprises	32	—	—	—	—
优抚事业单位	Administration Agencies for Martyrs	59	39	—	—	—
救助类单位	Collecting and Repatriation Units	81	51	49	48	47
殡仪服务单位	Funeral and Interment Services Institutions	126	123	122	116	117
彩票发行单位	Lottery Issuing Units	13	12	12	11	11
社区服务单位	Community Service Facilities	23285	23139	23207	23525	24949

注：1.资料来源于省民政厅。2.提供住宿的社会服务机构2018年前为收养性福利单位，2018年起调整为提供住宿的社会服务机构，包括：提供住宿的养老机构、为智障与精神病人提供收留抚养服务的机构、儿童福利和救助机构、其他提供住宿的社会服务机构。根据民政部要求，未办理统一社会信用代码的农村敬老院不能做机构统计，需调整到社区服务机构和设施中，待办理统一社会信用代码证后方能调回。3.救助类单位、殡葬服务单位个数减少，系因民政部规范统计口径，对未办理社会统一信用代码证的机构从统计台账中删除。（以下相关表同）

Note: 1.The data in the table are provided by the Department of Civil Affairs of Guizhou Province. 2.Before 2018, social services institutions with accommodation were regarded as adopting welfare unit, while they have been adjusted as social services institutions to provide accommodation since 2018, including institutions which provide accomoodations for elderly, disabilities, mental patients or children, and those that provide other services. According to the requirements of the Ministry of Civil Affairs, rural nursing homes without unified social credit codes cannot make institutional statistics, they need to be adjusted to community service institutions and facilities, and they can only be transferred back after applying unified social credit codes. 3.The reduction in the number of "Collecting and Repatriation Units" and " Funeral and Interment Services Institutions" is due to the standardization of statistics by the Ministry of Civil Affairs, and the deletion of organizations from the statistical parameter that have not received the social unified credit code certificate.(the same applies to the next table)

23-12 社会福利机构工作人员
Staff Employed by Social welfare Institutions and Enterprises

单位：人 (person)

项　目	Item	2016	2017	2018	2019	2020
总　计	**Total**	**112991**	**110743**	**111979**	**113177**	
提供住宿的社会服务机构	Social Welfare Institutions with Accommodations	6278	6473	7043	7576	8388
社会福利企业	Social Welfare Enterprises	1880	—	—	—	
优抚事业单位	Administration Agencies for Martyrs	323	300	—	—	
救助类单位	Collecting and Repatriation Units	463	393	388	353	385
殡仪服务单位	Funeral and Interment services Institutions	3564	3726	3751	3837	3944
彩票发行单位	Lottery Issuing Units	262	301	305	302	251
社区服务单位	Community Service Facilities	100221	99550	100492	101109	

注：2017年民政部统计年报取消福利企业统计。

Note: The annual report of the Ministry of Civil Affairs of 2017 cancelled the statistics of welfare enterprises.

23－13 社会服务及设施和民政事业发展主要指标

Main Indicators of Social Services & Facilities and Civil Administration Career Development

指 标	Item	2016	2017	2018	2019	2020
社区服务机构和设施数(个)	**Number of Community Service Institutions and Facilities(unit)**	**23285**	**23139**	**23207**	**23525**	**24949**
#城市社区服务机构和设施数	Number of Urban Community Service Institutions and Facilities	5013	5494	5700	5933	5323
#农村社区服务机构和设施数	Number of Rural Community Service Institutions and Facilities	18272	17645	17507	17592	14456
城镇便民利民服务网点(个)	Number of Urban Service Points for Civilian (unit)	14599	—	—	—	
乡镇敬老院覆盖率(%)	Coverage Rate of Villages and Town Elderly Welfare Homes(%)	93.9	94.0	94.4	94.6	71.3
提供住宿的社会服务机构床位数(张)	Number of Beds of Social Welfare Institutions with Accommodations (unit)	188108	186841	186616	189783	174242
提供住宿的社会服务机构床位利用率(%)	Using Rate of Bed(%)	36.2	36.1	36.7	45.84	31.12
享受城市低保人数(万人)	Number of Persons Receiving Lowest Cost of living in Urban Area (10000 persons)	35.82	31.50	34.09	48.82	64.43
城市低保生活保障支出(万元)	Expenditure of Lowest Cost of living in Urban Area(10000 yuan)	164853	159151	173794	208169	342411

注：1.为保持口径一致，提供住宿的社会服务机构床位数均为机构及设施在用床位数，不包括建成未投入使用的床位数。 2.城市社区服务设施数是指城市社区服务指导中心、城市社区服务中心、城市社区服务站、社区养老照料机构、城市其他社区服务机构和设施的总和。3.2019年起“城市社区服务设施数”改为“社区服务机构和设施数”。

Note: 1. In order to keep the same caliber, the number of beds of social welfare institutions with accommodations is the number of beds for institutions and facilities in use, excluding those for the construction of unused beds. 2. "Number of Urban Community Service Facilities" refers to the total number of urban community service guidance centers, urban community service centers, urban community service stations, community old-age care institutions, and other community service institutions and facilities in the city.3. Starting from 2019, "Number of Urban Community Service Facilities" is replaced by "Number of Community Service Institutions and Facilities".

23－14 社会福利救济主要支出

Major Expenditures of Welfare Relief Funds

单位：万元 (10000 yuan)

指 标	Item	2016	2017	2018	2019	2020
总 计	**Total**	**1031479**	**1073998**	**926795**	**1073274**	**1301918**
优抚对象补助金额	Funds for Family Members of Martyrs and Disabled Veterans	159311	168715	166455	152266	147940
#国家支出	Government Funds	159311	168715	166455	143745	139789
传统救济对象的国家救济金额	Funds for Family Members of Traditional Relief	10749	11863	9299	5605	5603
最低生活保障支出	Expenditure for Persons Receiving minimum living allowance	829746	868537	840993	867687	1099157
#城 市	For Urban Areas	164853	159151	173794	208169	342411
农 村	For Rural Areas	664893	709386	667199	659518	756746
提供住宿社会服务机构支出	Funds for Adopting Social Welfare Instituti	31673	24883	76504	47716	49218
#国家支出	Government Funds	31673	24883	76504	47716	49218

注：1.因机构改革，优抚对象补助金额不再由省民政厅填报。 2.传统救济对象的统计口径2017年起变更为其他社会救助(含传统救济)，包括其他城市生活救助（含传统救济）和其他农村生活救助（含传统救济），反映除最低生活保障、临时救助、特困人员供养外的城乡生活困难居民生活救助支出。 3.优抚对象补助数据由省退役军人事务厅提供。

Note:1. Due to the institutional reform, "Funds for Family Members of Martyrs and Disabled Veterans" is no longer filled in by the Department of Civil Affairs of Guizhou Province. 2. The statistical caliber of traditional relief members has been changed to other social assistance (including traditional relief) since 2017, including other urban life assistance (including traditional relief) and other rural life assistance (including traditional relief), reflecting the living assistance expenses of urban and rural residents living in difficulties except for minimum living allowance, temporary assistance and support of people in special poverty. 3. The data of "Funds for Family Members of Martyrs and Disabled Veterans" are provided by the Guizhou Department of Veterans Affairs.

23-15 享受补助、救济人员

Persons Receiving Subsidies and Relief Funds

单位：万人 (10000 persons)

指标	Item	2016	2017	2018	2019	2020
城乡居民最低生活保障人数	**Number of Urban and Rural Residents Receiving Minimum Living Allowance**	**341**	**291.51**	**260.85**	**256.16**	**275.29**
城　市	Urban Area	36	31.50	34.09	48.82	64.43
农　村	Rural Area	305	260.01	226.76	207.34	210.86
传统救济人数	Number of Persons Receiving Traditional Relief Funds	2.13	2.03	1.96	0.86	0.83

23-16 殡葬服务情况

Funeral and Interment Services

指标	Item	2016	2017	2018	2019	2020
殡葬类单位数（个）	Number of Funeral and Interment Enterprises (unit)	126	123	122	116	117
从业人员（人）	Employed Persons (person)	3564	3726	3751	3837	3944
火化炉数（台）	Number of Crematories(unit)	169	178	191	206	214
火化数（万具）	Cremated Remains(10000 units)	9.22	9.61	10.76	11.75	12.04
#安葬数（万具）	Number of the Buried(10000 units)	2.89	3.04	3.47	4.54	4.08
火化率（%）	Cremation Rate(%)	40.00	40.60	43.67	47.48	48.90

注：1.安葬数为当年安葬数。2.根据民政部规范统计口径，将未办理统一社会信用代码证的机构不在机构台账中统计。

Note: 1. The number of the buried refers to the number in the current year. 2. The ministry of civil affairs standardizes the scope of statistics and does not make statistics on institutions that have not dealt with unified social credit code certificate.

主要统计指标解释

公证员 指按照《公证法》规定，在公证机构从事公证业务的执业公证员、公证助理员、行政人员、其他人员。

办理公证文书 指公证处在一定时期内办结的公证文书件数。公证文书按司法部规定或批准的格式制作，包括国内公证和涉外公证两部分。国内公证分为经济合同公证和民事法律关系公证两大类。

人民调解人员 指人民调解委员会委员和人民调解委员会聘任的，负责对《人民调解法》规定人民调解委员会可以受理的民间纠纷进行调解的人员。

调解民间纠纷 是指人民调解委员会通过说服、疏导等方法，促成当事人在平等协商基础上自愿达成调解协议，解决民间纠纷的活动。

批准、决定逮捕 指人民检察院对公安机关、国家安全机关、监狱管理机关提出逮捕的犯罪嫌疑人进行审查，根据事实，依法做出逮捕决定。该指标主要反映人民检察院对提请逮捕犯罪嫌疑人进行审查后依法做出批准逮捕决定的情况。

青少年罪犯 指人民法院在报告期内判决发生法律效力的有罪判决中14周岁以上不满25周岁的罪犯。其中14周岁以上不满18周岁的罪犯为未成年罪犯。

基本养老保险参保人数 指报告期末按照国家法律、法规和有关政策规定参加基本养老保险并在社保经办机构已建立缴费记录档案的人数，包括中断缴费但未终止养老保险关系的职工人数，报告期末参加基本养老保险的离休、退休和退职人员，不包括只登记未建立缴费记录档案的人数。

基本医疗保险参保人数 指报告期末按国家有关规定参加基本医疗保险的人数。包括参加保险的职工人数和退休人员人数。

失业保险参保人数 指报告期末按照国家法律、法规和有关政策规定参加了失业保险的城镇企业事业单位的职工及地方政府规定参加失业保险的其他人员的人数。

工伤保险参保人数 指报告期末依据国家有关规定参加工伤保险的职工人数和有雇工的个体工商户的雇工数。

生育保险参保人数 指报告期末依据有关规定参加生育保险的职工人数。

城市社区服务设施数 是指社区服务站、社区服务中心、其他社区服务设施的总和。是面向老年人及家庭的商品递送、医疗保健、家庭保洁、日间照料、陪伴服务等为社区居家养老服务的设施和突出综合服务功能，如党员活动室、就业保障网络、社区卫生服务站、文化活动室、图书馆、“爱心超市”社区捐款接收站点、警务站（室）、老年活动室、未成年人文化活动场所等具有综合服务功能的设施。原则上，每个社区服务站设施的最低标准能满足社区居委会办公所需，并配置多功能社区活动场所，建筑面积不低于200平方米。在此基础上可根据社区居民的实际需求，重点强化若干类服务功能。

城市居民最低生活保障人数 指在报告期末家庭人均收入低于当地最低生活保障标准的持有非农业户口的城市居民家庭人员及国家规定有民政部门救济的特殊人员和60年代精减退职老职工救济人员等。

农村居民最低生活保障人数 指报告期末家庭年人均纯收入低于当地最低生活保障标准的农村居民，主要是因病残、年老体弱、丧失劳动能力以及生存条件恶劣等原因造成生活常年困难的农村居民。

Explanatory Notes on Main Statistical Indicators

Notary Personnel refers to judicial workers of the state notary offices handling notarization work according to law. They include notaries, assistant notaries, administrators and other people working for notary offices.

Notarized Documents refer to the number of notarial documents that the notary has gone through within a certain period. The notary documents are drawn up in accordance with the regulations of the Ministry of Justice, including domestic documents and foreign-related documents. Domestic documents are divided into two major categories, documents on economic contracts and documents on civil legal relations.

Mediators refer to workers on people mediation committees responsible for mediating in civil disputes and cases of slight infraction of the law. They include members of the mediation committees and mediators of mediation groups.

Mediation of civil disputes refers to the people's mediation committee through persuasion, persuasion and other methods, to facilitate the parties to reach a voluntary agreement on the basis of equality, the settlement of civil disputes.

Approval for Arrest refers to the decision made by people's procurator ate office, in accordance with the law and relevant facts, to approve the arrest of the suspect(s) as proposed by the public security departments, state security departments or prisons authority. This indicator reflects approved arrests made by people's procuratorate offices that are proposed by related departments.

Juvenile Criminals refers to the offenders within the age range of 14 to 25 convicted guilty by the court during the reporting period while those between 14 and 18 are defined as minor offenders.

Number of Basic Pension Insurance refer to the people participating in the basic pension insurance program according to national laws, regulations and related policies at the end of the reference period, who have already had payment records in social security management agencies, including those who have interrupt payment without terminating the insurance program. Those who have registered in the program but with no payment records are not included.

Number of Basic Medical Care Insurance refers to the number of people participating in the basic medical care insurance program according to related regulations as at the end of reference period, including number of staff and workers and retirees participating in this insurance program.

Number of Unemployment Insurance refers to the number of staff and workers in urban enterprises or institutions who have participated in the unemployment insurance program according to relevant policies and regulations, and other people who have participated according to local government regulations, as at the end of reference period.

Number of Work Injury Insurance refers to the number of staff and workers who have participated in the work injury insurance program according to relevant national regulations and hirelings who were hired by individual industrial and commercial households.

Number of Maternity Insurance refers to the number of staff and workers who have participated in the maternity insurance program according to relevant regulation at the end of the reporting period.

Number of Service Facilities in Urban Communities refers to community service centers, community service centers, other community service facilities combined. Is for the elderly and home delivery of goods, health care, household cleaning, day care, companionship services, home care services for community facilities and outstanding comprehensive service functions, such as Party member activity room, employment security networks, community health service stations, cultural activities room, library, "love supermarket" community donations receiving stations, police stations (room), old activity room, minors and other cultural activities with comprehensive service functions of the facility. In principle, each community service station facilities to meet the minimum standards required for community neighborhood committee office, and configure the multi-purpose community activities, building area of not less than 200 square meters. On this basis, according to the actual needs of community residents, can focus on enhancing certain types of services.

Number of Urban Residents Entitled to Minimum Living Allowances refers to urban residents who hold non-agricultural household registration and whose per capita income is lower than the local minimum living standard by the end of the reporting period, and special staff who were relieved by states provide State regulations and the District Department and 1960s streamline relief workers older workers retire, etc.

Number of Rural Residents Entitled to Minimum Living Allowances refers to the number of those receiving the minimum living allowances from the local government or community in the rural areas where this allowances system is in place as of the end of the reporting period, and rural residents who live in perennial difficulties, mainly due to illness and disability, old age and incapacitation, loss of working ability and poor living conditions and other causes.

民族自治地方

Minority Nationality Autonomous Areas

24

简 要 说 明

一、主要内容

本篇资料主要反映全省民族自治地方经济社会发展情况。

二、资料来源

部分资料根据省民宗委《2020 民族自治地方统计报表制度》加工、整理。

本篇资料由省统计局根据部门资料加工编辑。

Brief Introduction

I. Main Contents

The data in this chapter present the social and economic development of ethnic minority autonomous regions of Guizhou.

II. Sources of Data

Some of the data are processed and edited according to the 2020 Statistical Statement System of Ethnic Autonomous Areas issued by Ethnic and Religious Affairs Commission of Guizhou Province.

The data in this table are processed and edited by Guizhou Provincial Bureau of Statistics according to departmental data.

24-1 民族自治地方行政区划
Administrative Division of Minority Nationality Autonomous Areas

单位：个 (unit)

民族自治州(县)名称	Autonomous Prefecture(County)	地级 Prefectural Level	县级 County Level	#县级市 City at County Level	成立时间 Time of Coming into Existence	土地面积(平方公里) Total Land Area(sq.km)
黔西南布依族苗族自治州	Qianxinan(Bouyei & Miao)Autonomous State	1	8	1	1982年05月01日	16804
黔东南苗族侗族自治州	Qiandongnan(Miao & Dong)Autonomous State	1	16	1	1956年07月23日	30337
黔南布依族苗族自治州	Qiannan(Bouyei & Miao)Autonomous State	1	12	2	1956年08月08日	26197
道真仡佬族苗族自治县	Daozhen(Gelao & Miao)Autonomous County		1		1987年11月29日	2156
务川仡佬族苗族自治县	Wuchuan(Gelao & Miao)Autonomous County		1		1987年11月26日	2773
镇宁布依族苗族自治县	Zhenning(Bouyei & Miao)Autonomous County		1		1963年09月11日	1703
关岭布依族苗族自治县	Guanling(Bouyei & Miao)Autonomous County		1		1981年12月31日	1468
紫云苗族布依族自治县	Ziyun(Miao & Bouyei)Autonomous County		1		1966年02月11日	2284
威宁彝族回族苗族自治县	Weining(Yi,Hui & Miao)Autonomous County		1		1954年11月11日	6296
玉屏侗族自治县	Yuping(Dong)Autonomous County		1		1984年11月07日	516
印江土家族苗族自治县	Yinjiang(Tujia & Miao)Autonomous County		1		1987年11月20日	1961
沿河土家族自治县	Yanhe(Tujia)Autonomous County		1		1987年11月23日	2469
松桃苗族自治县	Songtao(Miao)Autonomous County		1		1956年12月31日	2861
三都水族自治县	Sandu(Shui)Autonomous County		1		1957年01月02日	2384

注：资料来源于省民政厅。

Note: The data in the table are provided by the Department of Civil Affairs of Guizhou Province.

24-2 少数民族分布
Geographic Distribution of Minority Nationalities

民族	Nationality	分布的主要地区	Main Geographic Distribution
苗族	Miao	黔东南州、黔南州、黔西南州、松桃县、紫云县、务川县、水城县	Qiandongnan,Qiannan,Qianxinan,Songtao,Ziyun Wuchuan,Shuicheng
布依族	Bouyei	黔南州、黔西南州、镇宁县、紫云县	Qiannan,Qianxinan,Zhenning,Ziyun
侗族	Dong	黔东南州、玉屏县、碧江区、石阡县	Qiandongnan,Yuping,Bijiang,Shiqian
土家族	Tujia	铜仁市	Tongren
彝族	Yi	毕节市、六盘水市	Bijie,Liupanshui
仡佬族	Gelao	遵义市、关岭县、石阡县	Zunyi,Guanling,Shiqian
水族	Shui	三都县	Sandu
回族	Hui	威宁县、兴仁市、平坝区、兴义市	Weining,Xingren,Pingba,Xingyi
白族	Bai	毕节市、盘州市	Bijie,Panzhou
瑶族	Yao	黔东南州、荔波县	Qiandongnan,Libo
壮族	Zhuang	从江县、独山县、荔波县、都匀市	Congjiang,Dushan,Libo,Duyun
畲族	She	凯里市、麻江县、都匀市、福泉市	Kaili,Majiang,Duyun,Fuquan
毛南族	Maonan	平塘县、独山县、惠水县	Pingtang,Dushan,Huishui
蒙古族	Mongolian	毕节市、石阡县、思南县	Bijie,Shiqian,Sinan
仫佬族	Mulam	凯里市、麻江县、黄平县	Kaili,Majiang,Huangping
满族	Man	黔西县、大方县、金沙县、云岩区	Qianxi,Dafang,Jinsha,Yunyan
羌族	Qiang	石阡县、江口县	Shiqian,Jiangkou

24-3 民族自治地方经济社会主要指标
Major Social and Economic Indicators of Minority Nationality Autonomous Areas

指 标	Item	2016	2017	2018	2019	2020	2020年比2019年增长(%) Increase Rate in 2020 over 2019(%)
人口	**Population**						
年末常住人口(万人)	Number of Resident Population at Year-end	1365.49	1372.93	1376.13	1379.78	1434.59	4.0
#少数民族人口	Minority Population	1079.86	1075.43	1102.95	1118.51	835.51	—
地区生产总值	Gross Domestic Product						
地区生产总值(亿元)	Gross Domestic Product(100 million yuan)	3813.68	4243.99	4628.88	5100.23	5407.58	4.3
财政、金融	Government Finance and Banking						
一般公共预算收入(亿元)	General Public Budget Revenue (100 million yuan)	387.42	376.36	360.27	331.72	335.12	1.0
一般公共预算支出(亿元)	General Public Budget Expenditure (100 million yuan)	1327.22	1481.37	1585.05	1724.10	1765.15	2.4
金融机构人民币各项存款余额(亿元)	Total Savings Deposit Balance at Year-end (100 million yuan)	5301.08	5910.04	5842.12	5749.04	5870.85	2.1
金融机构人民币各项贷款余额(亿元)	Total Loan Balance at Year-end (100 million yuan)	3489.23	4271.76	5100.74	5918.23	6692.64	13.1
农业	Agriculture						
农林牧渔业增加值(亿元)	Added Value of Farming, Forestry, Animal Husbandry and Fishery (100 million yuan)	849.73	928.44	1002.30	1065.61	1184.25	6.4
粮食产量(万吨)	Grain Output(10000 tons)	530.75	522.43	522.30	483.30	644.75	33.4
油菜籽产量(万吨)	Output of Rapeseeds(10000 tons)	32.57	39.62	33.95	31.89	30.81	-3.4
大牲畜存栏数(万头)	The Number of Large Livestock in Stock (year-end)(10000 heads)	269.11		394.32	262.87	204.74	-22.1
猪年底存栏数(万头)	Hogs(year-end)(10000 heads)	635.93	656.08	631.42	514.04	652.14	26.9
羊年底存栏数(万只)	Sheep and Goats(year-end)(10000 heads)	204.97		257.22	197.77	203.51	2.9
工业（规模以上）	**Industry**						
企业数（个）	Number of Enterprises(unit)	2010	2059	2154	1910	1998	4.6
主营业务收入（亿元）	Revenue from Principal Business (100 million yuan)			2255.99	2241.72	2261.52	0.9
运输邮电	**Transportation, Post and Telecommunication**						
公路里程(公里)	Length of Highways(km)	92568	94960	99169	101030	104789	3.7
邮政业务总量（亿元）	Business Volume of Post (100 million yuan)					25.48	
商业	**Trade**						
社会消费品零售总额(亿元)	Total Retail Sales of Consumer Goods (100 million yuan)	942.95	1057.00	1127.84	—	—	—
人均水平	**Per Capita Standard of Living**						
人均地区生产总值(元)	Per Capita Gross Domestic Product(yuan)	28008	30912	33160	36964	37694	2.0
人均一般公共预算收入	Per Capita General Public Budget Revenue(yuan)	2837	2741	2621	2407	2336	-3.0
人均储蓄(元)	Per Capita Urban and Rural Resident Savings(yuan)	17179	19327	23025	22664	24073	6.2

注：1.部分数据取自省民宗委《2020民族自治地方统计报表制度》（以下相关表同）。2.2020年少数民族人口数为第七次人口普查数据.3.规模以上工业统计口径为年主营业务收入2000万元及以上工业企业。4.人均水平数据按常住半年人口计算。（下表同）

Note: 1.Partial data in this table are obtained from *Statistical Report System of National Autonomous Areas 2020* of Ethnic and Religious Affairs Commission of Guizhou Privince (the relative tables in the chapter are the same). 2.The population of ethnic minorities in 2020 is the data of the seventh census. 3.The statistical caliber of industrial above designated size are the ones whose main business income is over 20 million yuan. 4.The data of per capita standard of living are calculated according to resident population staying at home for 6 months. (the following tables are the same)

24-4 民族自治地方经济社会主要指标(2020)
Major Social and Economic Indicators of Minority Nationality Autonomous Areas

指　标	Item	民族自治地方 Minority Nationality Autonomous Areas	民族自治州 Minority Nationality Autonomous Prefecture	民族自治县 Minority Nationality Autonomous County
人口	**Population**			
年末常住人口(万人)	Number of Resident Population at Year-end (10000persons)	1434.59	1027.29	435.13
#少数民族人口	Minority Population	835.51	606.80	255.06
人口密度(人/平方公里)	Population Density(person/sq.km)	145.85	140.19	158.33
地区生产总值(亿元)	**Gross Domestic Product(100 million yuan)**	**5407.58**	**4140.32**	**1354.46**
第一产业增加值	Added Value of Primary Industry	1128.25	748.89	403.24
第二产业增加值	Added Value of Secondary Industry	1543.19	1284.81	280.80
第三产业增加值	Added Value of Tertiary Industry	2736.60	2106.62	670.88
农业	**Agriculture**			
乡村从业人口(万人)	Rural Employed Population(10000 persons)	839.03	609.48	249.27
农用机械总动力(万千瓦)	Total Power of Agricultural Machinery(10000 kw)	1173.15	933.55	239.60
化肥使用量(折纯量)(万吨)	Consumption of Chemical Fertilizers(10000 tons)	43.78	21.27	23.11
有效灌溉面积(千公顷)	Effective Irrigated Areas(1000 hectares)	532.46	377.01	167.41
农作物播种面积(千公顷)	Total Sown Areas (1000 hectares)	2167.72	1437.46	776.04
#粮　食	Grain	1110.44	732.60	397.39
油料作物	Rapeseeds	190.93	147.55	49.58
粮食总产量(万吨)	Total Grain Yield(10000 tons)	644.75	327.21	326.48
油菜籽产量(万吨)	Output of Rapeseeds(10000 tons)	30.81	22.30	9.35
烤烟产量(万吨)	Output of Flue-cured Tobacco (10000 tons)	10.53	5.84	4.69
茶叶产量(万吨)	Output of Tea (10000 tons)	9.70	6.40	3.54
牲畜当年存栏数	The Number of Total Livestock			
大牲畜(万头)	Large Livestock(10000 heads)	204.74	104.35	107.62
猪(万头)	Hogs(10000 heads)	652.14	444.73	218.32
羊(万只)	Sheep and Goats(10000 heads)	203.51	104.31	101.11

24-4 续表 continued

指 标	Item	民族自治地方 Minority Nationality Autonomous Areas	民族自治州 Minority Nationality Autonomous Prefectures	民族自治县 Minority Nationality Autonomous Counties
牲畜当年出栏数	Number of Slaughtered Animals			
大牲畜(万头)	Large Livestock(10000 heads)	79.61	37.69	43.77
猪(万头)	Hogs(10000 heads)	691.39	411.70	289.26
羊(万只)	Sheep and Goats(10000 heads)	162.51	90.92	72.70
肉类总产量(万吨)	Output of Meat(10000 tons)	83.17	49.54	34.96
水产品产量(万吨)	Total Aquatic Products(10000 tons)	12.46	9.05	3.70
农林牧渔业增加值(亿元)	Added Value of Farming, Forestry, Animal Husbandry and Fishery(100 million yuan)	1184.25	786.73	422.27
工业(规模以上)	**Industry(above designated size)**			
企业单位数(个)	Number of Enterprises(unit)	1998	1635	398
主营业务收入(亿元)	Revenue from Principal Business (100 million yuan)	2261.52	1789.45	489.98
利润总额(亿元)	Total Profits(100 million yuan)	124.77	90.91	35.40
商业	**Trade**			
社会消费品零售总额(亿元)	Total Retail Sales of Consumer Goods (100 million yuan)			407.19
财政、金融	**Government Finance and Banking**			
一般公共预算收入(亿元)	General Public Budget Revenue (100 million yuan)	335.12	286.66	51.68
一般公共预算支出(亿元)	General Public Budget Expenditure (100 million yuan)	1765.15	1314.43	483.84
金融机构人民币各项存款余额(亿元)	Total Savins Deposit Balance at Year-end (100 million yuan)	5870.85	4650.71	1310.51
#个人储蓄存款	Urban and Rural Resident Savings Deposit Balance	3453.47	2637.12	874.28
金融机构人民币各项贷款余额(亿元)	Total Loan Balance at Year-end (100 million yuan)	6692.64	5188.65	1618.49
交通运输	**Traffic**			
公路里程(公里)	Length of Highways(km)	104789	68327	39818
邮电、通讯	**Post and Telecommunications**			
邮路总长度(公里)	Length of Postal Routes(km)	26432	15244	18316
农村投递线路总长度(公里)	Rural Delivery Routes(km)	522329	56931	480158
互联网宽带接入用户(万户)	Number of Fixed Telephone Subscribers at the Year-end (10000 units)	261.84	210.17	59.26

24-5 民族自治地方一般公共预算收入(2020)
General Public Financial Budget Revenue of Minority Nationality Autonomous Areas

单位：亿元 (100 million yuan)

指　标	Item	民族自治地方 Minority Nationality Autonomous Area	民族自治州 Nationality Minority Autonomous Prefecture	民族自治县 Minority Nationality Autonomous County
一般公共预算收入	**General Public Budget Revenue**	**335.12**	**286.66**	**51.68**
税收收入	**Tax Revenue**			
#增值税	Value-added Tax	62.18	52.72	9.78
企业所得税	Corporate Income Tax	17.55	15.25	2.41
个人所得税	Individual Income Tax	5.77	4.97	0.83
资源税	Resource Tax	5.17	4.65	0.54
城市维护建设税	City Maintenance and Construction Tax	11.97	10.58	1.44
土地增值税	Land Appreciation Tax	16.31	14.03	2.32
契　税	Deed Tax	19.03	15.78	3.31
非税收入	**Non-tax Revenue**			
#专项收入	Special Program Receipts	11.38	9.53	1.91
行政事业性收费收入	Change of Administrative and Institutional Units	24.27	20.75	3.81
罚没收入	Penalty Receipts	25.08	21.32	4.23
国有资本经营收入	Operation Income of State-owned Assets	2.39	2.39	

注：资料来源于省财政厅(下表同)。

Note:The data in the table are obtained from Guizhou Provincial Finance Bureau(the same applies to the next table).

24-6 民族自治地方一般公共预算支出(2020)
General Public Budget Expenditure of Minority Nationality Autonomous Areas

单位：亿元 (100 million yuan)

指　标	Item	民族自治地方 Minority Nationality Autonomous Area	民族自治州 Minority Nationality Autonomous Prefecture	民族自治县 Minority Nationality Autonomous County
一般公共预算支出	**General Public Financial Budget Expenditure**	**1765.15**	**1314.43**	**483.84**
#一般公共服务	Expenditure for General Public Service	178.22	133.30	48.44
国　防	Expenditure for National Defense	1.01	0.82	0.19
公共安全	Expenditure for Public Security	69.28	56.83	13.49
教　育	Expenditure for Education	387.63	279.98	115.63
科学技术	Expenditure for Science and Technology	32.50	23.71	9.55
文化体育与传媒	Expenditure for Culture,Sports and Media	21.32	17.78	3.92
社会保障和就业	Expenditure for Social Safety Net and Employment Effort	199.88	151.73	51.02
医疗卫生	Expenditure for Medical and Health Care	191.28	158.25	35.51
节能环保	Energy Saving and Environment Protection	55.79	41.30	15.83
城乡社区事务	Urban and Rural Community Affairs	47.52	36.54	11.44
农林水事务	Agriculture,Forestry and Water Conservancy	340.78	231.61	116.86
交通运输	Transportation	38.00	28.76	10.03

市(州)、县(市、区、特区)资料

25

Main Statistics of City (State,Prefecture) and County (City,District,Special Region)

简 要 说 明

一、主要内容

本篇资料主要反映全省市（州）、县（市、区、特区）经济社会发展基本情况。

二、资料来源

本篇资料分别由省统计局、国家统计局贵州调查总队、省公安厅、省人力资源社会保障厅、省财政厅、省农业农村厅、中国人民银行贵阳中心支行、省交通运输厅、省通信管理局、省邮政管理局、省教育厅、省卫生健康委员会等单位提供。

Brief Introduction

I. Main Contents

The data in this chapter present the social and economic development of city (prefecture), county (city, district or special administrative region).

II. Sources of Data

The data in this chapter are provided respectively by Guizhou Provincial Bureau of Statistics, Guizhou Survey Organization of NBS, Department of Public Security of Guizhou Province, Department of Human Resources and Social Security of Guizhou Province, Department of Finance of Guizhou Province, Department of Agriculture and Rural Affairs of Guizhou Province, and Guiyang Central Sub-branch of the People's Bank of China, Guizhou Provincial Department of Traffic and Transportation, Guizhou Communications Administration, Guizhou Provincial Postal Administration, Guizhou Provincial Bureau of Education, and Guizhou Provincial Health Commission.

25-1 各市(州)地区生产总值及增速(2020)

Gross Domestic Product and Its Increase Rates by Region

市（州）名称	City (Autonomous Prefectures)	地区生产总值 Gross Domestic Product	第一产业增加值 Primary Industry	第二产业增加值 Secondary Industry	#工业 Industry	第三产业增加值 Tertiary Industry	人均地区生产总值(元) Per Capita Gross Domestic Product(yuan)
绝对数(亿元)	**Level (100 million yuan)**						
贵阳市	Guiyang	4311.65	178.31	1552.59	883.68	2580.75	72246
六盘水市	Liupanshui	1339.62	170.79	599.99	522.47	568.84	44224
遵义市	Zunyi	3720.05	489.62	1615.60	1441.43	1614.83	56334
安顺市	Anshun	966.74	176.33	292.60	227.41	497.81	39160
毕节市	Bijie	2020.39	486.55	533.45	404.96	1000.39	29295
铜仁市	Tongren	1327.79	289.39	332.58	215.72	705.82	40269
黔西南州	Qianxinan	1353.40	249.35	462.99	337.70	641.06	44881
黔东南州	Qiandongnan	1191.52	244.81	258.53	140.07	688.18	31719
黔南州	Qiannan	1595.40	254.73	563.29	429.24	777.38	45654
比上年增长(%)	**Increase Rate over Preceding Year(%)**						
贵阳市	Guiyang	5.0	6.4	5.5	4.5	4.4	3.6
六盘水市	Liupanshui	4.5	5.9	4.4	3.6	4.3	4.2
遵义市	Zunyi	4.6	6.2	4.2	4.8	4.7	4.3
安顺市	Anshun	3.1	6.4	2.8	1.4	2.1	2.7
毕节市	Bijie	4.4	6.3	3.8	2.2	3.9	4.2
铜仁市	Tongren	4.4	6.7	3.2	1.5	4.0	4.0
黔西南州	Qianxinan	4.7	6.5	5.3	4.1	3.5	4.5
黔东南州	Qiandongnan	4.5	6.3	3.3	2.8	4.4	4.2
黔南州	Qiannan	4.0	6.5	4.3	3.5	2.9	3.7

注：表中绝对数按当年价格计算，增长速度按可比价格计算。

Note: The data of absolute figures in the table are calculated at current prices, and the increase rates are calculated at comparable prices.

25-2 各市(州)年末常住人口
Permanent Population at the Year-end by Region

单位：万人 (10000 persons)

市(州)名称	City (State)	2016	2017	2018	2019	2020
贵阳市	Guiyang	555.20	574.91	583.24	594.62	598.98
六盘水市	Liupanshui	298.28	300.41	301.30	302.53	303.30
遵义市	Zunyi	648.42	654.08	656.47	659.74	660.98
安顺市	Anshun	242.48	244.51	245.37	246.55	247.18
毕节市	Bijie	680.58	684.82	686.61	689.06	690.28
铜仁市	Tongren	324.62	327.04	328.06	329.46	330.00
黔西南州	Qianxinan	296.56	299.01	300.04	301.46	301.65
黔东南州	Qiandongnan	368.74	372.01	373.39	375.27	376.03
黔南州	Qiannan	343.12	346.21	347.52	349.31	349.60

注：2016-2019年数据为根据第七次全国人口普查数据采用趋势离差法进行修订。
Note: The data from 2016 to 2019 were revised according to the trend deviation method adopted in the seventh national census.

25-3 各市(州)户籍人口
Household Registered Population by Region

市(州)名称	City (Autonomous Prefectures)	总户数(万户) Total Number of Household (10000 households)		平均每户人数(人) Population of Per Household(person)	
		2019	2020	2019	2020
贵 阳 市	Guiyang	135.32	138.36	3.16	3.16
六盘水市	Liupanshui	105.26	106.77	3.36	3.36
遵 义 市	Zunyi	251.11	237.42	3.26	3.48
安 顺 市	Anshun	90.31	90.40	3.40	3.43
毕 节 市	Bijie	255.75	256.56	3.67	3.70
铜 仁 市	Tongren	135.58	135.41	3.29	3.31
黔西南州	Qianxinan	104.33	103.93	3.54	3.58
黔东南州	Qiandongnan	135.30	134.31	3.58	3.64
黔 南 州	Qiannan	130.65	130.90	3.27	3.28

注：资料来源于省公安厅。
Note:The data in the table are obtained from Guizhou Provincial Public Security Department.

25-3 续表 Continued

单位：万人 (10000 persons)

市(州)名称	City (Autonomous Prefectures)	年末人口数 Total Population at the Year-end		按性别分 Grouped by sex			
				男 Male		女 Female	
		2019	2020	2019	2020	2019	2020
贵 阳 市	Guiyang	427.83	437.30	214.66	218.96	213.16	218.33
六盘水市	Liupanshui	353.21	358.27	185.89	188.63	167.33	169.64
遵 义 市	Zunyi	819.00	826.26	426.95	430.34	392.05	395.92
安 顺 市	Anshun	307.07	309.98	159.05	160.51	148.02	149.47
毕 节 市	Bijie	937.76	950.29	492.18	498.59	445.58	451.69
铜 仁 市	Tongren	446.38	448.03	234.96	236.10	211.42	211.93
黔西南州	Qianxinan	368.81	371.96	191.71	193.24	177.10	178.72
黔东南州	Qiandongnan	484.73	488.65	258.79	260.84	225.94	227.81
黔 南 州	Qiannan	426.65	429.38	222.72	224.08	203.94	205.30

25−4 各市(州)非私营单位在岗职工年平均人数、年平均工资
Number of Staff and Workers and Their Annual Average Wages in Non-private Units by Region

市(州)名称	City (Autonomous Prefectures)	2019	2020	2020年比2019年增长(%) Increase Rate in 2020 over 2019(%)
在岗职工年平均人数(万人)	**Annual Average of Staff and Workers (10000 persons)**	**286.01**	**298.57**	**4.4**
贵阳市	Guiyang	98.85	101.91	3.1
六盘水市	Liupanshui	21.03	21.91	4.2
遵义市	Zunyi	42.7	43.67	2.3
安顺市	Anshun	16.78	16.32	-2.7
毕节市	Bijie	30.34	33.18	9.4
铜仁市	Tongren	18.31	19.34	5.6
黔西南州	Qianxinan	14.94	16.54	10.7
黔东南州	Qiandongnan	22.07	23.48	6.4
黔南州	Qiannan	20.98	22.22	5.9
年平均工资(元)	**Annual Average Wages (yuan)**	**87970**	**94276**	**7.2**
贵阳市	Guiyang	92650	101829	9.9
六盘水市	Liupanshui	84719	85988	1.5
遵义市	Zunyi	94644	102116	7.9
安顺市	Anshun	80727	82795	2.6
毕节市	Bijie	80046	86399	7.9
铜仁市	Tongren	82090	84942	3.5
黔西南州	Qianxinan	93360	93711	0.4
黔东南州	Qiandongnan	81893	89147	8.9
黔南州	Qiannan	80540	86558	7.5

25-5 各市(州)社会消费品零售总额增速
Growth Rate of Total Retail Sales of Social Consumer Goods by Region

单位：% (%)

市(州)名称	City (Autonomous Prefectures)	2019	2020
贵阳市	Guiyang	7.9	6.6
六盘水市	Liupanshui	10.2	5.6
遵义市	Zunyi	7.0	6.6
安顺市	Anshun	9.1	4.1
毕节市	Bijie	8.9	3.8
铜仁市	Tongren	7.4	5.3
黔西南州	Qianxinan	8.7	5.4
黔东南州	Qiandongnan	7.8	2.5
黔南州	Qiannan	9.1	3.6

25-6 各市(州)能源利用效率(2020)
Energy Using Efficiency by Region

市(州)名称	City (Autonomous Prefectures)	单位地区生产总值能耗(吨标准煤/万元) Energy Consumption Per Unit of GDP(ton of SEC/10000 yuan)	单位地区生产总值能耗比上年增长(%) Growth Rate of Energy Consumption Per Unit of GDP over Preceding Year(%)	单位地区生产总值电耗(千瓦时/万元) Electricity Consumption Per Unit of GDP (KWh/10000 yuan)	单位地区生产总值电耗比上年增长(%) Growth Rate of Electricity Consumption Per Unit of GDP over Preceding Year(%)
贵阳市	Guiyang	0.59	-3.46	775	-3.7
六盘水市	Liupanshui	1.30	-4.05	1000	0.0
遵义市	Zunyi	0.54	-0.92	782	0.6
安顺市	Anshun	0.66	-1.91	810	-3.6
毕节市	Bijie	0.66	-2.36	664	4.1
铜仁市	Tongren	0.60	-2.91	844	-2.3
黔西南州	Qianxinan	0.64	-3.01	1074	7.8
黔东南州	Qiandongnan	0.81	-1.37	947	1.6
黔南州	Qiannan	0.64	0.82	916	0.1

25–7 各市(州)一般公共预算收入(2020)

General Public Financial Budget Revenue by Region

市(州)名称	City (Autonomous Prefectures)	一般公共预算收入(亿元) General Public Budget Revenue(100 million yuan)	#增值税 Value-added Tax	#企业所得税 Corporate Income Tax	#个人所得税 Individual Income Tax	#土地增值税 Land Appreciation Tax	#专项收入 Special Program Receipts	2020年比2019年增长(%) Increase Rate in 2020 over 2019(%)
贵阳市	Guiyang	398.13	111.89	45.67	15.39	21.35	33.49	-4.6
六盘水市	Liupanshui	108.95	20.15	4.25	1.46	4.57	2.83	2.0
遵义市	Zunyi	258.66	86.77	19.87	7.21	8.41	18.59	1.7
安顺市	Anshun	67.03	12.58	3.61	0.95	3.54	2.27	3.7
毕节市	Bijie	131.96	25.44	6.50	2.17	7.31	5.72	1.3
铜仁市	Tongren	64.67	15.67	3.55	1.64	3.68	3.02	1.8
黔西南州	Qianxinan	113.13	14.59	5.36	1.68	4.62	2.62	3.1
黔东南州	Qiandongnan	62.47	15.48	4.02	1.64	3.73	2.58	2.8
黔南州	Qiannan	111.05	22.66	5.87	1.65	5.69	4.34	0.4

注：资料来源于省财政厅(下表同)。
Note:The data in the table are obtained from Guizhou Provincial Finance Bureau(the same applies to the next table).

25–8 各市(州)一般公共预算支出(2020)

General Public Budget Expenditure by Region

市(州)名称	City (Autonomous Prefectures)	一般公共预算支出(亿元) General Public Financial Budget Expenditure (100 million yuan)	#一般公 Expenditure for General Public Service	#教育 Expenditure for Education	#科学技术 Expenditure for Science and Techn-ology	#文化体育与传 Expenditure for Culture, Sports and Media	#社会保障和就业 Expenditure for Social Security and Employment	#医疗卫生 Expenditure for Medical and Health Care	#节能环保 Expenditure for Energy Saving and Environmental Protection	#农林水事务 Expenditure for Agriculture, Forestry and Water Conservancy	2020比2019年增长(%) Increase Rate in 2020 over 2019(%)
贵阳市	Guiyang	678.16	100.60	132.22	25.73	8.81	60.44	55.33	16.24	46.05	-5.7
六盘水市	Liupanshui	323.99	22.74	76.00	6.29	5.70	34.61	35.15	15.25	39.53	0.8
遵义市	Zunyi	756.37	68.09	152.82	10.88	9.29	84.56	97.42	24.72	96.16	1.2
安顺市	Anshun	295.97	24.04	57.21	5.57	2.38	32.77	32.49	6.02	42.30	-1.5
毕节市	Bijie	747.54	46.79	170.05	18.20	7.35	90.14	88.85	25.60	137.26	8.5
铜仁市	Tongren	458.69	48.47	98.76	7.15	4.85	53.88	54.80	10.70	83.65	3.6
黔西南州	Qianxinan	407.93	38.28	93.97	9.88	5.53	42.65	40.59	13.85	71.89	6.2
黔东南州	Qiandongnan	464.57	49.32	94.64	5.29	6.52	55.17	63.46	12.43	87.79	-5.1
黔南州	Qiannan	441.93	45.70	91.37	8.54	5.73	53.91	54.20	15.03	71.93	2.3

25-9 各市(州)金融机构人民币各项存贷款余额(2020)

Saving Deposits and Loans Balance of Financial Institutions by Region

单位：亿元 (100 million yuan)

市(州)名称	City (Autonomous Prefectures)	金融机构人民币各项存款余额 Total Deposits	#个人储蓄存款 Personal Savings Deposits	金融机构人民币各项贷款余额 Total Loans
贵阳市	Guiyang	12485.17	3126.80	15799.15
六盘水市	Liupanshui	1385.37	706.90	1615.93
遵义市	Zunyi	5251.39	2213.30	4431.29
安顺市	Anshun	1098.22	603.56	1275.92
毕节市	Bijie	1960.15	1143.40	2183.87
铜仁市	Tongren	1441.97	849.34	1740.22
黔西南州	Qianxinan	1501.55	741.09	1575.61
黔东南州	Qiandongnan	1572.98	1009.59	1599.55
黔南州	Qiannan	1576.18	886.45	2013.50

注：资料来源于中国人民银行贵阳中心支行。

Note: The data in the table are obtained from the Guiyang Central Sub-branch of the People's Bank of China.

25-10 各市(州)城镇常住居民家庭人均年收支(2020)

Per capita Income and Expenditure of Urban Resident by Region

单位：元 (yuan)

市(州)名称	City (Autonomous Prefectures)	城镇常住居民人均可支配收入 Per Capita Annual Disposable Income of Urban Resident	2020年比2019年增长（%） Increase Rate in 2020 over 2019(%)	城镇常住居民人均消费性支出 Per Capita Annual Consumption Expenditure of Urban Resident	2020年比2019年增长（%） Increase Rate in 2020 over 2019(%)
贵阳市	Guiyang	40305	5.4	26433	-9.3
六盘水市	Liupanshui	34634	4.8	22164	6.0
遵义市	Zunyi	37190	5.2	21298	-5.4
安顺市	Anshun	33930	4.9	19285	-9.8
毕节市	Bijie	34274	5.0	17942	-4.1
铜仁市	Tongren	33798	5.1	19833	-7.5
黔西南州	Qianxinan	35154	5.5	21656	0.9
黔东南州	Qiandongnan	34520	5.4	19133	-0.4
黔南州	Qiannan	35634	4.9	19678	-5.3

注：增长速度未扣除价格因素（下表同）。

Note: The Increase Rate has not deducted price factors (the same applies in the following tables).

25-11 各市(州)农村常住居民家庭人均年收支(2020)

Per Capita Net Income and Living Expenditure of Rural Households by Region

单位：元 (yuan)

市(州)名称	City (Autonomous Prefectures)	农村常住居民人均可支配收入 Annual Per Capita Disposable Income of Rural Households	2020年比2019年增长(%) Increase Rate in 2020 over 2019 (%)	农村常住居民人均生活消费支出 Annual Per Capita Living Expenditures of Rural Households	2020年比2019年增长(%) Increase Rate in 2020 over 2019 (%)
贵阳市	Guiyang	18674	8.1	15043	4.8
六盘水市	Liupanshui	12004	8.7	11044	12.0
遵义市	Zunyi	14718	8.5	13246	4.2
安顺市	Anshun	11768	8.0	10827	9.5
毕节市	Bijie	11238	8.4	10676	8.2
铜仁市	Tongren	11100	8.2	10656	-10.2
黔西南州	Qianxinan	11441	8.6	10583	7.5
黔东南州	Qiandongnan	11082	8.3	10639	17.9
黔南州	Qiannan	12876	8.1	11717	-3.2

25-12 各市(州)分类价格指数

Urban Price Indices of Major Cities by Region

(上年=100) (preceding year=100)

城市名称	City	居民消费价格指数 Residents Consumer Price Index		商品零售价格指数 Retail Price Index	
		2019	2020	2019	2020
贵阳市	Guiyang	102.7	102.4	102.3	101.2
六盘水市	Liupanshui	101.5	102.6	100.6	102.7
遵义市	Zunyi	102.0	101.5	101.2	100.8
安顺市	Anshun	102.1	102.6	100.0	101.3
毕节市	Bijie	101.6	102.6	101.9	102.6
铜仁市	Tongren	102.7	102.1	101.9	102.1
黔西南州	Qianxinan	102.2	102.7	102.0	101.4
黔东南州	Qiandongnan	102.0	102.1	101.0	102.1
黔南州	Qiannan	102.6	102.1	101.7	101.5

25-13 各市(州)农业机械总动力及拥有量(2020)

Total Power and Possession of Agricultural Machinery by Region

市(州)名称	City (Autonomous Prefecture)	农业机械总动力(万千瓦) Total Power of Agricultural Machinery (10000 kw)	大型拖拉机(台) Number of Large sized Tractors (set)	中型拖拉机(台) Number of Medium-sized Tractors (set)	小型拖拉机(台) Number of Small Tractors (set)	农用水泵(台) Agricultural Water Pump (set)
贵阳市	Guiyang	206.76	5	1992	2670	35480
六盘水市	Liupanshui	188.50	1	996	7011	29022
遵义市	Zunyi	531.58	72	2323	5866	111891
安顺市	Anshun	221.55	3	2380	6536	74924
毕节市	Bijie	610.30	10	2051	67007	58246
铜仁市	Tongren	308.70	9	886	10250	88965
黔西南州	Qianxinan	303.49	50	1073	5213	71081
黔东南州	Qiandongnan	302.16	41	2813	5223	56675
黔南州	Qiannan	327.90	20	4550	7691	91364

注：资料来源于省农业农村厅。

Note:The data in this table are provided by the Department of Agriculture and Rural Affairs of Guizhou Province.

25-14 各市(州)农林牧渔业增加值、乡村从业人员数(2020)

Added Value of Farming, Forestry, Animal Husbandry, Fishery and Their Professional and Support Activities by Region, Number of Rural Employees

单位：亿元 (100 million yuan)

市(州)名称	City (Autonomous Prefecture)	乡村从业人员数(万人) Number of Rural Employees (10000 people)	农林牧渔业增加值 Added Value of Farming, Forestry, Animal husbandry, Fishery and Their Professional and Support Activities	2020年比2019年增长(%) Increase Rate in 2020 over 2019 (%)
贵阳市	Guiyang	106.47	190.35	6.3
六盘水市	Liupanshui	130.24	180.67	5.8
遵义市	Zunyi	381.83	516.34	6.1
安顺市	Anshun	133.73	184.60	6.3
毕节市	Bijie	369.90	513.11	6.2
铜仁市	Tongren	155.82	303.80	6.6
黔西南州	Qianxinan	171.94	263.45	6.4
黔东南州	Qiandongnan	229.21	256.11	6.2
黔南州	Qiannan	208.33	267.17	6.4

25−15 各市(州)农用化肥施用量(2020)

Consumption of Chemical Fertilizers for Agricultural Use by Region

单位：吨 (ton)

市(州)名称	City (Autonomous Prefecture)	合计 Total	氮肥 Nitrogenous Fertilizer	磷肥 Phosphate Fertilizer	钾肥 Potash Fertilizer	复合肥 Compound Fertilizer	2020年比2019年增长(%) Increase Rate in 2020 over 2019(%)
贵阳市	Guiyang	47935	19424	3620	5351	19540	-0.1
六盘水市	Liupanshui	62228	34206	5747	4140	18135	10.8
遵义市	Zunyi	148714	54209	17119	12735	64651	-13.0
安顺市	Anshun	58279	22786	9696	4953	20844	-8.7
毕节市	Bijie	181584	83425	15917	19542	62700	-1.8
铜仁市	Tongren	76371	27633	12016	7586	29137	-8.1
黔西南州	Qianxinan	62548	30329	8961	6508	16750	-4.4
黔东南州	Qiandongnan	66865	21950	8552	5214	31149	-3.1
黔南州	Qiannan	83271	31499	8349	6654	36770	-8.0

注：本表按折纯法计算。

Note:The data in this table are calculated by converting the gross weight into weight containing 100% effective component.

25−16 各市(州)主要经济作物播种面积和产量(2020)

Sown Areas and Yields of Major Cash Crops by Region

市(州)名称	City (Autonomous Prefecture)	播种面积（千公顷） Sown Areas (1000 hectares)		产量（万吨） Yield (10000 tons)			
		油菜籽 Rapeseeds	烤烟 Flue-cured Tobacco	油菜籽 Rapeseeds	烤烟 Flue-cured Tobacco	茶叶 Tea	水果 Fruits
贵阳市	Guiyang	21.74	2.61	3.91	0.47	0.66	48.95
六盘水市	Liupanshui	17.27	9.18	2.62	1.31	0.34	22.29
遵义市	Zunyi	89.58	30.89	17.78	5.33	8.28	76.97
安顺市	Anshun	47.54	3.01	7.75	0.51	0.70	44.98
毕节市	Bijie	63.08	38.16	13.06	6.09	0.46	74.68
铜仁市	Tongren	44.13	8.91	8.74	1.60	4.25	63.67
黔西南州	Qianxinan	39.13	19.80	5.72	3.43	1.03	39.96
黔东南州	Qiandongnan	42.14	9.82	6.34	1.66	1.73	68.78
黔南州	Qiannan	66.29	4.25	10.25	0.75	3.64	107.83

25-17 各市(州)水产品产量

Output of Major Aquatic Products by Region

单位：吨 (ton)

市(州)名称	City (Autonomous Prefecture)	2019	2020
贵阳市	Guiyang	3378	3385
六盘水市	Liupanshui	2123	2169
遵义市	Zunyi	63561	65088
安顺市	Anshun	27431	28058
毕节市	Bijie	9510	9717
铜仁市	Tongren	48656	49804
黔西南州	Qianxinan	13065	13376
黔东南州	Qiandongnan	54455	55727
黔南州	Qiannan	20920	21395

注：1.数据来源于省农业农村厅。2.市州数据不含贵安新区数。

Note: 1. The data in this table are obtained from the Department of Agriculture and Rural Affairs of Guizhou Province. 2. The data of Gui'an New District are not included in the city-state data.

25-18 各市(州)规模以上工业增加值增速

The Ratio of Total Gross Industrial Added Value above Designated Size in Each City to the Entire Province

单位：% (%)

市(州)名称	City (Autonomous Prefecture)	2019	2020
贵阳市	Guiyang	6.3	6.1
六盘水市	Liupanshui	9.0	5.1
遵义市	Zunyi	12.5	6.0
安顺市	Anshun	11.0	1.5
毕节市	Bijie	5.3	3.2
铜仁市	Tongren	5.0	2.3
黔西南州	Qianxinan	12.1	5.7
黔东南州	Qiandongnan	5.0	4.1
黔南州	Qiannan	11.1	4.5

注：统计口径为年主营业务收入2000万元及以上的工业企业(下表同)。

Note: The statistical caliber of the table refers to the industries which main business revenue achieve 20 million yuan and above. (the same applies to the next table).

25−19 各市(州)规模以上工业企业主要工业产品产量(2020)

Ouput of Major Industrial Products above Designated Size by Region

市(州)名称	City (Autonomous Prefecture)	发电量(亿千瓦小时) Electricity (100 million kwh)	化肥(万吨) Chemical Fertilizer(10000 tons)	水泥(万吨) Cement (10000 tons)
贵阳市	Guiyang	147.63	236.47	1048.67
六盘水市	Liupanshui	410.97		913.36
遵义市	Zunyi	350.81	27.28	1926.63
安顺市	Anshun	96.71		932.94
毕节市	Bijie	442.68		1159.62
铜仁市	Tongren	144.58		955.92
黔西南州	Qianxinan	340.70		968.15
黔东南州	Qiandongnan	118.41		927.66
黔南州	Qiannan	121.85	74.59	1964.40

25−20 各市(州)公路里程(2020)

Length of Highways by Region

单位：公里 (km)

市(州)名称	City (Autonomous Prefecture)	公路里程 Total Length of Highways	#等级公路 Expressway and Class Ⅰ to Ⅳ Highway	#高速公路 Expressway	#有铺装路面(高级) Paved Road (advanced)	#沥青混凝土 Asphalt concrete
贵阳市	Guiyang	10178	9758	611	8178	1970
六盘水市	Liupanshui	14714	13890	428	11303	3447
遵义市	Zunyi	39725	34075	1403	33974	5178
安顺市	Anshun	14033	13047	490	11644	2229
毕节市	Bijie	33712	29272	986	23601	4914
铜仁市	Tongren	26004	23684	700	20715	2482
黔西南州	Qianxinan	18311	15148	605	12624	2568
黔东南州	Qiandongnan	30012	25808	1073	23593	4021
黔南州	Qiannan	20004	18564	1311	15722	4008

注：资料来源于省交通运输厅。
Note:The data in the table are obtained from the Department of Transportation of Guizhou Province.

25−21 各市(州)邮政、电信主要指标(2020)

Major Indicators of Post and Telecommunications by Region

市(州)名称	City (Autonomous Prefecture)	年末固定电话用户数(万户) Number of Fixed Telephone Subscribers at the Year-end (10000 subscribers)	移动电话用户(万户) Number of Mobile Telephone Subscribers (10000 subscribers)	固定互联网宽带接入用户(万户) Number of Fixed Subscribers of Internet Service (10000 subscribers)	报刊、杂志累计订销数(万份) Number of Newspapers and Magazines Sold and Booked (10000 copies)	移动互联网用户(万户) Number of Mobile Telephone Subscribers (10000 subscribers)
贵阳市	Guiyang	73.46	812.79	199.40	7909.47	644.96
六盘水市	Liupanshui	20.08	343.06	74.33	2686.52	276.86
遵义市	Zunyi	46.77	747.74	173.29	6424.68	632.08
安顺市	Anshun	13.23	261.79	59.32	2405.66	218.68
毕节市	Bijie	14.41	633.77	109.34	4938.57	522.57
铜仁市	Tongren	11.80	361.81	88.27	3625.22	305.27
黔西南州	Qianxinan	11.23	357.78	79.19	2728.94	284.12
黔东南州	Qiandongnan	15.37	437.74	103.27	4233.63	362.60
黔南州	Qiannan	15.99	397.96	94.19	3584.17	333.63

注：资料来源于省通信管理局、省邮政管理局。

Note: The data in the table are obtained from Guizhou Communications Administration and Guizhou Provincial Postal Administration.

25−22 各市(州)教育事业主要指标(2020)

Major Indicators of Education by Region

市(州)名称	City (Autonomous Prefecture)	高等教育 Higher Education		普通中学 Secondary Schools		小学 Primary Schools	
		学校数(所) Number of schools (unit)	在校学生(人) Students Enrollment (person)	学校数(所) Number of schools (unit)	在校学生(人) Students Enrollment (person)	学校数(所) Number of schools (unit)	在校学生(人) Students Enrollment (person)
贵阳市	Guiyang	35	440212	340	253307	551	452849
六盘水市	Liupanshui	3	22460	209	211425	473	336904
遵义市	Zunyi	7	90689	420	444486	1130	612425
安顺市	Anshun	4	33948	158	175890	456	275553
毕节市	Bijie	6	43193	475	606192	1673	867224
铜仁市	Tongren	5	56976	258	295592	726	343981
黔西南州	Qianxinan	2	21792	255	260780	651	335446
黔东南州	Qiandongnan	3	37207	214	278333	667	400931
黔南州	Qiannan	10	93772	162	229926	528	347353

注：1.资料来源于省教育厅。2.高等教育学校数包括普通高等学校、成人高等学校，高等教育在校学生包括研究生、普通高等教育、成人高等教育。

Note: 1.The data in the table are obtained from the Department of Education of Guizhou Province. 2.The institutions of higher education include regular schools of higher education and adult institutions of higher education.Students enrollment of higher education include those students enrolling in postgraduates education, regular institutions of higher education and adult institution of higher education.

25－23 各市(州)卫生人员数(2020)

Number of Employed Persons in Health Care Institutions by Region

单位：人 (person)

市(州)名称	City (Autonomous Prefecture)	总计 Total	卫生技术人员 Medical Technical Personnel	#执业(助理)医师 Licensed (Assistant) Doctors	#注册护士 Registered Nurse	#药师(士) Pharmacist (person)	#技师(士) Technician (person)	乡村医生和卫生员 Village Doctors and Assistants	其他技术人员 Other Technical Personnel	管理人员 Administrative Personnel	工勤技能人员 Logistics Technical Workers
贵阳市	Guiyang	69889	56865	20687	27617	2170	3071	2366	4858	4290	1510
六盘水市	Liupanshui	27354	21599	6631	10251	805	1320	1047	1051	1344	2313
遵义市	Zunyi	65923	51781	18081	23394	1999	3092	2339	2778	4034	4991
安顺市	Anshun	19481	15089	5037	6593	546	990	820	1007	929	1636
毕节市	Bijie	57991	44664	16212	21103	1218	2180	1661	2198	1924	7544
铜仁市	Tongren	33539	25286	7863	10734	930	1886	1028	1442	1387	4396
黔西南州	Qianxinan	27623	21483	6905	9823	849	1213	1203	1285	1269	2355
黔东南州	Qiandongnan	37173	29016	9241	12304	1121	1953	1022	1407	1452	4273
黔南州	Qiannan	29449	23539	7935	10132	887	1507	632	1310	1673	2293

注：资料来源于省卫生健康委员会(以下相关表同)。

Note: The data in the table are obtained from Guizhou Health Commission (the same applies to relative tables below).

25－24 各市(州)每千人口拥有卫生技术人员数(2020)

Medical Technical Personnel in Health Care Institutions Per 1000 Persons by Region

单位：人 (person)

市(州)名称	City (Autonomous Prefecture)	卫生技术人员 Medical Technical Personnel		执业(助理)医师 Licensed(Assistant) Doctors		注册护士 Registered Nurses	
		合计 Total	每千人口拥有 Per 1000 Person	合计 Total	每千人口拥有 Per 1000 Person	合计 Total	每千人口拥有 Per 1000 Person
贵阳市	Guiyang	56865	9.50	20687	3.46	27617	4.61
六盘水市	Liupanshui	21599	7.12	6631	2.19	10251	3.38
遵义市	Zunyi	51781	7.84	18081	2.74	23394	3.54
安顺市	Anshun	15089	6.11	5037	2.04	6593	2.67
毕节市	Bijie	44664	6.47	16212	2.35	21103	3.06
铜仁市	Tongren	25286	7.67	7863	2.38	10734	3.25
黔西南州	Qianxinan	21483	7.13	6905	2.29	9823	3.26
黔东南州	Qiandongnan	29016	7.72	9241	2.46	12304	3.27
黔南州	Qiannan	23539	6.74	7935	2.27	10132	2.90

注：每千人口拥有数按常住人口数计算。

Note: The number of persons per thousand is calculated as the number of permanent residents.

25-25 各市(州）社区卫生服务中心(站)医疗服务情况(2020)
Medical Services of Community Health Service Centers (Stations) by Region

市(州)名称	City (Autonomous Prefecture)	社区卫生服务中心 Community Health Service Centers						社区卫生服务站 Community Health Service Stations	
		诊疗人次(万人次) Visits (10 000 person-times)	入院人数(人) Inpatients (person)	病床使用率(%) Utilization Rate of Beds (%)	出院者平均住院日(日) Average Stay Days in Hospital (day)	医师日均担负诊疗人次(人次) Daily Visits Each Doctor (person-time)	医师日均担负住院床日(日) Daily Inpatients Each Doctor (day)	诊疗人次(万人次) Visits (10 000 person-times)	医师日均担负诊疗人次(人次) Daily Visits Each Doctor (person-time)
贵阳市	Guiyang	194.52	8259	18.2	10.3	9.4	0.3	38.6	6.8
六盘水市	Liupanshui	39.53	4806	21.6	9.0	6.6	0.5	24.0	4.6
遵义市	Zunyi	116.80	43851	67.5	6.1	9.8	1.7	105.3	8.6
安顺市	Anshun	12.79	6849	57.7	5.3	10.9	2.2	14.4	4.3
毕节市	Bijie	64.95	4431	35.3	5.7	9.6	0.4	5.0	5.4
铜仁市	Tongren	85.71	17785	34.9	5.5	10.2	0.8	28.6	15.5
黔西南州	Qianxinan	46.53	12508	45.0	5.5	6.8	0.7	57.4	10.3
黔东南州	Qiandongnan	35.75	4447	35.0	5.8	7.1	0.5	7.3	14.6
黔南州	Qiannan	39.71	370	2.6	6.0	6.3		7.6	16.1

25-26 各市(州)火灾情况(2019)
Fires by Region

市(州)名称	City (Autonomous Prefecture)	火灾(起) Fire Accidents (case)	死亡(人) Deaths (person)	受伤(人) Injuries (person)	直接财产损失(万元) Direct fire loss (10000 yuan)
贵阳市	Guiyang	844	11	2	1059
六盘水市	Liupanshui	356			469
遵义市	Zunyi	2164	12	9	2580
安顺市	Anshun	230	1		260
毕节市	Bijie	462	8	11	972
铜仁市	Tongren	397	1	6	1182
黔西南州	Qianxinan	383		2	960
黔东南州	Qiandongnan	290	7	10	2043
黔南州	Qiannan	434	3	2	1000

注:资料来源于省消防总队。

Note: The data in the table are provided by Guizhou Provincial Fire Brigade.

25−27 各市(州)医疗卫生机构服务情况(2020)

Services in Hospitals by Region

市(州)名称	City (Autonomous Prefecture)	诊疗人次(万人次) Visits (10 000 person-times)	#医院 Hospital	#农村乡镇卫生院 Rural Township Health	入院人数(万人) Inpatients (10000 persons)	#医院 Hospital	#农村乡镇卫生院 Rural Town-ship Health	出院人数(万人) Patients Discharged from Hosptials (10000 persons)	#医院 Hospital	#农村乡镇卫生院 Rural Town-ship Health Centers
贵阳市	Guiyang	2722.27	1587.93	246.91	100.67	89.12	3.79	99.66	88.06	3.77
六盘水市	Liupanshui	1222.65	444.25	346.35	57.39	42.98	10.80	57.09	42.76	10.75
遵义市	Zunyi	2912.91	1361.23	494.22	174.43	130.17	35.60	173.89	129.70	35.47
安顺市	Anshun	742.43	361.66	143.27	43.39	34.50	4.96	43.20	34.34	4.94
毕节市	Bijie	2712.90	923.90	705.83	126.92	99.80	23.03	125.14	98.26	22.81
铜仁市	Tongren	1473.02	583.23	449.21	76.28	57.63	14.03	75.94	56.99	14.39
黔西南州	Qianxinan	1323.23	535.61	247.62	60.13	53.02	4.82	59.81	52.64	4.87
黔东南州	Qiandongnan	1599.87	652.47	420.32	81.07	61.95	15.63	80.79	61.85	15.60
黔南州	Qiannan	1546.20	743.60	416.86	62.31	55.13	5.29	61.84	54.72	5.27

25−27 续表 continued

市(州)名称	City (Autonomous Prefecture)	每百门诊急诊入院人数(人) Inpatients Per 100 Outpatient and Emergency Visits (person)	#医院 Hospital	#农村乡镇卫生院 Rural Township Health Centers	病床使用率(%) Utilization Rate of Beds (%)	#医院 Hospital	#农村乡镇卫生院 Rural Township Health Centers	出院者平均住院日(天) Average Stay Days in Hospital (day)	#医院 Hospital	#农村乡镇卫生院 Rural Township Health Centers
贵阳市	Guiyang	4.62	5.72	1.55	64.86	69.98	23.28	9.4	9.8	5.4
六盘水市	Liupanshui	6.57	9.85	3.27	63.53	71.20	41.39	8.0	8.7	5.8
遵义市	Zunyi	8.37	9.96	7.41	77.53	81.80	62.67	7.6	8.3	5.4
安顺市	Anshun	7.46	9.80	3.47	71.83	79.29	38.86	8.2	9.0	5.1
毕节市	Bijie	7.28	11.15	3.33	63.84	71.51	40.01	7.1	7.6	5.5
铜仁市	Tongren	6.64	10.43	3.27	66.63	74.84	43.76	7.4	8.1	5.0
黔西南州	Qianxinan	6.68	10.08	1.97	68.39	75.56	32.12	6.9	7.2	4.5
黔东南州	Qiandongnan	7.14	9.76	3.89	67.53	77.29	41.26	7.7	8.5	5.0
黔南州	Qiannan	4.98	7.53	1.28	66.98	78.10	25.28	8.1	8.5	5.0

25−28 各县(市、区、特区)地区生产总值(2020)

Gross Domestic Product by County (City, District, Special Region)

单位：亿元 (100 million yuan)

县(市、区、特区)名称	County (City, District, Special region)	地区生产总值 Gross Domestic Product	第一产业增加值 Primary Industry	第二产业增加值 Secondary Industry	#工业 Industry	第三产业增加值 Tertiary Industry	2020年比2019年增长(%) Increase Rate in 2020 over 2019(%)
南明区	Nanming	892.25	1.12	308.88	84.33	582.25	4.8
云岩区	Yunyan	860.10	0.19	255.84	69.72	604.07	2.7
花溪区	Huaxi	637.14	17.06	352.16	295.51	267.92	3.8
乌当区	Wudang	172.51	19.07	81.44	62.46	72.01	7.0
白云区	Baiyun	236.78	7.55	117.82	77.71	111.41	3.5
观山湖区	Guanshanhu	653.52	4.41	102.55	42.32	546.56	6.5
开阳县	Kaiyang	237.04	41.14	87.81	59.47	108.09	7.2
息烽县	Xifeng	152.81	24.38	49.30	34.74	79.13	9.8
修文县	Xiuwen	188.58	29.93	87.24	69.86	71.41	7.1
清镇市	Qingzhen	280.91	33.47	109.55	87.55	137.90	5.8
钟山区	Zhongshan	309.17	7.60	103.90	86.94	197.67	2.7
六枝特区	Liuzhi	133.64	43.55	27.05	18.84	63.04	4.6
水城县	Shuicheng	325.07	48.77	179.17	169.01	97.13	3.7
盘州市	Panzhou	571.74	70.86	289.87	247.69	211.00	6.0
红花岗区	Honghuagang	425.17	39.43	86.80	51.87	298.94	1.9
汇川区	Huichuan	412.20	30.81	133.28	101.37	248.11	4.6
播州区	Bozhou	353.69	58.85	148.39	134.01	146.45	5.5
桐梓县	Tongzi	165.96	40.76	50.77	31.40	74.44	8.2
绥阳县	Suiyang	108.03	41.98	15.42	9.87	50.63	4.7
正安县	Zhengan	122.73	33.83	19.61	12.48	69.29	5.0
※道真县	Daozhen	79.49	27.04	13.68	7.87	38.77	4.8
※务川县	Wuchuan	84.91	28.39	12.74	7.69	43.78	4.9
凤冈县	Fenggang	85.06	31.62	14.13	8.18	39.31	5.3
湄潭县	Meitan	118.07	35.45	26.20	21.22	56.43	4.7
余庆县	Yuqing	85.64	25.87	21.30	15.44	38.47	5.4
习水县	Xishui	208.85	39.24	89.89	81.50	79.71	9.2
赤水市	Chishui	106.17	21.59	36.81	23.45	47.77	4.6
仁怀市	Renhuai	1364.11	34.77	946.58	935.09	382.77	4.1
西秀区	Xixiu	394.04	43.87	138.31	116.19	211.86	4.3
平坝区	Pingba	135.70	23.91	53.58	41.22	58.21	-0.3
普定县	Puding	136.43	26.01	41.64	35.46	68.78	0.9
※镇宁县	Zhenning	116.13	27.65	24.91	17.88	63.57	3.9
※关岭县	Guanling	104.85	27.55	20.74	11.15	56.56	3.9
※紫云县	Ziyun	79.59	27.34	13.42	5.51	38.83	4.7
七星关区	Qixingguan	500.06	93.36	127.55	83.73	279.15	4.4
大方县	Dafang	228.29	50.70	54.93	40.02	122.65	4.7
黔西县	Qianxi	223.94	45.56	68.26	54.58	110.12	3.5
金沙县	Jinsha	237.23	42.45	91.54	76.58	103.24	5.0
织金县	Zhijin	218.23	46.36	66.06	54.13	105.81	4.1
纳雍县	Nayong	172.94	41.30	50.83	42.93	80.81	4.9
※威宁县	Weining	287.83	115.88	49.35	33.48	122.60	4.6
赫章县	Hezhang	151.87	50.93	24.93	19.51	76.01	4.5
碧江区	Bijiang	229.51	17.61	77.86	46.51	134.04	5.9
万山区	Wanshan	77.98	12.38	26.15	17.64	39.44	5.8

注：1.※为少数民族自治县(以下相关表同)。2.表中绝对数按当年价格计算，增长速度按可比价格计算。3.因各县2018年数据根据第四次经济普查数进行修定、本表数与《2019贵州统计年鉴》25−28表数据不可比。

Note: 1.Counties with ※ refer to autonomous counties (the relative tables in this chapter are the same). 2. Absolute Figures in the table are calculated at current prices, and increase rates are calculated at comparable prices.3. As the data of each county in 2018 are revised according to the fourth economic census, the data in this table cannot be compared with the data in Table 25-28 of Guizhou Statistical

25-28 续表 continued(2020)

单位：亿元 (100 million yuan)

县(市、区、特区)名称	County (City, District, Special region)	地区生产总值 Gross Domestic Product	第一产业增加值 Primary Industry	第二产业增加值 Secondary Industry	#工业 Industry	第三产业增加值 Tertiary Industry	2020年比2019年增长(%) Increase Rate in 2020 over 2019(%)
江口县	Jiangkou	70.11	19.14	13.66	5.76	37.31	4.2
※玉屏县	Yuping	93.33	12.43	36.77	30.59	44.13	0.3
石阡县	Shiqian	115.19	34.27	19.72	11.91	61.20	4.6
思南县	Sinan	174.78	45.62	41.73	27.01	87.43	4.2
※印江县	Yinjiang	119.76	35.23	22.63	15.36	61.91	4.4
德江县	Dejiang	145.31	34.86	29.92	14.80	80.54	4.2
※沿河县	Yanhe	131.70	37.91	23.48	14.37	70.31	4.3
※松桃县	Songtao	170.12	39.94	40.66	31.76	89.52	4.6
兴义市	Xingyi	493.23	48.17	176.35	124.43	268.71	5.0
兴仁市	Xingren	191.64	34.29	75.67	56.53	81.67	3.5
普安县	Puan	100.02	22.76	32.37	23.79	44.89	4.5
晴隆县	Qinglong	88.53	22.80	23.55	19.29	42.19	5.9
贞丰县	Zhenfeng	152.15	31.46	62.47	54.35	58.21	5.3
望谟县	Wangmo	100.48	29.80	20.29	9.53	50.38	5.3
册亨县	Ceheng	80.32	24.29	20.42	10.52	35.61	5.0
安龙县	Anlong	147.04	35.78	51.87	39.27	59.40	4.0
凯里市	Kaili	281.76	19.69	52.44	26.42	209.63	3.0
黄平县	Huangping	69.35	22.01	12.34	3.32	35.00	4.6
施秉县	Shibing	36.54	11.26	6.78	2.01	18.50	6.7
三穗县	Sansui	51.15	10.85	12.69	4.88	27.60	6.8
镇远县	Zhenyuan	61.71	16.53	12.18	8.21	33.00	3.1
岑巩县	Cengong	60.00	11.06	18.10	14.37	30.83	6.4
天柱县	Tianzhu	81.54	21.87	18.66	11.31	41.01	3.9
锦屏县	Jinping	59.73	10.82	23.10	15.58	25.81	4.3
剑河县	Jianhe	59.58	14.59	13.13	2.78	31.86	6.9
台江县	Taijiang	45.40	9.09	17.58	12.97	18.73	5.6
黎平县	Liping	98.28	24.14	21.17	10.69	52.98	4.5
榕江县	Rongjiang	84.62	21.69	15.51	8.63	47.41	5.0
从江县	Congjiang	73.70	21.86	11.30	5.84	40.54	5.7
雷山县	Leishan	42.49	9.29	6.76	3.22	26.43	3.7
麻江县	Majiang	43.99	10.66	8.07	4.95	25.27	5.6
丹寨县	Danzhai	41.69	9.40	8.70	4.89	23.59	4.7
都匀市	Duyun	223.39	22.57	39.06	21.40	161.76	3.3
福泉市	Fuquan	191.78	19.83	95.64	70.73	76.32	3.8
荔波县	Libo	67.94	12.14	9.85	5.83	45.95	-3.4
贵定县	Guiding	124.19	15.73	62.08	51.32	46.38	4.2
瓮安县	Wengan	156.25	31.56	47.26	38.81	77.42	5.1
独山县	Dushan	129.39	23.29	52.00	44.54	54.10	3.3
平塘县	Pingtang	90.25	24.33	17.81	10.74	48.12	4.4
罗甸县	Luodian	80.61	20.85	23.74	17.01	36.02	5.1
长顺县	Changshun	85.01	17.33	28.52	20.83	39.16	5.4
龙里县	Longli	220.23	14.39	114.21	92.97	91.62	7.3
惠水县	Huishui	139.15	28.83	50.71	45.82	59.61	2.6
※三都县	Sandu	87.20	23.88	22.42	9.26	40.90	2.0

25－29 各县(市、区、特区)人均地区生产总值(2020)

Per Capita Gross Domestic Product by County (City, District, Special Region)

单位：元 (yuan)

县(市、区、特区)名称	County (City, District, Special region)	人均地区生产总值 Per Capita Gross Domestic Product(yuan)	比上年增长(%) Increase Rate over Preceding Year (%)
南明区	Nanming	85493	3.2
云岩区	Yunyan	81538	2.1
花溪区	Huaxi	66004	3.2
乌当区	Wudang	50746	8.2
白云区	Baiyun	52700	-2.1
观山湖区	Guanshanhu	102369	-10.1
开阳县	Kaiyang	68736	7.9
息烽县	Xifeng	70243	8.5
修文县	Xiuwen	65673	5.5
清镇市	Qingzhen	44803	4.4
钟山区	Zhongshan	42165	-6.4
六枝特区	Liuzhi	24924	4.1
水城县	Shuicheng	47390	12.7
盘州市	Panzhou	53247	5.8
红花岗区	Honghuagang	43758	1.5
汇川区	Huichuan	65789	5.5
播州区	Bozhou	46514	-2.7
桐梓县	Tongzi	31370	11.1
绥阳县	Suiyang	28464	5.3
正安县	Zhengan	30981	3.1
※道真县	Daozhen	32623	9.4
※务川县	Wuchuan	27474	8.8
凤冈县	Fenggang	27938	8.2
湄潭县	Meitan	31651	9.2
余庆县	Yuqing	38164	5.4
习水县	Xishui	35768	11.1
赤水市	Chishui	42906	4.0
仁怀市	Renhuai	208484	3.2
西秀区	Xixiu	45572	3.1
平坝区	Pingba	39220	-1.3
普定县	Puding	35747	1.9
※镇宁县	Zhenning	38820	3.8
※关岭县	Guanling	36686	4.7
※紫云县	Ziyun	27313	4.3
七星关区	Qixingguan	38490	3.3
大方县	Dafang	26690	3.9
黔西县	Qianxi	30601	3.3
金沙县	Jinsha	43437	5.6
织金县	Zhijin	26746	4.0
纳雍县	Nayong	24157	4.5
※威宁县	Weining	22446	4.7
赫章县	Hezhang	23363	4.8
碧江区	Bijiang	52001	5.3
万山区	Wanshan	48569	4.9
江口县	Jiangkou	38021	3.8
※玉屏县	Yuping	62138	-0.8
石阡县	Shiqian	38771	4.5
思南县	Sinan	38038	4.5
※印江县	Yinjiang	40792	3.7
德江县	Dejiang	36980	3.6
※沿河县	Yanhe	30655	4.0
※松桃县	Songtao	34856	4.6
兴义市	Xingyi	49466	3.1
兴仁市	Xingren	44962	3.5
普安县	Puan	40663	6.4
晴隆县	Qinglong	37469	7.6
贞丰县	Zhenfeng	49376	5.6
望谟县	Wangmo	42224	7.1
册亨县	Ceheng	42309	5.0
安龙县	Anlong	39311	3.0
凯里市	Kaili	39951	1.6
黄平县	Huangping	28249	5.5
施秉县	Shibing	28953	7.5
三穗县	Sansui	31395	6.7
镇远县	Zhenyuan	32325	4.1
岑巩县	Cengong	35568	6.4
天柱县	Tianzhu	29774	3.9
锦屏县	Jinping	38404	4.5
剑河县	Jianhe	31618	6.5
台江县	Taijiang	37117	4.3
黎平县	Liping	23794	4.4
榕江县	Rongjiang	28409	4.9
从江县	Congjiang	23507	5.2
雷山县	Leishan	34027	3.4
麻江县	Majiang	34021	2.5
丹寨县	Danzhai	30147	3.8
都匀市	Duyun	42085	2.0
福泉市	Fuquan	63842	3.9
荔波县	Libo	43537	-3.6
贵定县	Guiding	49311	3.9
瓮安县	Wengan	39154	5.2
独山县	Dushan	48425	3.8
平塘县	Pingtang	38138	4.7
罗甸县	Luodian	34063	5.4
长顺县	Changshun	41837	5.4
龙里县	Longli	93456	5.1
惠水县	Huishui	35020	1.7
※三都县	Sandu	31178	2.8

25-30 各县(市、区、特区)年末常住人口

Permanent Population at Year-end by County (City, District, Special Region)

单位：万人 (10000 persons)

县(市、区、特区)名称	County (City, District, Special Region)	2016	2017	2018	2019	2020
南明区	Nanming	99.80	100.68	101.70	103.90	104.83
云岩区	Yunyan	101.62	103.62	104.63	105.25	105.72
花溪区	Huaxi	90.11	92.59	95.61	96.39	96.67
乌当区	Wudang	35.23	34.83	34.43	34.33	33.66
白云区	Baiyun	35.11	39.43	40.76	44.21	45.65
观山湖区	Guanshanhu	52.75	59.89	60.64	63.39	64.29
开阳县	Kaiyang	35.07	34.95	34.87	34.56	34.41
息烽县	Xifeng	21.02	21.48	21.46	21.52	21.99
修文县	Xiuwen	26.79	27.56	27.95	28.61	28.82
清镇市	Qingzhen	57.70	59.88	61.19	62.46	62.94
钟山区	Zhongshan	67.40	66.17	66.55	67.11	79.54
六枝特区	Liuzhi	52.54	53.04	53.25	53.53	53.71
水城县	Shuicheng	71.97	74.37	74.47	74.60	62.59
盘州市	Panzhou	106.37	106.83	107.03	107.29	107.46
红花岗区	Honghuagang	94.61	95.96	96.27	97.07	97.26
汇川区	Huichuan	60.21	61.87	62.07	62.49	62.82
播州区	Bozhou	73.78	74.68	75.20	75.87	76.21
桐梓县	Tongzi	52.65	52.73	52.80	52.87	52.94
绥阳县	Suiyang	37.99	37.98	37.97	37.96	37.95
正安县	Zhengan	39.38	39.44	39.51	39.58	39.65
※道真县	Daozhen	24.38	24.38	24.37	24.37	24.36
※务川县	Wuchuan	31.37	31.24	31.11	30.97	30.84
凤冈县	Fenggang	30.76	30.67	30.58	30.49	30.40
湄潭县	Meitan	37.48	37.43	37.38	37.33	37.28
余庆县	Yuqing	22.79	22.68	22.58	22.49	22.39
习水县	Xishui	56.23	56.91	57.67	58.24	58.54
赤水市	Chishui	24.46	24.54	24.62	24.73	24.76
仁怀市	Renhuai	62.33	63.57	64.34	65.28	65.58
西秀区	Xixiu	83.57	84.65	85.23	85.85	87.08
平坝区	Pingba	33.21	33.72	34.03	34.47	34.73
普定县	Puding	38.20	38.43	38.39	38.68	37.65
※镇宁县	Zhenning	29.55	29.71	29.87	29.85	29.98
※关岭县	Guanling	29.23	29.05	28.76	28.80	28.36
※紫云县	Ziyun	28.72	28.95	29.09	28.90	29.38
七星关区	Qixingguan	124.53	126.35	127.74	129.27	130.57
大方县	Dafang	83.10	83.99	84.59	85.27	85.80
黔西县	Qianxi	72.32	72.74	72.91	73.13	73.23
金沙县	Jinsha	55.52	55.40	55.07	54.80	54.43
织金县	Zhijin	80.95	81.33	81.42	81.59	81.60
纳雍县	Nayong	70.33	70.87	71.14	71.48	71.70
※威宁县	Weining	128.41	128.68	128.47	128.39	128.07
赫章县	Hezhang	65.42	65.46	65.27	65.13	64.88
碧江区	Bijiang	37.90	41.46	43.73	44.06	44.21
万山区	Wanshan	12.75	13.92	15.79	16.05	16.06

注：1.由于行政区划调整，2016年红花岗区、汇川区、播州区数据为现行政区划统计数。2.2016—2019年数据为根据第七次人口普查数据采用趋势离差法进行修订

Note：Due to the adjustment of administrative divisions, the data of Honghuagang District, Huichuan District and Bozhou District in 2016 are the statistics of current administrative divisions.2.The data from 2016 to 2019 are revised by the trend disoersion me thod according to the data of the seventh population census.

25-30 续表 continued

单位：万人 (10000 persons)

县(市、区、特区)名 称	County (City, District, Special Region)	2016	2017	2018	2019	2020
江口县	Jiangkou	18.02	18.16	18.36	18.40	18.48
※玉屏县	Yuping	12.88	13.91	14.74	14.99	15.05
石阡县	Shiqian	30.69	30.16	29.69	29.70	29.72
思南县	Sinan	49.09	47.52	46.14	46.05	45.85
※印江县	Yinjiang	29.34	29.09	29.07	29.27	29.45
德江县	Dejiang	39.64	39.49	38.94	39.22	39.37
※沿河县	Yanhe	44.63	43.94	42.80	42.91	43.01
※松桃县	Songtao	49.68	49.39	48.80	48.81	48.80
兴义市	Xingyi	92.78	95.44	96.87	98.99	100.43
兴仁市	Xingren	42.50	42.55	42.62	42.65	42.59
普安县	Puan	25.44	25.36	25.21	24.88	24.31
晴隆县	Qinglong	24.70	24.50	24.22	23.82	23.43
贞丰县	Zhenfeng	30.78	30.83	30.90	30.88	30.75
望谟县	Wangmo	24.88	24.68	24.34	24.05	23.54
册亨县	Ceheng	19.08	19.05	19.00	18.98	18.99
安龙县	Anlong	36.40	36.60	36.88	37.21	37.60
凯里市	Kaili	64.63	68.22	69.12	70.13	70.93
黄平县	Huangping	25.51	25.06	24.85	24.67	24.42
施秉县	Shibing	12.93	12.85	12.75	12.68	12.56
三穗县	Sansui	16.22	16.23	16.25	16.30	16.29
镇远县	Zhenyuan	19.80	19.55	19.36	19.20	18.98
岑巩县	Cengong	16.82	16.86	16.86	16.88	16.85
天柱县	Tianzhu	27.35	27.34	27.36	27.40	27.37
锦屏县	Jinping	15.73	15.61	15.59	15.58	15.53
剑河县	Jianhe	18.79	18.66	18.73	18.83	18.86
台江县	Taijiang	12.02	11.85	12.00	12.17	12.30
黎平县	Liping	40.96	41.17	41.22	41.32	41.29
榕江县	Rongjiang	29.72	29.73	29.75	29.80	29.77
从江县	Congjiang	30.88	30.97	31.12	31.31	31.40
雷山县	Leishan	12.34	12.39	12.43	12.48	12.49
麻江县	Majiang	11.66	11.97	12.34	12.74	13.12
丹寨县	Danzhai	13.38	13.54	13.65	13.78	13.87
都匀市	Duyun	50.41	51.36	52.04	52.81	53.35
福泉市	Fuquan	29.86	30.02	30.03	30.08	30.00
荔波县	Libo	15.40	15.52	15.56	15.61	15.60
贵定县	Guiding	24.75	24.97	25.06	25.18	25.19
瓮安县	Wengan	39.78	39.97	39.95	39.98	39.83
独山县	Dushan	27.03	27.04	26.91	26.82	26.62
平塘县	Pingtang	23.70	23.78	23.74	23.72	23.61
罗甸县	Luodian	23.70	23.78	23.74	23.72	23.61
长顺县	Changshun	20.15	20.27	20.29	20.34	20.30
龙里县	Longli	21.68	22.29	22.79	23.34	23.79
惠水县	Huishui	38.15	38.75	39.14	39.60	39.87
※三都县	Sandu	28.51	28.46	28.27	28.11	27.83

25-31 各县(市、区、特区)户籍人口

Household Registered Population by County (City, District, Special Region)

单位：万人 (10000 persons)

县(市、区、特区)名称	County (City, District, Special Region)	2019	2020	县(市、区、特区)名称	County (City, District, Special Region)	2019	2020
南明区	Nanming	65.68	66.64	万山区	Wanshan	17.30	20.47
云岩区	Yunyan	67.84	69.36	江口县	Jiangkou	24.99	25.15
花溪区	Huaxi	53.77	55.16	※玉屏县	Yuping	17.22	17.56
乌当区	Wudang	22.57	23.11	石阡县	Shiqian	41.63	41.33
白云区	Baiyun	23.29	24.00	思南县	Sinan	68.63	66.84
观山湖区	Guanshanhu	33.65	36.38	※印江县	Yinjiang	45.58	44.46
开阳县	Kaiyang	45.58	45.75	德江县	Dejiang	54.91	55.32
息烽县	Xifeng	27.64	27.80	※沿河县	Yanhe	69.50	69.02
修文县	Xiuwen	33.12	33.51	※松桃县	Songtao	73.24	72.99
清镇市	Qingzhen	54.68	55.57				
				兴义市	Xingyi	93.39	92.94
钟山区	Zhongshan	49.50	48.94	兴仁市	Xingren	57.35	57.82
六枝特区	Liuzhi	75.07	75.84	普安县	Puan	35.42	35.94
水城县	Shuicheng	98.07	100.47	晴隆县	Qinglong	34.19	34.83
盘州市	Panxian	130.57	133.03	贞丰县	Zhenfeng	43.04	43.22
				望谟县	Wangmo	32.09	32.60
红花岗区	Honghuagang	81.48	82.63	册亨县	Ceheng	24.03	24.97
汇川区	Huichuan	57.26	58.16	安龙县	Anlong	49.30	49.65
播州区	Bozhou	88.23	89.42				
桐梓县	Tongzi	74.77	75.14	凯里市	Kaili	57.89	58.48
绥阳县	Suiyang	56.80	57.13	黄平县	Huangping	39.03	39.19
正安县	Zhengan	66.46	66.72	施秉县	Shibing	17.80	17.92
※道真县	Daozhen	35.27	35.31	三穗县	Sansui	23.19	23.33
※务川县	Wuchuan	48.03	48.37	镇远县	Zhenyuan	27.67	27.77
凤冈县	Fenggang	45.09	45.42	岑巩县	Cengong	23.84	23.99
湄潭县	Meitan	51.41	51.83	天柱县	Tianzhu	41.91	42.10
余庆县	Yuqing	30.98	31.09	锦屏县	Jinping	23.76	23.90
习水县	Xishui	78.04	78.76	剑河县	Jianhe	27.63	27.84
赤水市	Chishui	31.89	31.90	台江县	Taijiang	17.17	17.31
仁怀市	Renhuai	73.31	74.38	黎平县	Liping	57.18	57.80
				榕江县	Rongjiang	37.99	38.40
西秀区	Xixiu	93.64	94.38	从江县	Congjiang	38.53	39.08
平坝区	Pingba	38.12	38.59	雷山县	Leishan	16.39	16.51
普定县	Puding	51.80	52.38	麻江县	Majiang	16.99	17.11
※镇宁县	Zhenning	41.43	41.80	丹寨县	Danzhai	17.76	17.91
※关岭县	Guanling	41.03	41.33				
※紫云县	Ziyun	41.06	41.51	都匀市	Duyun	50.87	51.63
				福泉市	Fuquan	34.00	34.18
七星关区	Qixingguan	168.65	171.32	荔波县	Libo	18.46	18.56
大方县	Dafang	121.72	123.28	贵定县	Guiding	30.23	30.37
黔西县	Qianxi	101.43	102.27	瓮安县	Wengan	49.70	49.88
金沙县	Jinsha	70.36	71.22	独山县	Dushan	35.78	35.87
织金县	Zhijin	124.74	126.37	平塘县	Pingtang	33.70	33.78
纳雍县	Nayong	106.58	108.06	罗甸县	Luodian	36.53	36.70
※威宁县	Weining	156.67	159.14	长顺县	Changshun	27.34	27.43
赫章县	Hezhang	87.61	88.63	龙里县	Longli	24.23	24.51
				惠水县	Huishui	47.69	48.08
碧江区	Bijiang	33.38	34.89	※三都县	Sandu	38.13	38.40

注：资料来源于省公安厅。

Note: The data in the table above are obtained from the Guizhou Provincial Public Security Department.

25-32 各县(市、区、特区)一般公共预算收入(2020)

General Public Financial Budget Revenue by County (City, District, Special region)

县(市、区、特区)名称	County (City,District,Special Region)	一般公共预算收入(亿元) General Public Budget Revenue(100 million yuan)	#增值税 Value-added Tax	2020年比2019年增长(%) Increase Rate in 2020 over 2019(%)
南明区	Nanming	38.09	11.15	-5.6
云岩区	Yunyan	33.06	10.80	-1.9
花溪区	Huaxi	37.28	9.91	-6.9
乌当区	Wudang	14.55	4.22	0.4
白云区	Baiyun	32.42	9.53	-3.0
观山湖区	Guanshanhu	53.91	9.31	0.2
开阳县	Kaiyang	9.01	1.29	2.6
息烽县	Xifeng	5.21	1.10	7.5
修文县	Xiuwen	8.15	2.77	4.5
清镇市	Qingzhen	18.58	4.17	4.3
钟山区	Zhongshan	13.33	2.15	-20.4
六枝特区	Liuzhi	5.20	1.01	3.1
水城区	Shuicheng	13.00	2.17	2.0
盘州市	Panzhou	44.02	7.34	-3.7
红花岗区	Honghuagang	25.35	6.49	-17.0
汇川区	Huichuan	14.41	5.59	-15.3
播州区	Bozhou	13.26	4.00	-9.4
桐梓县	Tongzi	6.76	1.49	-1.1
绥阳县	Suiyang	4.00	0.88	-18.1
正安县	Zhengan	5.39	1.04	-21.6
※道真县	Daozhen	3.07	0.88	2.3
※务川县	Wuchuan	5.51	1.05	-6.2
凤冈县	Fenggang	3.18	0.60	-2.2
湄潭县	Meitan	4.46	1.00	-5.6
余庆县	Yuqing	3.64	1.10	2.5
习水县	Xishui	14.68	4.82	16.9
赤水市	Chishui	4.67	0.95	-24.8
仁怀市	Renhuai	73.82	35.59	2.2
西秀区	Xixiu	21.15	4.21	-19.4
平坝区	Pingba	10.39	3.34	1.2
普定县	Puding	5.25	0.61	-11.9
※镇宁县	Zhenning	3.73	0.65	-8.9
※关岭县	Guanling	4.10	0.69	-1.9
※紫云县	Ziyun	2.93	0.51	-8.1
七星关区	Qixingguan	25.72	5.90	-9.1
大方县	Dafang	6.82	1.12	5.0
黔西县	Qianxi	12.15	1.71	15.4
金沙县	Jinsha	14.49	3.50	-13.7
织金县	Zhijin	11.59	1.90	5.5
纳雍县	Nayong	10.04	0.91	4.8
※威宁县	Weining	13.48	2.00	4.1
赫章县	Hezhang	6.48	1.21	28.2
碧江区	Bijiang	15.23	3.15	3.4
万山区	Wanshan	4.18	1.77	12.9

注：资料来源于省财政厅(下表同)。

Note:The data in the table are obtained from Guizhou Provincial Finance Bureau(the same applies to the next table).

25−32 续表 continued

县(市、区、特区)名称	County (City,District,Special Region)	一般公共预算收入(亿元) General Public Budget Revenue (100 million yuan)	#增值税 Value-added Tax	2020年比2019年增长(%) Increase Rate in 2020over 2019(%)
江口县	Jiangkou	2.28	0.34	23.0
※玉屏县	Yuping	4.16	0.68	-1.5
石阡县	Shiqian	2.49	0.80	-6.0
思南县	Sinan	3.94	1.03	-9.1
※印江县	Yinjiang	3.13	0.62	2.2
德江县	Dejiang	4.78	1.04	-4.4
※沿河县	Yanhe	3.69	1.29	-10.8
※松桃县	Songtao	4.66	1.08	-21.2
兴义市	Xingyi	30.16	4.52	-10.7
兴仁市	Xingren	10.10	1.13	-33.5
普安县	Puan	5.52	0.42	-2.6
晴隆县	Qinglong	5.09	0.66	-10.6
贞丰县	Zhenfeng	10.03	0.95	6.3
望谟县	Wangmo	3.94	0.59	1.9
册亨县	Ceheng	3.89	0.52	4.8
安龙县	Anlong	13.80	1.11	19.9
凯里市	Kaili	15.32	3.74	-3.9
黄平县	Huangping	2.81	0.62	3.2
施秉县	Shibing	1.36	0.30	7.4
三穗县	Sansui	1.68	0.31	-9.6
镇远县	Zhenyuan	2.48	0.48	-7.5
岑巩县	Cengong	2.22	0.65	-4.9
天柱县	Tianzhu	2.82	0.85	-9.9
锦屏县	Jinping	2.13	0.73	2.3
剑河县	Jianhe	1.77	0.62	-15.1
台江县	Taijiang	1.95	0.54	7.4
黎平县	Liping	2.85	0.73	2.3
榕江县	Rongjiang	2.59	0.72	-20.1
从江县	Congjiang	2.59	0.60	16.6
雷山县	Leishan	1.52	0.21	-5.9
麻江县	Majiang	1.40	0.30	23.9
丹寨县	Danzhai	1.45	0.25	15.2
都匀市	Duyun	17.13	2.81	1.3
福泉市	Fuquan	10.04	2.07	-4.7
荔波县	Libo	2.81	0.55	-20.1
贵定县	Guiding	7.81	1.08	17.3
瓮安县	Wengan	10.02	1.64	-9.0
独山县	Dushan	4.12	0.70	-12.4
平塘县	Pingtang	3.00	0.49	2.4
罗甸县	Luodian	4.85	0.99	11.6
长顺县	Changshun	3.43	0.66	0.2
龙里县	Longli	15.61	3.70	9.5
惠水县	Huishui	6.61	1.44	-3.1
※三都县	Sandu	3.22	0.32	17.3

25−33 各县(市、区、特区)一般公共预算支出(2020)
General Public Budget Expenditure by County (City, District, Special region)

县(市、区、特区)名称	County (City,District, Special Region)	一般公共预算支出(亿元) General Public Budget Expenditures (100 million yuan)	#教育支出 Expenditure for Education	2020年比2019年增长(%) Increase Rate in 2020over 2019(%)
南明区	Nanming	73.46	14.01	0.3
云岩区	Yunyan	51.33	14.07	-7.5
花溪区	Huaxi	84.95	15.72	-13.2
乌当区	Wudang	27.88	6.42	-17.4
白云区	Baiyun	52.59	8.20	-7.2
观山湖区	Guanshanhu	74.96	9.49	-5.1
开阳县	Kaiyang	33.70	8.90	7.3
息烽县	Xifeng	24.73	5.93	0.7
修文县	Xiuwen	28.65	8.06	5.9
清镇市	Qingzhen	45.66	14.28	8.2
钟山区	Zhongshan	32.45	10.68	-9.8
六枝特区	Liuzhi	41.06	12.34	8.4
水城县	Shuicheng	68.44	17.66	8.4
盘州市	Panzhou	101.84	26.48	-9.2
红花岗区	Honghuagang	67.74	16.92	-9.6
汇川区	Huichuan	48.89	9.80	25.6
播州区	Bozhou	51.89	14.43	6.3
桐梓县	Tongzi	46.06	10.49	-7.7
绥阳县	Suiyang	27.40	6.78	-3.0
正安县	Zhengan	46.36	10.91	-13.1
※道真县	Daozhen	26.81	6.36	0.7
※务川县	Wuchuan	35.85	8.11	-11.4
凤冈县	Fenggang	32.13	6.34	6.4
湄潭县	Meitan	30.71	7.68	-4.1
余庆县	Yuqing	21.97	6.50	-4.4
习水县	Xishui	54.77	13.15	0.2
赤水市	Chishui	36.32	5.20	5.0
仁怀市	Renhuai	87.05	18.92	4.1
西秀区	Xixiu	67.30	15.53	-16.9
平坝区	Pingba	40.75	9.00	-9.4
普定县	Puding	29.00	7.03	-11.1
※镇宁县	Zhenning	25.72	5.72	0.2
※关岭县	Guanling	29.26	7.52	-4.0
※紫云县	Ziyun	38.85	7.04	7.3
七星关区	Qixingguan	105.60	28.84	8.4
大方县	Dafang	58.21	17.49	-7.5
黔西县	Qianxi	52.06	11.58	7.3
金沙县	Jinsha	62.32	14.80	8.5
织金县	Zhijin	77.07	17.43	0.7
纳雍县	Nayong	80.54	15.25	22.9
※威宁县	Weining	112.51	33.79	17.8
赫章县	Hezhang	63.65	14.20	7.8
碧江区	Bijiang	34.40	7.30	-3.4
万山区	Wanshan	22.32	5.29	-2.1

25—33 续表 continued

县（市、区、特区）名称	County (City,District, Special Region)	一般公共预算支出(亿元) General Public Budget Expenditures (100 million yuan)	#教育支出 Expenditure for Education	2020年比2019年增长(%) Increase Rate in 2020 over 2019(%)
江口县	Jiangkou	25.05	5.20	3.9
※玉屏县	Yuping	30.87	4.31	4.7
石阡县	Shiqian	31.33	7.79	-4.1
思南县	Sinan	48.14	11.98	-10.8
※印江县	Yinjiang	32.07	8.35	-12.8
德江县	Dejiang	42.61	12.57	-3.4
※沿河县	Yanhe	63.73	13.92	27.7
※松桃县	Songtao	55.05	12.54	16.4
兴义市	Xingyi	74.14	26.09	-0.9
兴仁市	Xingren	37.46	11.53	-13.6
普安县	Puan	28.16	6.52	0.4
晴隆县	Qinglong	43.77	8.90	13.2
贞丰县	Zhenfeng	39.22	8.78	-10.6
望谟县	Wangmo	41.92	7.81	20.7
册亨县	Ceheng	28.40	5.90	-12.6
安龙县	Anlong	46.66	13.67	6.8
凯里市	Kaili	47.04	13.13	5.1
黄平县	Huangping	24.20	7.05	-26.5
施秉县	Shibing	15.58	3.28	5.0
三穗县	Sansui	20.50	4.58	-8.3
镇远县	Zhenyuan	16.81	3.91	-1.7
岑巩县	Cengong	23.14	5.27	1.1
天柱县	Tianzhu	28.13	6.56	-15.0
锦屏县	Jinping	19.97	3.76	-19.6
剑河县	Jianhe	23.26	4.80	-21.0
台江县	Taijiang	16.42	3.26	-7.9
黎平县	Liping	30.61	8.65	-14.7
榕江县	Rongjiang	41.49	7.47	9.5
从江县	Congjiang	42.29	7.27	0.9
雷山县	Leishan	15.40	3.90	-16.9
麻江县	Majiang	15.64	3.02	-5.3
丹寨县	Danzhai	13.14	2.85	-11.7
都匀市	Duyun	39.24	9.33	-0.2
福泉市	Fuquan	33.65	6.87	9.5
荔波县	Libo	21.83	4.48	-0.7
贵定县	Guiding	26.28	5.14	8.3
瓮安县	Wengan	36.75	8.36	7.4
独山县	Dushan	28.31	6.04	2.3
平塘县	Pingtang	29.94	6.76	0.6
罗甸县	Luodian	31.63	6.64	-1.6
长顺县	Changshun	23.29	4.42	-3.4
龙里县	Longli	36.02	6.57	8.4
惠水县	Huishui	34.64	8.40	-1.2
※三都县	Sandu	33.13	7.98	0.1

25-34 各县(市、区、特区)城镇常住居民人均可支配收入
Per Capita Disposable Income of Urban Households by County (City, District, Special Region)

单位：元 (yuan)

县(市、区、特区)名称	County (City,District, Special Region)	2019	2020	县(市、区、特区)名称	County (City,District, Special Region)	2019	2020
南明区	Nanming	38921	40906	万山区	Wanshan	33067	34740
云岩区	Yunyan	38996	40985	江口县	Jiangkou	31887	33481
花溪区	Huaxi	37564	39592	※玉屏县	※Yuping	33195	34755
乌当区	Wudang	37302	39428	石阡县	Shiqian	31003	32634
白云区	Baiyun	37313	39402	思南县	Sinan	31445	33130
观山湖区	Guanshanhu	37750	39713	※印江县	※Yinjiang	31142	32718
开阳县	Kaiyang	37558	39511	德江县	Dejiang	31548	33271
息烽县	Xifeng	36109	38204	※沿河县	※Yanhe	30849	32330
修文县	Xiuwen	37275	39250	※松桃县	※Songtao	31110	32715
清镇市	Qingzhen	37258	39307				
				兴义市	Xingyi	35444	37358
钟山区	Zhongshan	35076	36760	兴仁市	Xingren	32319	34032
六枝特区	Liuzhi	30881	32301	普安县	Puan	31993	33689
水城县	Shuicheng	30789	32298	晴隆县	Qinglong	31556	33292
盘州市	Panzhou	31725	33312	贞丰县	Zhenfeng	32185	33923
				望谟县	Wangmo	31405	33226
红花岗区	Honghuagang	37916	39622	册亨县	Ceheng	31571	33434
汇川区	Huichuan	37985	39733	安龙县	Anlong	32060	33888
播州区	Bozhou	37184	38932				
桐梓县	Tongzi	31910	33538	凯里市	Kaili	34845	36552
绥阳县	Suiyang	32948	34595	黄平县	Huangping	32411	34291
正安县	Zhengan	32023	33784	施秉县	Shibing	31788	33695
※道真县	※Daozhen	31919	33611	三穗县	Sansui	32905	34912
※务川县	※Wuchuan	31886	33736	镇远县	Zhenyuan	32337	34083
凤冈县	Fenggang	31853	33573	岑巩县	Cengong	31909	33728
湄潭县	Meitan	34963	36676	天柱县	Tianzhu	31882	33668
余庆县	Yuqing	31835	33363	锦屏县	Jinping	31537	33177
习水县	Xishui	32816	34687	剑河县	Jianhe	31945	33542
赤水市	Chishui	34425	36215	台江县	Taijiang	30922	32438
仁怀市	Renhuai	37623	39730	黎平县	Liping	32420	34203
				榕江县	Rongjiang	31872	33433
西秀区	Xixiu	34369	35984	从江县	Congjiang	32557	34478
平坝区	Pingba	31967	33597	雷山县	Leishan	32319	33967
普定县	Puding	30852	32333	麻江县	Majiang	31614	33290
※镇宁县	※Zhenning	30493	31987	丹寨县	Danzhai	32861	34701
※关岭县	※Guanling	30362	31880				
※紫云县	※Ziyun	29061	30514	都匀市	Duyun	36751	38625
				福泉市	Fuquan	35158	37022
七星关区	Qixingguan	34521	36147	荔波县	Libo	33004	34523
大方县	Dafang	31507	33147	贵定县	Guiding	32841	34450
黔西县	Qianxi	32238	33818	瓮安县	Wengan	34429	36185
金沙县	Jinsha	34456	36042	独山县	Dushan	33164	34889
织金县	Zhijin	31451	32961	平塘县	Pingtang	32172	33781
纳雍县	Nayong	31812	33432	罗甸县	Luodian	31612	33098
※威宁县	※Weining	31306	33027	长顺县	Changshun	31338	32905
赫章县	Hezhang	31300	32960	龙里县	Longli	34981	36800
				惠水县	Huishui	33730	35349
碧江区	Bijiang	35047	36996	※三都县	※Sandu	31226	32912

25-35 各县(市、区、特区)农村常住居民人均可支配收入

Per Capita Net Income of Rural Households by County (City, District, Special Region)

单位：元 (yuan)

县(市、区、特区)名称	County (City,District, Special Region)	2019	2020	县(市、区、特区)名称	County (City,District, Special Region)	2019	2020
南明区	Nanming	—	—	万山区	Wanshan	10387	11208
云岩区	Yunyan	—	—	江口县	Jiangkou	10061	10902
花溪区	Huaxi	17897	19293	※玉屏县	※Yuping	12835	13882
乌当区	Wudang	18802	20288	石阡县	Shiqian	10032	10861
白云区	Baiyun	19896	21428	思南县	Sinan	9883	10689
观山湖区	Guanshanhu	18851	20359	※印江县	※Yinjiang	9843	10601
开阳县	Kaiyang	16595	17973	德江县	Dejiang	9850	10683
息烽县	Xifeng	15904	17208	※沿河县	※Yanhe	9741	10575
修文县	Xiuwen	15986	17329	※松桃县	※Songtao	9847	10645
清镇市	Qingzhen	16901	18270				
				兴义市	Xingyi	13407	14533
钟山区	Zhongshan	14414	15639	兴仁市	Xingren	10406	11280
六枝特区	Liuzhi	10629	11565	普安县	Puan	9811	10644
水城县	Shuicheng	10351	11272	晴隆县	Qinglong	9258	10073
盘州市	Panzhou	11423	12417	贞丰县	Zhenfeng	10206	11094
				望谟县	Wangmo	8979	9778
红花岗区	Honghuagang	16059	17328	册亨县	Ceheng	9213	10024
汇川区	Huichuan	16057	17309	安龙县	Anlong	9981	10839
播州区	Bozhou	15806	17070				
桐梓县	Tongzi	13157	14301	凯里市	Kaili	13158	14184
绥阳县	Suiyang	14050	15216	黄平县	Huangping	9773	10613
正安县	Zhengan	11322	12330	施秉县	Shibing	10587	11477
※道真县	※Daozhen	11267	12214	三穗县	Sansui	10505	11440
※务川县	※Wuchuan	11191	12198	镇远县	Zhenyuan	10351	11179
凤冈县	Fenggang	12396	13487	岑巩县	Cengong	10278	11172
湄潭县	Meitan	14726	15934	天柱县	Tianzhu	10438	11283
余庆县	Yuqing	12898	13943	锦屏县	Jinping	9466	10318
习水县	Xishui	11625	12683	剑河县	Jianhe	9682	10437
赤水市	Chishui	13656	14831	台江县	Taijiang	9301	10063
仁怀市	Renhuai	13617	14775	黎平县	Liping	9679	10482
				榕江县	Rongjiang	9761	10571
西秀区	Xixiu	13269	14304	从江县	Congjiang	10219	11067
平坝区	Pingba	11345	12241	雷山县	Leishan	10310	11115
普定县	Puding	10180	11005	麻江县	Majiang	9847	10714
※镇宁县	※Zhenning	9704	10539	丹寨县	Danzhai	10057	10912
※关岭县	※Guanling	9760	10541				
※紫云县	※Ziyun	9740	10539	都匀市	Duyun	13347	14468
				福泉市	Fuquan	12230	13221
七星关区	Qixingguan	10505	11378	荔波县	Libo	11393	12293
大方县	Dafang	10491	11333	贵定县	Guiding	11953	12921
黔西县	Qianxi	10543	11451	瓮安县	Wengan	12309	13331
金沙县	Jinsha	11446	12374	独山县	Dushan	11759	12724
织金县	Zhijin	10402	11256	平塘县	Pingtang	11233	12165
纳雍县	Nayong	9825	10681	罗甸县	Luodian	11646	12578
※威宁县	※Weining	10359	11241	长顺县	Changshun	11342	12317
赫章县	Hezhang	9728	10596	龙里县	Longli	12444	13464
				惠水县	Huishui	11988	12924
碧江区	Bijiang	14056	15273	※三都县	※Sandu	11214	12167

25–36 各县（市、区、特区）乡村从业人员
Number of Rural Employees by County (City, District, Special Region)

单位：人 (person)

县(市、区、特区)名 称	County (City,District, Special Region)	2019	2020
南明区	Nanming	28101	46175
云岩区	Yunyan	12135	22069
花溪区	Huaxi	161485	163713
乌当区	Wudang	75143	76925
白云区	Baiyun	48652	48824
观山湖区	Guanshanhu	54606	49210
开阳县	Kaiyang	181670	178058
息烽县	Xifeng	109136	112256
修文县	Xiuwen	173534	166555
清镇市	Qingzhen	212222	200948
钟山区	Zhongshan	78296	78933
六枝特区	Liuzhi	300406	291424
水城县	Shuicheng	463051	447035
盘州市	Panzhou	463853	485009
红花岗区	Honghuagang	260717	246544
汇川区	Huichuan	206435	215262
播州区	Bozhou	455407	470424
桐梓县	Tongzi	417041	385542
绥阳县	Suiyang	319479	319722
正安县	Zhengan	390984	378262
※道真县	Daozhen	192520	186257
※务川县	Wuchuan	257439	235657
凤冈县	Fenggang	228894	188640
湄潭县	Meitan	261443	260360
余庆县	Yuqing	167717	164630
习水县	Xishui	336475	328890
赤水市	Chishui	143085	137088
仁怀市	Renhuai	318345	300980
西秀区	Xixiu	349679	354604
平坝区	Pingba	198123	196396
普定县	Puding	265579	192751
※镇宁县	Zhenning	181314	168123
※关岭县	Guanling	210379	183428
※紫云县	Ziyun	265360	242019
七星关区	Qixingguan	673827	697829
大方县	Dafang	640180	612462
黔西县	Qianxi	312003	328317
金沙县	Jinsha	226877	227734
织金县	Zhijin	482257	471090
纳雍县	Nayong	360254	351462
※威宁县	Weining	591299	596392
赫章县	Hezhang	412795	413690
碧江区	Bijiang	105807	92441
万山区	Wanshan	60239	52702
江口县	Jiangkou	82450	79153
※玉屏县	Yuping	98227	85513
石阡县	Shiqian	201106	198790
思南县	Sinan	258934	295195
※印江县	Yinjiang	221484	199460
德江县	Dejiang	158506	156320
※沿河县	Yanhe	183281	182205
※松桃县	Songtao	215897	216396
兴义市	Xingyi	420855	407997
兴仁市	Xingren	212363	225576
普安县	Puan	175291	169697
晴隆县	Qinglong	139325	139382
贞丰县	Zhenfeng	233870	229179
望谟县	Wangmo	169762	172552
册亨县	Ceheng	101474	87200
安龙县	Anlong	290653	287779
凯里市	Kaili	209970	213934
黄平县	Huangping	208152	212883
施秉县	Shibing	67296	67780
三穗县	Sansui	123386	121094
镇远县	Zhenyuan	120869	121182
岑巩县	Cengong	135392	136824
天柱县	Tianzhu	222101	221283
锦屏县	Jinping	116975	118460
剑河县	Jianhe	124099	126808
台江县	Taijiang	93019	91268
黎平县	Liping	250027	239337
榕江县	Rongjiang	206629	163269
从江县	Congjiang	176392	182422
雷山县	Leishan	79905	80998
麻江县	Majiang	99652	98290
丹寨县	Danzhai	97744	96277
都匀市	Duyun	183584	173486
福泉市	Fuquan	138334	127009
荔波县	Libo	101994	102823
贵定县	Guiding	138876	133557
瓮安县	Wengan	301377	276589
独山县	Dushan	190541	187368
平塘县	Pingtang	203787	204240
罗甸县	Luodian	182330	173419
长顺县	Changshun	130915	130084
龙里县	Longli	130569	130189
惠水县	Huishui	247493	247339
※三都县	Sandu	190125	197226

25−37 各县(市、区、特区)农林牧渔业增加值(2020)

Added Value of Farming, Forestry, Animal Husbandry, Fishery and Their Professional and Support Activities

单位：亿元 (100 million yuan)

县(市、区、特区)名称	County (City,District, Special Region)	2020	比上年增长(%) Increase Rate over Preceding Year (%)	县(市、区、特区)名称	County (City,District, Special Region)	2020	比上年增长(%) Increase Rate over Preceding Year(%)
南明区	Nanming	1.20	3.8	万山区	Wanshan	13.27	6.7
云岩区	Yunyan	0.21	3.6	江口县	Jiangkou	20.39	6.5
花溪区	Huaxi	18.23	6.3	※玉屏县	Yuping	13.26	6.4
乌当区	Wudang	20.39	6.3	石阡县	Shiqian	35.35	6.4
白云区	Baiyun	8.07	6.0	思南县	Sinan	47.82	6.8
观山湖区	Guanshanhu	4.71	6.1	※印江县	Yinjiang	36.79	6.5
开阳县	Kaiyang	43.89	6.4	德江县	Dejiang	37.03	6.5
息烽县	Xifeng	26.00	6.6	※沿河县	Yanhe	39.26	6.7
修文县	Xiuwen	31.93	6.4	※松桃县	Songtao	42.21	6.7
清镇市	Qingzhen	35.72	6.2				
				兴义市	Xingyi	50.79	6.2
钟山区	Zhongshan	9.16	5.6	兴仁市	Xingren	36.31	5.8
六枝特区	Liuzhi	46.16	5.7	普安县	Puan	23.86	5.9
水城县	Shuicheng	51.10	6.1	晴隆县	Qinglong	24.02	6.2
盘州市	Panzhou	74.25	5.7	贞丰县	Zhenfeng	33.45	7.1
				望谟县	Wangmo	31.24	6.8
红花岗区	Honghuagang	41.18	6.1	册亨县	Ceheng	25.81	6.5
汇川区	Huichuan	32.28	5.7	安龙县	Anlong	37.97	6.9
播州区	Bozhou	64.60	6.1				
桐梓县	Tongzi	43.05	6.4	凯里市	Kaili	20.59	6.2
绥阳县	Suiyang	43.82	6.3	黄平县	Huangping	22.91	6.2
正安县	Zhengan	35.29	6.2	施秉县	Shibing	11.68	5.7
※道真县	Daozhen	28.38	6.5	三穗县	Sansui	11.38	6.4
※务川县	Wuchuan	29.73	6.2	镇远县	Zhenyuan	17.00	6.2
凤冈县	Fenggang	33.18	6.1	岑巩县	Cengong	12.67	6.4
湄潭县	Meitan	37.54	6.3	天柱县	Tianzhu	22.64	6.0
余庆县	Yuqing	27.29	6.0	锦屏县	Jinping	11.30	6.2
习水县	Xishui	41.08	6.2	剑河县	Jianhe	15.03	5.9
赤水市	Chishui	22.68	6.1	台江县	Taijiang	9.48	6.3
仁怀市	Renhuai	36.25	5.6	黎平县	Liping	24.96	6.2
				榕江县	Rongjiang	22.32	6.5
西秀区	Xixiu	45.94	6.1	从江县	Congjiang	22.69	6.5
平坝区	Pingba	25.11	6.4	雷山县	Leishan	9.70	5.8
普定县	Puding	27.24	6.3	麻江县	Majiang	11.78	6.3
※镇宁县	Zhenning	28.65	6.5	丹寨县	Danzhai	9.99	6.0
※关岭县	Guanling	28.80	6.5				
※紫云县	Ziyun	28.86	6.4	都匀市	Duyun	23.61	6.8
				福泉市	Fuquan	20.12	6.8
七星关区	Qixingguan	96.79	5.9	荔波县	Libo	13.50	6.1
大方县	Dafang	54.12	6.2	贵定县	Guiding	16.68	6.3
黔西县	Qianxi	48.13	6.0	瓮安县	Wengan	32.87	5.9
金沙县	Jinsha	45.82	6.4	独山县	Dushan	24.19	6.7
织金县	Zhijin	49.64	6.4	平塘县	Pingtang	25.05	6.6
纳雍县	Nayong	43.61	6.1	罗甸县	Luodian	21.93	6.7
※威宁县	Weining	121.33	6.5	长顺县	Changshun	19.00	6.7
赫章县	Hezhang	53.67	6.3	龙里县	Longli	15.12	6.3
				惠水县	Huishui	30.35	6.3
碧江区	Bijiang	18.41	6.9	※三都县	Sandu	24.75	5.9

25—38 各县(市、区、特区)油菜籽、烤烟产量(2020)

Output of Rapeseed and Flue-cured Tobacco and Its Order by County (City, District, Special Region)

县(市、区、特区)名称	County (City,District, Special Region)	油菜籽产量(吨) Output of Rapeseeds (ton)	2020比2019年增长(%) Increase Rate in 2020 over 2019(%)	烤烟产量(吨) Output of Flue-cured Tobacco (ton)	2020比2019年增长(%) Increase Rate in 2020 over 2019(%)
南明区	Nanming				
云岩区	Yunyan				
花溪区	Huaxi	884	-19.6		
乌当区	Wudang	460	-54.4	16	300.0
白云区	Baiyun	126	-31.1		
观山湖区	Guanshanhu	112	-59.4		
开阳县	Kaiyang	14511	13.1	2500	-1.5
息烽县	Xifeng	2906	-30.6	500	-4.8
修文县	Xiuwen	4643	-32.2	500	-10.9
清镇市	Qingzhen	15488	16.6	1200	-15.2
钟山区	Zhongshan			330	
六枝特区	Liuzhi	13613	-2.2	103	-65.0
水城县	Shuicheng	475	12.3	8183	-16.6
盘州市	Panzhou	12148	39.0	4477	26.1
红花岗区	Honghuagang	7768	-14.3	626	-17.3
汇川区	Huichuan	10718	-2.4	3417	-20.9
播州区	Bozhou	48917	5.5	5790	1.9
桐梓县	Tongzi	12031	-2.7	4860	3.0
绥阳县	Suiyang	18265	1.6	4668	2.5
正安县	Zhengan	13230	-5.8	4700	-10.5
※道真县	Daozhen	10045	10.0	4884	-5.3
※务川县	Wuchuan	8056	4.0	7516	-13.0
凤冈县	Fenggang	13882	1.3	5349	4.9
湄潭县	Meitan	15377	-0.7	5050	-1.0
余庆县	Yuqing	4473	-14.0	5230	-13.4
习水县	Xishui	7656	5.6	679	-10.1
赤水市	Chishui	419	3.6		
仁怀市	Renhuai	6926	-35.1	499	-17.8
西秀区	Xixiu	30127	-19.5	2335	15.7
平坝区	Pingba	8063	1.2	1265	-14.5
普定县	Puding	6279	-2.7	280	-0.1
※镇宁县	Zhenning	11117	0.0		
※关岭县	Guanling	6087	-15.1		
※紫云县	Ziyun	15828	-5.0	1193	-25.0
七星关区	Qixingguan	7096	60.2	5091	11.4
大方县	Dafang	7924	3.6	9082	9.9
黔西县	Qianxi	68180	4.2	5344	9.2
金沙县	Jinsha	27162	-0.1	3131	-0.8
织金县	Zhijin	18990	12.5	3313	-4.3
纳雍县	Nayong	1160	17.0	3207	3.0
※威宁县	Weining	2	-80.0	26526	6.6
赫章县	Hezhang	105	-11.8	5179	1.5
碧江区	Bijiang	2394	5.1		
万山区	Wanshan	4079	7.8		

25—38 续表 continued(2020)

县(市、区、特区)名 称	County (City,District, Special Region)	油菜籽产量(吨) Output of Rapeseeds(ton)	2020比2019年增长(%) Increase Rate in 2020 over 2019(%)	烤烟产量(吨) Output of Flue-cured Tobacco (ton)	2020比2019年增长(%) Increase Rate in 2020 over 2019(%)
江口县	Jiangkou	6902	0.8	550	-39.1
※玉屏县	Yuping	2662	-16.2	24	
石阡县	Shiqian	13076	-12.3	3183	22.9
思南县	Sinan	20413	15.5	1253	11.8
※印江县	Yinjiang	12593	1.6	1193	-12.5
德江县	Dejiang	6565	-8.8	4184	-11.6
※沿河县	Yanhe	7595	-0.4	4076	-18.9
※松桃县	Songtao	11080	0.5	1500	3.7
兴义市	Xingyi	13818	8.0	8198	-0.8
兴仁市	Xingren	12997	-0.2	5460	0.8
普安县	Puan	6215	-11.7	7977	5.8
晴隆县	Qinglong	2024	1.4	2351	43.1
贞丰县	Zhenfeng	6264	-48.9	3335	7.0
望谟县	Wangmo	5583	-4.5		
册亨县	Ceheng	5564	7.2		
安龙县	Anlong	4749	-40.2	6957	3.6
凯里市	Kaili	2416	2.2	487	-7.2
黄平县	Huangping	3574	8.2	2196	4.0
施秉县	Shibing	4835	21.1	5422	-15.5
三穗县	Sansui	1800	-2.7	66	-14.9
镇远县	Zhenyuan	7627	-2.7	5166	0.8
岑巩县	Cengong	6489	4.5	1856	-19.8
天柱县	Tianzhu	5874	-4.1	382	-39.3
锦屏县	Jinping	4215	-15.6	35	-51.4
剑河县	Jianhe	2300	-17.6		
台江县	Taijiang	2422	-5.4		
黎平县	Liping	7048	1.3	9	
榕江县	Rongjiang	6136	-24.4	25	
从江县	Congjiang	3657	-25.2	159	1.2
雷山县	Leishan	723	1.5		
麻江县	Majiang	3259	-20.7	688	-6.8
丹寨县	Danzhai	980	-4.0	126	-10.4
都匀市	Duyun	10125	13.2	190	18.0
福泉市	Fuquan	10897	4.4	1762	-11.9
荔波县	Libo	4909	1.4		
贵定县	Guiding	6163	-4.6	305	-66.2
瓮安县	Wengan	15189	1.1	2500	-16.7
独山县	Dushan	8703	-0.2	280	-15.4
平塘县	Pingtang	13468	44.6	650	30.0
罗甸县	Luodian	3115	-12.7	36	-74.3
长顺县	Changshun	6486	1.7	859	11.2
龙里县	Longli	7509	-1.2	150	-50.0
惠水县	Huishui	7499	1.1	750	-25.4
※三都县	Sandu	8411	-17.8		

25-39 各县(市、区、特区)规模以上工业增加值增速
Growth Rate of Added Value of Industry above Designated Size of Each County (City, District, Special Region)

单位：% (%)

县(市、区、特区)名称	County (City, District, Special Region)	2019	2020	县(市、区、特区)名称	County (City,District, Special Region)	2019	2020
南明区	Nanming	11.4	11.8	万山区	Wanshan	4.8	6.1
云岩区	Yunyan	5.0	1.5	江口县	Jiangkou		6.3
花溪区	Huaxi	7.3	4.3	※玉屏县	Yuping	2.8	-10.2
乌当区	Wudang	1.5	9.4	石阡县	Shiqian	7.1	5.1
白云区	Baiyun	8.8	-2.5	思南县	Sinan	3.1	2.9
观山湖区	Guanshanhu	71.6	30.5	※印江县	Yinjiang	7.2	4.8
开阳县	Kaiyang	-19.7	11.0	德江县	Dejiang	4.4	4.8
息烽县	Xifeng	-12.3	12.1	※沿河县	Yanhe	2.9	4.5
修文县	Xiuwen	11.3	7.4	※松桃县	Songtao	9.8	6.5
清镇市	Qingzhen	2.8	5.5				
				兴义市	Xingyi	12.2	6.0
钟山区	Zhongshan	6.3	3.0	兴仁市	Xingren	14.3	6.6
六枝特区	Liuzhi	6.8	6.6	普安县	Puan	13.5	6.4
水城县	Shuicheng	8.5	3.2	晴隆县	Qinglong	13.4	6.7
盘州市	Panzhou	11.6	8.5	贞丰县	Zhenfeng	14.1	6.4
				望谟县	Wangmo	12.9	1.3
红花岗区	Honghuagang	9.5	-3.4	册亨县	Ceheng	13.0	1.3
汇川区	Huichuan	10.5	4.3	安龙县	Anlong	12.0	0.6
播州区	Bozhou	17.0	9.0				
桐梓县	Tongzi	12.4	12.4	凯里市	Kaili	0.3	1.9
绥阳县	Suiyang	17.4	8.9	黄平县	Huangping	0.2	23.0
正安县	Zhengan	18.2	-0.2	施秉县	Shibing		11.9
※道真县	Daozhen	5.0	5.8	三穗县	Sansui	15.2	2.0
※务川县	Wuchuan	9.8	20.5	镇远县	Zhenyuan		-8.1
凤冈县	Fenggang	19.5	-0.4	岑巩县	Cengong	10.7	1.5
湄潭县	Meitan	12.2	8.7	天柱县	Tianzhu	17.6	-2.0
余庆县	Yuqing	17.7	10.9	锦屏县	Jinping	15.3	11.0
习水县	Xishui	25.0	20.3	剑河县	Jianhe	16.3	5.1
赤水市	Chishui	18.7	7.6	台江县	Taijiang	7.6	12.6
仁怀市	Renhuai	11.6	3.9	黎平县	Liping	2.5	10.2
				榕江县	Rongjiang	11.3	4.3
西秀区	Xixiu	14.1	7.6	从江县	Congjiang		17.2
平坝区	Pingba	11.3	-17.7	雷山县	Leishan	17.5	6.0
普定县	Puding	4.6	8.3	麻江县	Majiang		22.3
※镇宁县	Zhenning	10.8	2.0	丹寨县	Danzhai	0.3	9.1
※关岭县	Guanling	1.3	11.0				
※紫云县	Ziyun	0.5	2.4	都匀市	Duyun	11.0	0.1
				福泉市	Fuquan	11.4	5.4
七星关区	Qixingguan	-2.7	4.3	荔波县	Libo	9.2	-63.0
大方县	Dafang	8.4	3.6	贵定县	Guiding	11.3	5.2
黔西县	Qianxi	12.2	-5.2	瓮安县	Wengan	9.8	8.0
金沙县	Jinsha	14.7	7.3	独山县	Dushan	10.8	5.2
织金县	Zhijin	14.5	7.0	平塘县	Pingtang	11.1	5.8
纳雍县	Nayong	0.2	-4.2	罗甸县	Luodian	11.2	5.2
※威宁县	Weining	0.1	-5.0	长顺县	Changshun	12.6	6.4
赫章县	Hezhang	2.8	4.3	龙里县	Longli	14.6	5.4
				惠水县	Huishui	11.7	4.1
碧江区	Bijiang	9.9	7.0	※三都县	Sandu	10.6	-10.5

注：统计口径为年主营业务收入2000万元及以上的工业企业。

Note: The statistical caliber of this table in the table refers to the industries which main business revenue achieve 20 million yuan and above.

25–40 各县(市、区、特区)社会消费品零售总额增速

Growth Rate of Total Retail Sales of Social Consumer Goods by County (City, District, Special Region)

单位：% (%)

县(市、区、特区)名称	County (City,District, Special Region)	2019	2020
南明区	Nanming	6.8	6.7
云岩区	Yunyan	7.4	10.1
花溪区	Huaxi	4.7	1.2
乌当区	Wudang	6.7	5.8
白云区	Baiyun	7.3	4.2
观山湖区	Guanshanhu	5.6	10.8
开阳县	Kaiyang	7.2	3.9
息烽县	Xifeng	4.6	5.6
修文县	Xiuwen	7.1	8.3
清镇市	Qingzhen	6.7	4.1
钟山区	Zhongshan	6.9	5.0
六枝特区	Liuzhi	6.2	4.6
水城县	Shuicheng	6.4	6.0
盘州市	Panzhou	7.0	6.5
红花岗区	Honghuagang	4.1	5.3
汇川区	Huichuan	4.4	5.5
播州区	Bozhou	0.5	6.4
桐梓县	Tongzi	4.6	6.9
绥阳县	Suiyang	4.7	7.4
正安县	Zhengan	5.2	7.7
※道真县	Daozhen	1.1	4.0
※务川县	Wuchuan	4.3	8.0
凤冈县	Fenggang	4.0	5.5
湄潭县	Meitan	4.5	7.5
余庆县	Yuqing	4.2	7.7
习水县	Xishui	4.1	7.7
赤水市	Chishui	4.9	5.9
仁怀市	Renhuai	0.1	10.4
西秀区	Xixiu	5.6	4.1
平坝区	Pingba	5.2	4.0
普定县	Puding	5.5	3.6
※镇宁县	Zhenning	5.7	3.9
※关岭县	Guanling	5.8	4.3
※紫云县	Ziyun	5.3	4.5
七星关区	Qixingguan	6.7	3.7
大方县	Dafang	5.7	3.1
黔西县	Qianxi	7.0	4.3
金沙县	Jinsha	7.1	4.4
织金县	Zhijin	5.1	4.1
纳雍县	Nayong	6.3	3.5
※威宁县	Weining	5.4	3.9
赫章县	Hezhang	5.6	3.3
碧江区	Bijiang	4.1	6.1
万山区	Wanshan	4.2	5.6
江口县	Jiangkou	1.5	4.1
※玉屏县	Yuping	2.8	3.9
石阡县	Shiqian	3.2	4.3
思南县	Sinan	4.4	4.9
※印江县	Yinjiang	3.1	4.9
德江县	Dejiang	3.6	5.5
※沿河县	Yanhe	2.9	4.6
※松桃县	Songtao	2.9	5.9
兴义市	Xingyi	5.8	5.3
兴仁市	Xingren	5.4	5.5
普安县	Puan	6.5	4.3
晴隆县	Qinglong	6.7	6.9
贞丰县	Zhenfeng	6.3	6.4
望谟县	Wangmo	6.1	5.1
册亨县	Ceheng	6.9	6.0
安龙县	Anlong	5.9	5.1
凯里市	Kaili	3.1	2.5
黄平县	Huangping	4	2.8
施秉县	Shibing	3	2.1
三穗县	Sansui	2.8	2.5
镇远县	Zhenyuan	3	2.6
岑巩县	Cengong	3.8	2.7
天柱县	Tianzhu	3.5	2.3
锦屏县	Jinping	3.3	2.6
剑河县	Jianhe	3.2	2.7
台江县	Taijiang	3.8	2.5
黎平县	Liping	2.6	2.5
榕江县	Rongjiang	3.5	2.4
从江县	Congjiang	2.9	2.8
雷山县	Leishan	3	2.8
麻江县	Majiang	2.6	2.3
丹寨县	Danzhai	3.1	2.4
都匀市	Duyun	2.6	2.5
福泉市	Fuquan	4	4.3
荔波县	Libo	2.9	2.3
贵定县	Guiding	2.7	3.8
瓮安县	Wengan	3.5	4.0
独山县	Dushan	3	3.4
平塘县	Pingtang	4.2	4.2
罗甸县	Luodian	3.2	3.7
长顺县	Changshun	3.7	3.9
龙里县	Longli	4.3	4.5
惠水县	Huishui	3.8	4.1
※三都县	Sandu	3.3	3.6

25－41　各县(市、区、特区)金融机构人民币各项存贷款余额(2020)

Urban and Rural Resident Savings Deposit Balance and Loan by County (City, District, Special Region)

单位：亿元　　(100 million yuan)

县(市、区、特区)名称	County (City,District, Special Region)	金融机构人民币各项存款余额 Total Deposits	#个人储蓄存款 Personal Savings Deposits	金融机构人民币各项贷款余额 Total Loans
开阳县	Kaiyang	155.37	95.90	193.31
息烽县	Xifeng	97.63	61.42	161.40
修文县	Xiuwen	209.01	90.63	239.53
清镇市	Qingzhen	328.48	162.21	374.08
六枝特区	Liuzhi	155.74	104.19	206.22
盘州市	Panzhou	425.81	239.85	473.81
桐梓县	Tongzi	203.85	146.70	205.62
绥阳县	Suiyang	172.23	109.74	149.33
正安县	Zhengan	171.29	115.15	233.17
※道真县	Daozhen	116.73	85.87	100.67
※务川县	Wuchuan	123.56	86.03	146.96
凤冈县	Fenggang	118.43	81.47	158.30
湄潭县	Meitan	179.79	132.13	203.76
余庆县	Yuqing	106.49	79.87	115.46
习水县	Xishui	230.13	128.86	271.57
赤水市	Chishui	159.47	108.77	174.60
仁怀市	Renhuai	1718.15	232.09	392.59
平坝区	Pingba	158.41	97.21	197.65
普定县	Puding	86.19	60.02	112.58
※镇宁县	Zhenning	94.86	58.49	168.54
※关岭县	Guanling	84.83	59.08	108.49
※紫云县	Ziyun	88.48	48.64	113.77
七星关区	Qixingguan	671.13	277.51	733.45
大方县	Dafang	199.14	140.34	204.94
黔西县	Qianxi	202.07	126.07	223.24
金沙县	Jinsha	175.98	122.55	201.31
织金县	Zhijin	207.01	137.20	239.45
纳雍县	Nayong	155.17	102.83	152.76
※威宁县	Weining	205.27	136.55	267.60
赫章县	Hezhang	144.37	100.35	161.12
碧江区	Bijiang	402.47	168.86	475.87
万山区	Wanshan	69.98	32.38	86.31

注：资料来源于中国人民银行贵阳中心支行。

Note: The data in the table are obtained from the Guiyang Central Sub-branch of the People's Bank of China.

25—41 续表 continued(2020)

单位：亿元 (100 million yuan)

县(市、区、特区)名称	County (City,District, Special Region)	金融机构人民币各项存款余额 Total Deposits	#个人储蓄存款 Personal Savings Deposits	金融机构人民币各项贷款余额 Total Loans
江口县	Jiangkou	73.51	47.36	86.82
※玉屏县	Yuping	70.76	45.16	95.40
石阡县	Shiqian	99.35	68.30	140.32
思南县	Sinan	152.30	107.32	165.20
※印江县	Yinjiang	127.11	87.84	170.17
德江县	Dejiang	137.96	83.42	187.74
※沿河县	Yanhe	159.19	104.43	160.08
※松桃县	Songtao	149.34	104.26	172.31
兴义市	Xingyi	745.85	309.36	768.75
兴仁市	Xingren	148.07	94.40	183.65
普安县	Puan	89.76	52.70	113.39
晴隆县	Qinglong	80.43	47.19	66.89
贞丰县	Zhenfeng	125.49	71.50	107.60
望谟县	Wangmo	93.47	39.63	108.82
册亨县	Ceheng	66.89	38.50	59.25
安龙县	Anlong	151.59	87.81	167.25
凯里市	Kaili	540.17	250.27	539.31
黄平县	Huangping	88.29	62.97	87.68
施秉县	Shibing	44.17	30.78	46.61
三穗县	Sansui	56.30	40.79	50.61
镇远县	Zhenyuan	60.99	48.64	69.85
岑巩县	Cengong	60.04	43.05	73.50
天柱县	Tianzhu	110.41	80.83	88.11
锦屏县	Jinping	71.96	53.82	70.11
剑河县	Jianhe	66.21	51.55	65.74
台江县	Taijiang	45.02	30.55	56.54
黎平县	Liping	114.08	91.29	111.16
榕江县	Rongjiang	97.18	68.74	116.28
从江县	Congjiang	71.45	49.88	71.94
雷山县	Leishan	48.05	32.85	47.53
麻江县	Majiang	51.77	40.47	63.45
丹寨县	Danzhai	46.85	33.10	41.15
都匀市	Duyun	408.90	191.07	510.51
福泉市	Fuquan	141.96	78.51	218.26
荔波县	Libo	66.69	44.28	104.07
贵定县	Guiding	85.65	61.23	92.17
瓮安县	Wengan	161.79	105.00	192.89
独山县	Dushan	119.69	76.65	133.62
平塘县	Pingtang	76.66	47.19	130.72
罗甸县	Luodian	74.79	45.68	105.41
长顺县	Changshun	73.88	37.19	111.22
龙里县	Longli	175.81	78.38	184.91
惠水县	Huishui	100.00	63.32	115.20
※三都县	Sandu	90.37	57.93	114.51

25-42 各县(市、区、特区)普通中学(2020)

县(市、区、特区)名称	County (City,Distric, Special Region)	学校数(所) Total Schools (unit)	#初中 Junior Secondary Schools	毕业生数(人) Graduates(person) 初中 Junior Secondary Schools	高中 Senior Secondary Schools
南明区	Nanming	69	58	7231	2686
云岩区	Yunyan	67	53	8503	5433
花溪区	Huaxi	58	46	7134	4658
乌当区	Wudang	16	12	3188	1413
白云区	Baiyun	21	14	4062	2698
观山湖区	Guanshanhu	35	25	4937	3338
开阳县	Kaiyang	18	16	3272	1907
息烽县	Xifeng	14	11	2514	1504
修文县	Xiuwen	17	12	2875	1573
清镇市	Qingzhen	25	16	5731	3987
钟山区	Zhongshan	59	47	12895	7989
六枝特区	Liuzhi	37	31	10560	4127
水城区	Shuicheng	47	37	11172	4866
盘州市	Panzhou	66	52	9938	10696
红花岗区	Honghuagang	48	33	11365	8320
汇川区	Huichuan	31	25	7212	3892
播州区	Bozhou	36	28	9257	6879
桐梓县	Tongzi	41	35	8217	4149
绥阳县	Suiyang	29	22	5451	3389
正安县	Zhengan	31	27	7007	3706
※道真县	Daozhen	22	19	4080	3103
※务川县	Wuchuan	26	22	6706	4034
凤冈县	Fenggang	20	15	5477	3423
湄潭县	Meitan	30	27	5452	3739
余庆县	Yuqing	15	13	4125	2238
习水县	Xishui	37	34	8773	4293
赤水市	Chishui	20	17	3467	1616
仁怀市	Renhuai	34	27	7431	5143
西秀区	Xixiu	59	46	13636	9191
平坝区	Pingba	21	16	4743	2286
普定县	Puding	19	17	7136	1681
※镇宁县	Zhenning	12	10	3895	1255
※关岭县	Guanling	26	24	6525	2371
※紫云县	Ziyun	21	19	5380	1407
七星关区	Qixingguan	107	85	29595	18969
大方县	Dafang	61	44	16141	8239
黔西县	Qianxi	58	51	11050	5308
金沙县	Jinsha	33	28	9716	3792
织金县	Zhijin	47	40	17168	8253
纳雍县	Nayong	48	44	16266	6345
※威宁县	Weining	72	59	32918	15173
赫章县	Hezhang	49	40	14763	7117
碧江区	Bijiang	26	20	7180	7406
万山区	Wanshan	13	10	2208	2861

注：资料来源于省教育厅（以下相关表同）。

Regular Secondary Schools by County (City, District, Special Region)

招生数(人) New Enrollment(person)		在校学生数(人) Students Enrollment(person)		专任教师(人) Full-time Teachers(person)	
初中 Junior Secondary Schools	高中 Senior Secondary Schools	初中 Junior Secondary Schools	高中 Senior Secondary Schools	初中 Junior Secondary Schools	高中 Senior Secondary Schools
8646	2634	24265	7238	2061	688
9195	4995	26212	14845	2215	1390
8058	5150	22065	16107	1803	1257
3405	1572	10303	4747	867	438
4688	3146	13419	9028	936	778
6186	3703	16559	10668	1319	912
3963	1803	10944	5273	709	379
2947	1482	8390	4280	611	362
3898	2140	10630	5647	742	474
7578	4359	20327	12360	1381	996
12950	8685	37084	25923	2746	1904
11272	4145	32240	12096	1968	867
9481	5119	30424	14735	2042	1165
11923	7739	32415	26508	2392	2190
12938	7675	36872	22515	3062	1982
8066	3563	23562	10637	1913	908
10865	5155	30011	16769	2397	1616
8112	4148	24457	12503	1601	803
5116	3273	15515	9327	1247	697
7123	3723	21271	11040	1576	773
4297	2243	13086	7052	969	480
5119	3437	16481	10421	1305	770
4703	2782	14645	8712	1086	668
5692	2856	16842	8871	1406	759
3890	2112	11944	6491	874	438
9651	4392	28341	13110	1783	763
3980	1728	11495	5097	802	338
7821	4276	23177	14242	2305	1128
13066	8510	39602	25475	2717	1732
4937	2312	14295	6389	975	440
6629	2329	19530	5784	1316	375
4374	1370	13286	3960	1030	250
6487	1955	19170	5937	1245	402
6055	1913	17292	5170	1045	362
26589	17501	82579	51133	5468	2812
14996	7524	43062	22851	2938	1799
11851	5491	32870	15568	2269	887
9932	5390	30469	14011	1979	961
15063	7848	45977	22539	2948	1468
14540	7334	44451	19288	2940	1005
26190	13769	80550	40342	5376	2224
13584	6523	42244	18258	2945	1239
7441	6777	22390	20371	1666	1339
2449	2292	7111	6726	643	458

Note: The data in the table are provided by the Department of Education of Guizhou Province (the rclative tables in the chapter are the sam

25-42 续表(2020)

县（市、区、特区）名称	County (City,Distric, Special Region)	学校数（所）Total Schools (unit)	#初中 Junior Secondary Schools	毕业生数(人) Graduates(person) 初中 Junior Secondary Schools	高中 Senior Secondary Schools
江口县	Jiangkou	15	13	2618	1850
※玉屏县	Yuping	6	5	2165	996
石阡县	Shiqian	28	24	5244	3588
思南县	Sinan	39	32	10010	6839
※印江县	Yinjiang	22	19	6446	3411
德江县	Dejiang	36	30	9795	4568
※沿河县	Yanhe	32	26	12097	5139
※松桃县	Songtao	41	35	9358	4710
兴义市	Xingyi	80	58	19856	15026
兴仁市	Xingren	42	37	8635	3302
普安县	Puan	29	27	5019	1834
晴隆县	Qinglong	24	21	3686	1982
贞丰县	Zhenfeng	25	22	7238	1899
望谟县	Wangmo	13	11	5592	2268
册亨县	Ceheng	15	13	3045	1561
安龙县	Anlong	27	23	5548	2987
凯里市	Kaili	43	30	9712	8355
黄平县	Huangping	14	10	5154	2808
施秉县	Shibing	6	5	2103	1072
三穗县	Sansui	7	6	2787	1226
镇远县	Zhenyuan	14	12	3040	1860
岑巩县	Cengong	14	12	3137	1872
天柱县	Tianzhu	14	11	4440	1963
锦屏县	Jinping	11	9	2455	1490
剑河县	Jianhe	11	8	3475	1789
台江县	Taijiang	5	4	2557	962
黎平县	Liping	25	20	5879	3285
榕江县	Rongjiang	13	10	4546	2329
从江县	Congjiang	19	17	4403	1831
雷山县	Leishan	6	5	2026	1072
麻江县	Majiang	6	5	1592	1023
丹寨县	Danzhai	6	5	2543	1217
都匀市	Duyun	21	13	4720	4552
福泉市	Fuquan	8	7	2942	1776
荔波县	Libo	8	7	2312	1283
贵定县	Guiding	10	7	3001	1610
瓮安县	Wengan	21	17	5409	3379
独山县	Dushan	8	6	3234	1919
平塘县	Pingtang	11	10	4277	2227
罗甸县	Luodian	14	11	5141	2606
长顺县	Changshun	8	5	2858	1372
龙里县	Longli	12	9	2668	1319
惠水县	Huishui	22	20	5950	3222
※三都县	Sandu	19	16	6048	2458

continued

招生数(人) New Enrollment(person)		在校学生数(人) Students Enrollment(person)		专任教师(人) Full-time Teachers(person)	
初中 Junior Secondary Schools	高中 Senior Secondary Schools	初中 Junior Secondary Schools	高中 Senior Secondary Schools	初中 Junior Secondary Schools	高中 Senior Secondary Schools
2609	1604	7963	4827	617	307
2283	1004	6639	2906	503	202
4349	2883	13206	9680	1277	745
7596	7010	24940	20638	2384	1479
4783	3262	16399	9929	1482	705
7327	5453	25033	15319	2177	905
8500	5418	30707	14703	2283	885
6936	5172	21917	14188	2225	1131
19322	14841	58294	43810	3783	2848
8301	3272	25506	9479	1850	766
3576	1353	12678	4607	1079	412
3839	2459	12146	6306	1001	327
6075	1950	20856	6301	1404	446
4140	2265	14592	6614	1173	483
2917	1623	8836	4655	609	347
5532	3171	16786	9314	1223	505
10125	7723	29335	23738	1929	1749
3956	2706	12764	8266	1008	538
1935	1003	6018	2936	424	163
3215	1401	9079	3986	545	242
2691	1712	8235	4987	649	338
3029	1747	8894	5275	631	399
4566	2392	13265	6743	972	461
2577	1503	7677	4612	533	342
3831	1821	10774	5359	671	355
2317	1116	7163	3117	433	203
6341	3411	19317	9600	1018	633
4549	2501	13619	7146	860	492
4481	1800	13217	5325	934	366
1901	994	5780	2804	401	201
1739	878	5302	2802	477	230
2580	1102	7817	3381	488	212
5554	5285	15310	15053	1168	1109
3718	1215	10274	4171	637	328
2013	1111	6119	3530	472	243
3178	2276	9360	5629	634	431
6345	2795	17494	9503	1059	666
3878	2139	12348	5929	788	435
3440	1862	11626	5572	967	415
4750	2403	14305	6819	1055	534
2989	1952	8547	4978	682	336
3218	1526	8847	4341	622	341
5899	2717	18026	9151	1203	657
5012	2609	15832	7162	1042	498

25-43 各县(市、区、特区)小学(2020)
Primary Schools by County (City, District, Special Region)

县(市、区、特区)名称	County (City,Distric, Special Region)	学校数(个) Schools (unit)	毕业生数(人) Graduates (person)	招生数(人) New Enrollment (person)	在校学生数(人) Students Enrollment (person)	专任教师(人) Full-time Teachers (person)	学龄儿童入学率(%) Enrollment Ratio of Primary Schools(%)	学龄女童入学率(%) Enrollment Ratio of School Girls(%)
南明区	Nanming	77	9663	11551	65617	3739	99.85	99.85
云岩区	Yunyan	65	9735	14102	74211	4021	99.96	99.96
花溪区	Huaxi	86	8514	11822	66812	2953	100	100
乌当区	Wudang	40	3286	4494	25230	1469	99.91	99.95
白云区	Baiyun	47	4470	6019	34521	1853	99.04	98.81
观山湖区	Guanshanhu	48	5999	9785	49222	2614	100	100
开阳县	Kaiyang	51	4009	5170	30965	1618	99.97	99.98
息烽县	Xifeng	28	3032	3523	21028	1085	99.78	99.75
修文县	Xiuwen	34	3752	5252	30294	1492	99.76	99.93
清镇市	Qingzhen	75	6860	9828	54949	2698	100	100
钟山区	Zhongshan	105	12893	15239	90898	4720	99.23	99.18
六枝特区	Liuzhi	119	11076	10039	69253	3321	98.92	98.97
水城区	Shuicheng	94	8585	11939	70177	3550	99.69	99.69
盘州市	Panzhou	155	11447	20646	106576	5021	99.39	99.58
红花岗区	Honghuagang	100	11699	12950	79609	4320	100	100
汇川区	Huichuan	85	7221	8115	49890	2831	99.96	99.95
播州区	Bozhou	125	10032	10806	68604	4269	99.98	99.99
桐梓县	Tongzi	128	8099	7855	54400	2794	99.97	99.96
绥阳县	Suiyang	53	5263	5762	36845	2195	99.92	99.94
正安县	Zhengan	89	6991	5544	38787	2234	99.99	99.28
※道真县	Daozhen	44	4279	2969	22144	1477	97.45	98.35
※务川县	Wuchuan	59	5005	4991	31823	1735	99.96	99.95
凤冈县	Fenggang	75	4677	4278	28997	1677	99.96	99.64
湄潭县	Meitan	51	5627	4494	31676	1989	99.96	99.96
余庆县	Yuqing	62	3947	2778	21463	1203	99.74	99.72
习水县	Xishui	135	9396	10581	66144	3101	99.82	99.87
赤水市	Chishui	42	4021	2946	21623	1405	99.96	99.97
仁怀市	Renhuai	82	7961	10835	60420	3189	99.97	99.94
西秀区	Xixiu	121	12717	14572	87651	4473	99	99
平坝区	Pingba	82	4889	6110	35521	1996	99.85	99.83
普定县	Puding	69	6742	6867	45015	2336	99.65	99.61
※镇宁县	Zhenning	46	4930	4974	32593	1796	99.84	99.83
※关岭县	Guanling	62	5827	5697	36412	1865	99.47	99.84
※紫云县	Ziyun	76	6078	6170	38361	1958	99.65	99.81
七星关区	Qixingguan	322	24508	25785	163151	8350	99.9	99.91
大方县	Dafang	216	15073	16986	110117	5276	99.83	99.83
黔西县	Qianxi	134	11627	13498	81423	4087	99.77	99.55
金沙县	Jinsha	90	10373	8458	59219	3425	99.73	99.56
织金县	Zhijin	209	14849	16847	104957	4522	99.62	99.61
纳雍县	Nayong	209	14819	16740	99636	4761	99.73	99.74
※威宁县	Weining	347	25943	26746	161607	8331	99.8	99.8
赫章县	Hezhang	146	13758	15314	87114	4627	99.92	99.95
碧江区	Bijiang	52	6627	7760	47446	2471	99.78	99.56
万山区	Wanshan	37	2136	2665	15767	996	98.82	98.43

25−43 续表 continued(2020)

县(市、区、特区)名 称	County (City,Distric, Special Region)	学校数（个）Schools (unit)	毕业生数（人）Graduates (person)	招生数（人）New Enrollment (person)	在校学生数（人）Students Enrollment (person)	专任教师（人）Full-time Teachers (person)	学龄儿童入学率(%) Enrollment Ratio of Primary Schools(%)	学龄女童入学率(%) Enrollment Ratio of School Girls(%)
江口县	Jiangkou	30	2534	2985	18389	1094	99.93	100
※玉屏县	Yuping	29	2312	2628	15937	889	99.94	99.96
石阡县	Shiqian	60	4198	4248	26714	1759	99.49	99.42
思南县	Sinan	111	7387	6873	44435	2940	99.45	99.12
※印江县	Yinjiang	61	5110	4317	31168	2200	99.98	99.98
德江县	Dejiang	90	7029	6660	42765	2935	99.77	99.74
※沿河县	Yanhe	137	8299	7793	50502	3509	100	100
※松桃县	Songtao	119	7160	8290	50858	3747	99.99	100
兴义市	Xingyi	168	15853	16747	106887	5752	99.92	99.94
兴仁市	Xingren	115	8659	7479	49617	2987	99.6	99.45
普安县	Puan	44	3945	4363	26587	1998	99.53	99.41
晴隆县	Qinglong	91	4397	4221	27600	1904	99.86	99.85
贞丰县	Zhenfeng	83	5954	5468	35622	2218	99.6	99.65
望谟县	Wangmo	55	4201	3629	24213	1791	99.68	99.74
册亨县	Ceheng	36	3021	3376	22203	1160	99.57	99.63
安龙县	Anlong	59	5698	6750	42717	2236	99.64	99.8
凯里市	Kaili	79	9478	10626	65056	3353	100	100
黄平县	Huangping	57	3912	3342	23626	1430	99.9	99.92
施秉县	Shibing	32	2076	2048	13040	778	99.94	99.93
三穗县	Sansui	34	3231	4228	21354	1023	100	100
镇远县	Zhenyuan	28	2754	2708	19561	1042	100	100
岑巩县	Cengong	21	2895	2779	18892	1015	99.8	99.89
天柱县	Tianzhu	49	4419	4292	29934	1733	100	100
锦屏县	Jinping	42	2501	2610	16659	977	99.93	99.91
剑河县	Jianhe	36	3749	3663	23401	1228	98.51	98.12
台江县	Taijiang	14	2228	2068	13995	871	100	100
黎平县	Liping	83	6113	7786	46475	2364	99.59	99.8
榕江县	Rongjiang	45	4553	5988	34459	1793	100	100
从江县	Congjiang	81	4477	6231	34309	1651	99.87	99.87
雷山县	Leishan	22	1917	1866	12340	777	99.81	99.8
麻江县	Majiang	21	1789	2212	12447	713	99.11	99.15
丹寨县	Danzhai	23	2578	2274	15383	861	99.69	99.61
都匀市	Duyun	46	5274	6632	37090	2051	99.71	99.72
福泉市	Fuquan	55	3769	4970	30663	1507	99.6	99.4
荔波县	Libo	36	1999	2626	15071	918	100	100
贵定县	Guiding	39	3155	3753	22710	1207	99.92	99.78
瓮安县	Wengan	44	6262	6153	40387	1931	99.8	99.8
独山县	Dushan	25	3548	3975	23857	1343	99.94	99.92
平塘县	Pingtang	56	3526	4058	24034	1479	100	100
罗甸县	Luodian	48	4567	6687	33002	1722	100	100
长顺县	Changshun	40	2864	3572	22577	1272	99.36	99.44
龙里县	Longli	27	3098	3845	22207	1202	99.81	99.73
惠水县	Huishui	52	5480	6395	38878	1976	99.91	99.9
※三都县	Sandu	60	4991	6218	36877	1833	99.88	99.9

全国及各省(区、市)资料

26

Main Statistics of Provinces (autonomous regions,municipalities) in the Whole Country

简 要 说 明

一、主要内容

本篇资料包括全国及各省（自治区、直辖市）主要经济社会指标。

二、资料来源

由国家统计局相关专业司提供，部分数据来源于《2020 中国统计摘要》。

Brief Introduction

I、 Main Contents

The data in this chapter mainly include national and provincial (autonomous regions, municipalities directly under the central government) economic and social indicators.

II、 Sources of Data

The data are provided by the relevant professional division of the National Bureau of Statistics, some of which are from 2020 China Statistical Abstract.

26-1 全国及各省(区、市)人口、地区生产总值(2020)

单位：亿元

地　区	Region	年末常住人口(万人) Total Population at Year-end (10000 persons)	位次 Order	地区生产总值 Gross Domestic Product	位次 Order	第一产业增加值 Primary Industry	位次 Order
全　国	**National Total**	**141178**		**1015986.00**		**77754.00**	
北　京	Beijing	2189	26	36102.55	13	107.61	30
天　津	Tianjin	1387	27	14083.73	23	210.18	28
河　北	Hebei	7461	6	36206.89	12	3880.14	8
山　西	Shanxi	3492	18	17651.93	21	946.68	25
内蒙古	Inner Mongolia	2405	25	17359.82	22	2025.12	19
辽　宁	Liaoning	4259	14	25114.96	16	2284.61	15
吉　林	Jilin	2407	24	12311.32	26	1553.00	22
黑龙江	Heilongjiang	3185	20	13698.50	25	3438.29	11
上　海	Shanghai	2487	23	38700.58	10	103.57	31
江　苏	Jiangsu	8475	4	102718.98	2	4536.72	5
浙　江	Zhejiang	6457	8	64613.34	4	2169.23	18
安　徽	Anhui	6103	9	38680.63	11	3184.68	12
福　建	Fujian	4154	15	43903.89	7	2732.32	13
江　西	Jiangxi	4519	13	25691.50	15	2241.59	17
山　东	Shandong	10153	2	73129.00	3	5363.76	2
河　南	Henan	9937	3	54997.07	5	5353.74	3
湖　北	Hubei	5775	10	43443.46	8	4131.91	7
湖　南	Hunan	6644	7	41781.49	9	4240.45	6
广　东	Guangdong	12601	1	110760.94	1	4769.99	4
广　西	Guangxi	5013	11	22156.69	19	3555.82	10
海　南	Hainan	1008	28	5532.39	28	1135.98	24
重　庆	Chongqing	3205	19	25002.79	17	1803.33	21
四　川	Sichuan	8367	5	48598.76	6	5556.58	1
贵　州	Guizhou	**3856**	**17**	**17826.56**	**20**	**2539.88**	**14**
云　南	Yunnan	4721	12	24521.90	18	3598.91	9
西　藏	Tibet	365	31	1902.74	31	150.65	29
陕　西	Shanxi	3953	16	26181.86	14	2267.54	16
甘　肃	Gansu	2502	22	9016.70	27	1198.14	23
青　海	Qinghai	592	30	3005.92	30	334.30	27
宁　夏	Ningxia	720	29	3920.55	29	338.01	26
新　疆	Xinjiang	2585	21	13797.58	24	1981.28	20

The Population and GDP of the Whole Country and All Provinces

(100 million yuan)

第二产业 增加值 Primary Industry	位次 Order	第三产业 增加值 Primary Industry	位次 Order	地区生产总值 比上年增长(%) Increase Rate of GDP over Preceding Year (%)	位次 Order
384255.00		**553977.00**		**2.3**	
5716.37	22	30278.57	5	1.2	27
4804.08	23	9069.47	21	1.5	24
13597.20	11	18729.54	13	3.9	4
7675.44	18	9029.81	22	3.6	14
6868.03	20	8466.66	23	0.2	30
9400.91	16	13429.44	14	0.6	29
4326.22	25	6432.10	26	2.4	20
3483.51	26	6776.70	25	1.0	28
10289.47	14	28307.54	6	1.7	23
44226.43	1	53955.83	2	3.7	12
26412.95	4	36031.16	4	3.6	14
15671.69	10	19824.26	12	3.9	4
20328.80	6	20842.78	11	3.3	19
11084.83	13	12365.08	18	3.8	9
28612.19	3	39153.05	3	3.6	14
22875.33	5	26768.01	7	1.3	26
17023.90	8	22287.65	9	-5.0	31
15937.69	9	21603.36	10	3.8	9
43450.17	2	62540.78	1	2.3	21
7108.49	19	11492.38	19	3.7	12
1055.26	30	3341.15	28	3.5	17
9992.21	15	13207.25	15	3.9	4
17571.11	7	25471.07	8	3.8	9
6211.62	**21**	**9075.07**	**20**	**4.5**	**2**
8287.54	17	12635.46	16	4.0	3
798.25	31	953.84	31	7.8	1
11362.58	12	12551.74	17	2.2	22
2852.03	27	4966.52	27	3.9	4
1143.55	29	1528.07	30	1.5	24
1608.96	28	1973.58	29	3.9	4
4744.45	24	7071.85	24	3.4	18

26-2 全国及各省(区、市)固定资产投资(不含农户)、房地产开发情况(2020)

地区	Region	固定资产投资增速(%) Growth Rate of Investment in Fixed Assets (%)	位次 Order	房地产开发投资增速(%) Growth Rate of Investment in Real Estate Development(%)	位次 Order
全国	**National Total**	**2.9**		**7.0**	
北京	Beijing	2.2	26	2.6	25
天津	Tianjin	3.0	23	-4.4	30
河北	Hebei	3.2	21	5.8	20
山西	Shanxi	10.6	2	10.5	9
内蒙古	Inner Mongolia	-1.5	29	12.9	4
辽宁	Liaoning	2.6	25	5.1	22
吉林	Jilin	8.3	4	11.0	7
黑龙江	Heilongjiang	3.6	19	2.6	25
上海	Shanghai	10.3	3	11.0	7
江苏	Jiangsu	0.3	27	9.7	11
浙江	Zhejiang	5.4	11	6.8	17
安徽	Anhui	5.1	13	5.6	21
福建	Fujian	-0.4	28	6.2	18
江西	Jiangxi	8.2	5	6.2	18
山东	Shandong	3.6	19	9.7	11
河南	Henan	4.3	14	4.3	23
湖北	Hubei	-18.8	31	-4.4	30
湖南	Hunan	7.6	9	9.8	10
广东	Guangdong	7.2	10	9.2	13
广西	Guangxi	4.2	15	0.8	27
海南	Hainan	8.0	6	0.4	28
重庆	Chongqing	3.9	18	-2.0	29
四川	Sichuan	2.8	24	11.3	6
贵州	**Guizhou**	**3.2**	**21**	**14.3**	**3**
云南	Yunnan	7.7	8	8.5	14
西藏	Tibet	5.4	11	27.7	1
陕西	Shaanxi	4.1	16	12.8	5
甘肃	Gansu	7.8	7	7.8	15
青海	Qinghai	-12.2	30	3.7	24
宁夏	Ningxia	4.0	17	7.5	16
新疆	Xinjiang	16.2	1	17.4	2

注：本表固定资产投资统计口径为计划总投资500万元及以上固定资产项目投资和房地产开发项目投资，分省数据不含跨省项目。

The Investment in Fixed Assets(Excluding Rural Households) and Real Estate Development of the Whole Country and All Provinces

房地产开发企业房屋施工面积(万平方米) Floor Space under Construction (10000 aq.m)	位次 Order	房地产开发企业本年房屋竣工面积(万平方米) Floor Space Completed This Year (10000 aq.m)	位次 Order	房地产开发企业商品房销售面积(万平方米) Floor Space of Commercial Houses (10000 aq.m)	位次 Order
926759.19		**91218.23**		**176086.22**	
13918.64	23	1545.72	20	970.88	28
12034.51	25	1634.47	19	1306.96	26
31408.39	12	2367.17	13	6028.41	14
21937.83	19	1481.18	21	2685.29	19
15310.96	21	841.28	27	2045.89	20
24002.81	17	1848.18	16	3743.16	18
12340.61	24	964.94	23	1831.22	23
11261.91	27	1437.98	22	1494.36	25
15740.34	20	2877.78	11	1789.16	24
67889.46	3	11151.04	1	15426.99	1
56725.08	5	6692.70	4	10250.30	6
44974.60	7	5100.86	6	9534.13	7
34556.77	10	3804.07	9	6607.18	11
23580.80	18	2238.50	14	6732.71	9
79791.89	2	9325.86	2	13271.74	4
58438.21	4	5412.77	5	14100.66	3
35419.40	9	2646.83	12	6587.83	12
40757.41	8	3963.94	8	9437.44	8
91642.42	1	7763.75	3	14908.25	2
32184.05	11	2129.16	15	6729.02	10
8588.93	28	687.45	29	751.54	29
27368.16	14	3774.33	10	6143.47	13
50755.54	6	4545.86	7	13257.75	5
26922.73	**15**	**862.28**	**26**	**5552.51**	**15**
25801.30	16	1637.76	18	4857.26	16
945.33	31	28.00	31	93.26	31
28358.31	13	1745.62	17	4452.07	17
11328.26	26	881.36	25	1967.92	21
2943.51	30	153.60	30	469.66	30
5562.65	29	772.25	28	1095.49	27
14268.40	22	901.53	24	1963.69	22

Note: The statistical caliber of this table is the investment in fixed assets projects and real estate development projects with a total investment of 5 million yuan and above.

26–3 全国及各省(区、市)内外贸易(2020)
Imports and Exports of the Whole Country and All Provinces

单位：亿美元 (USD 100 million)

地 区	Region	社会消费品零售总额增速(%) Growth Rate of Total Retail Sales of Consumer Goods(%)	位 次 Order	进出口总额 Total Exports and Imports	位 次 Order	出口额 Exports	位 次 Order	进口额 Imports	位 次 Order
全 国	**National Total**	-3.9		46534		25902		20632	
北 京	Beijing	-8.9	26	3360	5	671	8	2688	3
天 津	Tianjin	-15.1	29	1060	9	443	13	617	8
河 北	Hebei	-2.2	11	644	16	364	18	279	15
山 西	Shanxi	-4.0	17	219	22	127	22	92	25
内蒙古	Inner Mongolia	-5.8	20	152	25	50	25	101	23
辽 宁	Liaoning	-7.3	24	948	11	383	17	565	9
吉 林	Jilin	-9.2	28	185	24	42	26	143	22
黑龙江	Heilongjiang	-9.1	27	222	21	52	24	170	19
上 海	Shanghai	0.5	6	5036	3	1980	4	3056	2
江 苏	Jiangsu	-1.6	9	6429	2	3962	2	2468	4
浙 江	Zhejiang	-2.6	13	4884	4	3631	3	1253	6
安 徽	Anhui	2.6	3	785	13	456	12	329	13
福 建	Fujian	-1.4	8	2033	7	1224	6	809	7
江 西	Jiangxi	3.0	2	580	18	421	14	159	21
山 东	Shandong	持平	7	3201	6	1890	5	1311	5
河 南	Henan	-4.1	18	972	10	593	10	379	11
湖 北	Hubei	-20.8	31	622	17	391	16	231	17
湖 南	Hunan	-2.6	13	706	14	478	11	228	18
广 东	Guangdong	-6.4	22	10239	1	6283	1	3956	1
广 西	Guangxi	-4.5	19	704	15	392	15	312	14
海 南	Hainan	1.2	5	136	26	40	27	95	24
重 庆	Chongqing	1.3	4	942	12	605	9	337	12
四 川	Sichuan	-2.4	12	1168	8	672	7	496	10
贵 州	**Guizhou**	4.9	1	79	27	62	**23**	17	**28**
云 南	Yunnan	-3.6	15	391	20	221	20	169	20
西 藏	Tibet	-3.6	15	3	31	2	30	1	31
陕 西	Shaanxi	-5.9	21	546	19	279	19	267	16
甘 肃	Gansu	-1.8	10	54	28	12	29	42	27
青 海	Qinghai	-7.5	25	3	30	2	31	2	30
宁 夏	Ningxia	-7.0	23	18	29	13	28	5	29
新 疆	Xinjiang	-15.3	30	214	23	158	21	55	26

26–4 全国及各省(区、市)主要工业产品产量(2020)
The Output of Main Industrial Products of the Whole Country and All Provinces

地 区	Region	成品钢材 (万吨) Products Steel (10000 tons)	水 泥 (万吨) Cement (10000 tons)	农用化肥 (万吨) Chemical Fertilizers (10000 tons)	家用电冰箱 (万台) Household refrigerator (10000 sets)	十种有色金属 (万吨) Ten Kinds of Non-ferrous Metals (10000 tons)	磷矿石 (万吨) Phosphorite Mineral (10000 tons)
全 国	**National Total**	**132489.2**	**237691.2**	**5395.8**	**9014.7**	**6168.0**	**8893.3**
北 京	Beijing	184.4	286.9				
天 津	Tianjin	5724.1	551.5	14.8	22.2	0.9	
河 北	Hebei	31320.1	11717.5	212.5		4.0	61.2
山 西	Shanxi	6181.5	5387.2	393.6		97.8	
内蒙古	Inner Mongolia	2883.9	3532.4	421.0		725.5	
辽 宁	Liaoning	7578.4	5335.1	35.6	156.9	124.6	15.5
吉 林	Jilin	1661.6	1991.1	21.8		12.6	
黑龙江	Heilongjiang	879.0	2135.0	49.7		13.2	0.1
上 海	Shanghai	1879.6	389.5	1.0	21.2		
江 苏	Jiangsu	15004.9	15312.9	199.4	1265.2	97.3	
浙 江	Zhejiang	3806.7	13236.1	57.6	592.7	54.2	
安 徽	Anhui	3607.5	14176.2	266.4	2437.9	224.6	
福 建	Fujian	3861.7	9703.8	85.3		74.0	
江 西	Jiangxi	3093.9	9769.7	19.6	78.1	202.5	
山 东	Shandong	11269.3	15768.1	354.0	832.4	929.2	
河 南	Henan	4233.4	11721.9	481.3	216.1	418.6	174.4
湖 北	Hubei	3649.1	10108.7	482.1	570.1	80.6	3828.1
湖 南	Hunan	2729.7	11034.7	58.7		215.0	30.4
广 东	Guangdong	4866.2	17075.6	10.5	2305.8	46.1	
广 西	Guangxi	4731.2	12137.1	33.9	99.4	413.7	
海 南	Hainan		1838.9	65.3			
重 庆	Chongqing	1310.0	6505.2	162.9	148.7	56.3	
四 川	Sichuan	3437.2	14495.8	349.6	111.1	120.5	841.7
贵 州	**Guizhou**	**741.1**	**10797.4**	**338.3**	**157.1**	**163.4**	**2132.9**
云 南	Yunnan	2640.7	12984.7	213.8		511.4	1807.5
西 藏	Tibet		1085.0			0.9	
陕 西	Shaanxi	2020.0	6798.9	144.9		221.2	1.5
甘 肃	Gansu	1102.7	4651.2	17.5		350.6	
青 海	Qinghai	189.1	1216.3	523.1		268.4	
宁 夏	Ningxia	482.0	1977.5	67.9		127.2	
新 疆	Xinjiang	1420.5	3969.5	312.8		613.8	

注：本表统计口径为年主营业务收入2000万元及以上的工业企业。在纳入规模以上工业统计的主要产品中，本表选取了贵州支柱行业生产的主要产品列示。

Note: The statistical caliber of the table refers to the industry enterprises whose main business revenue are 20 millions yuan and above. Among the main industrial products above designated size, this table lists the main products produced by the pillar industries in Guizhou